Justiça Consensual

Justiça Consensual

2021

Amanda Federico Lopes Fernandes

ALMEDINA

JUSTIÇA CONSENSUAL

AUTOR: Amanda Federico Lopes Fernandes

DIRETOR ALMEDINA BRASIL: Rodrigo Mentz
EDITORA JURÍDICA: Manuella Santos de Castro
EDITOR DE DESENVOLVIMENTO: Aurélio Cesar Nogueira
ASSISTENTES EDITORIAIS: Isabela Leite e Larissa Nogueira

DIAGRAMAÇÃO: Almedina
DESIGN DE CAPA: FBA

ISBN: 9786556272559
Julho, 2021

Dados Internacionais de Catalogação na Publicação (CIP)
(Câmara Brasileira do Livro, SP, Brasil)

Fernandes, Amanda Federico Lopes Justiça consensual /
Amanda Federico Lopes Fernandes. -- 1. ed. -- São Paulo : Almedina, 2021.

Bibliografia.
9786556272559

Índice:
1. Direito 2. Arbitragem (Direito) 3. Conciliação 4. Consensualidade - Acordos
5. Direito processual 6. Direito processual - Brasil
7. Solução de conflitos (Direito) - Brasil I. Título.

21-65999 CDU-347.918

Índices para catálogo sistemático:

1. Solução de conflitos : Conciliação, mediação e arbitragem :
Direito processual 347.918

Maria Alice Ferreira - Bibliotecária - CRB-8/7964

Este livro segue as regras do novo Acordo Ortográfico da Língua Portuguesa (1990).

EDITORA: Almedina Brasil
Rua José Maria Lisboa, 860, Conj.131 e 132, Jardim Paulista | 01423-001 São Paulo | Brasil
editora@almedina.com.br
www.almedina.com.br

AGRADECIMENTOS

Em primeiro lugar, agradeço ao meu orientador, Professor Carlos Alberto Carmona, pelas valiosas horas dedicadas à discussão e ao compartilhamento de ideias e críticas que, afinal, delinearam a minha dissertação do mestrado. Sua orientação foi essencial e iniciou-se desde o meu terceiro ano de graduação, com as estimulantes e desafiadoras aulas do curso de arbitragem que foram responsáveis por despertar a minha grande admiração pelo Professor Carmona e por definir o meu objetivo de estudo e trabalho com a resolução extrajudicial e adequada de disputas.

No meu penúltimo ano de graduação, em 2012, tive a grande satisfação de idealizar e conceber, juntamente com o Professor Carmona, o "Workshop sobre Mediação", na Faculdade. A experiência de organizar e participar de relevante debate entre queridos e renomados mestres, profissionais e amigos – em destaque, a saudosa e brilhante Professora Ada Pellegrini Grinover, Professor Carlos Aberto de Salles e Nicholas Pryor –, acerca da mediação no Brasil e no Reino Unido, foi memorável, servindo também como um divisor de águas na minha carreira acadêmica e profissional.

Não poderia falar da minha carreira profissional sem agradecer a Paulo Macedo Garcia Neto, meu estimado e competente chefe desde 2015, passando pelos escritórios L.O. Baptista Advogados, Macedo Garcia Advogados e, agora, em um novo desafio, MAMG Advogados.

Outra parte importante da minha carreira profissional e acadêmica se iniciou com a docência no curso de pós-gradução em direito da Fundação Getúlio Vargas (FGV*law*). Em 2017, a partir de um seleto grupo de profissionais e acadêmicos, fui selecionada para realizar o Curso de

Aprimoramento Docente – Técnicas de Negociação para Advogados e, desde 2018, estreei como membra do corpo docente da FGV*law*. Os sentimentos de alegria e realização são enormes e, por isso, agradeço a cada coordenador do FGV*law* e às professoras do curso de Técnicas de Negociação, profissionais de minha elevada admiração.

Também agradeço especialmente à minha família. Meus pais, que sempre me proporcionaram as melhores condições de vida e estudo, além de suporte incondicional em todos os aspectos da minha vida. Aos meus quatro avós, sou muito grata e extremamente sortuda por compartilhar com eles momentos como o depósito e a publicação da minha dissertação do mestrado. Aos tios, primos e esposo, Luis Fernando Meira do Prado, que sempre me proporcionou a sensação de um lar junto a ele, de sermos uma família (agora maior, com a vinda do nosso *pet* Osvaldinho) e um time que dá completo apoio para o sucesso de um e do outro.

Meus agradecimentos aos Professores Fernando Dias Menezes de Almeida e Hugues Fulchiron, que possibilitaram a experiência maravilhosa e proveitosa de estudar e reunir bibliografia para a dissertação na Bibliothèque Interuniversitaire Cujas, em Paris, e, na Université Jean Moulin Lyon 3, em Lyon.

Agradeço também aos Professores Carlos Alberto de Salles e Fernanda Tartuce que durante a banca de qualificação e até mesmo antes, enquanto eu era estudante da graduação buscando textos para bibliografia de estudo e esclarecer dúvidas, prontificaram-se a dar ótimos conselhos e orientações.

Meu muito obrigada aos amigos: Ananda Palazzin de Almeida, que teve toda a paciência do mundo para receber, ler e ponderar sobre as versões deste trabalho, bem como ouvir as minhas mensagens com dúvidas e inquietações, Vivian Daniele Rocha Gabriel, que muito me auxiliou e inspirou com suas considerações, dicas sobre o meu texto e vivência acadêmica, Thiago Santos Martins, que há bons anos me acompanha na labuta cotidiana da arbitragem e por quem eu guardo carinho e admiração, Lucas Morelli, meu querido amigo desde os bancos da Sala Barão de Ramalho, Augusta Vezzani Diebold, com quem divido boas risadas e inquietações acadêmicas, Luísa Natal Saboya, que está sempre disponível para debater os mais diversos e complexos assuntos, Mariana Capela Lombardi Moreto, pela agradável companhia e questionamentos instigantes e reflexivos durante os nossos almoços (enquanto o isolamento social não se fazia necessário), Isabela Dearo Vieira Santos por todo o suporte, auxílio e dedicação com a leitura da minha dissertação, Fernanda Rocha Lourenço Levy, mediadora da mais alta qualidade e acadêmica renomada com quem tive a honra de compartilhar momentos tão caros em congressos, *webinar* e competições acadêmicas de mediação, Andrea Maia, Christiana Beyrodt Cardoso, Ricardo Dalmaso Marques e Marco Antonio Garcia Lopes Lorencini, quatro notáveis profissionais – sempre se destacando na área de resolução de disputas – e queridos amigos que eu agradeço enormemente pelas contribuições bibliográficas. Também ao Professor Giovanni Nanni e diretores do CBAr, por acreditarem no meu trabalho e apoiarem a sua publicação na Coleção CBAr-Almedina.

Finalmente, a Deus, por mais esta conquista, fruto de muita dedicação.

LISTA DE SIGLAS

AAA	*American Arbitration Association*
ADR	*Alternative Dispute Resolution*
CAJC	Comissão de Acesso à Justiça e Cidadania
CAMARB	Câmara de Mediação e Arbitragem Empresarial
CAM-CCBC	Centro de Arbitragem e Mediação da Câmara de Comércio Brasil-Canadá
CBAr	Comitê Brasileiro de Arbitragem
CEJUSC	Centro Judiciário de Solução de Conflitos e Cidadania
CEPEJ	*European Commission for the Efficiency of Justice* / Comissão Europeia para Eficiência da Justiça
CIESP/FIESP	Centro das Indústrias do Estado de São Paulo / Federação das Indústrias do Estado de São Paulo
CJEU	*Court of Justice of European Union* / Corte Europeia de Justiça
CNJ	Conselho Nacional de Justiça
CPR	*Civil Procedure Rules* ou *International Institute for Conflict Prevention and Resolution*
ENAPRES	Escola Nacional de Prevenção e Solução de Conflitos
FONAMEC	Fórum Nacional de Mediação e Conciliação
GEMEP	Grupo de Estudos de Mediação Empresarial Privada
ICC/CCI	*International Chamber of Commerce* / Câmara de Comércio Internacional
iMSAs	*international Mediated Settlement Agreements*
INSS	Instituto Nacional do Seguro Social
LINDB	Lei de Introdução às Normas do Direito Brasileiro

MASC	Meio Adequado de Solução de Conflitos
NUPMEC	Núcleo Permanente de Métodos Consensuais de Solução de Conflitos
ODR	*Online Dispute Resolution*
ONU	Organização das Nações Unidas
PJe	Processo Judicial Eletrônico
PROCON	Programa de Proteção e Defesa do Consumidor
SAC	Sistema de Atendimento ao Consumidor
SENACON	Secretaria Nacional do Consumidor do Ministério da Justiça
STF	Supremo Tribunal Federal
STJ	Superior Tribunal de Justiça
TJDF	Tribunal de Justiça do Distrito Federal
TJGO	Tribunal de Justiça de Goiás
TJMA	Tribunal de Justiça do Maranhão
TJMG	Tribunal de Justiça de Minas Gerais
TJPR	Tribunal de Justiça do Paraná
TJRJ	Tribunal de Justiça do Rio de Janeiro
TJRS	Tribunal de Justiça do Rio Grande do Sul
TJSP	Tribunal de Justiça de São Paulo
TRF1	Tribunal Regional Federal da Primeira Região
UNCITRAL	*United Nations Commission on International Trade Law*

SUMÁRIO

Introdução

> "Todo texto deve ser compreendido em cada momento e em cada situação concreta de uma maneira nova e distinta. Está comprovada a insuficiência da ideologia estática da interpretação jurídica e do pensamento voltado à 'vontade do legislador'. A realidade social é o presente; o presente é vida – e vida é movimento. O direito não é uma entidade estática."
>
> ADA PELLEGRINI GRINOVER[1]

Inicia-se a obra com trecho do último livro publicado por GRINOVER, em homenagem e porque esse bem resume a necessidade de utilização de um método de interpretação de normas, o método evolutivo – conforme indicado pela autora – que cuida do presente e da observação do direito como uma entidade dinâmica.

Ainda de acordo com os ensinamentos de GRINOVER, nota-se que o método de interpretação evolutiva foi aplicado ao princípio da inafastabilidade da tutela jurisdicional de modo que foi alcançada "a visão de um acesso à ordem jurídica justa e ao exercício de jurisdição, legitimado pela observância de diversos princípios constitucionais (expressos ou

[1] GRINOVER, Ada Pellegrini. **Ensaio sobre a processualidade**. Brasília: Gazeta Jurídica, 2016, p. 114.

implícitos)"[2]. Tal visão, contudo, quando ocorreu, não abrangeu os métodos adequados de resolução de conflitos, seu propósito era afastar ameaças a garantias processuais fundamentais, compreendendo o direito de ação como devido processo legal.

Assim, defendendo-se a extensão da interpretação evolutiva do princípio da inafastabilidade com o objetivo de aperfeiçoar os instrumentos processuais para uma *adequada* tutela dos conflitos, juntamente com a mudança de mentalidade da sociedade, chega-se à concepção de acesso à justiça como *acesso à ordem jurídica justa*[3].

Para WATANABE, não existe um verdadeiro acesso à justiça sem a inclusão dos denominados meios consensuais de resolução de conflitos[4]. Estes se caracterizam pela dimensão e incentivo da composição dos litigantes e, a depender das circunstâncias fáticas, são percebidos como critérios mais apropriados do que a sentença, uma vez que propiciam uma solução mais adequada à peculiaridade da demanda e às condições e necessidades das partes em conflito[5].

Os meios consensuais, mais especificamente: negociação, mediação e conciliação, foram eleitos, em recorte metodológico, como componentes da convenção de resolução consensual de conflitos, ora principal objeto de estudo. Estes se inserem na classificação dos chamados Meios Adequados de Solução de Conflitos, cujo acrônimo MASC foi traduzido, de maneira evolutiva e dentro da lógica de adequação da forma de resolução de conflitos ao caso concreto, a partir de ADR – *alternative dispute resolution*[6].

A lógica em questão é resultante de um conceito que à época – a partir da década de 60, com a pesquisa "Projeto de Florença" e, da década de 70, com o evento "Pound Conference" – e até os dias atuais, tratando-se principalmente da realidade brasileira, mostrou-se inovador ao

[2] GRINOVER, 2016, p. 115.

[3] WATANABE, Kazuo. **Acesso à ordem jurídica justa: conceito atualizado de acesso à justiça, processos coletivos e outros estudos**. Belo Horizonte: Del Rey, 2019, pp. XIII e 3.

[4] "Sem a inclusão dos chamados meios consensuais de solução de conflitos, como a mediação e a conciliação, não teremos um verdadeiro acesso à justiça. Certo é que, em algumas espécies de controvérsias, como já ficou mencionado, faltaria o requisito da adequação à solução dada pelo critério da adjudicação." (WATANABE, 2019, p. 82).

[5] WATANABE, 2019, p. 82.

[6] LEE, Joel. **The evolving "A" in ADR**. Disponível em: <http://mediationblog.kluwerarbitration.com/2012/03 /14/the-evolving-a-in-adr/>. Acesso em: 6 abr. 2019.

se contrapor ao formalismo do acesso à justiça e ao buscar o direcionamento de processos judiciais aos mais adequados meios de resolução de conflitos. Fala-se do conceito de Tribunal Multiportas que inaugurou discussão, estudo e aplicação prática dos MASCs tanto a nível internacional quanto nacional.

A nova ordem estabelecida pelo Tribunal Multiportas se tornou inevitável e define uma disposição das partes em conflito de se apropriarem deste, de o gerenciarem individualmente, sem se socorrerem de pronto ao aparelho estatal, que é o Poder Judiciário[7]. A disposição em questão também é promovida pelas diversas normativas e políticas públicas que aqui e alhures se observam e, afinal, traduz-se na convenção que as partes inserem em instrumento contratual, visando estabelecer, ao mesmo tempo, um meio consensual como MASC e um impedimento transitório de recurso à tutela jurisdicional adjudicatória.

A convenção de resolução consensual de conflitos se apresenta como ferramenta para lidar com o real desafio de implementação dos meios consensuais[8], servindo, inclusive, como forma de resguardo de futuras posições negociais das partes, sem que isso signifique uma fragilidade

[7] *"Les modes alternatifs de règlement des conflits constituent désormais une réalité incontournable, tant au niveau national qu'international, dont l'enjeu, notamment économique, ne doit pas être sous-estimé. Cette inclination en faveur d'un mode de résolution amiable des différends caractérise cette volonté de se réaproprier et de gérer individuellement son conflit en s'efforçant de ne pas recourir à l'apareil étatique."* (HUCHET, Guillaume. **La clause de médiation**. Thèse pour le doctorat en droit – Faculté de Droit, Université Jean Moulin Lyon 3, Lyon, 2007, p. 16). Em tradução livre: "Os métodos alternativos de resolução de conflitos são agora em diante uma realidade incontornável, tanto nacional como internacionalmente, cujos desafios, particularmente os econômicos, não devem ser subestimados. Essa inclinação em favor de um modo amigável de resolução de disputas caracteriza esse desejo de se reapropriar e administrar individualmente o conflito, procurando não recorrer ao aparelho estatal."

[8] Conforme bem pontuado por FALECK: "O debate produtivo, hoje em dia, talvez não orbite mais em torno da inquestionável eficácia dos métodos alternativos para a resolução de disputas. O real desafio é implementar tais métodos com criatividade e inteligência, conseguindo o comprometimento e o desenvolvimento de habilidades das partes envolvidas, para evitar gasto de recursos, tempo, energia emocional, deterioração dos relacionamentos e perda de oportunidades na resolução de disputas, bem como para permitir a maior participação dos interessados, para que estes atinjam seus objetivos, com maior satisfação com o processo e com os resultados." (FALECK, Diego. Um passo adiante para resolver problemas complexos. In: SALLES, Carlos Alberto de; LORENCINI, Marco Antônio Garcia Lopes; SILVA, Paulo Eduardo Alves da (Coord.). **Negociação, mediação e arbitragem** – curso básico para programas de graduação em Direito. São Paulo: Método, 2012, p. 272).

de suas teses jurídicas, o que justifica a sua escolha e importância como tema de estudo. A metodologia empregada na presente obra se refere aos seguintes métodos de pesquisa[9]: (i) dialético, pela análise e discussão de posições doutrinárias que convergem ou se contrapõem às considerações ora propostas; (ii) indutivo, uma vez que se preconiza a experimentação de uma resposta processual ao inadimplemento da convenção de resolução consensual de conflitos a partir de posições e classificações doutrinariamente defendidas e utilizadas; e (iii) comparatístico, ao se intentar estudo de direito comparado com relação aos efeitos contratuais e processuais das convenções de resolução de conflitos, bem como em relação à obrigatoriedade da mediação previamente ao ingresso em juízo.

Colocam-se os principais questionamentos relacionados à convenção de resolução consensual de conflitos que surgiram e que, enfim, permearam e direcionaram o escopo deste trabalho: tal forma de pactuação é reconhecida como uma previsão contratual válida, eficaz e exigível? É capaz de regular situações jurídicas processuais? É efetiva e capaz de obrigar os contratantes, evitando, ainda que momentaneamente, a resolução de conflitos por meios adjudicatórios?

As respostas são buscadas ao longo de cinco capítulos que, ao mesmo tempo, criam um pano de fundo para ponderações e apresentam as conclusões relacionadas aos meios consensuais e à forma de resolução consensual de conflitos prevista contratualmente, bem como, ao final, testam a própria efetividade desta.

O primeiro capítulo tem como propósito contextualizar o surgimento e desenvolvimento dos MASCs nos âmbitos internacional e doméstico, apresentar os meios consensuais, com destaque para a mediação, visto que é o meio comumente incentivado por normativas e políticas públicas direcionadas aos MASCs[10] – fenômeno a ser observado, notadamente

[9] Considerando a classificação metodológica proposta por Marchi (Cf. Marchi, Eduardo C. Silveira. **Guia de Metodologia Jurídica:** teses, monografia e artigos. 2ª ed., São Paulo: Saraiva, 2009, pp. 86-87).

[10] Citam-se, por exemplo: (i) *Mediation Act* norte-americano, (ii) *Model Law on International Commercial Mediation and International Settlement Agreements Resulting from Mediation* da UNCITRAL, (iii) *United Nations Convention on International Settlement Agreements Resulting from Mediation* conhecida como Convenção de Cingapura, (iv) Diretiva 2008/52/CE do Parlamento da União Europeia; e, no âmbito doméstico: (v) Política Pública de Tratamento Adequado dos Conflitos de Interesses instituída pela Resolução nº 125 do CNJ, (vi) Lei nº 13.140

quando estudada a tendência de se ampliar a caracterização dos meios autocompositivos indiretos e, ao mesmo tempo, a necessidade que se contrapõe de distingui-los –, como também definir o objeto de estudo.

Diante do contexto de promoção e incentivo dos MASCs e, sobretudo, dos meios consensuais, o segundo capítulo se propõe a estudar o papel relevante que a denominada justiça consensual ou conciliativa vem ganhando, o minissistema normativo identificado em torno desta, a partir de diretrizes e legislações nacionais relativas aos meios consensuais, bem como a concepção do acesso à ordem jurídica justa como norma fundamental do processo civil brasileiro.

A expressão justiça consensual/conciliativa é utilizada por GRINOVER com base no conceito vanguardista de jurisdição que ela preconiza. Jurisdição não mais caracterizada como atividade, função e poder, mas, atividade, função e *garantia de acesso à justiça*, abarcando, portanto, a justiça consensual como espécie de jurisdição[11]. As considerações resultantes dos temas ora indicados servirão de contexto especialmente para a questão da efetividade da convenção de resolução consensual de conflitos.

A partir do terceiro capítulo e tendo em vista as considerações resultantes dos capítulos anteriores com relação a todo um contexto de incentivo aos MASCs e da justiça consensual, passar-se-á a analisar a tipificação da convenção de resolução consensual de conflitos. Esta como um negócio jurídico processual sobre os meios consensuais, sendo que alguns exemplos desse tipo de negócio jurídico servirão como elementos de análise: (i) a transação; (ii) o compromisso; (iii) a "convenção de processo participativo"[12]; (iv) a cláusula escalonada, que prevê a realização de um meio consensual em combinação com um meio adjudicatório, condicionando a realização deste posterior ou previamente àquele;

de 26 de junho de 2015, que dispõe sobre a mediação entre particulares como meio de solução de controvérsias e sobre a autocomposição de conflitos no âmbito da administração pública, conhecida como Lei de Mediação, (vii) Lei Federal nº 13.867 de 26 de agosto de 2019, que possibilita a opção pela mediação ou arbitragem para a definição dos valores de indenização nas desapropriações por utilidade públicas, etc.

[11] GRINOVER, 2016, pp. 7, 18 e 30.

[12] Conforme denominação adotada por CABRAL (Cf. CABRAL, Antonio do Passo; DA CUNHA, Leonardo Carneiro. Negociação direta ou resolução colaborativa de disputas (*collaborative law*). In: ZANETI Jr., Hermes; CABRAL, Trícia Navarro Xavier. **Justiça Multiportas: mediação, conciliação, arbitragem e outros meios adequados de resolução de conflitos**. Salvador: Juspodivm, 2018, p. 737).

(v) a convenção acerca das regras referentes à condução de procedimentos consensuais; e (vi) a "cláusula assimétrica" de resolução conflitos. Esta última tem a sua expressão forjada tendo em conta a sua pactuação a partir de uma relação jurídica com assimetria de poderes contratuais que determina que um MASC específico somente poderá ser realizado por uma das partes[13].

O quarto capítulo se dedica a estudar os efeitos processuais da convenção de resolução consensual de conflitos, levando em consideração o protagonismo assumido pela justiça consensual e toda uma mobilização empreendida em termos legais, institucionais e políticos a favor dos meios consensuais.

Dessa forma, serão analisados os possíveis efeitos processuais, negativo ou suspensivo, que decorrem da convenção de resolução consensual de conflitos. Aquele característico da concepção da realização da convenção de resolução consensual de conflitos como requisito de admissibilidade do processo judicial ou arbitral, referindo-se ao interesse de agir, sob pena de extinção do processo, sem resolução do mérito; este, por sua vez, decorrente da compreensão da convenção de resolução consensual de conflitos como uma condição suspensiva processual, a fim de que as partes participem, ao menos, da primeira reunião do meio consensual. Os efeitos em referência, também tendo em conta a importância da redação clara e expressa da convenção de resolução consensual de conflitos, serão considerados face ao estudo de direito comparado que ora se intentou com relação aos regimes legais e às decisões dos tribunais da Inglaterra/País de Gales[14], Cingapura e França.

[13] A expressão encontra inspiração nas ponderações de Ropo acerca do paradigma dos "contratos assimétricos" (Cf. Ropo, Vincenzo. **Il Contratto del Duemila**. 3ª ed. Torino: G. Giapichelli Editore, 2011, pp. 87-89).

[14] Inglaterra, País de Gales, Irlanda do Norte e Escócia fazem parte do Reino Unido da Grã-Bretanha e, a despeito da união política entre os países, Irlanda do Norte e Escócia possuem as suas jurisdições legais independentes, com normativas próprias ("*The United Kingdom (the UK) has three separate legal systems: one each for England and Wales, Scotland and Northern Ireland. This reflects its historical origins. (...) England and Wales has a common law legal system, which has been established by the subject matter heard in earlier cases and so is the law created by judges. It originated during the reign of King Henry II (1154-89), when many local customary laws were replaced by new national ones, which applied to all and were thus 'common to all'.*" Rab, Suzanne. **Legal systems in the UK (England and Wales): overview**. Disponível em: <https://uk.practicallaw.thomsonreuters.com/5-636-2498?transitionType=Default&contextData=(sc.Default)&

O estudo de direito comparado levou em consideração uma escolha metodológica dos três primeiros países referidos, como representantes de um mesmo sistema da *common law* (Cingapura tem o seu sistema jurídico baseado na *common law* inglesa), e um país representante do sistema da *civil law*, os quais se contrapõem também em relação ao entendimento dos efeitos processuais decorrentes da convenção de resolução consensual de conflitos, exemplificando a análise dos efeitos suspensivo e negativo, respectivamente.

Adianta-se que o presente trabalho assumirá uma posição eclética quanto aos efeitos processuais da convenção de resolução consensual de conflitos, isto é, defender-se-á que a realização do meio consensual previamente ao processo judicial ou arbitral, conforme pactuado pelas partes, constitui um requisito de admissibilidade do julgamento do mérito (interesse de agir), cujo efeito negativo, na hipótese de o requisito não ser atendido, é todavia postergado até que a parte autora novamente se quede inerte ou se recuse a participar em reunião do meio consensual durante o período suspensivo determinado pelo juiz/árbitro.

Ou seja, buscando atender aos princípios de economia e eficiência processual, eventual extinção do processo, sem resolução do mérito por inexistência de interesse de agir do requerente, que desrespeitou o pacto convencionado quanto à realização do meio consensual, somente seria declarada após restar frustrada nova tentativa de reunião entre as partes (momento durante o qual o processo judicial/arbitral estará suspenso) em razão da conduta recalcitrante do requerente.

Também será estudada a contratação de "cláusula *opt out*", que se refere à convenção que excetua a obrigatoriedade legal de realização da mediação ou da conciliação quando do ingresso em juízo, levando-se em consideração a coerência desse tipo de negócio jurídico processual

firstPage=true&bhcp=1#co_anchor_a412956>. Acesso em: 12 set. 2019. Em tradução livre: "O Reino Unido (o RU) tem três sistemas jurídicos distintos: um para a Inglaterra e o País de Gales, um para a Escócia e um para a Irlanda do Norte. Isso reflete suas origens históricas. (...) A Inglaterra e o País de Gales têm um sistema jurídico de *common law*, que foi estabelecido pela matéria ouvida em processos anteriores, assim como a lei criada pelos juízes. Originou-se durante o reinado do rei Henrique II (1154-89), quando muitas leis consuetudinárias locais foram substituídas por novas leis nacionais, que se aplicavam a todos e eram, portanto, 'comuns a todos'."). Assim, o estudo de direito comparado envolvendo países britânicos referir-se-á ao entendimento jurisprudencial firmado pelos tribunais da Inglaterra e País de Gales e ao regime legal único aplicável a estes países.

diante da conjuntura de estímulo ao uso dos meios consensuais no âmbito judicial, a característica de *quase-obrigatoriedade* da mediação/conciliação processual determinada pelo Código de Processo Civil e, uma vez mais, as experiências jurídicas de países estrangeiros (no caso, Itália, Inglaterra/País de Gales e França[15]).

Por fim, no quinto capítulo, a convenção de resolução consensual de conflitos e, em especial, a sua efetividade serão colocadas à prova, tendo em vista a legítima preocupação que surge a partir da tensão entre os princípios informadores dos meios consensuais: a autonomia da vontade das partes e a decisão informada ante a necessidade de se lidar com a desigualdade de poderes e vulnerabilidades dos participantes dos meios consensuais. Inclusive, em matéria de direito do consumidor, serão discutidas particularidades que se observam quanto ao meio consensual da negociação como uma ODR, quer dizer-se, a negociação transformada pela tecnologia, que passou a ser imposta como requisito de admissibilidade do julgamento do mérito por alguns tribunais brasileiros, independentemente da celebração de convenção de resolução consensual de conflitos pelo consumidor e pelo fornecedor.

Em resumo, o que se almejou com a presente obra, ao longo de seus cinco capítulos, foi avaliar uma predisposição da sociedade quanto à resolução consensual de conflitos, quanto à efetivação dos meios consensuais por meio de uma convenção contratualmente estabelecida, propondo-se para tanto, conceitos e instrumentos processuais que fundamentem a força vinculante da convenção de resolução consensual de conflitos.

Não se ignora a grande dificuldade que se impõe com relação à mudança de mentalidade e cultura social – de uma cultura de sentença para

[15] A escolha metodológica de estudo de direito comparado se pautou nos diferentes "graus de obrigatoriedade" de realização da mediação previamente ao ingresso em juízo nos países indicados, tendo em vista a classificação proposta por Quek em uma escala de cinco graus. (Quek, Dorcas. Mandatory mediation: an oxymoron? Examining the feasibility of implementing a court-mandated mediation program. In: **Cardozo Journal of Conflict Resolution**, vol. 11, 2010, pp. 488-490. Conforme será explorado adiante, Itália possui um regime legal relativo à obrigatoriedade da mediação judicial no grau máximo, Inglaterra e País de Gales possuem um regime legal que se caracteriza como o 3º grau de obrigatoriedade da mediação, já França possui um regime legal relativo à mediação que, de modo geral, envolvendo matérias cível e comercial, caracteriza-se pelo menor grau na escala sugerida por Quek.

uma cultura de pacificação[16] – que, não surpreendentemente, pode gerar resistência quanto à aceitação da força vinculante da convenção de resolução consensual de conflitos por magistrados, árbitros e pelas próprias partes contratantes. Contudo, espera-se que o presente trabalho possa iluminar possíveis caminhos que fundamentem a efetivação da convenção de resolução consensual de conflitos e, em última instância, a dinamicidade da vida refletida em arranjos contratuais com efeitos processuais que garantem o acesso à ordem jurídica justa e que as normas precisam acompanhar.

16 WATANABE, Kazuo. Cultura da sentença e cultura da pacificação. In: Yarshell, Flávio Luiz; MORAES, Maurício Zanoide de. **Estudos em homenagem à professora Ada Pellegrini Grinover**. São Paulo: DPJ, 2005, pp. 684-690 e Id., 2019, pp. 75-79.

1. Os Meios Consensuais de Resolução de Conflitos

Inicia-se o presente capítulo com a contextualização e apresentação dos meios adequados de solução de conflitos. Uma vez delineada a sua definição, serão tratadas as principais características dos meios consensuais, como componentes da convenção de resolução consensual de conflitos. Esta também será delimitada a fim de esclarecê-la como objeto de estudo.

Serão considerados também um breve contexto histórico dos meios adequados de solução de conflitos e, em especial, da mediação, bem como a perspectiva brasileira quanto à sua promoção e implementação, tanto a nível legislativo, como de política pública.

1.1. MASCs e, especificamente, os meios consensuais componentes do objeto de estudo

Os meios, formas, métodos ou mecanismos de resolução de conflitos, conforme a denominação adotada, são considerados como instrumentos que possibilitam a gestão e a resolução de disputas em conjunto ou paralelamente, por vezes em substituição, à tutela jurisdicional oferecida pelo Poder Judiciário.

Compreendem-se os meios de resolução de conflitos sob a forma de um gênero que congrega diversas espécies, sendo estas classificadas, tradicionalmente, entre meios autocompositivos e heterocompositivos. Aqueles dizem respeito à resolução do conflito diretamente pelas partes (acordo), enquanto estes dependem de um terceiro para determinar a solução (decisão).

Para Dinamarco, a classificação de meios autocompositivos comporta as dimensões unilateral e bilateral. A autocomposição unilateral dá-se nas modalidades de renúncia ou submissão, aquela percebida como uma atitude de resignação, que determina não somente a extinção do processo como também do próprio direito supostamente existente de uma das partes e esta que aparece com o título de reconhecimento do pedido, o qual, uma vez homologado pelo juiz, determina a extinção do processo sem julgamento da causa. Por sua vez, a autocomposição bilateral ocorre com a transação, que se resolve em mútuas concessões dos sujeitos que dispõem de seus próprios interesses[17].

Ainda, o doutrinador ressalta que em todas as suas modalidades, a autocomposição pode ser espontânea ou induzida, neste caso quando a autocomposição resulta da intercessão de uma terceira pessoa. Já com relação à classificação do meio heterocompositivo, considera Dinamarco ser o juízo arbitral, ou arbitragem, o seu único expoente, já que consiste no julgamento do litígio por um terceiro escolhido consensualmente pelas partes[18].

Salles critica a classificação em apreço, entre meios autocompositivos e heterocompositivos, pois entende que o foco não deve estar nas partes, mas nos vários agentes encarregados de propiciar o resultado almejado[19]. Para ele, deve ser aproveitada a classificação norte-americana em três espécies de meios de resolução de conflitos, incluindo o judicial: adjudicatórios, consensuais e mistos. Adjudicação referindo-se à atividade pela qual um terceiro define uma solução com força imperativa. Em contraposição aos mecanismos adjudicatórios, observam-se os mecanismos consensuais, cuja finalidade é predispor as partes para a realização de um acordo. Os mecanismos mistos se valem de uma prerro-

[17] Dinamarco, Cândido Rangel. **Instituições e Direito Processual Civil.** 9ª ed. São Paulo: Malheiros, 2017, v. I, pp. 212-213.

[18] Dinamarco, 2017, pp. 213-214.

[19] "De fato, observa-se que a diferença significativa para a construção ou análise de mecanismos de solução de controvérsias não está nas partes, mas no juiz, árbitro, mediador, conciliador, avaliador neutro ou negociador. Isto porque esses diferentes agentes atuam de maneira diversa em relação ao conflito e às partes. A diferença entre as partes é sempre conjuntural, ligada à natureza do conflito e às suas características subjetivas, não fornecendo um bom critério classificatório dos próprios mecanismos de resolução da controvérsia". Salles, Carlos Alberto de. **Arbitragem em contratos administrativos**. São Paulo: Método, 2011, pp. 172-173.

gativa das partes de contratarem tanto mecanismos consensuais, quanto adjudicatórios.

De acordo com a classificação adotada por Salles, o processo judicial e a arbitragem seriam os exemplos máximos de meios adjudicatórios e a mediação, a conciliação e a negociação seriam os exemplos de meios consensuais.

Tendo em vista que os meios mistos combinam as características dos meios adjudicatórios e consensuais, um exemplo a ser citado são os chamados *dispute boards* ou comitês de solução de disputas, muito utilizados em matérias que envolvam relações contratuais duradouras (obras de construção e infraestrutura e franquia, por exemplo)[20].

Uma terceira classificação a que se faz referência é relativa à complementariedade dos meios de resolução de conflitos, no sentido de que estes não são incompatíveis com a jurisdição estatal. Os meios de resolução de conflitos devem se integrar e se complementar a esta, uma vez que ao juiz togado cabe a tentativa de solução consensual da lide. Nesse sentido, Mancuso entende que os meios de resolução de conflitos, sem incluir a jurisdição estatal, poderiam ser classificados como complementares ou, ainda, equivalentes jurisdicionais[21].

[20] Destaca-se a Lei nº 16.873, de 22 de fevereiro de 2018, promulgada no âmbito do município de São Paulo, que reconhece e regulamenta a instalação de Comitês de Prevenção e Solução de Disputas em contratos administrativos continuados celebrados pela Prefeitura de São Paulo. Em seu artigo 2º, a lei municipal determina que o comitê poderá ter natureza revisora, adjudicativa ou híbrida, ou seja, poderá ter o poder de emitir recomendações e/ou emitir decisões contratualmente vinculantes. Nota-se que a própria natureza do comitê de solução de disputas poderá refletir a classificação dos mecanismos consensuais, adjudicatórios e mistos.

[21] "Os chamados meios alternativos, ou complementares, ou ainda equivalentes jurisdicionais, não visam, direta ou indiretamente, *concorrer* (no sentido de disputar espaço) com a justiça institucionalizada, mas antes, e precipuamente, se oferecem como *estradas vicinais* por onde podem e devem transitar os conflitos que, por sua singeleza, valor envolvido, opção dos interessados ou outro critério consistente, consentem resolução fora e além da estrutura judiciária estatal." (Mancuso, Rodolfo de Camargo. **A resolução dos conflitos e a função judicial no contemporâneo Estado de Direito**. São Paulo: Revista dos Tribunais, 2010, p. 13). Em complementação, Salles: "A utilização de mecanismos alternativos de solução de controvérsias em conjunto com processos judicial põe em destaque a ideia sustentada de início, de que a garantia de inafastabilidade da tutela jurisdicional traz implícita a ideia de direito à prestação jurisdicional e, sendo assim, aqueles mecanismos não tem o condão de concorrer com a jurisdição estatal, mas de complementá-la, para que se produzam resultados mais rápidos e eficientes." (Salles, Carlos Alberto de. Mecanismos alternativos de

Ainda, faz-se referência à classificação dos meios de solução de disputa sob o espectro que inclui processos primários (consensuais e adjudicatórios, incluindo os processos judiciais, administrativos e arbitrais) e processos mistos, que seriam delineados pela combinação de características dos processos primários[22].

No âmbito privado, os métodos de resolução de conflitos são usualmente referidos como *Alternative Dispute Resolution* (ADR), incluindo: negociação, conciliação, mediação, arbitragem, avaliação prévia por neutro[23], *dispute boards* ou comitês de solução de disputas e quaisquer outros meios e arranjos de resolução de controvérsias que não incluam uma demanda judicial[24].

WATANABE ressalta importante diferenciação quanto à apreensão do termo ADR pelos americanos e europeus. Para os americanos, os meios alternativos são todos aqueles que não recebem o tratamento dos conflitos pelo Judiciário, isto é, a negociação, a mediação, a arbitragem, entre outros. Já para alguns cientistas europeus, o meio alternativo seria o Poder Judiciário, posto que, historicamente, os conflitos eram resolvidos pela sociedade sem contar com o Estado, que, inicialmente, não era organizado ou não possuía força suficiente para dispor do monopólio da jurisdição. Os meios usuais e não alternativos, por sua vez, eram a negociação e a mediação[25].[26]

solução de controvérsias e acesso à justiça: a inafastabilidade da tutela jurisdicional recolocada. In: FUX, Luiz; NERY JÚNIOR, Nelson; WAMBIER, Teresa Arruda Alvim. **Processo e Constituição.** Estudos em homenagem ao Professor José Carlos Barbosa Moreira. São Paulo: Revista dos Tribunais, 2006, p. 792).

[22] ASPERTI, Maria Cecília de Araujo. **Meios consensuais de resolução de disputas repetitivas:** a conciliação, a mediação e os grandes litigantes do Judiciário. 2014. 195 f. Dissertação (Mestrado) – Faculdade de Direito da Universidade de São Paulo, São Paulo, 2014, pp. 49-50.

[23] Tendo em vista o conceito apresentado pelo Legal Information Institute da Cornell University Law School: "*Alternative Dispute Resolution ('ADR') refers to any means of settling disputes outside of the courtroom. ADR typically includes early neutral evaluation, negotiation, conciliation, mediation, and arbitration.*" Disponível em: <https://www.law.cornell.edu/wex/alternative_dispute_resolution>. Acesso em: 28 fev. 2018. Em tradução livre: "*Alternative Dispute Resolution* ('ADR') se refere a qualquer meio de resolução de disputas fora do tribunal. ADR normalmente inclui avaliação neutra inicial, negociação, conciliação, mediação e arbitragem".

[24] Citam-se, por exemplo, os mecanismos de *rent-a-judge, baseball arbitration, high-low arbitration, mini-trial, neutral fact-finding, consensus building* e *ombudsman.*

[25] WATANABE, Kazuo. Modalidade de Mediação. In: DELGADO, José *et al.* **Mediação:** um projeto inovador. Brasília: Centro de Estudos Judiciários, CJF, 2003, v. 22, p. 41. Vide também: WATANABE, 2019, p. 57.

Considerando o contexto internacional de resolução de disputas, BÜHRING-UHLE, KIRCHHOFF e SCHERER ressalvam o termo ADR como procedimento que constitui uma alternativa ao litígio, excluindo a arbitragem. Isto porque, se num ambiente doméstico a arbitragem poderia ser incluída na classificação de meio alternativo, no contexto do comércio internacional, a arbitragem se diferenciou dos outros procedimentos e tornou-se um processo para litígios comerciais com uma forma convencional própria[27].

Ressalta-se que a mudança de assimilação e concepção dos meios de resolução de conflitos sob um enfoque positivo, como instrumentos auxiliares da jurisdição estatal, cujo objetivo seria propiciar novos canais para dar efetividade à garantia de prestação do serviço judiciário, acabou por influenciar a tradução do termo ADR. MASCs não mais como Meios Alternativos de Solução de Conflitos, mas como Meios Adequados[28] ou até mesmo Amigáveis de Resolução de Conflitos[29].

[26] Em contribuição ao debate, SILVA discute a expressão da literatura norte-americana "*one size fits all litigation*" ao indagar o que significa o conceito de "*alternative*" da sigla ADR. Ele ressalta que, em alguns casos, o ADR não é o alternativo, mas o principal, no sentido de o mais adequado, enquanto a jurisdição estatal passaria a ser a menos adequada, portanto, o meio "subsidiário". O autor ainda indica que a confusão entre os conceitos de método adequado e principal *versus* método alternativo e subsidiário é proposital e que, inclusive, ela propiciou um debate com seus alunos quanto ao método adequado ser, em realidade, aquele que se tornou próprio e que, portanto, exclui uma generalidade não aplicável ao caso concreto (Cf. SILVA, Paulo Eduardo Alves da. Solução de Controvérsias: Métodos Adequados para resultados possíveis e métodos possíveis para resultados adequados. In: SALLES, Carlos Alberto de; LORENCINI, Marco Antônio Garcia Lopes; SILVA, Paulo Eduardo Alves da (Coord.). **Negociação, mediação e arbitragem** – curso básico para programas de graduação em Direito. São Paulo: Método, 2012, p. 11).

[27] BÜHRING-UHLE, Christian; KIRCHHOFF, Lars; SCHERER, Gabriele. **Arbitration and mediation in international business**. 2ª ed. Holanda: Kluwer Law International, 2006, p. 169.

[28] SALLES, 2006, p. 782. Ainda, conforme SALLES: "Na verdade, a convivência entre Judiciário e mecanismos não estatais de solução de controvérsias deve ser encarada sob uma ótica positiva. Isto é, não pelo enfoque negativo – indicativo da utilidade dos segundos diante dos percalços da jurisdição estatal, da demora, da sobrecarga, da falta de estrutura, etc. Mas das vantagens, ínsitas a esses meios ditos alternativos, decorrentes de seus arranjos institucionais, das qualidades de seus procedimentos e da natureza de sua resposta. A esse respeito, correto questionar sobre meios *adequados*, e não *alternativos*, de solução de controvérsias." (SALLES, 2011, p. 44, destaques originais).

Para WATANABE, "[n]ão será mais apropriado referir-se à mediação e à conciliação como mecanismos 'alternativos' à solução sentencial, devendo ser consideradas como meios 'adequados' de resolução de controvérsias"[30].

Nesse sentido, CARMONA:

> Faço aqui um alerta: a terminologia tradicional, que se reporta a 'meios alternativos' parece estar sob ataque na medida em que uma visão mais moderna do tema aponta meios **adequados** (ou mais adequados) de solução de litígios, não necessariamente **alternativos.** Em boa lógica (e tendo em conta o grau de civilidade que a maior parte das sociedades atingiu neste terceiro milênio), é razoável pensar que as controvérsias tendam a ser resolvidas, num primeiro momento, diretamente pelas partes interessadas (negociação, mediação, conciliação); em caso de fracasso deste diálogo primário (método autocompositivo), recorrerão os conflitantes às fórmulas heterocompositivas (processo estatal, processo arbitral). Sob este enfoque, os métodos verdadeiramente alternativos de solução de controvérsias seriam os heterocompositivos (o processo, seja estatal, seja arbitral), não os autocompositivos (negociação, mediação, conciliação). Para evitar esta contradição, soa correta a referência a métodos **adequados** de solução de litígios, não a métodos **alternativos.** Um sistema multiportas de resolução de disputas, em resumo, oferecerá aos litigantes diversos métodos, sendo necessário que o operador saiba escolher aquele mais adequado ao caso concreto.[31]

[29] Até janeiro de 2014, a Câmara de Comércio Internacional (*International Chamber of Commerce* – ICC) possuía as regras *2001 Amicable Dispute Resolution Rules,* quando estas foram substituídas pelas *ICC Mediation Rules.* Vide: <https://iccwbo.org/dispute-resolution-services/mediation/mediation-rules/>. Acesso em 21 de set. 2019. A doutrina francesa costuma utilizar o acrônimo MARD relativo a "*modes amiables de règlement des différends*" que em tradução livre: modos amigáveis de solução de controvérsias. (Cf. ASFAR-CAZENAVE, Caroline. La médiation en France. In: BLOHORN-BRENNEUR, Béatrice; BACQUÉ, Myriam (Org.). **Médiation obligatoire ou volontaire** – quelles réformes pour quels enjeux? Paris: L'Hamattan, 2018, p. 16).

[30] WATANABE, Kazuo. Mediação como política pública social e judiciária e Modalidade de mediação. **Revista do Advogado,** n. 123, ano XXXIV, ago., 2014, p. 37.

[31] CARMONA, Carlos Alberto. **Arbitragem e Processo:** um comentário à Lei Nº 9.307/96. 3ª ed. São Paulo: Atlas, 2009, pp. 32-33, destaques originais.

Como contraponto, DINAMARCO defende a denominação de meios alternativos, tendo em vista que as vias da jurisdição estatal sempre prevalecerão como opção quando as soluções consensuais ou arbitrais não forem consertadas entre as partes[32].

Interessa ao debate apresentar a perspectiva de LEE quanto à evolução do "A" no acrônimo ADR. Em sua opinião, a semântica da letra "A" impacta a forma de percepção do conflito e do progresso relativo à própria resolução do conflito. A identificação do "A" como alternativo e, posteriormente, como apropriado/adequado refletiria a realidade histórica de cada situação específica[33].

Num primeiro momento, *alternative dispute resolution* seria fruto do célebre movimento que promoveu o debate acerca do descontentamento com o contencioso judicial e da indicação de outros meios como alternativas ao processo judicial (movimento esse iniciado com a *Pound Conference on the Causes of Popular Dissatisfaction with the Administration of Justice*, na década de 70 nos Estados Unidos). Embora reconheça o valor da mudança de concepção quanto à busca por diversas formas de resolução de disputas, o autor critica o inerente sentido negativo que o termo "alternativo" carrega:

> *Under this version, Negotiation, Mediation and Arbitration were wheeled out as alternatives to litigation as lawyers searched for better ways of resolving their clients' problems. What is interesting is that the term "Alternative Dispute Resolution" drew its definition with reference to what it was not i.e. litigation. This of course accurately reflected the reality of the situation at the time. However, as a normative statement, I submit that it was not as helpful in two ways. First, stems from the idea that the brain cannot easily process a negative. For example, saying to someone "Don't think of a pink elephant" requires that*

[32] "E tão valorizados estão esses meios na doutrina moderna, que já se chega a negar que sejam *alternativos*, mas *paralelos* à atuação dos juízes. Os que renegam essa natureza alternativa partem da premissa de que as soluções consensuais dos conflitos e também a arbitragem são mais aderentes às realidades da vida do que a jurisdição estatal, sendo por isso mais adequados do que esta. Mas não há por que abandonar essa linguagem já consagrada, porque, *perante o direito positivo*, as soluções consensuais ou arbitrais dependem de uma opção bilateral e consensual, sendo excepcionais no sistema porque prevalecem as vias da jurisdição estatal sempre que uma opção como essas não for consertada pelas partes." (DINAMARCO, 2017, v. I, pp. 214-215 e 487-488).

[33] Lee, 2012.

the person think of a pink elephant first, before not thinking of it. In a similar way, the term "Alternative Dispute Resolution" meant that one had to first think of what the main form of dispute resolution was i.e. litigation before thinking of what the alternatives to it were. Secondly, and this is a related point, the term provided a psychological barrier in favor of litigation. After all, going for an alternative implied second best. Ask any drinker of Coca Cola. Would they go for the alternative Pepsi? As such, litigation therefore continued to occupy mind space.[34]

LEE aponta que o próximo passo evolutivo levou à concepção de ADR como "*appropriate dispute resolution*" e que, a despeito da mudança de visão quanto à adequação do meio ao problema específico do cliente, a nova concepção deixa a desejar, já que o advogado dependeria demasiadamente do relato do cliente e da ponderação dos prós e contras de cada meio de resolução de disputas antes de definir uma estratégia jurídica[35]. Além disso, LEE critica a dualidade e tensão gerada entre uma

[34] Ibid., 2012. Em tradução livre: "Sob esta versão, Negociação, Mediação e Arbitragem foram lançadas como alternativas para o litígio, enquanto os advogados buscavam melhores maneiras de resolver os problemas de seus clientes. O que é interessante é que o termo 'Alternative Dispute Resolution' traçou sua definição com referência ao que não era, ou seja, o contencioso. É claro que isso refletia com precisão a realidade da situação na época. No entanto, como declaração normativa, considero que não foi tão útil por duas questões. Em primeiro lugar, a questão que decorre da ideia de que o cérebro não pode processar facilmente uma afirmação negativa. Por exemplo, dizer a alguém 'Não pense em um elefante rosa' requer que a pessoa pense primeiro em um elefante rosa, antes de não pensar nele. De forma semelhante, o termo 'Alternative Dispute Resolution' significava que primeiro era preciso pensar em qual era a principal forma de resolução de disputas, ou seja, o contencioso, antes de pensar em quais seriam as alternativas. Em segundo lugar, e este é um ponto relacionado, o termo forneceu uma barreira psicológica a favor do contencioso. Afinal, buscar uma alternativa implicava o segundo melhor. Pergunte a qualquer bebedor de Coca-Cola. Eles iriam para a alternativa Pepsi? Como tal, o contencioso, portanto, continuou a ocupar espaço mental.".

[35] "*A step forward occurred when some academics and practitioners began to refer to ADR as 'Appropriate Dispute Resolution'. To the writer's mind, this required a shift in focus from the position that litigation was presumptively the main form of dispute resolution (which could be rebutted and replaced with one of the alternative forms of dispute resolution) to a sincere consideration of what form of dispute resolution was appropriate for the client's particular problem. Put another way, the lawyer had to come to the client's problem with a blank slate and weigh the pros and cons of each form of dispute resolution before deciding with his/her client which one to adopt. The lawyer therefore had to have a 'meta-strategy' for deciding the suitability for any form of dispute resolution for his/her client. While this writer*

mentalidade litigante e uma mentalidade colaborativa que o advogado enfrentaria buscando se especializar nos diversos meios adequados de resolução de conflitos.

Dessa forma, como um terceiro passo rumo à evolução do "A" no acrônimo ADR, LEE sugere o termo amigável ("*amicable*") que deveria ser utilizado e promovido pelos advogados de práticas colaborativas[36], enquanto questões relacionadas ao contencioso deveriam ser lidadas por profissionais especializados em disputas contenciosas[37].

A despeito de se considerar a finalidade de cada uma das classificações apresentadas e compreender que, na realidade, inexiste uma

would like to think that this evolution of 'A' was reflective of the times, it was probably more normative and seen as a way to overcome some of the problems discussed in relation to 'Alternative" Dispute Resolution'." (LEE, 2012). Em tradução livre: "Um passo à frente ocorreu quando alguns acadêmicos e profissionais começaram a se referir ao ADR como 'Resolução de Disputa Adequada. Para o escritor, isso exigia uma mudança de foco da posição de que o contencioso era presumivelmente a principal forma de resolução de disputas (que poderia ser refutada e substituída por uma das formas alternativas de resolução de disputas) para uma consideração sincera de qual forma de disputa a resolução era apropriada para o problema específico do cliente. Dito de outra forma, o advogado teve que chegar ao problema do cliente com uma folha em branco e pesar os prós e os contras de cada forma de resolução de disputa antes de decidir com seu cliente qual adotar. O advogado, portanto, tinha que ter uma 'meta-estratégia' para decidir a adequação de qualquer forma de resolução de litígios para o seu/a sua cliente. Embora este escritor gostaria de pensar que esta evolução de 'A' refletia os novos tempos, era provavelmente mais normativa e vista como uma forma de superar alguns dos problemas discutidos em relação à 'Alternativa' de Resolução de Litígios.".

36 Referido tipo de prática será estudado mais adiante no Capítulo 3.

37 "*Seeing ADR as 'Amicable' Dispute Resolution addresses the problems associated with 'Appropriate' Dispute Resolution in that it does not require lawyers to hold two vastly different dispute resolution paradigms in their minds. Further, a client can go to a lawyer practicing "Amicable" Dispute Resolution knowing full well what the lawyer is offering. It also addresses the increasingly held view that arbitration does not really fit well with Negotiation and Mediation as dispute resolution processes by cleanly separating Negotiation and Mediation from the more adversarial and contentious forms of dispute resolution.*" (LEE, 2012.). Em tradução livre: "Perceber ADR como 'Amigável' Resolução de Disputa aborda os problemas associados à 'Adequada' Resolução de Disputas, pois não exige que os advogados tenham em suas mentes dois paradigmas de resolução de disputas muito diferentes. Além disso, um cliente pode ir a um advogado que pratique a 'Amigável' Resolução de Disputas sabendo muito bem o que o advogado está oferecendo. Ele também aborda a visão cada vez mais sustentada de que a arbitragem não se encaixa bem com Negociação e Mediação como processos de resolução de disputas, separando claramente a Negociação e Mediação das formas mais adversas e contenciosas de resolução de disputas.".

tipologia fechada[38], no presente trabalho será preferível a utilização da expressão "meios consensuais" e do acrônimo MASCs como meios adequados de solução de conflitos por duas razões.

A primeira razão se dá em vista da proposição deste trabalho de perscrutar a convenção de resolução consensual de conflitos e, especialmente, os seus efeitos vinculantes, bem como o panorama de discussão sobre a efetivação dos meios de solução de conflitos. Para tanto, a convenção de arbitragem poderá ser referida para fins de comparação e análise. Ademais, como será visto, em termos de surgimento e desenvolvimento, um paralelo será traçado entre o instituto da arbitragem e os demais MASCs[39].

Já a segunda razão, em que pese a admiração e respeito pelos doutrinadores e suas fundamentadas posições com relação à definição e utilização dos termos MASCs e ADR nas suas diversas significações, entende-se que, inclusive do ponto de vista da prática forense, é possível e desejável que o operador do direito seja treinado a partir de uma perspectiva de *adequação* do emprego de diferentes habilidades, considerando-se o tipo de conflito *in casu*.

A concepção de criação de valor e a abordagem positiva quanto ao conflito interferem diretamente na percepção e forma de atuação dos profissionais jurídicos, até mesmo do advogado de contencioso. Este poderá observar o valor a ser gerado ao seu cliente (e, em geral, à condução do processo) na hipótese de negociação quanto aos atos de gerenciamento do processo, por exemplo, com a definição de prazos e formas

[38] É possível, ainda, citar outras mudanças e desdobramentos quanto à significação do termo ADR. *Alternative Dispute Redressal* como meio de resolução de conflitos que não inclui a solução dada pelo Poder Judiciário e se refere somente à arbitragem, uma vez que, negociação, mediação e conciliação seriam abrangidas pelo termo CDR (*Consensual Dispute Resolution*). CDR também pode ser entendido como *Collaborative Dispute Resolution* ou *Complementary Dispute Resolution*, compreendendo também a arbitragem, porém excluindo a jurisdição estatal ou, ainda, como um termo direcionado à resolução de conflitos consumeristas, *Consumer Dispute Resolution*.

[39] De acordo com os autores da Teoria Geral do Processo: "A percepção de uma tutela adequada a cada tipo de conflito modificou a maneira de ver a arbitragem, a mediação e a conciliação, que, de meios sucedâneos, equivalentes ou meramente alternativos à jurisdição estatal, *ascenderam à estatura de instrumentos mais adequados de solução de certos conflitos.*" (Cintra, A.C.A.; Dinamarco, C. R.; Grinover, A. P. **Teoria geral do Processo**. São Paulo: Malheiros Editores, 2014, p. 33, destaques não originais).

de condução do processo judicial e/ou arbitral[40]. Também poderá ser observado um ganho de valor, se for o momento *adequado* e do interesse do cliente, com a homologação judicial ou arbitral do acordo que põe fim à demanda.

Enfim, entende-se que é possível e laudável que o profissional pertencente ao mundo jurídico transite entre os MASCs. Estes são diversos e estão à disposição do operador, a depender de qual mais se adequar ao tipo de conflito[41] ou for recomendado, inclusive por lei[42], independentemente de a verificação quanto à adequação ocorrer antes, durante ou depois da deflagração do conflito.

[40] Faz-se referência aos artigos 190 e 191 do Código de Processo Civil e a prática comum de "*case management*" na arbitragem (vide artigo 24 do Regulamento de Arbitragem da Câmara de Comércio Internacional, por exemplo). De acordo com Redfern e Hunter, em estágio inicial da arbitragem, a reunião preliminar ou, também denominada "*case management conference*", possui o propósito de assegurar que as partes tenham um entendimento comum acerca da condução do procedimento e suas regras, havendo flexibilização para customizá-lo. Na reunião de "*case management*", as partes, em conjunto com o tribunal arbitral, geralmente discutem sobre e definem questões preliminares à análise do mérito da disputa, tais como objeções à jurisdição, pedidos de urgência ou de bifurcação do procedimento com previsão de prolação de sentença arbitral parcial; o estabelecimento de um calendário para apresentação de manifestações; a aplicação de regras e diretrizes internacionais quanto ao conflito de interesses e à produção de provas, por exemplo; a definição do local e data da audiência de instrução; etc. (Blackby, Nigel *et al.* **Redfern and Hunter on International Arbitration.** New York: Oxford University Press, 6ª ed., 2015, pp. 366-368). A partir da vigência do atual Código de Processo Civil, tal prática arbitral de discussão e definição de regras procedimentais passou a ser incentiva na condução do processo judicial, especialmente diante dos negócios jurídicos processuais como formas de estipulação pelas partes de mudanças no procedimento a fim de ajustá-lo às particularidades do caso, convencionando sobre os seus ônus, poderes, faculdades e deveres processuais. Ainda, conforme Watanabe esclarece, a ideia de juiz ativo na condução do processo está na base do "*case management*" de origem no sistema processual norte-americano, o qual se caracteriza por uma atividade processual que fortalece o controle judicial sobre: (i) a identificação de questões relevantes e que merecem esclarecimentos pelas partes; (ii) uma maior utilização de MASCs; e (iii) o tempo necessário para concluir adequadamente todos os passos processuais (Cf. Watanabe, 2019, pp. 70-71).

[41] "Um sistema multiportas de resolução de disputas, em resumo, oferecerá aos litigantes diversos métodos, sendo necessário que o operador saiba escolher aquele mais adequado ao caso concreto." (Carmona, 2009, p. 33).

[42] A partir da definição das funções e encargos do mediador e conciliador, o *Codex* processual define os meios da mediação e da conciliação e sugere a que tipos de conflitos eles devem ser aplicados (consoante o artigo 165, §§ 2º e 3º, do Código de Processo Civil).

Neste trabalho, o termo MASCs será utilizado como *meios adequados*, abarcando os meios consensuais, enfoque de estudo, sendo que as classificações ora descritas serão utilizadas conforme sejam aplicáveis à discussão.

Por fim, resta assinalar e apresentar quais serão os meios consensuais a serem estudados, haja vista sua possível eleição em convenção de resolução consensual de conflitos: a negociação, a mediação e a conciliação. No subcapítulo a seguir, não há qualquer pretensão de exaurir as características e especificidades de cada um dos meios consensuais eleitos por recorte metodológico, o objetivo é apresentar os elementos que servirão de base à problematização relativa à implementação e efetividade dos meios consensuais previstos em convenção de resolução de conflitos.

1.1.1. Negociação

Dentre os meios autocompositivos, destaca-se aquele que é realizado de modo mais intuitivo e aplicado na maioria dos casos que envolvam situações do cotidiano: a negociação. Esta pode ser definida como um meio de resolução de conflitos realizado diretamente pelas partes, sendo que as suas técnicas se aplicam a qualquer outro meio autocompositivo.

Distinguem-se duas formas de negociação: uma adversarial, que se utiliza de técnicas de barganha distributiva e uma integrativa, que se baseia em princípios[43]. A negociação adversarial ou posicional se caracteriza pelo processo de troca entre as partes de maneira distributiva, focando-se em posições, sem se preocupar com os interesses, as reais necessidades das partes[44]. Já a negociação integrativa visa expandir a

[43] WHITE, James J. The pros and cons of "Getting to yes". In: **Journal of Legal Education**, vol. 34, 1984, p. 116.

[44] "Aliás, é importante que se reconheça que tanto o sucesso quanto o fracasso de uma negociação residem no fato de haver pessoas envolvidas. E as pessoas, eivadas de duas expectativas, ambições, desejos, percepções da realidade e fatores emocionais, comumente tendem ao que chamamos de *negociação posicional*, levando à mesa de negociação não seus verdadeiros interesses, mas posições. E quanto mais a negociação flui sobre posições, quanto mais o negociador defende a sua posição, mais atrelado a ela e comprometido à sua obtenção ele fica. A negociação acaba se tornando uma guerra de egos, identificados com as posições assumidas." (MOURÃO, Alessandra Nascimento S. F.; CAMPOS, Pissolito Anita; AZEVEDO, Monique Haddad K.; SIMIONATO, Monica. **Fundamentos da Negociação para o Ambiente Jurídico**. São Paulo: Saraiva, 2014, p. 25, destaque original).

percepção e informação que as partes possuem com relação aos objetos negociados, antes de se chegar a uma fase distributiva[45].

A contraposição dos tipos de negociação adversarial e integrativa influencia a maneira de se perceber a condução do procedimento, se visando tão somente à resolução de conflitos ou voltada à criação de oportunidades. SIOUF ressalta que, independentemente da contraposição dos tipos de negociação, o enfoque é a geração de valor para as partes em disputa:

> [a] negociação para resolução de controvérsias tem o aspecto negativo de iniciar-se com base em algo que divide as partes e tem o potencial para gerar animosidade e corte de comunicação. Sob esse prisma, ela representa um desafio adicional. Por outro lado, a negociação para criar novos negócios se inicia com uma propensão a olhar um futuro de oportunidades. Por isso, a tendência da negociação para a criação de novos negócios é mais positiva do que a negociação para a resolução de controvérsias, porque apenas naquela as partes tendem a se comunicar para explorar a possibilidade de ganhos mútuos no futuro. Entretanto, essa análise é simplista e limitadora. A existência de uma disputa e as alternativas à negociação disponíveis às partes criam oportunidades de *geração de valor* (...).[46]

A negociação como MASC pode assumir a forma integrativa, uma vez que, embora as partes busquem como objetivo final a divisão de valor entre elas, o que se almeja como primeiro passo é a criação de valor, o aumento das possibilidades de ganhos para ambas as partes, obser-

[45] "Este tipo de negociação reflete o modelo de negociação baseada em princípios, que foi estudado e desenvolvido no Programa de Negociação da Universidade de Harvard ("O *Program On Negotiation* (PON) desenvolvido na Universidade de Harvard, nos EUA, foi criado em 1993 para promover, de forma interdisciplinar e em parceria com outras Faculdades (Massachusetts Institute of Technology e Tufts University), um projeto de pesquisa voltado à teoria e à prática da negociação e de outras formas de solução de conflitos." (GABBAY, Daniela Monteiro. Negociação. In: RICHA, Morgana de Almeida; PELUSO, Antonio Cezar (Coord.); GRINOVER, Ada Pellegrini; WATANABE, Kazuo (Colab.). **Conciliação e Mediação:** estruturação da Política Judiciária Nacional. Rio de Janeiro: Forense, 2011, p. 212).

[46] SIOUF FILHO, Alfred Habib. Negociação para resolução de controvérsias. In: SALLES, Carlos Alberto de; LORENCINI, Marco Antônio Garcia Lopes; SILVA, Paulo Eduardo Alves da (Coord.). **Negociação, mediação e arbitragem** – curso básico para programas de graduação em Direito. São Paulo: Método, 2012, p. 88.

vando-se, portanto, uma dimensão positiva da negociação como meio de resolução de conflitos. Vale assinalar que o artigo 166, §3º, do Código de Processo Civil ressalta a possibilidade de utilização de técnicas de negociação a fim de favorecer os processos autocompositivos, como a mediação[47].

Além da negociação quanto ao mérito do conflito, é possível vislumbrar a negociação como meio de resolução de conflitos atinente à discussão entre as partes quanto a ajustes no procedimento judicial e, até mesmo, no procedimento de outros MASCs. Por exemplo, as partes podem estabelecer verbalmente ou por escrito, inclusive, após restar infrutífera a tentativa de autocomposição direta, que iniciarão procedimento de negociação para determinar a forma de implementação do procedimento de arbitragem. Em outras palavras, é possível que as partes negociem também sobre os seus ônus, poderes, faculdades e deveres processuais, antes ou durante o processo, conforme estipulação do Código de Processo Civil em relação aos denominados negócios jurídicos processuais[48].

O Código de Processo Civil traz recomendações de possíveis negócios jurídicos processuais envolvendo o estabelecimento, de comum acordo, de calendário para a prática de atos processuais[49] e de distribuição diversa do ônus da prova[50], ressaltando que as declarações das partes nesse sentido produzem imediatamente a constituição, modificação ou extinção de direitos processuais[51].

[47] Conforme §3º do artigo 166 do Código de Processo Civil: "Admite-se a aplicação de técnicas negociais, com o objetivo de proporcionar ambiente favorável à autocomposição".

[48] "Art. 190. Versando o processo sobre direitos que admitam autocomposição, é lícito às partes plenamente capazes estipular mudanças no procedimento para ajustá-lo às especificidades da causa e convencionar sobre os seus ônus, poderes, faculdades e deveres processuais, antes ou durante o processo".

[49] "Art. 191. De comum acordo, o juiz e as partes podem fixar calendário para a prática dos atos processuais, quando for o caso. § 1º O calendário vincula as partes e o juiz, e os prazos nele previstos somente serão modificados em casos excepcionais, devidamente justificados. § 2º Dispensa-se a intimação das partes para a prática de ato processual ou a realização de audiência cujas datas tiverem sido designadas no calendário."

[50] De acordo com o § 3º, artigo 373 do Código de Processo Civil: "A distribuição diversa do ônus da prova também pode ocorrer por convenção das partes, salvo quando: I – recair sobre direito indisponível da parte; II – tornar excessivamente difícil a uma parte o exercício do direito."

[51] Conforme artigo 200 do Código de Processo Civil: "Os atos das partes consistentes em declarações unilaterais ou bilaterais de vontade produzem imediatamente a constituição, modificação ou extinção de direitos processuais."

Importa destacar que negociação acerca das regras procedimentais, conforme prevista no *Codex* processual, reflete o princípio do respeito ao autorregramento da vontade das partes, conforme leciona DIDIER JÚNIOR:

> No conteúdo eficacial do direito fundamental à liberdade está o direito ao autorregramento: o direito que todo sujeito tem de regular juridicamente seus interesses (...) Autonomia privada ou autorregramento da vontade é um dos pilares da liberdade e dimensão inafastável da dignidade da pessoa humana. O Direito Processual Civil, embora ramo do Direito Público, ou talvez exatamente por isso, também é regido por esse princípio. Pode-se chamá-lo de *princípio do respeito ao autorregramento da vontade no processo*.[52]

Assim, com observância a delimitações legais e de validade dos atos, bem como à autonomia privada das partes, estas podem prever, verbal ou contratualmente, a realização da negociação quanto aos aspectos de condução de uma demanda judicial ou arbitral ou, ainda, de um procedimento referente a outro MASC.

1.1.2. Mediação

A mediação assume uma amplitude de significados em razão, principalmente, da pluralidade de conceitos percebidos a partir de suas escolas e da flexibilidade do procedimento[53]. Tal particularidade é tomada com cuidado, haja vista a possibilidade de uso do método de maneira inapropriada ou de denominar-se por mediação práticas tão distintas e até mesmo incongruentes[54].

[52] DIDIER JÚNIOR, Fredie. Curso de direito processual civil. 21ª ed. Bahia: Editora JusPodivm, v. I, 2019, pp. 164-165, destaques originais.

[53] KOVACH ressalta que o aspecto da flexibilidade do processo da mediação pode ser definido e redefinido pelas partes e pelo mediador, caso a caso. Tal aspecto é percebido ao mesmo tempo como um ponto forte e como uma característica que cria um desafio considerável para qualquer um buscando descrever genericamente a mediação (Cf. KOVACH, Kimberlee K. Mediation. In: Moffitt, Michael L.; BORDONE, Robert C. (Edit.) **The Handbook of dispute resolution**. 1ª ed., São Francisco: Jossey-Bass, 2005, p. 304).

[54] LEVY, Fernanda Rocha Lourenço. **Cláusulas escalonadas:** a mediação comercial no contexto da arbitragem. São Paulo: Saraiva, 2013, pp. 77-79.

De modo geral, a mediação se caracteriza pela assistência dada por um terceiro que visa reestabelecer e facilitar a comunicação entre as partes. BRAGA NETO define a mediação como um processo em que um terceiro (imparcial e independente) coordena reuniões separadas ou conjuntas com as partes envolvidas, visando promover "uma reflexão sobre a inter-relação existente, a fim de alcançar uma solução, que atenda a todos os envolvidos"[55]. Outrossim, conforme a cartilha do CNJ, com perguntas e respostas sobre a mediação e a conciliação: "[m]ediação é uma conversa/negociação intermediada por alguém imparcial que favorece e organiza a comunicação entre os envolvidos no conflito"[56].

Interessante apontar que existem escolas de mediação e estilos relacionados às técnicas utilizadas na mediação. Quanto aos estilos, identificam-se: (i) estilo facilitativo e (ii) estilo avaliativo ou valorativo. Dentre as escolas, destacam-se a baseada em técnicas de negociação desenvolvidas pelo Programa de Negociação de Harvard Law School, a mediação transformativa e a mediação circular-narrativa.

A mediação baseada em técnicas de negociação de Harvard tem sua origem na obra seminal de negociação elaborada por FISHER, URY e PATTON e desenvolvida dentro do *Program on Negotiation* de Harvard Law School[57]. Esta obra apresenta o conceito de "*principled-negotiation*", também conhecido como "*problem-solved negotiation*", "*interested-based negotiation*" ou "*win-win negotiation*". Assim, a mediação baseada na escola de Harvard busca auxiliar as partes na realização de uma negociação baseada em princípios, de maneira integrativa, visando expandir a percepção e informação que as partes possuem com relação aos objetos negociados antes de se chegar a uma fase distributiva, de divisão dos objetos negociados.

A segunda escola destacada é a mediação transformativa desenvolvida por BUSH e FOLGER[58]. Ela foi criada em resposta à escola de

[55] BRAGA NETO, Adolfo. Mediação de conflitos: conceito e técnicas. In: SALLES, Carlos Alberto de; LORENCINI, Marco Antônio Garcia Lopes; SILVA, Paulo Eduardo Alves da (Coord.). **Negociação, mediação e arbitragem** – curso básico para programas de graduação em Direito. São Paulo: Método, 2012, p. 103.

[56] Disponível em: <http://www.cnj.jus.br/files/conteudo/arquivo/2017/11/792a36b2facd828e 3b0a2cd36 adf3907.pdf>. Acesso em: 5 set. 2019.

[57] FISHER, Roger; URY, William; PATTON, Bruce. **Getting to yes:** negotiating agreement without giving in. 3ª ed. New York: Penguin Books, 2011.

[58] BUSH, Robert A. Baruch; FOLGER, Joseph P. **The promise of mediation: the transformative approach to conflict**. San Francisco: Jossey Bass, 2005.

mediação baseada em princípios de Harvard e percebe o conflito não como um problema a ser resolvido, mas uma oportunidade de transformação da relação existente e crescimento moral. Parte-se da premissa, portanto, que o eventual acordo é um resultado secundário da mediação, cujos objetivos principais são o empoderamento, definido como o fortalecimento da autoconsciência e autodeterminação (*empowerment dimension*), e o reconhecimento do outro e do seu problema (*recognition dimension*).

Já a terceira escola destacada, desenvolvida por COBB[59], é a mediação circular-narrativa. Esta segue o modelo circular-narrativo que tem por base a teoria da comunicação e inspira-se na terapia familiar sistêmica. Entende-se a história ou narrativa dos conflitos como reflexo do contexto sociocultural e linguístico nos quais as partes estão envolvidas, com o objetivo de criar uma versão integrada com fundamento numa circularidade relacional. Os conflitos são avaliados a partir das narrativas trazidas pelos participantes, sendo que, na mediação, uma narrativa nova e mais positiva é construída.

Em relação às técnicas de mediação, destacam-se a mediação avaliativa e a mediação facilitativa. Esta procurar facilitar a comunicação entre as partes e restaurar o diálogo entre elas no intuito de auxiliar a chegada ao acordo. Aquela se vale de proposições de soluções. O mediador avaliador, além de auxiliar na comunicação entre as partes, apresenta sua avaliação quanto às propostas e ideias que conduzem ao acordo.

Levy ressalta que o tema relativo à mediação avaliativa é polêmico, posto que alguns doutrinadores opinam que este tipo de mediação não é uma mediação propriamente dita. Na sua opinião, "a mediação valorativa pode dar margem à confusão terminológica, pois seu conteúdo se confunde com outras práticas de resolução de conflitos, como, por exemplo, a conciliação (...)"[60]. Indica-se que o tema relativo à distinção entre mediação e conciliação será enfrentado mais detidamente no Capítulo 5, quando da análise da flexibilização do procedimento previsto na convenção de resolução consensual de conflitos.

[59] Cobb, Sara. Resolución de conflictos: Una nueva perspectiva. In: **Acta Psiquiátrica y Psicológica de América Latina**, 1991.
[60] Levy, 2013, p. 86.

1.1.3. Conciliação

Barbosa define a conciliação como "meio de resolução de conflitos pela autocomposição indireta ou triangular, posto existir um terceiro que interfere na composição, com a finalidade de pôr fim ao conflito"[61]. Luchiari considera a conciliação como "método de solução de conflitos no qual um terceiro imparcial, que domina a escuta, sem forçar as vontades dos participantes, investiga apenas os aspectos objetivos do conflito e sugere opções para sua solução, estimulando-os à celebração de um acordo"[62].[63] De modo simplificado, entende-se a conciliação como um procedimento voltado essencialmente a auxiliar as partes a celebrarem um acordo, evitando-se dispêndio de tempo e custos.

Colocando-se em destaque o paradigma adversarial da lide e a primazia da celebração do acordo, há quem defenda que, na conciliação, as partes procuram atender exclusivamente os seus interesses pessoais[64].

É curial mencionar que, embora seja comum estimular a conciliação com brocardos positivos ("mais vale um mal acordo do que uma boa demanda", por exemplo) e por meio de mutirões, é preciso tomar cuidado

[61] Silva, Érica Barbosa. **A efetividade da prestação jurisdicional civil a partir da conciliação**. 2012. 356 f. Dissertação (Doutorado) – Faculdade de Direito da Universidade de São Paulo, São Paulo, 2012, p. 138.

[62] Luchiari, Valéria Ferioli Lagrasta. **Mediação judicial:** análise da realidade brasileira: origem e evolução até a Resolução n. 125, do Conselho Nacional de Justiça. Rio de Janeiro: Forense, 2012, p. 15.

[63] Ainda, Braga Neto ressalta que "muitos autores destacam que ao conciliador é permitida a apresentação de sugestões, pois o objetivo é evitar desgastes de uma batalha e *um terceiro sem vínculo com as partes de maneira mais livre poderá fazê-las refletir sobre tais sugestões que nunca são impositivas ou vinculativas*. O objetivo maior da conciliação, portanto, é o acordo para pôr fim a potencial demanda judicial existente ou não." (Braga Neto, Adolfo. Reflexões sobre a conciliação e a mediação de conflitos. In: Salles, Carlos Alberto de (Coord.). **As transformações do processo civil brasileiro** – Homenagem ao Professor Kazuo Watanabe. São Paulo: Quartier Latin, 2009, p. 429, destaques não originais).

[64] "A Conciliação guarda ainda uma sintonia com o paradigma adversarial que rege toda lide, recebendo partes voltadas a encontrar uma solução que melhor as atenda, sem se importar com o nível de satisfação que o outro lado venha a ter. Algumas vezes, até, os sujeitos das mesas de Conciliação entendem como ganho a insatisfação que o resultado possa provocar na outra parte." (Almeida, Tânia. **Mediação e Conciliação: duas práticas distintas, dois paradigmas diversos**. Disponível em: <http://www.dialogosproductivos.net/img/descargas/64/mimediaao-e-conciliaao.pdf>. Acesso em: 12 mar.2018).

para que ela não seja percebida como um MASC que proporcione uma "justiça de segunda classe"[65].

Barbosa ressalta que a forma inadequada de se empregar as técnicas da conciliação não pode definir os contornos do método em si:

> Entretanto, a conciliação é comumente enfocada pela doutrina como uma forma de pressão que, enfatizando as agruras do Judiciário, conduz as partes ao acordo. Nesse sentido, a função do conciliador seria forçar as partes para que cheguem a uma composição. Ora, a conciliação não se trata disso. Essas práticas não podem ser chamadas de conciliação nem o instituto pode pagar pela aplicação inadequada das técnicas.[66]

Outrossim, Tartuce adverte que a credibilidade do instituto depende da aplicação das técnicas concebidas para a sua efetivação. O simples questionamento sobre a viabilidade ou não de um acordo não pode ser compreendido como uma técnica de conciliação, tampouco ações de pressionar, intimidar, forçar e prejulgar. Para a autora, "[s]e exitosas tais questionáveis condutas, possivelmente gerarão não acordos genuínos, mas lamentáveis 'pseudocomposições'"[67].

[65] Conforme crítica tecida por Capelletti: "Outra questão árdua é a de determinar os padrões e garantias mínimos de órgãos julgadores e procedimentos. O risco, obviamente, é o de que a alternativa só proporcione uma *justiça de segunda classe*, porque é quase inevitável que falte aos julgadores nos tribunais alternativos, pelo menos em parte, as salvaguardas de independência e treino de que dispõem os Juízes ordinários. E aos próprios procedimentos poderiam faltar, pelo menos em parte, as garantias formais de equidade processual que são típicas do procedimento ordinário (...)." (Capelletti, Mauro. Os métodos alternativos de resolução de conflitos no quadro do movimento universal de acesso à justiça. São Paulo: **Revista de Processo**, nº 74, 1994, p. 89). No mesmo sentido, vale destacar as ponderações feitas por Gabbay: "Um dos principais riscos da institucionalização da mediação é que ela seja considerada uma justiça de segunda classe, sendo vista como uma forma de contenção dos casos que chegam ao Judiciário, que se dedicaria dessa forma apenas aos casos 'mais importantes'. Ao se criar uma porta de acesso aos meios autocompositivos, portanto, é preciso ter o cuidado de que ela não seja uma porta lateral ou secundária de acesso à justiça." (Gabbay, Daniela Monteiro. **Mediação e judiciário:** condições necessárias para a institucionalização dos meios autocompositivos de solução de conflitos. 2011. 274 f. Dissertação (Doutorado) – Faculdade de Direito da Universidade de São Paulo, São Paulo, 2011, p. 79).

[66] Silva, 2012, pp. 167-168.

[67] Tartuce, Fernanda. Conciliação em juízo: o que (não) é conciliar? In: Salles, Carlos Alberto de; Lorencini, Marco Antônio Garcia Lopes; Silva, Paulo Eduardo Alves (Coord.).

Outra ideia que se relaciona ao estímulo intenso da conciliação é a de que o seu propósito imediato é diminuir a quantidade de processos judiciais. Luchiari critica tal consideração e ressalta que não se afigura como uma prática apropriada a utilização frequente de mutirões de conciliação e mediação com o único objetivo de reduzir o acúmulo de processos e não o de dar um tratamento adequado aos conflitos[68].

1.1.3.1. *Classificações da mediação e da conciliação como extrajudiciais e judiciais (pré-processuais ou processuais)*

Para fins de estudo dos meios consensuais da mediação e conciliação, que podem figurar em convenção de resolução de conflitos, é necessário distinguir os procedimentos da mediação e da conciliação extrajudiciais, pré-processuais ou processuais.

Se o método autocompositivo indireto for realizado por um mediador ou um conciliador (ou mediadores ou conciliadores em co-mediação ou co-conciliação) escolhido pelas partes[69] em ambiente privado (*ad hoc*)[70] ou for processado de acordo com o regulamento de alguma instituição ou organização privada que preste serviços relacionados à resolução de conflitos, trata-se de uma mediação/conciliação extrajudicial,

Negociação, mediação e arbitragem – curso básico para programas de graduação em Direito. São Paulo: Método, 2012a, pp. 174 -175.

68 A autora aponta ainda que um acordo obtido em sessão conduzida por terceiro capacitado, que utiliza adequadamente as técnicas afetas aos MASCs, dificilmente gerará uma execução ou recurso. Assim, na sua opinião, uma análise estatística quanto à qualidade do serviço prestado seria o termômetro mais correto e não o número de acordos obtidos, muitas vezes, em mutirões, conforme se tem considerado (Cf. Luchiari, Valéria Ferioli Lagrasta. Política judiciária nacional de tratamento adequado de conflitos. In: Gabbay, Daniela Monteiro; Takahashi, Bruno. (Org.). **Justiça Federal**: inovações nos mecanismos consensuais de solução de conflitos. Brasília-DF: Gazeta Jurídica, 1ª ed., v. 01, 2014, p. 315).

69 A despeito de a Lei nº 13.140 de 2015 e o Código de Processo Civil fazerem uso do termo "partes", também é possível utilizar a denominação de requerente, solicitante ou reclamante à parte que solicitou a mediação e, por outro lado, de requerida, solicitada ou reclamada, a parte que foi convidada à mediação, ou, ainda, conflitantes, mediandos ou partes mediandas. Tendo em vista o termo legal e o objeto escolhido como tema de estudo da presente obra, a denominação de partes será preferida.

70 A classificação de mediação/conciliação *ad hoc*, tal qual a arbitragem, indica que o terceiro contratado pelas partes atua de forma autônoma, independentemente de instituições tais como as câmaras privadas de mediação, conciliação e arbitragem. As partes podem dispor, em conjunto com o terceiro, sobre as regras procedimentais que desejam seguir durante o procedimento *ad hoc*.

que pode ser realizada em vista de uma previsão contratual ou por mera iniciativa das partes.

De acordo com a Lei de Mediação, a mediação extrajudicial pode ser iniciada por meio de um convite que poderá ser feito por qualquer meio de comunicação e deverá indicar o escopo proposto para a negociação, a data e o local da primeira reunião, tendo a outra parte o prazo de trinta dias para respondê-lo (sendo considerado rejeitado o convite, se transcorrido o prazo *in albis*)[71].

Na hipótese de as partes desejarem estabelecer contratualmente o uso da mediação, a Lei de Mediação indica quais seriam os requisitos mínimos da previsão contratual: (i) prazo para a realização da primeira reunião de mediação; (ii) local da primeira reunião de mediação; (iii) critérios de escolha do mediador; e (iv) penalidade em caso de não comparecimento da parte convidada à primeira reunião de mediação[72]. Vale mencionar que a indicação das regras procedimentais de uma câmara de mediação ou de outras organizações dedicadas aos serviços de resolução de disputas supriria a necessidade de enumeração dos requisitos legais mínimos na cláusula de mediação, conforme o próprio § 1º do artigo 22 da Lei de Mediação esclarece.

Entende-se que não há nada que impeça a aplicação analógica de referidos requisitos e normas legais à conciliação extrajudicial. Isto porque, em vista do artigo 42 da Lei de Mediação, a mediação se aplica, no que couber, às outras formas consensuais de resolução de conflito, além de que, em termos de implementação do procedimento autocompositivo, como, por exemplo, a indicação de prazo para realização da primeira reunião, a mediação e a conciliação extrajudiciais não guardam diferenças.

Por seu turno, a classificação da mediação/conciliação judicial se refere tanto à mediação/conciliação pré-processual quanto à mediação/conciliação processual. Aquela é caracterizada quando o procedimento for buscado junto aos Centros Judiciários de Solução de Conflitos e Cidadania (CEJUSCs) ou de outro órgão pertencente ou ligado aos tribunais estatais, que auxilie formalmente na condução do procedimento, possibilitando, por exemplo, a entrega para a outra parte de convite relativo

[71] Conforme o art. 21 da Lei de Mediação.

[72] Conforme o art. 22 da Lei de Mediação. Na hipótese de a previsão contratual estar incompleta, o §2º do art. 22 da Lei de Mediação estabelece quais critérios deverão ser observados pelas partes para a realização da primeira reunião de mediação.

à realização da reunião de mediação/conciliação pelo correio ou com o auxílio de oficial de justiça[73]. Ainda, a classificação da mediação/conciliação pré-processual pressupõe que o processo judicial não tenha sido formalmente iniciado, ou seja, que a busca da realização do procedimento autocompositivo ocorra antes da apresentação da petição inicial ou de quaisquer outros trâmites relacionados à marcha processual[74].

Já com relação à outra espécie de mediação/conciliação judicial, classifica-se o procedimento autocompositivo que se realiza após a instauração do processo judicial como mediação/conciliação processual, também sendo denominado de mediação/conciliação endoprocessual[75]. A mediação/conciliação processual ocorre no ambiente do poder judiciário, preferencialmente nos CEJUSCs ou, igualmente, quando a mediação/conciliação é realizada extrajudicialmente, mas as partes resolvem levar o acordo obtido para homologação judicial[76].

[73] Conforme experiências relatadas no Relatório Analítico Propositivo – Justiça Pesquisa: mediação e conciliação avaliadas empiricamente – jurimetria para proposição de ações eficientes (Disponível em: <https://www.cnj.jus.br/wp-content/uploads/2011/02/e1d2138e482686bc5b66d18f0b0f4b16.pdf>. Acesso em: 27 ago. 2019).

[74] Conforme explicações acerca do procedimento de mediação/conciliação pré-processual disponibilizadas no website do Tribunal de Justiça do Distrito Federal e dos Territórios (Disponível em: <https://www.tjdft.jus.br/carta-de-servicos/servicos/conciliacao-e-mediacao/solicitar-conciliacao-processual-ou-pre-processual>. Acesso em: 27 ago. 2019), bem como no diagrama constante do Guia do CEJUSC ligado ao Poder Judiciário do Estado da Bahia (Disponível em: <http://www5.tjba.jus.br/conciliacao/images/stories/Guia_do_Cejusc_-_PJE.pdf>. Acesso em: 27 ago. 2019).

[75] "A composição pode ser distinguida também do ponto de vista topológico, sendo classificada como extraprocessual aquela que ocorre fora do processo e depende exclusivamente da vontade das partes, podendo ser realizada a qualquer momento. Já a composição endoprocessual, que pressupõe a existência de uma demanda, é realizada no âmbito do processo e pode ser facultativa ou obrigatória. Na facultativa, as partes podem tomar a iniciativa de se compor a qualquer momento do processo, já na obrigatória, como é o caso do Novo Código de Processo Civil, a sua realização no início do processo é imposta pela lei." Gevartosky, Hannah. **A realização de audiência de mediação/conciliação *initio litis* no Novo Código de Processo Civil.** Revista de Processo, vol. 260, out. 2016, p. 4. (Disponível em: <http://www.mpsp.mp.br/portal/page/portal/documentacao_e_divulgacao/doc_biblioteca/bibli_servicos_produtos/bibli_boletim/bibli_bol_2006/RPro_n.260.15.PDF>. Acesso em: 20 mar. 2018).

[76] "Assim, a autocomposição judicial não é somente aquela cujas tratativas se realizam em juízo, mas, igualmente, a que é efetivada pelas partes em quaisquer circunstâncias, mas que obtenham participação conclusiva posterior do juiz." Calmon, Petrônio. **Fundamentos da mediação e da conciliação.** Rio de Janeiro: Forense, 2008, p. 141.

Tendo em vista o artigo 334 do Código de Processo Civil, a mediação/conciliação processual pode ser compreendida como uma etapa do processo judicial, sendo que, nos termos do artigo, a "audiência de conciliação ou de mediação" será designada após o recebimento da petição inicial. De todo modo, também é possível que a mediação processual ocorra em momento posterior, durante qualquer fase do processo que anteceda a prolação da sentença judicial.

A possibilidade de previsão contratual dos três tipos de mediação/conciliação será discutida adiante, especialmente em vista da cláusula que pretende afastar a realização da mediação/conciliação processual.

1.1.4. Conceituação do objeto de estudo

"Convenção de resolução consensual de conflitos" é a expressão escolhida para se referir, ao mesmo tempo, a uma cláusula contratual que elege um meio consensual como método de resolução de disputas e ao compromisso firmado pelos contratantes que igualmente identifica um meio consensual para resolução de disputas.

A expressão encontra inspiração na convenção de arbitragem, que compreende as espécies: cláusula compromissória e compromisso arbitral. Tais espécies se assemelham no que se refere a estipulações contratuais com a promessa de instituir o juízo arbitral e diferenciam-se, conforme leciona Carmona, "(...) se na celebração do compromisso tem-se em mira um conflito atual, já existente, definido, na cláusula aponta-se para um litígio futuro, eventual, definível"[77].

Levy, transpondo os conceitos das espécies da convenção de arbitragem para a mediação, indica que por meio da cláusula de mediação, as partes elegem o meio consensual para auxiliá-las na resolução de conflito que venha a surgir entre elas, já com relação ao compromisso de mediação, diante do conflito já eclodido, as partes acordariam em submetê-lo à mediação[78]. Assim, a cláusula de mediação estipula a utilização do meio na hipótese de o conflito vir a surgir no futuro, enquanto o compromisso é celebrado ao tempo da existência do conflito. Ou seja, a depender do momento de existência contemporânea ou não do conflito,

[77] Carmona, 2009, p. 102.

[78] Levy, 2013, p. 184.

o tipo de arranjo contratual celebrado pelas partes contratantes assume uma espécie ou outra.

A distinção é mencionada para fins de precisão da utilização dos vocábulos cláusula ou compromisso de resolução consensual de conflitos. Nada obstante, quando a distinção for prescindível, considerando-se, principalmente, o caráter contratual que ambas as espécies possuem, a expressão convenção de resolução consensual de conflitos será utilizada ao longo do trabalho.

Anote-se que, embora a convenção de resolução consensual de conflitos possa assumir a forma oral, haja vista que, em princípio, é livre a forma pela qual se celebra um negócio jurídico[79], este trabalho não se debruçará sobre a celebração de convenção verbal de resolução consensual de conflitos e seus efeitos obrigacionais.

A convenção verbal, afinal, sempre resultará num grau de insegurança legal, uma vez que, para se exigir eventual execução, será necessária a comprovação de sua existência e validade (considerando se há ou não forma prescrita em lei)[80]. Dessa forma, para fins de estudo, este trabalho optou pela forma escrita da convenção de resolução consensual de conflitos.

Ademais, tendo em vista os meios consensuais eleitos como objeto de análise, serão protagonistas as convenções de negociação e de mediação/conciliação, ainda que combinadas com a convenção de arbitragem, tal qual na hipótese de cláusula escalonada que preveja a utilização do meio consensual posterior ou previamente à arbitragem. Observe-se que os meios consensuais da mediação e conciliação, como meios autocompositivos indiretos, não serão distinguidos em termos de sua previsão em uma convenção de resolução consensual de conflitos. A razão para tanto recai sobre o fato de que, para fins de análise de efeitos processuais – principal efeito da convenção de resolução consensual de conflitos a ser discutido na presente obra –, as disposições legais podem aproveitar a ambos os métodos, em que pese o reconhecimento de suas características e técnicas particulares, como será debatido.

[79] Exceto quanto àquilo que a lei exigir expressamente como requisito de validade, conforme determina o artigo 107 do Código Civil: "A validade da declaração de vontade não dependerá de forma especial, senão quando a lei expressamente a exigir".

[80] Câmara, Helder Moroni. **Negócios jurídicos processuais:** condições, elementos e limites. São Paulo: Almedina, 2018, p. 107.

1.2. Breve contexto histórico dos MASCs e, em especial, o incentivo à mediação

O intuito do presente subcapítulo é apresentar um panorama geral do surgimento e desenvolvimento de um movimento a favor dos MASCs que revolucionou a doutrina de direito processual, especialmente na porção ocidental do mundo. Não há qualquer pretensão de esgotar o fecundo tema, uma vez que os MASCs e, particularmente, os meios consensuais, existiram ao longo da história de toda humanidade, em paralelo ou subjulgados à jurisdição estatal ou, ainda, como prática preferencial em culturas orientais.

O enfoque é dado ao movimento em favor dos MASCs a partir do século XX (e, em seguida, sob a perspectiva brasileira), tendo em vista o estudo institucionalizado e vanguardista que moldou uma nova concepção do princípio de acesso à justiça, em ambas as tradições de *common law* e *civil law*. Como será visto, o princípio de acesso à justiça será objeto de análise e discussão no contexto dos MASCs.

Nos anos 60, CAPPELLETTI, em conjunto com GARTH e outros estudiosos oriundos de diversos países, encarregou-se de uma pesquisa voltada à verificação de obstáculos para o acesso à Justiça, a qual foi denominada "Projeto de Florença". Desta pesquisa resultou uma obra publicada em quatro volumes, que se tornou um marco para o direito processual ao colocar em destaque o modo pelo qual o direito de acesso à justiça é efetivado[81].[82]

[81] Para os autores, o efetivo acesso à justiça dependeria da superação de barreiras por meio de reformas chamadas de "ondas renovatórias" de acesso à justiça. São três as "ondas" identificadas por CAPELLETTI e GARTH: a primeira se refere aos obstáculos econômicos de acesso à justiça; a segunda se relaciona à ampliação dos direitos sociais e à economia de massa que influencia as relações humanas e, consequentemente, os tipos de demandas (repetitivas) que se apresentam ao judiciário; já a terceira onda desafia uma barreira processual relativa à inadequação do processo judicial na resolução de certos tipos de conflitos. A terceira onda renovatória busca apresentar uma concepção mais ampla de acesso à justiça, um novo enfoque que vai além dos tribunais estatais e busca lidar com o aumento da litigiosidade da sociedade. Com relação à terceira onda, conforme ressaltado por ZANFERDINI e MAZZO, a expressão "acesso à justiça" empregada por CAPELLETTI e GARTH não se esgota no acesso ao judiciário e aos órgãos judiciais existentes, sendo que, hodiernamente e, especialmente tratando-se da realidade brasileira, a judicialização dos litígios pode ser vista como uma grande causa da denominada "crise do Judiciário" (Cf. ZANFERDINI, Flávia de Almeida Montingelli; MAZZO, Fernando Henrique Machado. Do movimento de acesso à justiça às preocupações sobre o aumento da litigiosidade de massa. In: **Meritum**, vol. X, n. 1, 2015, pp. 78-79 e 89).

De acordo com CAPPELLETTI e GARTH, o processo deve se preocupar com as funções sociais, sendo que a efetivação do acesso à justiça também se dá fora dos tribunais:

> O processo, no entanto, não deveria ser colocado no vácuo. *Os juristas precisam, agora, reconhecer que as técnicas processuais servem a funções sociais; que as cortes não são a única forma de solução de conflitos a ser considerada e que qualquer regulamentação processual, inclusive a criação ou o encorajamento de alternativas ao sistema judiciário formal tem um efeito importante sobre a forma como opera a lei substantiva* – com que frequência ela é executada, em benefício de qual e com que impacto social.[83]

[82] Faz-se menção ao atual projeto de pesquisa "Global Access to Justice Project" voltado a soluções práticas de acesso à justiça no mundo. Conforme o propósito do projeto: "Diante do vertiginoso desenvolvimento dos sistemas de assistência jurídica no mundo e do interesse despertado na temática do acesso à justiça, o professor Mauro Cappelletti desencadeou, juntamente com os professores Bryant Garth e Earl Johnson Jr., a maior e mais significativa pesquisa mundial sobre o acesso à justiça já realizada. O Projeto Florença (Florence Access-to-Justice Project) reuniu uma grande equipe multidisciplinar de advogados, sociólogos, antropólogos, economistas e formuladores de políticas, originários de quase trinta países diferentes. O resultado final dessa pesquisa comparativa foi condensado em um tratado de cinco volumes intitulado "Access to Justice" (1978-81). Quarenta anos se passaram desde a publicação do resultado final do Projeto Florença, e muitos avanços (mas também alguns retrocessos) foram feitos no campo do acesso à justiça. No entanto, esse amplo processo de desenvolvimento ainda não foi devidamente estudado e compreendido, dificultando a busca por soluções promissoras que possam estimular discussões e contribuir para futuras reformas. Curiosamente, o mundo hoje parece atravessar novamente por outro ciclo de expansão e contração dos modelos de assistência jurídica. O movimento atual, entretanto, não provém apenas de países com elevado nível de desenvolvimento econômico, sendo identificadas experiências e perspectivas inovadoras em muitas nações subdesenvolvidas ou em desenvolvimento, criando novas ondas – e até mesmo contra-ondas – no movimento mundial de acesso à justiça. As filosofias, modelos e técnicas que evoluem em vários países são hoje extremamente diversificados e, por vezes, contraditórios; todavia, temas comuns estão começando a emergir e novas tendências podem ser discernidas no horizonte. O Global Access to Justice Project procura identificar, mapear e analisar essas tendências emergentes, realizando uma nova pesquisa global. Nossa pesquisa se revela oportuna e eclética, adotando uma abordagem teórica e geográfica abrangente no mapeamento e estudo do diversificado movimento mundial de acesso à justiça na África, Ásia, Oriente Médio, América Latina, América do Norte, Europa e Oceania.". Disponível em: <http://globalaccesstojustice.com/historical-background/?lang=pt-br>. Acesso em: 27 out. 2020.

[83] CAPPELLETTI, Mauro; GARTH, Bryan. **Acesso à justiça**. Porto Alegre: Fabris, 1988, pp. 12-13, destaques não originais.

Nos Estados Unidos da América, também a partir dos anos 60, originou-se um movimento a favor da discussão sobre o direito de acesso à justiça, cujo enfoque foi a expressão "*alternative dispute resolution*"[84]. Em 1976, foi realizada uma conferência, "*Pound Conference on the Causes of Popular Dissatisfaction with the Administration of Justice*", onde SANDER apresentou o seu trabalho que anunciava o início de uma nova política judiciária de consideração de diversos procedimentos de resolução de disputas, incluindo, mediação, arbitragem, avaliação neutra, *fact-finding* e *ombuds*, em alternativa à forma tradicional de adjudicação judicial[85].

Foi nesta conferência que SANDER lançou a expressão ADR (como visto, acrônimo de *Alternative Dispute Resolution*) e o conceito de Tribunal Multiportas[86]. O conceito se refere à "uma instituição inovadora que direciona os processos que chegam a um tribunal para os mais adequados métodos de resolução de conflitos, economizando tempo e dinheiro tanto para os tribunais quanto para os participantes ou litigantes"[87].

[84] "A noção de Acesso à Justiça não chegou à cena legal desacompanhada. Fez parte do conjunto de trigêmeos intelectuais que surgiu nos anos 1970. Seus irmãos foram a perspectiva da disputa nos estudos legais e o movimento por 'Meios Alternativos de Solução de Conflitos' (*Alternative Dispute Resolution*)." (GALANTER, Marc. Acesso à justiça em um mundo de capacidade social em expansão. In: **Revista Brasileira de Sociologia do Direito**, Porto Alegre: ABraSD, v. 2, n. 1, p. 39).

[85] MEADOW-MENKEL, Carrie. **Regulation of Dispute Resolution in the United States of America: From the Formal to the Informal to the 'Semi-formal'**. Disponível em: <http://scholarship.law.georgetown.edu/cgi/viewcontent.cgi?article=2300&context=facpub>. Acesso em: 10 mar. 2018.

[86] Em inglês, *Multi-door Courthouse System* (Cf. SANDER, Frank E. A. Varieties of Dispute Processing. **The Pound Conference:** Perspectives on Justice in the Future. West: A. Levin & R. Wheeler eds., 1979 e SANDER, Frank E. A. **The Multi-door Courthouse**. 3 Barrister 18, 1976).

[87] ALMEIDA, Rafael Almeida de; ALMEIDA, Tânia; CRESPO, Mariana Hernandez (Org). **Tribunal Multiportas:** Investindo no capital social para maximizar o sistema de solução de conflitos no Brasil. Rio de Janeiro: Editora FGV, 2012, p. 26. LORENCINI conceitua o Sistema Multiportas como "(...) o nome que se dá ao complexo de opções, envolvendo diferentes métodos, que cada pessoa tem à sua disposição para tentar solucionar um conflito. Este sistema pode ser articulado ou não pelo Estado, envolver métodos heterocompositivos ou autocompositivos, adjudicatórios ou consensuais, com ou sem a participação do Estado. Ele será mais ou menos amplo em razão de diferentes características do conflito." LORENCINI, Marco Antônio Garcia Lopes. "Sistema multiportas": opções para tratamento de conflitos de forma adequada. In: SALLES, Carlos Alberto de; LORENCINI, Marco Antônio Garcia Lopes; SILVA, Paulo Eduardo Alves da (Coord.). **Negociação, mediação e arbitragem** – curso básico para programas de graduação em Direito. São Paulo: Método, 2012, p. 58.

Dessa forma, surgiu a concepção de um modelo de resolução de conflitos multifacetado, que integraria os meios consensuais e adjudicatórios, dentro e fora do Poder Judiciário.

Na década de 90, a *National Conference of Commissioners on Uniform State Laws* norte-americana se preocupou especificamente com a regulação formal da mediação, ocupando-se da redação do projeto do "*Mediation Act*"[88].

O atual "*Mediation Act*" é de 2003 e dispõe sobre as regras de comunicação entre as partes que participam da mediação, bem como em relação a terceiros e ao mediador. O seu objetivo é, tomando como premissa que cada participante é titular privilegiado de suas próprias comunicações na mediação, estabelecer parâmetros para prevenir a divulgação de informações utilizadas na mediação em procedimento formal subsequente. Tal ato também regula a questão da participação do advogado ou representante da parte na mediação e prevê a incidência e aplicação da Lei Modelo da United Nations Commission on International Trade Law – UNCITRAL, em matéria de "*international commercial conciliation*", de 28 de junho de 2002, aos casos de mediação comercial internacional.

Em termos de mediação internacional e trabalhos desenvolvidos pela UNCITRAL, saltando-se na linha do tempo, interessante destacar que, durante a 68ª sessão do Working Group II (Dispute Settlement), que ocorreu no início de fevereiro de 2018, foram concluídos os trabalhos de preparação de instrumentos que afiram executoriedade aos acordos comerciais internacionais obtidos em mediação e referidos internacionalmente como iMSAs – *international Mediated Settlement Agreements*[89]. A força-tarefa iniciada em 2015, conforme requisição dos Estados Uni-

[88] Ressalta-se que a preocupação quanto à regulação formal da mediação nos Estados Unidos se insere num contexto de que no sistema legal norte-americano, bem como no de outros países de *common law*, não existe uma preocupação em distinguir técnicas autocompositivas, promovendo-se a mediação e os ADRs de modo geral ("*This distinction between mediation and conciliation is relatively uncommon in most common law countries*". Disponível em: <https://www.linkedin.com/pulse/should-we-distinguishing-between-conciliation-mediation-jeremy-lack/>. Acesso em: 27 set. 2018. Vide também: GABBAY, Daniela Monteiro. **Mediação & Judiciário no Brasil e nos EUA.** Condições, desafios e limites para a institucionalização da mediação no Judiciário. Brasília: Gazeta Jurídica, 2013, p. 49).

[89] ALEXANDER, Nadja. **A Convention on the enforcement of iMSAs .... AND a new Model Law**. Disponível em: <http://mediationblog.kluwerarbitration.com/2018/03/16/convention-enforcement-imsas-new-model-law/>. Acesso em: 17 abr. 2018.

dos, chegou ao consenso quanto à apresentação de dois instrumentos: uma Lei Modelo e uma Convenção.

O primeiro instrumento modificou a Lei Modelo da UNCITRAL relativa à "*international commercial conciliation*", alterando o termo conciliação para mediação – a atual nomenclatura da Lei Modelo é "*Model Law on International Commercial Mediation and International Settlement Agreements Resulting from Mediation*"[90], além de incluir previsões sobre a executoriedade dos acordos mediados[91].

A principal finalidade do segundo instrumento, a Convenção, é conferir à mediação os mesmos impulso e incentivo que a arbitragem recebeu da Convenção de Nova Iorque sobre o reconhecimento e a execução de sentenças arbitrais estrangeiras.

Uma vez aprovados os termos da Convenção pela Organização das Nações Unidas – ONU, foi realizada em 7 de agosto de 2019, em

[90] De acordo com esclarecimento previsto nas disposições gerais da Lei Modelo da UNCITRAL "*on International Commercial Mediation and International Settlement Agreements Resulting from Mediation*": "In its previously adopted texts and relevant documents, UNCITRAL used the term 'conciliation' with the understanding that the terms 'conciliation' and 'mediation' were interchangeable. In preparing this Model Law, *the Commission decided to use the term 'mediation' instead in an effort to adapt to the actual and practical use of the terms and with the expectation that this change will facilitate the promotion and heighten the visibility of the Model* Law. This change in terminology does not have any substantive or conceptual implications." Disponível em: <https://uncitral.un.org/en/texts/mediation/modellaw/commercial_conciliation>. Acesso em: 19 set. 2019, destaques não originais. Em tradução livre: "Em seus textos previamente adotados e documentos relevantes, a UNCITRAL usou o termo 'conciliação' com o entendimento de que os termos 'conciliação' e 'mediação' eram intercambiáveis. Na preparação desta Lei Modelo, a Comissão decidiu usar o termo 'mediação', com o objetivo de adaptar ao uso real e prático dos termos e com a expectativa de que esta mudança facilitará a promoção e aumentará a visibilidade da Lei Modelo. Esta mudança na terminologia não tem quaisquer implicações substantivas ou conceituais."

[91] Em termos de União Europeia, atualmente, ao reconhecimento e à execução em um Estado-Membro europeu de acordos resultantes de mediação celebrados em outro Estado-Membro, aplicam-se: (i) o Regulamento (CE) nº 44/2001 do Conselho, de 22 de Dezembro de 2000, relativo à competência judiciária, ao reconhecimento e à execução de decisões em matéria civil e comercial (Bruxelas I); e (ii) o Regulamento (CE) nº 2201/2003 do Conselho, de 27 de Novembro de 2003, relativo à competência, ao reconhecimento e à execução de decisões em matéria matrimonial e em matéria de responsabilidade parental e que revoga o Regulamento (CE) nº 1347/2000 (Bruxelas II), os quais introduzem um *exequatur* extremamente simplificado, referido como "constatação da força executória" (Cf. Ferrand, Frédérique. **La médiation civile en droit compare** : les exemples allemand et autrichien. In : Revue internationale de droit comparé. Vol. 61, nº 2(1), 2009, p. 268).

Cingapura, a cerimônia para a abertura da assinatura da Convenção. Até o momento, mais de 50 países-membros da ONU, incluindo o Brasil, assinaram a Convenção sobre os iMSAs[92] que passou a ser denominada como "Convenção de Cingapura sobre Mediação"[93]. Nota-se que a assinatura da Convenção de Cingapura pelo Brasil, ainda que tardia, após quase nove meses da sua entrada em vigor, é condizente com a Política Pública de Tratamento Adequado dos Conflitos de Interesses no âmbito do Poder Judiciário, bem como com toda a legislação nacional voltada ao incentivo de implementação da mediação.

Uma das considerações acerca da Convenção de Cingapura sobre Mediação é a de que a aceitação de termos uniformizados quanto a acordos internacionais resultantes de mediação por países-membros da ONU, com diferentes sistemas jurídicos, sociais e econômicos, complementando o modelo jurídico existente na mediação internacional, contribuirá para o desenvolvimento das relações econômicas.

É esperado que os dois instrumentos desenvolvidos pela UNCITRAL e, especialmente, a Convenção de Cingapura sobre Mediação já vigente, proporcionem uma regulação forte o suficiente para que a mediação se desenvolva e seja incentivada como um processo propício para a resolução de conflitos internacionalmente[94].

[92] Disponível em: <https://treaties.un.org/pages/ViewDetails.aspx?src=TREATY&mtdsg_no=XXII-4&chapter=22&clang=_en>. Acesso em: 4 jun. 2021. Vide também: <https://politica.estadao.com.br/blogs/fausto-macedo/o-marco-da-assinatura-da-convencao-de-singapura-para-o-brasil/>. Acesso em 5 jun. 2021.

[93] Disponível em: <https://uncitral.un.org/sites/uncitral.un.org/files/singapore_convention_eng.pdf >. Acesso em: 6 out. 2019.

[94] Destacam-se as considerações de Silvia Maria Costa Brega em entrevista concedida ao jornal Estadão: "Não parece desnecessário realçar que, conquanto o objeto da Convenção de Singapura seja a executoriedade dos acordos comerciais internacionais alcançados em mediação, *fato é que dela ressai o reconhecimento da mediação como forma de solução de conflitos num cenário maior e efetiva segurança jurídica, o que representa uma real valorização do próprio instituto da mediação privada*. Assim é que se pode dizer que, com a Convenção de Singapura, a mediação alça voo para transpor fronteiras e dar efetividade à vontade das partes. E esse voo desperta a atenção para a força dessa vontade, própria e autônoma, que para além de seu próprio valor, tem fundamento econômico e produz efeitos jurídicos. E de forma inédita, confere ao tempo, na sua natureza de insumo econômico, o justo valor na solução de conflitos. E é para esse futuro que aponta a Convenção de Singapura, na medida em que garante a executoriedade dos acordos comerciais internacionais resultantes de um procedimento de mediação." Disponível em: <https://politica.estadao.com.br/blogs/fausto-macedo/

Voltando-se novamente a atenção à década de 90, a Argentina, dentro de um contexto de crise de administração da justiça, por meio do Decreto nº 1.480 de 1992 declarou a institucionalização da mediação como interesse nacional. Em 26 de agosto de 1993, veio à tona a Resolução M.J. nº 983, que tratou da execução de uma experiência piloto com a criação de um "*cuerpo de mediadores*" e, posteriormente, a regulamentação da atividade dos mediadores, dos centros de mediação e do registro dos mediadores, por meio da Resolução M.J. nº 535 de 1994[95]. Em 5 de outubro de 1995, foi sancionada a Lei nº 24.573, que é relativa à mediação e à conciliação e estabeleceu, especialmente, a obrigatoriedade da mediação prévia ao ajuizamento da ação judicial[96].[97]

Nos anos 2000, a União Europeia não ficou atrás em matéria de regulamentação da mediação. Em 2002, a Comissão Europeia apresentou um "*Green Paper*" sobre métodos extrajudiciais de resolução de disputa, exceto a arbitragem[98].

A partir desta iniciativa, a Comissão Europeia ficou encarregada de elaborar dois projetos: uma proposta diretiva e um código de conduta para mediadores. Em 2004, foi lançado o Código de Conduta para Mediadores que enumera um conjunto de princípios aos quais os mediadores

a-convencao-de-singapura-sobre-acordos-em-mediacao/>. Acesso em: 19 set. 2019, destaques não originais.

95 Fonseca, Pedro Paulo Corino da. **Mediação nas relações econômicas internacionais privadas**. 2007. 115 f. Dissertação (Mestrado) – Faculdade de Direito da Pontifícia Universidade Católica, São Paulo, 2007, pp. 26-34.

96 De acordo com o artigo 1º da Lei nº 24.573/1995: "*Institúyase con carácter obligatorio la mediación previa a todo juicio, la que se regirá por las disposiciones de la presente ley. Este procedimiento promoverá la comunicación directa entre las partes para la solución extrajudicial de la controversia. Las partes quedarán exentas del cumplimiento de este trámite si acreditaren que antes del inicio de la causa, existió mediación ante mediadores registrados por el Ministerio de Justicia.*". Em tradução livre: "A mediação prévia a qualquer julgamento, que se regerá pelo disposto nesta lei, será instituída com caráter obrigatório. Este procedimento promoverá a comunicação direta entre as partes para a solução extrajudicial da controvérsia. As partes ficarão dispensadas do cumprimento deste procedimento se comprovarem que antes do início do processo houve mediação perante mediadores inscritos no Ministério da Justiça."

97 Padilla, Alirio Galvis. **Análisis comparativo de la legislación de mediación y conciliación Colombo-Argentina**. Disponível em: <http://biblioteca.cejamericas.org/bitstream/handle/2015/729/ARTICULO_ COLOMBO_ARGENTINA.pdf?sequence=1&isAllowed=y>. Acesso em: 15 maio 2018.

98 Disponível em: <http://ec.europa.eu/civiljustice/adr/adr_ec_en.htm>. Acesso em: 15 maio 2018.

europeus podem voluntariamente aderir, tais como os princípios da independência, imparcialidade e confidencialidade. Quanto à proposta diretiva, em maio de 2008, foi estabelecida pelo Parlamento Europeu a Diretiva 2008/52/CE relativa à mediação em matéria civil e comercial.

Neste ínterim, em 2006, a Comissão Europeia para Eficiência da Justiça (CEPEJ), do Conselho Europeu, criou um grupo de trabalho dedicado à mediação com o propósito de avaliar o impacto causado nos Estados-Membros pelas recomendações e orientações específicas do Comitê de Ministros quanto à mediação, conforme o documento de Análise da Avaliação de Impacto das Recomendações do Conselho Europeu sobre Mediação[99].

Após uma interrupção de aproximadamente dez anos, o grupo de trabalho retomou os seus estudos em 2017 com o objetivo de atualizar as recomendações do Comitê de Ministros e diretrizes relacionadas à implementação da mediação nos Estados-Membros[100].

De toda forma, a Diretiva Europeia 2008/52/CE permanece como um dos principais documentos relacionados à implementação da mediação pelos Estados-Membros. A Diretiva tem como objetivo a promoção da resolução de litígios por meio da mediação e a facilitação do acesso ao método, assegurando uma relação equilibrada entre este e o processo judicial. O seu âmbito de aplicação compreende "litígios transfrontei-

[99] Para cumprir a sua missão, o grupo de trabalho elaborou em 3 de maio de 2007, em Estrasburgo, um questionário cujas respostas permitiriam fornecer uma fotografia instantânea da situação vivenciada pela Europa. O questionário foi dirigido às autoridades de 16 países europeus e a mediadores também e suas questões estavam voltadas particularmente a aspectos de regulamentação e informações a serem coletadas relativas aos tipos de litígios submetidos à mediação, aos custos, à qualidade dos serviços, à formação dos mediadores, à confidencialidade do procedimento, ao papel dos juízes, ao caráter obrigatório da mediação, à prescrição, à execução dos acordos obtidos na mediação e aos obstáculos que se colocavam em termos de desenvolvimento do MASC (Cf. Ferrand, 2009, p. 266).

[100] Além de recomendações relacionadas à mediação familiar, penal e envolvendo a administração pública, o grupo de trabalho elaborou, em 2018, "*Mediation Development Toolkit – Ensuring implementation of the CEPEJ Guidelines on mediation*" e, recentemente, em junho de 2019, "*Guidelines on Designing and Monitoring Mediation Training Schemes*" que buscam harmonizar os requisitos mínimos de treinamento de mediadores (Conforme informações disponíveis em: <https://rm.coe.int/mediation-development-toolkit-ensuring-implementation-of-the-cepej-gui/16808c3f52>. Acesso em: 11 jun. 2019; <https://rm.coe.int/cepej-2019-8-en-guidelines-mediation-training-schemes/168094ef3a>. Acesso em: 16 set. 2019; e em "*European Handbook for Mediation Lawmaking*": <https://rm.coe.int/cepej-2019-9-en-handbook/168094ef3c>. Acesso em: 16 set. 2019).

riços"[101] relativos a direitos e obrigações passíveis de disposição, conforme o direito aplicável[102].

Interessante observar que a maioria dos Estados-Membros que passaram a seguir a Diretiva 2008/52/CE também escolheram aplicar as suas disposições às mediações domésticas. Conforme Relatório da Comissão ao Parlamento Europeu, ao Conselho e ao Comitê Econômico e Social Europeu sobre a aplicação da Diretiva, datado de 27 de junho de 2017[103], somente Irlanda, Países Baixos e Reino Unido escolheram transpor a Diretiva exclusivamente a conflitos transfronteiriços. No caso da Itália, houve uma profunda reforma legal em relação aos meios alternativos de resolução de conflitos (com a previsão legal da obrigatoriedade da mediação judicial, por exemplo).

Em matéria de resolução alternativa de litígios de consumo, seguiu-se a Diretiva 2013/11/EU do Parlamento Europeu e do Conselho, de 21 de maio de 2013, que altera o Regulamento (CE) nº 2006/2004 e a Diretiva 2009/22/CE. A Diretiva 2013/11/EU tem como objetivo a promoção entre os Estados-Membros do uso de ADRs em matéria de direito do consumidor, bem como a disponibilização aos consumidores de informação adequada quanto aos denominados *ADR schemes*, que se configuram como meios, geralmente disponibilizados em plataformas *online*, que devem observar critérios específicos quanto à condução dos procedimentos de resolução de conflitos[104].

[101] Conforme estabelece o Artigo 2º (1) da Diretiva 2008/52/CE: "Para efeitos da presente diretiva, entende-se por litígio transfronteiriço um litígio em que pelo menos uma das partes tenha domicílio ou residência habitual num Estado-Membro distinto do de qualquer das outras partes, à data que: a) As partes decidam, por acordo, recorrer à mediação após a ocorrência de um litígio, b) A mediação seja ordenada por um tribunal, c) A obrigação de recorrer à mediação se constitua ao abrigo do direito interno, ou d) Para efeitos do artigo 5º, seja dirigido um convite às partes".

[102] Consoante o Artigo 1º (2) da Diretiva 2008/52/CE: "(...) não abrange, nomeadamente, as matérias fiscais, aduaneiras ou administrativas, nem a responsabilidade do Estado por atos e omissões no exercício da autoridade do Estado (*acta jure imperii*)".

[103] Disponível em: <http://www.europarl.europa.eu/doceo/document/A-8-2017-0238_PT.pdf>. Acesso em: 18 set. 2019.

[104] Vide: <https://www.europe-consommateurs.eu/en/solving-your-problems/other-alternatives/alternative-dispute-resolution-adr/principles-of-adr-schemes/>. Acesso em: 12 de set. 2019. Menciona-se ainda que o Regulamento nº 542/2013 do Parlamento Europeu e do Conselho, também datado de 21 de maio de 2013, complementou a Diretiva 2013/11/EU em relação à resolução *online* de disputas em matéria de direito do consumidor.

A título indicativo do desenvolvimento da mediação no âmbito internacional, destaca-se que, de acordo com a última edição dos dados publicados em 2020 pela Câmara de Comércio Internacional – CCI em "ICC Dispute Resolution 2019 Statistics" foram iniciados 35 procedimentos de mediação de acordo com o seu regulamento institucional (*ICC Mediation Rules*), tendo como participantes 97 partes provenientes de 34 países e territórios independentes. O custo médio por procedimento, considerando-se custos administrativos da CCI e os honorários dos mediadores, ficou em torno de 14.500 dólares[105].

Nota-se que, até o momento de elaboração da presente obra, não se encontrou instrumento internacional normativo ou decorrente de *softlaw* que trate especificamente dos requisitos e efeitos da convenção de resolução consensual de conflitos (ou, simplesmente, da cláusula de mediação, conciliação ou negociação ou, ainda, da denominada cláusula ADR). Conforme visto, o panorama é bastante direcionado à realização e promoção dos próprios MASCs, inclusive, por meio do reconhecimento da força executória de acordos provenientes do procedimento de mediação, como é o caso do objeto da Convenção de Cingapura sobre Mediação.

Vale mencionar, de todo modo, que organismos ligados à prestação de serviços de resolução de disputas, tais como câmaras de arbitragem e mediação, com o intuito de balizar processos de resolução de disputas efetivos, disponibilizam guias de redação de cláusulas de resolução de conflitos com base em seus regulamentos institucionais[106]. A impor-

[105] Conforme informações disponibilizadas em: <https://iccwbo.org/publication/icc-dispute-resolution-statistics/>. Acesso em: 23 nov. 2020.

[106] Por exemplo, "*Drafting Dispute Resolution Clauses – A Practical Guide*" e a ferramenta online de "Clause Builder" da *American Arbitration Association* – AAA (Disponíveis em, respectivamente: <https://www.adr.org/sites/default/files/document_repository/Drafting%20Dispute%20Resolution%20Clauses%20A%20Practical%20Guide.pdf> e <https://www.clausebuilder.org/cb/faces/index>. Acesso em: 13 nov. 2019), os modelos de cláusulas de mediação sugeridos pela ICC – *International Chamber of Commerce* (Disponível em: https://iccwbo.org/dispute-resolution-services/mediation/mediation-clauses/. Acesso em: 13 nov. 2019) e pelo *International Institute for Conflict Prevention and Resolution* – CPR (Disponível em: <https://www.cpradr.org/resource-center/model-clauses/mediation-model-clauses>. Acesso em: 13 nov. 2019), bem como o *Guide to Drafting ADR Clauses* do *Saudi Center for Commercial Arbitration* (Disponível em: <https://sadr.org/assets/uploads/download_file/Guide_To_Drafting_ADR_Clauses_EN.pdf>. Acesso em: 13 nov. 2019).

tância de convenções de resolução consensual de conflitos bem redigidas para fins de sua efetivação será discutida adiante, no Capítulo 4.

1.2.1. Da perspectiva brasileira

Além do panorama estrangeiro, importa considerar o desenvolvimento dos MASCs no Brasil.

O primeiro grande impulso dado aos MASCs no âmbito nacional foi a partir da regulamentação da arbitragem. Embora o histórico de surgimento da mediação/conciliação no Brasil seja anterior ao da arbitragem, o efetivo desenvolvimento e incentivo ao uso da mediação/conciliação é mais recente:

> No Brasil, a história da versão recente dos ADR tem uma defasagem temporal de duas décadas em relação à experiência norte-americana, mas se desenvolve de forma relativamente semelhante: inicialmente ancorada na arbitragem para, mais tarde, disseminar-se pela conciliação e mediação[107].

A Lei nº 9.307 de 23 de setembro de 1996, conhecida como Lei de Arbitragem, é o marco legal que tratou e regulou especificamente a arbitragem como método de resolução de conflito não judicial. Ela resultou do anteprojeto de lei lançado com a *Operação Arbiter* em 1991[108].

O anteprojeto de 1991, contudo, foi precedido de outros três anteprojetos de lei: o primeiro datado de 1981[109], o segundo de 1986[110] e o terceiro de 1988[111].

[107] SILVA, 2012, p. 7.

[108] Por iniciativa do Instituto Liberal de Pernambuco que buscou resgatar a discussão relativa à arbitragem no Brasil que estava parada desde o abandono dos anteprojetos antecedentes. O Instituto Liberal contou com o apoio da Associação Comercial de São Paulo, Associação dos Advogados da Empresa de Pernambuco, Federação das Indústrias do Estado de São Paulo – FIESP, Instituto Brasileiro de Direito Processual, professores da Faculdade de Direito da Universidade de São Paulo e da Faculdade de Direito Cândido Mendes, entre outros. O trabalho de elaboração do anteprojeto ficou a cargo do grupo composto por Selma Maria Ferreira Lemes, Pedro Antonio Batista Martins e Carlos Alberto Carmona (Cf. CARMONA, 2009, pp. 9-10).

[109] De autoria do extinto Ministério da Desburocratização e publicado no Diário Oficial da União em 27 de maio de 1981.

[110] De autoria do Ministério da Justiça e publicado no Diário Oficial da União em 27 de fevereiro de 1987.

Porém, o encorajamento à utilização da arbitragem somente foi sentido quase dois anos após a data de promulgação da Lei de Arbitragem, com a manifestação do Supremo Tribunal Federou pela constitucionalidade do afastamento da jurisdição estatal pelas partes por meio da escolha de um árbitro para solucionar litígios sobre direitos patrimoniais disponíveis[112].

Já com relação à mediação, de acordo com WATANABE, o instituto é parte da história do Brasil desde a época colonial: nas Ordenações Filipinas, de 1603, havia expressa preocupação pela solução consensual dos conflitos[113].[114]

Em nossa primeira constituição federal, já havia a seguinte estipulação: "Sem se fazer constar, que se tem intentado o meio da reconciliação, *não se começará Processo algum*"[115]. As Constituições Federais de 1934, 1946 e 1967 direcionaram a conciliação ao âmbito da Justiça do Trabalho[116].

A despeito de a Constituição Federal em vigor não mais prever as Juntas de Conciliação como órgãos da Justiça do Trabalho, ela determi-

[111] De autoria do Ministério de Estado da Justiça (portaria 298-A de 20 de junho de 1988).

[112] BRASIL. Superior Tribunal Federal. Plenário. Se-Agr/EP – Espanha nº 5206. **Diário da Justiça**, Brasília, DF, 30 abr. 2004. Disponível em: <http://redir.stf.jus.br/paginadorpub/paginador.jsp?docTP=AC&doc ID=3458894>. Acesso em: 10 jan. 2020.

[113] WATANABE, 2014, pp. 35-36.

[114] Também conforme leciona DELGADO: "A doutrina brasileira identifica a presença da arbitragem em nosso sistema jurídico desde a época em que o País estava submetido à colonização portuguesa. Em ambiente puramente brasileiro, a arbitragem surgiu, pela primeira vez, na Constituição do Império, de 22/03/1924, em seu art. 160, ao estabelecer que as partes podiam nomear juízes-árbitros para solucionar litígios cíveis e que suas decisões seriam executadas sem recurso, se as partes, no particular, assim, convencionassem." (DELGADO, José. **A arbitragem no Brasil** – Evolução histórica e conceitual. Disponível em: <http://www.egov.ufsc.br/portal/sites/default/files/anexos/29798-29814-1-PB.pdf>. Acesso em: 28 fev. 2018).

[115] Artigo 161 da Constituição Federal de 1824, destaques não originais.

[116] Conforme o artigo 122 da Constituição de 1934: "Para dirimir questões entre empregadores e empregados, regidas pela legislação social, fica instituída a Justiça do Trabalho, à qual não se aplica o disposto no Capítulo IV do Título I. Parágrafo único: A constituição dos Tribunais do Trabalho e das Comissões de Conciliação obedecerá sempre ao princípio da eleição de membros, metade pelas associações representativas dos empregados, e metade pelas dos empregadores, sendo o presidente de livre nomeação do Governo, escolhido entre pessoas de experiência e notória capacidade moral e intelectual". Já nas Constituições de 1946 e 1967, as Juntas de Conciliação passaram a fazer parte dos órgãos da Justiça do Trabalho.

na a incumbência, também aos Estados, de criar juizados especiais providos por juízes togados, ou togados e leigos, competentes para a conciliação[117]. No seu artigo 98, inciso II, a Constituição trata da figura do juiz de paz como pessoa eleita que possui, dentre outras funções, exercer atribuições conciliatórias[118].[119]

Em matéria de legislação infraconstitucional, em 1995, foi promulgada a Lei dos Juizados Especiais Cíveis[120], estabelecendo em seu artigo 2º que, sempre que possível, a conciliação ou a transação devem ser intentadas. O intuito dessa lei foi ampliar e tornar menos formal o acesso à justiça.

O instituto da mediação com contornos mais próximos dos atuais e enquanto ferramenta científica de gestão de conflitos começou a ser assimilado no Brasil por volta dos anos 80 e por iniciativa de psicólogos e, em seguida, de advogados[121]. Mas, apenas recentemente, em 29 de

[117] Artigo 98, I, da Constituição Federal: "A União, no Distrito Federal e nos Territórios, e os Estados criarão: I – juizados especiais, providos por juízes togados, ou togados e leigos, competentes para a conciliação, o julgamento e a execução de causas cíveis de menor complexidade e infrações penais de menor potencial ofensivo, mediante os procedimentos oral e sumaríssimo, permitidos, nas hipóteses previstas em lei, a transação e o julgamento de recursos por turmas de juízes de primeiro grau".

[118] Artigo 98, II, da Constituição Federal: "A União, no Distrito Federal e nos Territórios, e os Estados criarão: (...) II – justiça de paz, remunerada, composta de cidadãos eleitos pelo voto direto, universal e secreto, com mandato de quatro anos e competência para, na forma da lei, celebrar casamentos, verificar, de ofício ou em face de impugnação apresentada, o processo de habilitação e exercer atribuições conciliatórias, sem caráter jurisdicional, além de outras previstas na legislação".

[119] Interessante apontar, inclusive, a existência de proposta de Emenda à Constituição nº 136, de 2019, de autoria do Senado Federal, cujo objetivo é acrescentar inciso LXXIX ao artigo 5º: "O Estado assegurará a adoção de métodos extrajudiciais de solução de conflitos", considerando-se a justificativa de que "[o]s direitos fundamentais precisam de efetividade. De nada adianta garantir vários direitos aos indivíduos sem fornecer-lhes condições concretas e efetivas para a sua fruição." (Disponível: <https://legis.senado.leg.br/sdleg-getter/documento?dm=8007955&ts=1594007467130&disposition=inline>. Acesso em: 22 ago. 2020).

[120] Precedidos pelos Juizados Especiais de Pequenas Causas, os quais foram instituídos formalmente dentro do campo da jurisdição *stricto sensu* pela Lei nº 7.244 de 1984, que previa a utilização da conciliação dentro desses órgãos. Em interessante artigo, CARMONA destaca as vantagens daquele então novo órgão, percebido como um método de solução de controvérsias cujo objetivo era desburocratizar a justiça e dinamizar o processo (Cf. CARMONA, Carlos Alberto. A crise do processo e os meios alternativos para a solução de controvérsias. In: **Revista de Processo**, vol. 56, 1989).

[121] LEVY, 2013, p. 84.

novembro de 2010, que a mediação, bem como a conciliação ganharam maior destaque como meios de resolução de controvérsias aplicáveis a matérias diversas, que não só aquelas de competência dos Juizados Especiais Cíveis e Criminais, conforme a Lei nº 9.099 de 1995.

O Conselho Nacional de Justiça (CNJ) instituiu a Política Pública de Tratamento Adequado dos Conflitos de Interesses no âmbito do Poder Judiciário brasileiro por meio da Resolução nº 125[122]. Este ato foi responsável pela divulgação dos procedimentos de mediação e conciliação e trouxe uma nova perspectiva para a resolução de demandas no âmbito judicial.

Anteriormente, desde 2006, já ocorria a "Semana Nacional da Conciliação" com o propósito de promover a conciliação e a mediação no maior número possível de processos em todos os tribunais do país, além de conscientizar a população sobre os métodos autocompositivos[123].

[122] Dois anos antes, em 2014, com o propósito de desenvolver, em caráter permanente, iniciativas voltadas ao aperfeiçoamento da qualidade, celeridade, eficiência, eficácia e efetividade dos serviços judiciários da primeira instância dos tribunais brasileiros e, considerando as especificidades e o potencial de contribuição da conciliação e mediação como meios de autocomposição de conflitos, em 26 de maio, foi instituída a Política Nacional de Atenção Prioritária ao Primeiro Grau de Jurisdição, por meio da Resolução CNJ nº 194 (Conforme informações disponibilizadas em: <http://www.cnj.jus.br/files/publicacoes/arquivo/d87ecfa91fdcada3c1795f522be42dcc_7772666f491fd94a642e05b394cff84a.pdf>. Acesso em: 20 jul. 2019, p. 17). Contudo, foi a partir da instituição da Política Pública de Tratamento Adequado dos Conflitos de Interesses no âmbito do Poder Judiciário brasileiro por meio da Resolução nº 125 que a mediação e a conciliação ganharam efetivo destaque no cenário jurídico nacional.

[123] "A conciliação é uma política adotada pelo CNJ desde 2006, com a implantação do Movimento pela Conciliação, em agosto daquele ano. Anualmente, o Conselho promove as Semanas Nacionais pela Conciliação, em que os tribunais são incentivados a juntar as partes e promover acordos nas fases pré-processual e processual. (...) No fim de 2019, havia na Justiça Estadual 1.284 CEJUSCs instalados. (...) Em 2014, eram 362 CEJUSCs, em 2015 a estrutura cresceu em 80,7% e avançou para 654 centros. Em 2016, o número de unidades aumentou para 808, em 2017 para 982 e em 2018 para 1.088. (...) Há de se destacar o impacto do novo Código de Processo Civil (CPC), que entrou em vigor em março de 2016 e tornou obrigatória a realização de audiência prévia de conciliação e mediação. Em três anos, o número de sentenças homologatórias de acordo cresceu 5,6%, passando de 3.680.138 no ano de 2016 para 3.887.226 em 2019. Em relação ao ano anterior, houve aumento de 228.782 sentenças homologatórias de acordo (6,3%).". (Disponível em: <https://www.cnj.jus.br/wp-content/uploads/2020/08/WEB-V3-Justi%C3%A7a-em-N%C3%BAmeros-2020-atualizado-em-25-08-2020.pdf>. Acesso em: 25 nov. 2020).

A partir da Resolução nº 125 do CNJ, a Semana Nacional da Conciliação passou a integrar a Política Pública de Tratamento Adequado dos Conflitos de Interesses e em vista das suas três últimas edições, o número de sentenças homologatórias de acordo cresceu 5,6% (de 3.680.138 em 2016 para 3.887.226 em 2019, volume este 6,3% maior do que aquele registrado em 2018)[124].

A partir de toda essa movimentação do Poder Judiciário em 2010, bem como da própria iniciativa de agentes privados, acadêmicos[125] e de profissionais (pertencentes não somente à área jurídica), que estavam em contato com estas novas ferramentas de resolução de conflitos, veio à tona o Projeto de Lei nº 7.169 de 2014.

O Projeto de Lei nº 7.169, cuja origem remonta ao projeto de lei do Senado nº 517 de 2011[126], dispunha sobre a mediação entre particulares

[124] Conforme os resultados do relatório Justiça em Números 2020 (Disponível em: <https://www.cnj.jus.br/wp-content/uploads/2020/08/WEB-V3-Justi%C3%A7a-em-N%C3%BAmeros-2020-atualizado-em-25-08-2020.pdf>. Acesso em 25 nov. 2020).

[125] Foi também no meio acadêmico nacional que os métodos extrajudiciais consensuais ganharam notoriedade e estímulo para sua difusão. A mediação e a conciliação passaram a ser mais valorizadas como disciplinas autônomas ou insertas na cadeira de direito processual nas faculdades de direito, e na própria disciplina de negociação nos cursos de administração e de prática de negócios (conforme informações disponibilizadas em: <http://www.conjur.com.br/2013-dez-12/mediacao-cursos-direito-estimulara-mudanca-cultura-litigio> e <http://www.oabdf.org.br/noticias/inclusao-da-disciplina-mediacao-e-arbitragem-na-grade-de-faculdades-e-tema-de-audiencia/#.V7DrkE0rKM8>. Acesso em: 13 fev. 2018). A participação dos alunos em competições nacionais e internacionais de negociação, mediação e arbitragem foi outra atividade incentivada no meio acadêmico e responsável por trazer maior projeção aos MASCs. Citam-se, por exemplo, as já conhecidas e aclamadas competições acadêmicas internacional de arbitragem "Willem C. Vis Moot", nacional de arbitragem e mediação "Petrônio Muniz" promovida pela Câmara de Arbitragem Empresarial – Brasil (CAMARB), internacional de mediação comercial da Câmara de Comércio Internacional (CCI), internacional de mediação do *International Institute for Conflict Prevention and Resolution* – CPR e internacional de negociação e mediação da International Bar Association e Vienna International Arbitral Centre.

[126] O histórico de iniciativas legislativas quanto à mediação remonta aos anos 90. Dois projetos de lei foram apresentados em 1998, o Projeto de Lei nº 4.327/1998 pela OAB/SP e o Projeto de Lei nº 4.827/1998, de autoria da deputada Zulaiê Cobra Ribeiro. Em 2000, novamente por iniciativa da OAB/SP, veio à público o texto elaborado por juristas brasileiros, liderados pelo IBDP – Instituto Brasileiro de Direito Processual. Após o Projeto de Lei nº 4.827/1998, de autoria da deputada Zulaiê Cobra, ser aprovado no plenário da Câmara dos Deputados, ele foi encaminhado ao Senado Federal para a Comissão de Constituição e Justiça. No ano de 2003, uma audiência pública foi realizada, sob a orientação da Secretaria

e no âmbito judicial como meio alternativo de solução de controvérsias, bem como sobre a composição de conflitos no âmbito da Administração Pública. O Projeto foi percebido como um novo estímulo à discussão sobre a implementação e efetividade dos meios autocompositivos da mediação e conciliação e foi convertido na Lei nº 13.140 de 26 de junho de 2015, conhecida como Lei de Mediação[127].

Concomitantemente aos debates legislativos sobre a Lei de Mediação, o Código de Processo Civil sofria reformas. Dentre os diversos assuntos que constituíram pauta de discussão para inclusão, exclusão ou modificação de dispositivos legais, os métodos de solução consensual de conflitos estavam em voga[128].

da Reforma do Judiciário do Ministério da Justiça, surgindo, então, um texto único, chamado de "versão consensuada". Em junho de 2006, a Comissão de Constituição e Justiça aprovou o relatório final na forma de substitutivo e, no mês seguinte, o Senado aprovou o novo texto (Projeto de Lei nº 94/2002) (Cf. LUCHIARI, 2012, pp. 70-71 e TARTUCE, Fernanda. **Mediação nos conflitos civis**. 1ª ed. São Paulo: Método, 2008, pp. 259-260).

[127] A iniciativa de regulamentação legal da mediação não foi desacompanhada de críticas, especialmente considerando o caráter informal e flexível do método. Esse tipo de crítica também aflorou em outros países quando se buscou legislar sobre o assunto. Por exemplo, na Áustria, conforme indica FERRAND: "*Au cours des débats parlementaires, la question fut soulevée de savoir si la médiation, qui est un processus informel, nécessitait une réglementation en tant que telle. L'objectif du gouvernement autrichien, en proposant un texte de loi, était de garantir la qualité de la médiation, de créer une concurrence saine et encadrée entre médiateurs mais aussi de délimiter le champ de la fonction de médiateur par raport à d'autres professions de conseil juridique*" (Em tradução livre: "Durante os debates parlamentares, levantou-se a questão de saber se a mediação, que é um processo informal, exigia regulamentação como tal. O objetivo do governo austríaco, ao propor um texto legal, era garantir a qualidade da mediação, criar uma concorrência sã e estruturada entre mediadores, mas também delimitar o âmbito da função de mediador em relação a outras profissões de assessoria jurídica."). Na Alemanha, como exemplo contraposto, o incentivo à mediação não partiu da atuação do legislador, mas a partir da criação e instauração de projetos pilotos nos tribunais administrativos e cíveis ou em órgãos judiciais e executivos (Cf. FERRAND, 2009, pp. 269 e 275-277).

[128] Interessante ressaltar observação capturada pelo Relatório Analítico Propositivo – Justiça Pesquisa: mediação e conciliação avaliadas empiricamente – jurimetria para proposição de ações eficientes, que foi patrocinado pelo Conselho Nacional de Justiça – CNJ e realizado pela Universidade de São Paulo, doravante referido como "Relatório Analítico Propositivo". O Relatório Analítico Propositivo, divulgado em julho de 2019, tem como responsável técnico Carla Aparecida Arena Ventura e a equipe básica de pesquisa foi composta por Luciana Romano Morilas, Ildeberto Aparecido Rodello e Evandro Marcos Saidel Ribeiro, todos professores da Faculdade de Economia e Administração da Universidade de São Paulo (campus Ribeirão Preto/SP), sendo o seu objetivo a investigação, por meio de pesquisa

O novo § 3º, do artigo 3º, do Código de Processo Civil, que trata do princípio da inafastabilidade da tutela jurisdicional, é emblemático em relação às normas fundamentais do processo civil ao estabelecer o dever de estimular a utilização dos métodos consensuais por juízes, advogados, defensores públicos e membros do Ministério Público.

No ano de 2014, foi lançada a plataforma do "consumidor.gov" por iniciativa da Secretaria Nacional do Consumidor (Senacon), como uma das primeiras medidas do chamado Plano Nacional de Consumo e Cidadania (conjunto de políticas públicas para a defesa do consumidor sancionado em março do mesmo ano). Já no ano 2018, em consonância com o Sistema de Mediação Digital que foi instituído pela Emenda nº 2 à Resolução nº 125, o CNJ apresentou uma plataforma eletrônica de resolução de conflitos com o sistema financeiro denominada "Mediação Digital"[129]. Nota-se, dessa forma, que a Política Pública de Tratamento Adequado dos Conflitos também está se voltando para os métodos de resolução de disputa *online* (denominados de ODRs).

Ainda, cabe menção à Lei Federal nº 13.867, de 26 de agosto de 2019 sancionada pelo poder Executivo e que altera o Decreto-Lei nº 3.365, de 1941 para possibilitar a opção, tanto pela Administração Pública, quanto pelo particular, pela mediação ou arbitragem para a definição dos

empírica, do fluxo e da forma de gestão dos processos da Justiça Estadual de primeiro grau, com relação à existência de mediação e/ou conciliação. A pesquisa empírica apresentada no Relatório Analítico Propositivo alcançou os anos de 2013 a 2017 e valeu-se dos métodos quantitativo e qualitativo de análise. Com relação à reforma do Código de Processo Civil de 2015 e ao maior destaque dado aos MASCs nas normas processuais, o Relatório Analítico Propositivo indicou que: "Mais da metade dos respondentes (cerca de 55%) entendem que houve alterações positivas com o advento do CPC e, ao contrário do que acontece acerca da Resolução nº 125 do CNJ, apenas 10% dos respondentes não sabe avaliar. Ou seja, é possível perceber o avanço com relação ao tema a partir das inovações legislativas. Alguns entrevistados mencionaram durante as visitas que a legislação teve um papel político relevante para a divulgação do tema (...)." (Disponível em: <https://www.cnj.jus.br/wp-content/uploads/2011/02/e1d2138e482686bc5b66d18f0b0f4b16.pdf>. Acesso em: 27 ago. 2019).

[129] Conforme noticiado no site do CNJ: <http://www.cnj.jus.br/noticias/cnj/86893-cnj-apresenta-nova-plataforma-de-mediacao-digital-no-sistema-financeiro>. Acesso em: 27 abr. 2018. Em que pese a denominação de plataforma de "Mediação Digital", nota-se que, em realidade, o método de resolução de conflitos a ser utilizado pelas partes por meio do sistema eletrônico é o da negociação, por autocomposição direta e com a possibilidade de homologação judicial do acordo eventualmente obtido.

valores de indenização nas desapropriações por utilidade públicas, à recente e nova Lei de Licitações e Contratos Administrativos (Lei nº 14.133, de 1º de abril de 2021), cujo capítulo XII trata do uso da conciliação, da mediação, do *dispute board* e da arbitragem para questões relacionadas ao restabelecimento do equilíbrio econômico-financeiro do contrato, ao inadimplemento de obrigações contratuais e ao cálculo de indenizações, bem como a Portaria nº 863, de 28 de novembro de 2019, que institui, no âmbito do Ministério da Justiça e Segurança Pública, a Escola Nacional de Prevenção e Solução de Conflitos (ENAPRES) que objetiva o incentivo e a difusão da cultura da paz, contribuindo para a ampliação do acesso à justiça, por meio capacitação e aperfeiçoamento técnico de professores e agentes públicos, representantes do setor privado e cidadãos em matéria de arbitragem, conciliação, mediação, negociação e *dispute board*.

Percebe-se, portanto, que o histórico brasileiro de incentivo e promoção dos MASCs permanece em construção e procura abrir espaço para que os métodos de resolução de conflitos se consolidem e auxiliem na sua função de pacificação social nas mais diversas searas. A propósito, a atual fase do panorama brasileiro de incentivo aos meios adequados de resolução de conflitos poderia ser identificada como a terceira fase de desenvolvimento dos MASCs apontada por SANDER: a fase de institucionalização[130], uma vez que existe um qua-

[130] Isto é, nas palavras de SANDER: "*The development of Alternative Dispute Resolution (ADR) since the 1976 Pound Conference-which is often considered the birth of the modern ADR movement-has taken place over three distinct periods. One might denominate the first period: 'Let a Thousand Flowers Bloom'. This period was exemplified by much innovation and experimentation. Then came a second phase, whose motto might be 'Separating the Wheat from the Chaff'. In this second phase, people raised criticisms and asked questions about the ADR movement. We are now in the midst of the third phase, which can be characterized under the rubric of 'Institutionalization' or 'Mainstreaming'. The principal aim of this effort is to seek ways of working mediation into the fabric of dispute resolution, so mediation will be naturally considered in the process of resolving disputes, rather than putting the burden on the disputant who wants to invoke mediation.*" (SANDER, Frank E. Developing the MRI (Mediation Receptivity Index). **Ohio State Journal on Dispute Resolution**, 22(3), 2007, p. 599). Em tradução livre: "O desenvolvimento de *Alternative Dispute Resolution* (ADR) desde a Pound Conference de 1976 – que é frequentemente considerada como o surgimento do movimento ADR moderno – ocorreu em três períodos distintos. Pode-se denominar o primeiro período: "Deixe florescer mil flores". Esse período foi exemplificado por muitas inovações e experimentações. Em seguida, veio uma segunda fase, cujo lema pode ser 'Separando o trigo

dro normativo e legislativo que busca introduzir e consolidar os MASCs como uma opção a ser imediata e naturalmente considerada para a resolução de controvérsias.

do joio'. Nesta segunda fase, as pessoas fizeram críticas e fizeram perguntas sobre o movimento ADR. Estamos agora no meio da terceira fase, que pode ser caracterizada sob a rubrica de 'Institucionalização' ou 'Convencionalização'. O principal objetivo desse esforço é buscar formas de trabalhar a mediação no tecido da resolução de disputas, assim, a mediação será naturalmente considerada no processo de resolução de disputas, ao invés de se colocar o ônus sobre a parte que deseja invocar a mediação."

2. O Protagonismo da Justiça Consensual

Conforme muito bem assinalado por Marcato, o processualista moderno se caracteriza como aquele que possui a capacidade de perceber que o bom processo se traduz a partir da garantia de efetiva Justiça, a mais ampla possível, destinada à maior quantidade de pessoas, bem como a partir de sua duração razoável e com qualidade aceitável. O processualista moderno busca, portanto, a universalização da tutela jurisdicional, além do mero acesso formal ao Poder Judiciário, enxergando este como uma das possíveis formas de resolução adequada de conflitos[131].

Tendo em vista referida busca pela universalização da tutela jurisdicional e, especialmente, o juízo de sua adequação, inicia-se o presente capítulo. Serão apresentados: (i) o conceito inovador de jurisdição, conforme proposto por Grinover, abarcando a justiça consensual; (ii) o minissistema da justiça consensual, incluindo as antinomias que se fazem percebidas diante de diretrizes e legislações relativas aos meios consensuais; e (iii) em conclusão, a ampla concepção do acesso à ordem jurídica justa como norma fundamental do processo civil.

Todos os conceitos e circunstâncias que passarão a ser apresentados e discutidos servem de contexto para fundamentar, dentre as questões

[131] Marcato, Ana Cândida Menezes. A audiência do art. 334 do Código de Processo Civil: da afronta à voluntariedade às primeiras experiências práticas. In: Zaneti Júnior, Hermes; CABRAL, Trícia Navarro Xavier. **Justiça Multiportas:** mediação, conciliação, arbitragem e outros meios adequados de resolução de conflitos. Salvador: Juspodivm, 2018, p. 129.

objetos de estudo, a efetividade da convenção de resolução consensual de conflitos.

2.1. Justiça Consensual/Conciliativa como exercício de jurisdição?

Classicamente, de acordo com a doutrina processualista, a jurisdição é limitada à atuação da lei à situação de conflitos, sendo identificada como função, poder e atividade. O escopo da jurisdição foi identificado por CHIOVENDA como a atuação da vontade concreta da lei, o que significa que a resolução satisfatória do conflito dependeria precipuamente da aplicação da lei pelo juiz ao caso concreto[132]. CARNELUTTI, pioneiramente, apresentou o conceito de lide como conflito de interesses qualificado por uma pretensão resistida[133]. Sendo assim, a finalidade da jurisdição passou a ser caracterizada como a justa composição da lide.

Tais definições clássicas partem da premissa que a jurisdição somente seria exercida pelo Poder Judiciário e por meio do processo judicial, considerado monopólio estatal. A ciência jurídica se fundou na primazia da lei. Contudo, a jurisdição estatal sempre conviveu com a resolução privada e consensual. Métodos privados e informais de resolução de conflitos, como a autocomposição e a autotutela, já eram há muito tempo realizados, antes da formação do Estado e da definição de sua jurisdição oficial[134].

[132] CHIOVENDA, Giusepe. **Instituições de Direito Processual Civil**. 1ª ed., Campinas: Bookseller, v. 2, p. 3.

[133] "Ao conflito de interesses, quando se efetiva com a pretensão ou com a resistência, poderia dar-se o nome de contenda, ou mesmo de controvérsia. Pareceu-me mais conveniente e adequado aos usos da linguagem o de lide. Lide é, portanto, um modo de ser do conflito de interesses, que se pode representar como o oposto da posse. Posse é o conflito de interesses em que se compõe por si; lide é conflito que deflagra em um contraste de vontades." (CARNELUTTI, Francesco. **Teoria Geral do Direito**. São Paulo: Lejus, 1999, p. 108).

[134] A convivência entre a jurisdição estatal e outros métodos de resolução de conflitos foi vislumbrada não somente no plano fático, mas também no plano teórico. A Teoria Geral do Processo indica que "a eliminação dos conflitos ocorrentes na vida em sociedade pode-se verificar por obra de um ou de ambos os sujeitos de interesses conflitantes, ou por ato de terceiro. Na primeira hipótese, um dos sujeitos (ou cada um deles) consente no sacrifício total ou parcial do próprio interesse (autocomposição) ou impõe o sacrifício do interesse alheio (autodefesa ou autotutela). Na segunda hipótese, enquadram-se a defesa de terceiro, a conciliação, a mediação e o processo (estatal ou arbitral)". (CINTRA; DINAMARCO; GRINOVER, 2014, p. 38). Em complemento: "Nas sociedades primitivas, quando se perceberam os riscos e danos da autotutela, atribui-se a solução dos conflitos a terceiros, que atuavam como árbi-

Se por um lado a jurisdição foi erigida ao método de resolução formal de conflitos preferível desde o fortalecimento do Estado – como também serviu de garantia fundamental às arbitrariedades deste[135], por outro lado, as sociedades de tempos em tempos oscilam no sentido de considerar a resolução comunitária e menos formal de disputas como justa ou, ao menos, a opção mais factível de justiça[136].

SILVA aponta que "[a] observação do que hoje acontece na realidade dos fóruns e na sociedade de modo geral contradiz a limitada acepção da doutrina clássica" e, refletindo sobre a utilização dos MASCs como métodos de resolução de controvérsias, sugere que o conceito de jurisdição seja ampliado[137].

tros ou facilitadores, para que se atingisse o consenso. Incumbia-se dessa função uma pessoa respeitável da comunidade – sacerdote, ancião, cacique, o próprio rei (como Salomão) – e se obtinha a pacificação, sem necessidade de recorrer à justiça pelas próprias mãos. Assim, os métodos consensuais de solução de conflitos precederam, historicamente, a jurisdição estatal. Só mais tarde, quando o Estado assumiu todo seu poder (ou *potèsta*, na denominação italiana) nasceu o processo judicial, que foi orgulhosamente considerado monopólio estatal." (GRINOVER, Ada Pellegrini. Os métodos consensuais de solução de conflitos no novo CPC. In: **O Novo Código de Processo Civil:** questões controvertidas. GRINOVER, Ada Pellegrini *et al.* São Paulo: Atlas, 2015, p. 2).

135 "Sob o enfoque de garantia contra o arbítrio e remédio contra aventuras antidemocráticas, a inafastabilidade é, de fato, elemento fundamental do Estado de Direito, constituindo um instrumento indispensável à efetividade dos direitos, sendo imprescindível sua presença no rol constitucional de direitos fundamentais. Importante, nesse sentido, a irrestrita dicção dada pela vigente Constituição: 'a lei não excluirá de apreciação do Poder Judiciário lesão ou ameaça a direito' (art. 5º, XXXV)." (SALLES, 2006, p. 780).

136 SILVA, Paulo Eduardo Alves da. Resolução de Disputas: Métodos Adequados para resultados possíveis e métodos possíveis para resultados adequados. In: SALLES, Carlos Alberto de; LORENCINI, Marco Antônio Garcia Lopes; SILVA, Paulo Eduardo Alves da (Coord.). **Negociação, mediação, conciliação e arbitragem** – curso de métodos adequados de solução de controvérsias. 2ª ed. Rio de Janeiro: Forense, 2019, pp. 15-18. O autor comenta sobre os ciclos de deformalização e reformalização das formas de resolução de conflitos, estes geralmente por meio das leis e de um órgão centralizador, em razão de impulsos de diversas naturezas: religiosos, étnicos, políticos, territoriais e temporais.

137 SILVA, 2012, p. 13. Na segunda edição da obra em questão, o autor mantém o seu posicionamento quanto à mudança da concepção clássica da jurisdição: "A observação do que hoje acontece na realidade dos fóruns e na sociedade em geral impõem a reinterpretação daquela teoria clássica. Na lei e na prática, os MASCs disputam com a jurisdição estatal a atividade (a função, o poder...) de resolver conflitos. É, inclusive, desejável que assim seja, já que não mais se contesta a incapacidade estrutural (eventualmente, cognitiva) de a jurisdição estatal absorver a quantidade e a diversidade de conflitos da sociedade contemporânea. Conviver

PINHO e PAUMGARTTEN refletem que o termo jurisdição não mais pode se limitar ao clássico "dizer o direito", tendo em consideração o crescente acesso à justiça nas mais diversas áreas com impacto social. Para os autores, "não basta a garantia de acesso à justiça, mas à essa liberdade pública deve-se agregar o direito a um provimento jurisdicional idôneo a produzir os efeitos práticos a que ele se preordena"[138].

GRINOVER, no mesmo sentido e observando o ressurgimento do interesse no mundo todo pelas vias capazes de encurtar ou evitar o processo, enumera as fraquezas do processo judicial como fatores da insuficiência ou inadequação da exclusividade da tutela estatal: o formalismo, a complicação procedimental, a burocratização, a dificuldade de acesso ao Judiciário, o aumento das causas de litigiosidade numa sociedade cada vez mais complexa e conflituosa e a própria mentalidade dos operadores do direito[139].

Em contribuição, novamente, PINHO e PAUMGARTTEN aduzem que:

> A realidade brasileira inquestionavelmente tem se mostrado incompatível com esse modelo de Judiciário que busca tão somente remediar o conflito: uma sociedade que se caracteriza ainda por fortes desigualdades sociais e regionais, ao mesmo tempo em que assinala uma explosão se litigiosidade, e contraditoriamente, também impede o acesso aos Tribunais de considerável parcela da população, ainda em situação de pobreza absoluta, comprometendo seriamente a efetividade dos direitos fundamentais. A cultura demandista que se instalou na sociedade brasileira, por conta de uma leitura irreal da garantia constitucional do acesso à justiça que tanto se buscou nos últimos trinta anos, permitiu com essa

com os ADR, em resumo, parece algo inescapável para a jurisdição e o direito processual. A questão é se eles se desenvolverão apenas na sociedade ou também dentro dos órgãos estatais." (Id., 2019, p. 28, destaques não originais). Ressalta-se que a questão colocada por SILVA será objeto de reflexão no Capítulo 4 que, dentre outros assuntos, tratará da maneira como os magistrados e outros atores do mundo jurídico estão lidando com o comando legal que determina a obrigatoriedade da mediação/conciliação processual.

138 PINHO, Humberto Dalla Bernardina de; PAUMGARTTEN, Michele Pedrosa. A experiência Ítalo-brasileira no uso da mediação em resposta à crise do monopólio estatal de solução de conflitos e a garantia do acesso à justiça. In: **Revista Eletrônica de Direito Processual – REDP**, vol. VIII, 2011, p. 445.

139 GRINOVER, Ada Pellegrini. O minissistema brasileiro de Justiça consensual: compatibilidades e incompatibilidades. In: **Publicações da Escola AGU,** v. 8, n. 1, pp. 15-36, jan/mar. 2016a, p. 15.

> oferta, o desaguadouro geral e indiscriminado no Judiciário de toda e qualquer pretensão resistida ou insatisfeita, obrigando-o a albergar desavenças que beiram o capricho dos litigantes, como as controvérsias de mínima expressão pecuniária ou nenhuma complexidade jurídica, que não justificam a judicialização, podendo ser resolvidas por outros meios, perante outras instâncias, fora e além do aparato estatal.[140]

GRINOVER, em obra intitulada "Ensaio sobre a processualidade – Fundamentos para uma nova teoria geral do processo", propôs-se a reestruturar os conceitos clássicos do direito processual, conceitos estes preconizados por CHIOVENDA, CARNELLUTI, CINTRA, DINAMARCO, ela própria e outros célebres doutrinadores[141].

Em introdução à sua obra, GRINOVER revelou que sua grande esperança seria que seu ensaio pudesse inspirar a geração de jovens processualistas para a elaboração de uma nova teoria geral do processo, que revisitasse fundamentos conceituais. Felizmente, para tanto, a autora deixou caminhos pré-traçados em vista de um norte muito relevante na atualidade: a melhor resposta processual para a crise de direito, isto é, a tutela processual adequada[142].

[140] PINHO; PAUMGARTTEN, 2011, p. 463.

[141] Apesar de que doutrinadores como DINAMARCO continuem a defender o conceito clássico de jurisdição: "A sólida herança cultural transmitida pela obra dos cientistas do direito mais a prática diuturna dos problemas da Justiça institucionalizada e exercida pelo Estado com exclusividade mediante julgamentos e constrições sobre pessoas e bens são responsáveis pelo grande zelo voltado à jurisdição como objeto de hermético *monopólio estatal*. Mas a exagerada valorização da tutela jurisdicional, a ponto de afastar ou menosprezar o valor de outros meios de pacificar, constitui um desvio de perspectiva a ser evitado. Hoje há a consciência de que também no *processo arbitral* é exercida a *jurisdição*, havendo além disso algumas vozes exageradas no sentido de um suposto caráter jurisdicional na mediação e na conciliação", reconhecendo, contudo, que a tutela jurisdicional tradicional não é o único meio de condução à ordem jurídica justa e de eliminação conflitos (Cf. DINAMARCO, 2017, v. I, p. 210, destaques originais).

[142] "Falamos em tutela processual e não em tutela jurisdicional, porque, assim como a jurisdição hoje, em nossa visão, não se restringe à estatal e à arbitral – abrangendo os meios consensuais de solução de conflitos – ela é sobretudo *garantia de acesso à justiça*. Enquanto o processo administrativo em contraditório – embora não jurisdicional – tem natureza processual e também é instrumental à solução de conflitos, mas não tem a ver com o acesso à justiça. Nele há processo, mas não há jurisdição." (GRINOVER, 2016, pp. 3-4, destaques originais).

Assim, um importante caminho desbravado por GRINOVER se deu com a introdução de um novo conceito de jurisdição. Procurar-se-á apontar neste trabalho as considerações vanguardistas da autora, principalmente tendo em conta o conceito de justiça consensual/conciliativa por ela apresentado[143].[144]

O primeiro passo dado pela doutrinadora é examinar o processo por meio da instrumentalidade metodológica proposta por SALLES[145], avançando um pouco mais no enfoque direito-processo. Dessa forma, com o intuito de analisar ou construir a solução processual adequada, a metodologia que partiria do estudo do direito material, em realidade, partirá da crise do direito material, do conflito específico para construir o fenômeno processo[146].

[143] "(...) conforme nosso pensamento, a jurisdição compreende a justiça estatal, a justiça arbitral e a *justiça consensual* (...). (...) a *justiça conciliativa*, em que são os próprios titulares que constroem o consenso, solucionando o conflito de acordo com sua vontade informada." (Ibid., pp. 18 e 65, destaques não originais).

[144] Importa destacar que as considerações vanguardistas de GRINOVER já reverberam na doutrina doméstica. SILVA entende que: "[c]omo esses mecanismos [MASCs] agora fazem parte da lei processual e do sistema oficial de justiça, eventualmente será preciso revisitar os conceitos teóricos básicos, como os de jurisdição e processo, reinterpretando-nos (*sic*) no sentido de que a jurisdição não visa apenas à atuação da vontade da lei ou à justa composição da lide, mas à resolução do conflito – genérica, pura e simplesmente. E o direito processual, como conjunto de regras necessárias à equânime participação dos envolvidos no conflito, também serviria para pautar, respeitadas as suas peculiaridades, os processos de mediação, conciliação, arbitragem e outros métodos adequados." (SILVA, 2019, p. 29).

[145] SALLES, 2011, pp. 18-27. A preocupação de SALLES quanto à recolocação da questão da inafastabilidade da tutela jurisdicional já havia sido manifestada anteriormente: haja vista a necessidade de uma nova consideração teórica, capaz de responder à tendência de utilização dos MASCs e de reavaliação dos elementos centrais do próprio conceito de jurisdição (Cf. Id., 2006, pp. 779-780 e 784).

[146] Para GRINOVER: "Isto significa também dar ao direito processual um enfoque multidisciplinar, pois os conflitos são naturalmente examinados pela sociologia ou pela política, e mais raramente pelo direito. E, no entanto, o direito integra a categoria de ciências sociais." (GRINOVER, 2016, p. 14). A preocupação com o enfoque do direito processual também já havia sido apontada por CAPELLETTI e GARTH: "Uma tarefa básica dos processualistas modernos é expor o impacto substantivo dos vários mecanismos de processamento de litígios. Eles precisam, consequentemente, ampliar a sua pesquisa para mais além dos tribunais e utilizar os métodos de análise da sociologia, da política, da psicologia e da economia, e ademais aprender através de outras culturas. O 'acesso' [à justiça] não é apenas um direito social fundamental, crescentemente reconhecido; ele é, também, necessariamente, o ponto cen-

Sob a ótica da instrumentalidade metodológica e, considerando que a finalidade última da jurisdição é pacificar com justiça, processo e procedimento encontram-se no mesmo plano[147]. Aquele contém a relação jurídica processual e destina-se à atuação do direito material, devendo ser estruturado a partir dos conflitos percebidos na sociedade, enquanto este visa à tutela jurisdicional adequada por intermédio do procedimento apropriado à solução de cada conflito surgido no plano sociológico[148].

A percepção quanto à tutela jurisdicional adequada influenciou a própria compreensão do princípio constitucional de acesso à justiça.

Conforme posição defendida por GRINOVER, o princípio disposto no artigo 5º, XXXV, da Constituição Federal, também denominado de inafastabilidade da tutela jurisdicional ("a lei não excluirá da apreciação do Poder Judiciário lesão ou ameaça a direito"), alcança não somente a justiça estatal[149].

tral da moderna processualística. Seu estudo pressupõe um alargamento e aprofundamento dos objetivos e métodos da moderna ciência jurídica." (CAPELLETTI; GARTH, 1988, p. 13).

[147] Ressalta-se que, em termos de premissas metodológicas com enfoque na instrumentalidade de todo o sistema processual, a doutrina clássica compreende que, no tocante ao exercício da jurisdição, o escopo magno a ser perseguido é o da pacificação de sujeitos ou grupos em litígio, mediante a solução de seus conflitos. Este seria o mais profundo e expressivo escopo social da jurisdição (Cf. CINTRA; DINAMARCO; GRINOVER, 2014, p. 28).

[148] GRINOVER, 2016, pp. 13-18. Em contribuição, DINAMARCO trata do propósito dos MASCs de *fidelidade ao contexto social* "mediante a maior aderência possível às realidades subjacentes ao processo – porque por esses caminhos é mais provável a obtenção de soluções plenamente pacificadoras entre os sujeitos conflitados, trazendo-lhes sensações felizes de satisfação e alívio em tempo muito mais breve que o tempo de produção de tutelas jurisdicionais pelos juízes estatais." (DINAMARCO, 2017, v. I, p. 486).

[149] "Nesse amplo conceito, o acesso à justiça é regido pelos subprincípios da universalidade e da adequação dos instrumentos utilizados para atingir a solução dos conflitos." (GRINOVER, 2016, pp. 62 e 83). Em artigo anterior à obra sob análise, GRINOVER já havia antecipado o conceito de justiça conciliativa e a necessidade de releitura do princípio constitucional de acesso à justiça: "A chamada justiça conciliativa corresponde aos métodos consensuais de solução de conflitos aplicados à justiça: negociação, mediação/conciliação e outros institutos que facilitam o consenso entre as partes, como a *avaliação neutra de terceiro* ou a *antecipação da prova fora das situações de urgência* (esta última tratada no art. 381, II e III do novo CPC). Conciliativa, porque todos tendem à conciliação. Justiça, porque perderam sua antiga característica negocial, para se enquadrarem no amplo quadro da *política judiciária*. Trata-se, em última análise, de *acesso à justiça*. Esta visão exige a releitura do art. 5º, inc. XXXV da Constituição brasileira, ("A lei não retirará da apreciação do Poder Judiciário lesão ou ameaça a direito") pois por acesso ao Poder Judiciário deve entender-se acesso à justiça e aos meios adequados

A justiça estatal, a justiça arbitral e a justiça consensual são incluídas no vasto quadro da política judiciária e são espécies de exercício jurisdicional, de acordo com a restruturação proposta por GRINOVER[150]. Para a autora, a jurisdição não poderá mais ser definida como atividade, função e poder. Não há exercício de poder na justiça consensual, posto que as partes são responsáveis exclusivas para dirimir os seus conflitos. Assim, jurisdição deve ser caracterizada como atividade, função e **garantia** (do acesso à justiça), tendo em vista a pacificação dos conflitos[151] e a interpretação evolutiva do artigo 5º, inciso XXXV, da Constituição Federal[152]:

> Em suma, a processualidade compreende a *jurisdição*, tal qual espécie e gênero. E *a jurisdição* é conceituada como *garantia* de *acesso à justiça para a solução de conflitos, utilizando seus instrumentos – processo e procedimento – na busca da tutela jurisdicional justa e adequada e da pacificação social.*[153]

GRINOVER conclui que o efetivo acesso à justiça propicia o acesso à ordem jurídica justa por meio de uma tutela adequada de resolução de conflitos voltada à pacificação social, que poderá ser maior ou menor a depender do método processual utilizado[154]. Nesse mesmo sentido, segundo WATANABE:

> O princípio de acesso à justiça, inscrito no n. XXXV do art. 5º da Constituição Federal, não assegura apenas o acesso formal aos órgãos judiciários, e, sim, um acesso qualificado que propicie aos indivíduos o acesso à ordem jurídica justa, no sentido de que cabe a todos que tenham qualquer problema jurídico, não necessariamente um conflito de interesses, uma atenção por parte do Poder Público, em especial do Poder Judiciá-

de solução de conflitos, como está muito bem explicitado na Exposição de Motivos da *Resolução n. 125/2001* do Conselho Nacional de Justiça." (Id. 2016a, p. 2, destaques originais)

150 "Se, conforme nosso pensamento, a jurisdição compreende a justiça estatal, a justiça arbitral e a justiça consensual, é evidente que fica superado o conceito clássico de jurisdição." GRINOVER, 2016, p. 18.

151 "Jurisdição, na atualidade, não é mais poder, mas apenas função, atividade e garantia. Seu principal indicador é o acesso à Justiça, estatal ou não, e seu objetivo, o de pacificar com justiça. Este conceito de jurisdição abrange a justiça estatal, a justiça arbitral e a justiça conciliativa." Ibid., p. 30.

152 Ibid., pp. 114-115.

153 Ibid., p. 7, destaques originais.

154 GRINOVER, 2016, pp. 81-82.

> rio. Assim, cabe ao Judiciário não somente organizar os serviços que são prestados por meio de processos judiciais, como também aqueles que socorram os cidadãos de modo mais abrangente, de solução por vezes de simples problemas jurídicos, como a obtenção de documentos essenciais para o exercício da cidadania, e até mesmo de simples palavras de orientação jurídica. Mas é, certamente, na solução de conflitos de interesses que reside a sua função primordial, e para desempenhá-la cabe-lhe organizar não apenas os serviços processuais como também, e com grande ênfase, os serviços de solução de conflitos pelos mecanismos alternativos à solução adjudicada por meio de sentença, em especial dos meios consensuais, isto é, da mediação e da conciliação.[155]

O que se percebe, inobstante, é que no processo judicial, bem como no processo arbitral, muitas vezes a pacificação existe apenas no plano social. O conflito é dirimido em face da sociedade, sendo retirado do mundo jurídico e fático. Não há, todavia, uma solução que atinja as verdadeiras raízes do conflito, pois na lógica do "perde-ganha", em que sempre haverá um vencedor e um vencido, este dificilmente se conformará com a decisão imposta, buscando, se possível, a interposição reiterada de recursos e até mesmo dificultar o cumprimento da sentença[156].

Assim, entende-se que a pacificação social também pode ser observada na justiça estatal (e arbitral), tendo-se em consideração o conceito de Tribunal Multiportas e que, invariavelmente, o maior grau de paci-

[155] WATANABE, Kazuo. Política Pública do Poder Judiciário Nacional para Tratamento Adequado dos Conflitos de Interesses. In: RICHA, Morgana de Almeida; PELUSO, Antonio Cezar (Coord.); GRINOVER, Ada Pellegrini; WATANABE, Kazuo (Colab.). **Conciliação e Mediação:** estruturação da Política Judiciária Nacional. Rio de Janeiro: Forense, 2011, p. 4. Ressalta-se também a opinião de LUCHIARI: "Através das experiências consolidadas no Brasil, se conclui que o 'acesso à ordem jurídica justa' se viabiliza com a condução efetiva do processo pelo juiz (gerenciamento do processo e gestão cartorária) e com a utilização de modelo de unidade judiciária (que a Resolução n. 125/CNJ trouxe como 'Centros Judiciários de Solução de Conflitos e Cidadania'), que é responsável não só pelo trabalho com os métodos alternativos de solução de conflitos (tendo como parâmetros os Setores de Conciliação e Mediação do Tribunal de Justiça do Estado de São Paulo e o tribunal multiportas do direito norte-americano), mas também por serviços de cidadania e orientação jurídica, que levam à pacificação social, advindo daí o abrandamento da morosidade da justiça, a diminuição do número de processos e de seus custos, como consequências reflexas." (LUCHIARI, 2014, p. 312).

[156] GRINOVER, Op. cit., p. 81.

ficação é atingido com a justiça consensual, em que as partes buscam e constroem em conjunto a resolução do conflito[157].

Em relação aos fundamentos da justiça conciliativa, GRINOVER aponta que, além do primordial fundamento que é a pacificação social, também se encontram os fundamentos político e funcional.

Considerando o fundamento político da justiça participativa, não somente os mediadores e conciliadores participam da solução do conflito, mas também, e, principalmente, as partes, o que é característico de uma democracia participativa[158]. SILVA argumenta que:

> (...) a justiça nasce mais da plena participação das partes e do juiz na construção da solução mais adequada do que de uma necessária decisão a ser concedida no final de um ritual de atos. Esta, aliás, parece ser uma diretriz do atual Código de Processo Civil ao estabelecer o princípio da cooperação entre suas normas fundamentais (art. 6º). A valorização do caráter participativo das partes e do juiz na interpretação e aplicação do direito processual implica a admissão de que a escolha do método de resolução de conflito e a definição de suas regras resulte não apenas da lei, mas do contraditório que elas exercerem no caso concreto. Basta compreender que jurisdição é atividade para resolver conflitos de forma justa e que o direito processual concentra regras para que isso seja feito de forma isonômica, pela participação, cooperação entre as partes e o juiz, independentemente do método e do tipo de resultado.[159]

[157] GRINOVER, 2016, p. 66, 81-82. Vide também: Id., 2015, p. 3.

[158] Um exemplo proveitoso ao tema é a gestão participativa e democrática instituída pela Resolução nº 221, do CNJ, referente às diretrizes do processo participativo de formulação das Metas do Poder Judiciário. Conforme preconiza o artigo 4º, § 1º, incisos IV e V, da Resolução nº 221, são modalidades de participação democrática na elaboração das metas nacionais do Poder Judiciário a consulta pública e a audiência pública. Em 2019, foram abertas em diversos tribunais do país consultas públicas para manifestação dos interessados quanto às metas para 2019, vide: <http://www.tjpa.jus.br/PortalExterno/imprensa/noticias/Planejamento-Estrategico/836838-aberto-prazo-para-opinar-sobre-metas-nacionais-para-2019-.xhtml>. Acesso em: 13 de nov. 2019; <http://www.tjmg. jus.br/portal-tjmg/informes/consulta-publica-avalia-metas-para-aprimorar-ojudiciario.htm#.W0s9qNJKg2w>. Acesso em: 13 de nov. 2019; <http://www.trtsp.jus.br/indice-noticias-em-destaque/21743-participe-da-consulta-publica-sobre-a-proposta-inicial-de-metas-nacionais-para-2019>. Acesso em: 13 de nov. 2019; e <http://www.tjma.jus.br/tj/ visualiza/sessao/19/publicacao/421942>. Acesso em: 13 de nov. 2019.

[159] SILVA, 2019, p. 29.

LESSA NETO, relacionando-se ao fundamento político da justiça conciliativa, afirma que o modelo multiportas de justiça é essencialmente democrático e participativo, já que parte da noção de empoderamento e de que o cidadão deve ser o principal ator da solução do conflito[160].

Quanto ao fundamento funcional da justiça conciliativa, GRINOVER indica que este seria o mais discutível de todos, pois, afirma-se que a utilização dos instrumentos consensuais seria capaz de desafogar o acúmulo de trabalho dos tribunais estatais.

WATANABE ressalta que com a utilização mais intensa dos MASCs, a quantidade de processos consequentemente diminuirá; contudo, isto seria uma consequência reflexa, uma decorrência da aplicação correta da política pública de tratamento dos conflitos, e não o seu objetivo imediato[161]. Assim, novamente, coloca-se à reflexão a necessidade de se compreender que para cada conflito existe um meio adequado de resolução de disputa[162], sendo que o resultado obtido com a racionalidade

[160] LESSA NETO, João. O novo CPC adotou o modelo multiportas!!! E agora?! **Revista de Processo**, v. 244, p. 427-441, jun., 2015, p. 432. Nesse sentido, GUINCHARD et al: "*De manière plus générale, dans un société libérale, il faut convenir que les individus sont encore aux les mieux placés pour déterminer la solution qui leur convient; l'observation s'impose d'autant plus que la recherche d'une 'justice concrète', c'est-à-dire d'une justice à même de saisir l'exacte réalité du litige sans se laisser abuser par l'abstraction des catégories juridiques, passe nécessairement par une plus grande participation des intéressés à la solution de leur litige.*" GUINCHARD, Serge *et al.* **Droit processuel** – droits fondamentaux du procès. Paris: Dalloz, 10ª ed, 2019, p. 1388 (Em tradução livre "De maneira mais geral, em uma sociedade liberal, deve-se concordar que os indivíduos ainda estão na melhor posição para determinar a solução que lhes convém; a observação é tanto mais necessária quanto a busca de uma 'justiça concreta', isto é, uma justiça capaz de captar a realidade exata da disputa sem se deixar enganar pela abstração das categorias jurídicas, o que necessariamente requer maior participação dos interessados na solução de sua disputa."). Ainda, SPLENGER alerta para a falta de conhecimento quanto à perspectiva do empoderamento das partes: "Unidos pelo conflito, os litigantes esperam por um terceiro que o 'solucione'. Espera-se pelo Judiciário para que diga quem tem mais direitos, mais razão ou quem é o vencedor da contenda. Trata-se de uma transferência de prerrogativas que, ao criar 'muros normativos', engessa a solução da lide em prol da segurança, ignorando que a reinvenção cotidiana e a abertura de novos caminhos são inerentes a um tratamento democrático." (SPLENGER, Fabiana Marion. Mediação: um retrospecto histórico, conceitual e teórico. In: SPLENGER, Fabiana Marion; SPLENGER NETO, Theobaldo (Org.). **Mediação enquanto política pública:** o conflito, a crise da jurisdição e as práticas mediativas. Santa Cruz do Sul: EDUNISC, 2012, p. 23).

[161] WATANABE, 2014, p. 37.

[162] GRINOVER, 2015, p. 3.

da adequação não deve se traduzir como objetivo imediato dos MASCs, mas uma consequência indireta.

Como visto, tradicionalmente, a natureza jurisdicional não foi conferida aos meios consensuais da mediação e da conciliação em razão do próprio conceito clássico da jurisdição e dos seus elementos caracterizadores. Apesar disso, GRINOVER ponderou que os elementos "lide", "substitutividade", "definitividade", "coisa julgada" e "inércia" deveriam ser reconsiderados em vista do novo conceito de jurisdição:

> (...) não há *lide* na justiça conciliativa, assim como não há lide no processo penal e no processo civil necessário; tampouco há *substitutividade* na justiça conciliativa, e é uma ficção a ideia de que o juiz se substitui à vontade das partes, que não souberam ou não puderam se autocompor: a vontade das partes é despicienda em todos os casos de processos necessários, penais e não penais, motivo pelo qual não se pode falar em substituição, e é enfraquecida no novo processo civil cooperativo. Sem falar que na justiça conciliativa ninguém se substitui à vontade das partes, que constroem, pelo consenso, a solução que desejam para o conflito. A *definitividade*, por sua vez, não é prerrogativa da jurisdição, pois a preclusão administrativa também leva a um grau de imunidade comparável ao da coisa julgada. E a própria *coisa julgada* perdeu a sua característica de verdadeiro dogma e, ao mesmo tempo, a concepção restritiva de só poder acompanhar a sentença oriunda de cognição profunda e exauriente, uma vez que a mesma estabilidade reveste outros pronunciamentos judiciais que – segundo alguns – não fazem coisa julgada. Quanto à *inércia*, depende ela exclusivamente do sistema processual adotado, podendo haver situações em que a jurisdição estatal se automovimenta, como também ocorre no Brasil. Assim como pode automovimentar-se a justiça conciliativa.[163]

DINAMARCO ressalta que a jurisdição, como função estatal, possui conotações que não se encontram nos outros meios de solução de conflitos:

> Como função estatal, a jurisdição exercida pelos juízes tem conotações próprias, de imperatividade e inevitabilidade, ausentes nos outros meios

[163] GRINOVER, 2016, pp. 4-5, 19.

> de solução de conflitos – sendo legítimo aos agentes do poder estatal até mesmo o uso racional e equilibrado da força física para vencer resistências (CPC, art. 497 c/c art. 139, inc. IV). Por isso, e graças à soberania de que seu poder é dotado, compromete-se o Estado a ditar a última palavra sobre todo conflito, não concedendo imunidade aos pronunciamentos de outros entes ou indivíduos e dando por ilegítimos os pactos ou imposições que visem a excluir o exame judicial (p.ex., a atitude corporativista de entidades desportivas que proíbem e punem as tentativas de solução jurisdicional de conflitos envolvendo atletas ou associações).[164]

Em vista da crescente valorização e emprego dos MASCs, bem como da busca pela pacificação e ordem jurídica justa, DINAMARCO, embora discordando da natureza jurisdicional dos MASCs, reflete sobre a ideia de equivalência entre estes e a atividade estatal da jurisdição. Sob o ponto de vista puramente jurídico, o doutrinador reafirma que as diferenças entre MASCs e a atividade estatal são notáveis e eliminariam a ideia de que se equivalham, uma vez que somente a jurisdição tem entre seus objetivos o de dar efetividade ao ordenamento jurídico[165]. Não obstante, DINAMARCO propugna uma *equivalência funcional* entre os MASCs e o exercício estatal da jurisdição[166], considerando o escopo comum de pacificação social:

> Mas o que há de substancialmente relevante no exercício da jurisdição, pelo aspecto social do proveito útil que é capaz de trazer aos membros da sociedade, está presente também nessas outras atividades: é a busca pela pacificação das pessoas e grupos mediante a eliminação de conflitos que os envolvam. Tal é o escopo social magno da jurisdição, que atua ao mesmo tempo como elemento legitimador e propulsor da atividade jurisdicional. Essa perspectiva teleológica do sistema processual sugere a equivalência funcional entre pacificação estatal imperativa e aquelas outras atividades, nem sempre estatais e jamais dotadas do predicado de inevitabilidade, com que se buscam os mesmos objetivos e a mesma utilidade social. Na doutrina moderna já há a consciência da natureza

[164] DINAMARCO, 2017, v. I, p. 210-211.

[165] Ibid., p. 214-215.

[166] "Costuma-se designar a arbitragem e as soluções consensuais de conflitos como sucedâneos da jurisdição, ou equivalentes jurisdicionais (Carnelutti)." (Ibid., p. 489).

> jurisdicional do juízo arbitral (Carlos Alberto Carmona) e sabe-se que em alguns casos os meios alternativos são capazes de produzir resultados melhores que os da jurisdição estatal.[167]

A despeito da movimentação a favor ou da resistência à ampliação do conceito de jurisdição[168], importa salientar, uma vez mais, que deve ser observada a adequação do tipo de conflito à solução proposta pela justiça consensual e a finalidade maior de resolução de conflitos em sociedade que motiva todos os MASCs e o processo judicial.

Como bem observou GRINOVER, somente os conflitos transacionáveis podem ser submetidos à justiça consensual, sendo que "mesmo quando o direito é indisponível é possível transacionar sobre o modo, a forma, o prazo para o cumprimento da obrigação"[169].

Evidente, portanto, que os meios consensuais não são a melhor forma de resolução para todos os tipos de conflitos. Há casos em que a complexidade do conflito demande perícia ou uma análise aprofundada da matéria de direito, sendo o processo judicial estatal (ou arbitral) a via mais adequada a ser seguida para a resolução do conflito[170].

[167] DINAMARCO, 2017, v. I, p. 215. Ainda, para o mesmo autor: "Constitui tendência moderna o abandono do fetichismo da jurisdição, que por muito tempo fechou a mente dos processualistas e os impediu de conhecer e buscar o aperfeiçoamento de outros meios de tutela às pessoas envolvidas em conflitos. Os meios alternativos para solução destes ocupam hoje lugar de muito destaque na preocupação dos processualistas, dos quais vêm recebendo especial ênfase a conciliação e a arbitragem. Não visam a dar efetividade ao direito material, ou à atuação da vontade concreta da lei – i.e, não são movidos pelo escopo jurídico que por muitas décadas se apontou como a mola legitimadora do exercício da jurisdição pelo Estado. Mas, tanto quanto esta, têm o escopo pacificador, que é o verdadeiro fator de legitimidade da jurisdição mesma no Estado moderno." (DINAMARCO, Cândido Rangel. **Tutela jurisdicional, fundamentos do processo civil moderno**, t. II, 3ª ed. São Paulo: Malheiros, 2000, p. 837).

[168] SILVA defende a necessidade de reflexão "(...) sobre a dimensão atual dos conceitos de jurisdição e processo, para o que seria preciso adotar a perspectiva de que o escopo da jurisdição é pura e simplesmente resolver conflitos e que o traço identificador do processo é a participação dos litigantes na construção de uma decisão, este último traço independeria do método escolhido e tipo de resultado alcançado." (SILVA, 2019, p. 29 e 38).

[169] GRINOVER, 2016a, p. 17.

[170] "É oportuno lembrar a palavra profética de Mauro Capelletti: a justiça conciliativa é a mais adequada para as *relações co-existenciais*." (Ibid., p. 17).

A noção de adequação do procedimento de resolução de conflitos deve ser observada pelas partes relacionadas ao conflito e por todos os participantes do processo:

> A sociedade deve se conscientizar de que o acesso à justiça deve ser uma espécie de cláusula reserva, descabendo sua propagação generalizada, ao risco de se incrementar o ambiente de conflituosidade geral que tornou-se característica de muitos países principalmente da *civil law*, convertendo o direito de ação a um perigoso convite à litigância, tendência cada vez mais gravosa na medida em que o Estado contemporâneo também se coloca a remediar o conflito, ao invés de identificar e enfrentar as causas do problema. A cultura de que qualquer interesse contrariado deve ser submetido ao judiciário deve ser urgentemente modificada, pois a ação é um direito do jurisdicionado e não um dever.[171]

Portanto, o princípio de acesso à justiça, independentemente de a tutela jurisdicional compreender ou não os meios consensuais como expressão da jurisdição, deve ser compreendido em seu sentido ampliado, o qual fundamenta uma nova ordem processual constitucional de incentivo à pacificação social, que, a seu turno, inclui a promoção aos MASCs.

2.1.1. Minissistema de justiça consensual: diretrizes de política pública, legislação processual e específica. Antinomias

Conforme os dados do último Relatório ICJBrasil (Índice de Confiança na Justiça), referente ao primeiro semestre de 2017, 81% dos entrevistados mencionaram que os casos são resolvidos no âmbito judicial de forma lenta ou muito lenta e 73% dos entrevistados declararam que é difícil ou muito difícil utilizar o sistema judicial, bem como que o Poder Judiciário é nada ou pouco competente para solucionar os casos[172].

Watanabe considera que a crise de desempenho do Poder Judiciário Nacional e a consequente perda de sua credibilidade são geradas pela intensa conflituosidade que este enfrenta, acompanhada de uma sobre-

[171] Pinho; Paumgartten, 2011, p. 448.

[172] O Relatório ICJBrasil com os dados da pesquisa referente ao 1º semestre de 2017 é publicado pela FGV Direito SP e encontra-se disponível em: <http://bibliotecadigital.fgv.br/dspace/bitstream/handle/10438/19034/ Relatorio-ICJBrasil_1_sem_2017.pdf? sequence=1&isAllowed=y>. Acesso em: 30 ago. 2019.

carga excessiva de processos. Tal situação é decorrente de dois fatores, principalmente: (i) as transformações de intensa conflituosidade pelas quais vem passando a sociedade brasileira, em razão, especialmente, da economia de massa e o fenômeno de processos repetitivos, que são levados individualmente ao Judiciário no lugar de ações coletivas; e (ii) a "falta de uma política pública de tratamento adequado dos conflitos de interesses que ocorrem na sociedade"[173].

Diversos são os trabalhos acadêmicos e empíricos realizados sobre o fenômeno dos processos repetitivos e que buscam compreender os reflexos e os impactos que a judicialização individualizada de demandas de massa gera no Poder Judiciário e na sociedade[174]. Grinover indica que no Brasil os processos coletivos, a despeito da plena operacionalidade do minissistema das ações coletivas, são subutilizados e que há uma preponderância quanto ao uso das ações individuais, o que significa "fragmentar a prestação jurisdicional, fomentar a contradição entre julgados, tratar desigualmente os que estão exatamente na mesma situação (jurídica ou fática) e assoberbar os tribunais (...)" [175].

Quanto ao alerta feito por Watanabe acerca da falta de uma política pública de tratamento adequado de conflitos, conforme já mencionado,

[173] Watanabe, 2011, p. 3. Ainda, o mesmo autor pondera que: "Todos têm, hoje, plena consciência da grave crise que afeta a nossa Justiça, em termos principalmente de *morosidade, efetividade e adequação de suas soluções*. Estamos, mais do que nunca, convencidos de que, entre as várias causas dessa crise, que são inúmeras, uma delas é a adoção pelo nosso Judiciário, com quase exclusividade em todo o país, do método *adjudicatório* para a resolução dos conflitos a ele encaminhados, vale dizer, solução dada autoritativamente, por meio de sentença, pela autoridade estatal, que é o juiz. A *mentalidade predominante*, não somente entre profissionais do direito, como também entre os próprios jurisdicionados, é a que vê na *sentença* a forma mais sublime e correta de se fazer justiça, considerando os chamados meios alternativos de solução de conflitos – como mediação, conciliação, arbitragem e outros –, formas atrasadas e próprias de povos poucos civilizados." (Id., 2019, p. 81, destaques originais).

[174] Citam-se, a título exemplificativo: Gabbay, Daniela Monteiro; Cunha, Luciana Gross (Org.). **Litigiosidade, morosidade e litigância repetitiva no Judiciário:** uma análise empírica. São Paulo: Saraiva, 2012; Abi-Chahine, Paula Aparecida. **O problema da litigiosidade de massa**: análise crítica acerca das técnicas que conferem repercussão coletiva ao julgamento de demandas individuais. 2015. 170 f. Dissertação (Mestrado) – Faculdade de Direito da Universidade de São Paulo, São Paulo, 2015; Ferrari Neto, Luiz Antonio. **Incidente de resolução de demandas repetitivas:** meios de uniformização da jurisprudência no Direito Processual Civil Brasileiro. 2012. 267 f. Dissertação (Mestrado) Faculdade de Direito da Pontifícia Universidade Católica de São Paulo, São Paulo, 2012.

[175] Grinover, 2016, p. 57-58.

em 29 de novembro de 2010, por meio da Resolução nº 125, o CNJ instituiu formalmente a Política Pública de Tratamento Adequado dos Conflitos de Interesses no âmbito do Poder Judiciário brasileiro. O enfoque da política pública é a solução mais adequada dos conflitos por meio da participação direta e decisiva das partes na busca do resultado que atenda aos seus interesses, de modo a preservar o relacionamento entre elas e propiciar a justiça coexistencial.

A Resolução nº 125 do CNJ, visando a efetivação da política pública, estabelece em seus artigos diretrizes relevantes relacionadas: (i) à obrigatoriedade de criação dos Núcleos Permanentes de Métodos Consensuais de Solução de Conflitos – NUPMECs e dos Centros Judiciários de Solução de Conflitos e Cidadania – CEJUSCs; (ii) à disciplina mínima para a atividade e a capacitação dos mediadores e conciliadores; (iii) à realização de estratégias para promoção dos MASCs e a geração de uma nova mentalidade relacionada à cultura de pacificação[176]; e (iv) ao controle, ainda que indireto, pelo Judiciário dos serviços de mediação/conciliação, fornecendo dados estatísticos, por exemplo.

Em seguida e em complementação à Resolução nº 125 do CNJ, dois instrumentos normativos passaram a regular a mediação no Brasil, o Código de Processo Civil de 2015 e a Lei nº 13.140/2015, formando o denominado "minissistema brasileiro de métodos consensuais"[177].

Tal sistema, ainda que pequeno, posto que constituído por três dispositivos complementares, forma um complexo de normas e diretrizes, que, embora não desejável, inevitavelmente gera incompatibilidades de regras. Assim, passa-se à reflexão quanto às antinomias que se fazem

[176] Referida cultura de pacificação se contrapõe à cultura de sentença, a qual, conforme lições de WATANABE, decorre de: (i) uma mentalidade gerada nas academias, e fortalecida pela prática forense, de solução adjudicada autoritariamente pelo juiz; (ii) de um "certo preconceito" contra os MASCs, tendo em vista o receio de que o poder judicial restaria comprometido se as partes puderem solucionar os seus conflitos direta e independentemente; (iii) de uma falsa percepção de que conciliar é uma atividade menos nobre; e (iv) de uma percepção, muitas vezes correta, de que o mérito dos juízes é aferido pelas boas sentenças proferidas e, senão excepcionalmente, pelas atividades conciliatórias (Cf. WATANABE, 2019, p. 67-68).

[177] "(...) pode-se falar hoje de um minissistema brasileiro de métodos consensuais de solução judicial de conflitos, formado pela Resolução n. 125, pelo CPC de 2015 e pela lei de mediação, naquilo em que não conflitarem." GRINOVER, 2016a, p. 15.

presentes em matéria de regulação da mediação (e, naquilo que se aplica, à conciliação).

O Código de Processo Civil de 2015 em seu artigo 334 trouxe uma importante alteração no rito processual: a realização da "audiência"[178] de mediação ou conciliação em sequência à apresentação da petição inicial pelo autor e antecedendo a contestação a ser apresentada pelo réu. Conquanto, no § 4º do artigo 334, possibilita-se a não realização da audiência de mediação/conciliação, caso ambas as partes manifestem, expressamente, o seu desinteresse na composição consensual.

A Lei nº 13.140/2015, por sua vez, também regulando a mediação judicial, estabelece em seu artigo 27 que, uma vez preenchidos os requisitos essenciais da petição inicial e se não for o caso de improcedência liminar do pedido, o juiz designará a audiência de mediação. Nota-se que o artigo 27 deixa de fazer qualquer referência à hipótese de manifestação expressa das partes sobre o seu desinteresse em participar da audiência de mediação/conciliação. Haveria uma divergência entre os diplomas legais?

Ainda com relação à mediação judicial, o parágrafo único do artigo 28, da Lei de Mediação indica que, em caso de acordo celebrado entre as partes, este será homologado pelo juiz, desde que requerido pelas partes. Enquanto, o § 11 do artigo 334 do Código de Processo Civil, dispondo sobre a mediação e a conciliação judiciais, determina que a autocomposição obtida será reduzida a termo e homologada por sentença, diretamente, sem se condicionar ao requerimento das partes.

Dessa forma, na hipótese de uma das partes não requerer a homologação judicial do acordo, a disposição da Lei de Mediação levaria as partes a conflito novo e posterior para fins de homologação do acordo obtido na mediação judicial?

A Lei de Mediação, por meio do artigo 11, exige que a pessoa interessada em atuar como mediador judicial seja graduada há pelo menos dois anos em curso de ensino superior. Todavia, tal exigência não é prevista no Código de Processo Civil.

Inversamente, no artigo 167, § 5º, do Código de Processo Civil nota-se uma normativa restritiva que é inexistente na Lei de Mediação: o

[178] Entende-se que o termo legal é empregado de maneira atécnica, conforme será esclarecido adiante.

impedimento da atuação dos advogados nos juízos em que desempenhem suas funções como mediadores e conciliadores.

Citam-se, ainda, como exemplo de incompatibilidade normativa, as previsões do artigo 25 da Lei de Mediação e do artigo 168 e seus parágrafos 1º e 2º do Código de Processo Civil. De acordo com aquele, as partes não podem nomear um mediador para a mediação judicial, já que esta deverá ser conduzida por um mediador indicado pelo tribunal ou pelo CEJUSC. O Código de Processo Civil, por sua vez, indica que as partes, de comum acordo, podem escolher o conciliador ou o mediador, sendo que o terceiro não precisa necessariamente estar cadastrado no tribunal. O *Codex* processual prevê que haverá distribuição entre os profissionais cadastrados no registro do tribunal na hipótese de inexistir um acordo entre as partes quanto à nomeação do conciliador/mediador.

As incompatibilidades exemplificadas se relacionam a normas de direito processual civil e a normas estabelecidas por lei específica, trazendo à lume sensível discussão acerca da imposição por legislação extravagante de regras e condições inexistentes nas disposições do Código de Processo Civil.

Importante ressaltar que, considerando a sua data de publicação, a Lei de Mediação é posterior ao Código de Processo Civil de 2015; não obstante, em razão de sua *vacatio legis* mais curta, a Lei de Mediação passou a vigorar antes daquele.

O artigo 2º da Lei de Introdução às normas do Direito Brasileiro (LINDB), consubstanciada pelo Decreto-Lei nº 4.657 de 1942, consagra o princípio da continuidade da lei até vir outra que a modifique ou a revogue. Porém, de acordo com os §§ 1º e 2º do artigo 2º da LINDB, a lei posterior somente revoga a anterior quando expressamente o declare, quando seja com ela incompatível ou quando regule inteiramente a matéria de que tratava a lei anterior e a lei nova, que estabelece disposições especiais a par das já existentes, não revoga nem modifica a lei anterior.

Portanto, nota-se que a aplicação dos critérios de resolução de antinomia jurídica ("*lex posterior derogat legi priori*" e "*lex specialis derrogat generalis*") não é uma solução tão simples e direta, considerando a revogação tácita.

Na Lei de Mediação não há qualquer declaração expressa sobre a revogação das normas do Código de Processo Civil, como também ela não se propõe a regular inteiramente a matéria relacionada à mediação/conciliação disposta no *Codex* processual. Seria possível concluir que a Lei de Mediação, como lei especial, não revoga e nem modifica o Código de Processo Civil.

Apesar disso, é preciso buscar uma interpretação harmônica de ambos os diplomas legais, compreendendo-os como sistemas normativos complementares que visam a atender os princípios da mediação e à política pública de estímulo ao uso dos MASCs[179].

Destarte, compreende-se que a Lei de Mediação não é incompatível, nem modifica a disposição do Código de Processo Civil que prevê a possibilidade de a audiência de mediação/conciliação não ocorrer por desinteresse de ambas as partes. A Lei de Mediação objetiva atender à política pública de promoção e estímulo da mediação ao estabelecer que, verificado o preenchimento dos requisitos essenciais da petição inicial e se não for o caso de improcedência liminar do pedido, o juiz tem o dever de designar a audiência de mediação. Por sua vez, a norma processual também prima pela promoção e estímulo da mediação ao determinar a necessidade de manifestação expressa de ambas as partes em sentido contrário à realização da audiência e que a declaração de vontade expressada por apenas uma das partes seja suficiente para que a audiência aconteça[180].

Nota-se que a norma processual, além de buscar o atendimento da política pública proposta pela Resolução nº 125 do CNJ, observa o princípio da autonomia da vontade das partes que, por sua vez, é elencado como princípio informador da mediação pela Lei de Mediação. O prin-

179 Gevartosky, buscando observar as incompatibilidades das normativas relacionadas à mediação através da ótica da teoria do diálogo das fontes, esclarece que: "A tese do diálogo das fontes, preconiza, em essência, que as normas jurídicas não se excluem, mas se complementam. A adoção desta tese torna viável reconhecer a possibilidade de interpretação harmônica de ambos os diplomas legais [Código de Processo Civil e Lei de Mediação]. Afinal, os dois sistemas normativos não são incompatíveis, mas sim complementares e dispõem de princípios comuns. Nesse sentido, em casos de dúvida quanto a aplicação de normas de um ou outro instrumento normativo, o intérprete deverá conduzir sua conclusão rumo à resposta que mais se coadune com os princípios da mediação." (Gevartosky. 2016, p. 11-12).

180 "É suficiente a vontade de uma das partes para que a audiência se realize. Para dispensá-la, é necessária a manifestação expressa de ambas, feita em consonância com o disposto no § 5º [do artigo 334 do CPC]. A regra tem como fundamento a ideia de que, mesmo a parte que não concorda em tese com a tentativa de autocomposição, poderá ser levado a aceitá-la quando tiver contato efetivo com os métodos consensuais e for informado sobre suas técnicas e benefícios pelo terceiro facilitador." Grinover, 2016a, p. 25.

cípio da autonomia da vontade das partes quanto à dispensa de realização da audiência de mediação é realizado de maneira atenta à declaração contrária de *ambas* as partes[181].

Quanto à incompatibilidade entre a Lei de Mediação e o Código de Processo Civil em matéria de homologação por sentença do acordo obtido na mediação com ou sem a necessidade de requerimento das partes, a opinião de Grinover é no sentido de que a norma processual deve prevalecer sobre imposição adicional determinada pela legislação extravagante[182]. A interpretação harmônica das normativas[183] não poderia levar à situação extrema de instauração de um posterior conflito entre as partes caso uma delas não requeira a homologação judicial do acordo obtido na mediação.

Com relação à exigência de comprovação pela pessoa interessada em se tornar um mediador judicial de graduação em curso de ensino superior há pelo menos dois anos conforme previsão do artigo 11 da Lei de Mediação, o Código de Processo Civil nada diz a respeito em sua Seção V – Dos Conciliadores e Mediadores Judiciais. Na opinião de Grinover, o requisito da Lei de Mediação constituiu uma restrição descabida que afronta todo o embasamento filosófico das técnicas de mediação, sendo que "[e]xistem excelentes mediadores, devidamente capacitados, que não se enquadram na exigência. Mas é ela coercitiva, enquanto estiver em vigor"[184].

[181] No entanto, o que se percebe na prática forense é que os magistrados não estão seguindo os ditames do artigo 334 do Código de Processo Civil e por mero despacho ou decisão interlocutória decidem pela não realização da audiência de mediação ou conciliação, conforme será estudado adiante. Dentre os fundamentos apontados pelos magistrados estão: o não atendimento do princípio da razoável duração do processo, falta de estrutura e de profissionais para realizar as sessões de mediação/conciliação judiciais, possibilidade de se tentar a autocomposição em outro momento do processo, etc. O desafio quanto à mudança de mentalidade ligada à cultura do litígio e quanto à efetivação dos MASCs também se faz presente no próprio Poder Judiciário.

[182] Grinover observa que: "A Lei de Mediação, no entanto, não obriga a levar o termo de acordo à homologação: nesse caso, ele constituirá título executivo judicial (art. 20, parágrafo único). Realmente incompreensível que o acordo judicial não seja levado à homologação." (Grinover, 2015, p. 20).

[183] Isto é, do artigo 28, parágrafo único, da Lei de Mediação e do artigo 334, § 11, do Código de Processo Civil.

[184] Ibid., 2016, p. 21.

O entendimento do CNJ é de que para atuar como mediador judicial o interessado precisa ser graduado há pelo menos dois anos, em qualquer área de formação, sendo que, em relação ao profissional conciliador, tal exigência não se aplica[185]. Inclusive, é neste sentido o Enunciado aprovado em 4 de abril de 2016 no Conselho da Justiça Federal, pelos Desembargadores Federais Coordenadores de NUPEMECs: "Considerando a natureza predominantemente objetiva dos conflitos sujeitos à conciliação, não se aplica ao conciliador a exigência da graduação há pelo menos dois anos em curso de ensino superior prevista no artigo 11 da Lei de Mediação"[186].

A seu turno, o Código de Processo Civil também estabelece uma normativa restritiva que não encontra respaldo na Lei de Mediação: o impedimento do exercício da advocacia nos juízos em que os advogados atuarem como mediadores e conciliadores, conforme o § 5º do artigo 167. Novamente, indica-se a opinião de GRINOVER de que seria possível sustentar que houve revogação tácita pela Lei de Mediação do impedimento previsto no Código de Processo Civil[187]. Isto porque a Lei de Mediação trata dos mediadores judiciais e de seus impedimentos nos artigos 4º a 8º sem fazer referência ao impedimento da atuação dos advogados, porém, deixando de revogar expressamente tal norma processual[188].

[185] Vide: <http://www.cnj.jus.br/programas-e-acoes/conciliacao-e-mediacao-portal-da-conciliacao/quero-ser-um-conciliador-mediador>. Acesso em: 11 de set. 2019.

[186] Assim como o Enunciado n. 56 do Fórum Nacional de Mediação e Conciliação (FONAMEC): "Ao conciliador não se aplicam as exigências previstas no art. 11 da Lei de Mediação (Lei n. 13.140/2015)".

[187] GRINOVER, 2015, p. 11.

[188] Ademais, GRINOVER assinala que: "Curiosamente, a primeira redação do Anteprojeto reservava a função de conciliador/mediador a advogados. Em face de críticas, eliminou-se a chamada 'reserva de mercado'. Em contrapartida surgiu o impedimento para que o terceiro facilitador exerça a advocacia em todo o território de jurisdição do tribunal. Finalmente, o impedimento ficou circunscrito aos juízos em que desempenha as funções de conciliador/mediador. Há aqui uma presunção absoluta de que o advogado possa aliciar clientela entre os participantes do processo consensual. Isso parece absolutamente insensato, pois a regulamentação da conduta ética e das sanções que podem ser impostas ao terceiro facilitador é mais do que suficiente para desencorajar qualquer iniciativa nesse sentido. Parece também, insultuoso para a classe dos advogados. Desencoraja os advogados a exercerem as funções de conciliador/mediador. E é de duvidosa aplicabilidade, pois o Estatuto da OAB não prevê o

De acordo com o Enunciado 47 do Fórum Nacional de Mediação e Conciliação – FONAMEC, de 22 de outubro de 2015, o impedimento estabelecido pelo Código de Processo Civil não se aplica aos advogados que atuam como conciliadores ou mediadores judiciais vinculados aos CEJUSCs[189]. Entretanto, em reunião da Comissão de Acesso à Justiça e Cidadania – CAJC, realizada em 26 de setembro de 2017, restou-se deliberado que o mediador advogado não pode ter atuação dúplice no mesmo CEJUSC, não pode atuar como mediador e como advogado no mesmo centro, ainda que em processos distintos[190].

Por fim, faz-se referência à antinomia das normas do artigo 25, da Lei de Mediação e do artigo 168 e seus parágrafos 1º e 2º, do Código de Processo Civil. Enquanto a Lei de Mediação estabelece que o mediador judicial será indicado necessariamente pelo tribunal ou CEJUSC, já que "os mediadores não estarão sujeitos à prévia aceitação das partes", o *Codex* processual indica que as partes, de comum acordo, podem escolher o mediador (cadastrado ou não no tribunal); sendo que, na hipótese de inexistência de acordo, haverá distribuição entre os profissionais cadastrados no registro do tribunal.

Uma vez mais, preconiza-se a observação do princípio da autonomia da vontade das partes, o qual, de acordo com o artigo 2º da Lei de

impedimento. Cumpre notar que no âmbito dos Juizados Especiais a mesma regra não vem sendo aplicada quando o trabalho do conciliador é voluntário." (Grinover, 2015, p. 11).

[189] "Enunciado nº 47 – A atividade jurisdicional *stricto sensu* volta-se à solução dos litígios dentro do processo, pela manifestação da vontade estatal, apreciando o mérito da ação. Os CEJUSCs são órgãos de natureza diversa, tendo por função precípua fomentar e homologar os acordos a que as partes chegaram, atividade puramente formal sem caráter de jurisdição *stricto sensu*. Nos termos do artigo 7º, inciso IV, da Resolução 125 do Conselho Nacional de Justiça, a atividade da conciliação e da mediação é concentrada nos CEJUSCs. Por isso, estando o conciliador ou o mediador subordinado ao Juiz Coordenador dos CEJUSCs, não há qualquer vinculação do conciliador ou mediador operante nos CEJUSCs ao juízo do processo, razão porque não se aplica aos advogados atuantes nas comarcas em que há CEJUSCS instalados o impedimento do artigo 167, § 5º, do Código de Processo Civil (Lei 13.105, de 16 de março de 2015)." Disponível em: <http://www.cnj.jus.br/files/conteudo/arquivo/2016/02/a233219a89b8b0bbbf4d00f328d3e9c8.PDF>. Acesso em: 13 mar. 2019.

[190] Vide a seção de Perguntas Frequentes sobre Conciliadores e Mediadores na página virtual do Conselho Nacional de Justiça: <http://www.cnj.jus.br/programas-e-acoes/conciliacao-e-mediacao-portal-da-conciliacao/perguntas-frequentes/conciliador-e-mediador>. Acesso em: 13 mar. 2019. Também conforme informação disponibilizada em: <https://www.cnj.jus.br/o-conciliador-que-atua-no-cejusc-esta-impedido-de-exercer-a-advocacia-em-todas-as-varas-da-comarca/>. Acesso em: 13 mar. 2019.

Mediação, serve de orientação para a mediação. Dessa forma, seria facultado às partes a escolha do mediador/conciliador judicial, exceto se as partes não chegarem a um consenso quanto à nomeação, permitindo a distribuição entre os profissionais cadastros no registro do tribunal[191].

2.2. Tutela adequada de resolução de conflitos erigida à norma fundamental do processo civil

A nova concepção do poder de tutela do Estado a partir da leitura do princípio de acesso à justiça assegurado pela Constituição Federal de maneira ampla e máxima também influenciou a leitura e revisão das normas do Código de Processo Civil. Assim, importa salientar as normativas principiológicas apresentadas pelo Código de Processo Civil de 2015 que, direta ou reflexamente, fomentam a contratação da convenção de resolução consensual de conflitos.

No Capítulo I do Código de Processo Civil de 2015: "Das Normas Fundamentais do Processo Civil", está inserido o artigo 3º:

> Art. 3º Não se excluirá da apreciação jurisdicional ameaça ou lesão a direito. § 1º É permitida a arbitragem, na forma da lei. § 2º O Estado promoverá, sempre que possível, a solução consensual dos conflitos. § 3º *A conciliação, a mediação e outros métodos de solução consensual de conflitos deverão ser estimulados por juízes, advogados, defensores públicos e membros do Ministério Público, inclusive no curso do processo judicial.* (destaques não originais)

Referido artigo não encontra correspondência no anterior Código de Processo Civil de 1973, o que indica que a reforma foi evidentemente inspirada na concepção do efetivo acesso à justiça e na prerrogativa de alcance à tutela adequada de resolução de conflitos.

Observa-se a preocupação do legislador de destacar, logo no início do atual Código de Processo Civil, disposição que claramente reflete a norma constitucional do artigo 5º, inciso XXXV. Destarte, o artigo 3º do

[191] Vem ao encontro deste entendimento o Enunciado nº 6 elaborado pelo GEMEP – Grupo de Estudos de Mediação Empresarial Privada do Comitê Brasileiro de Arbitragem (CBAr): "Cabe às partes a escolha do mediador, conciliador ou câmara privada, nos termos do artigo 168 do CPC e dos artigos 4º e 25 da LM. Somente na ausência de consenso das partes, haverá distribuição entre aqueles registrados no cadastro do Tribunal."

Código de Processo Civil, ao estabelecer normativas principiológicas e diretivas muito importantes, define todo o tom do *Codex* processual, no sentido de ampliar a tutela jurisdicional, de modo a alcançar não apenas o provimento tradicional do processo civil (e o resultante da arbitragem), mas também a solução obtida pela atuação das partes sozinhas ou dentro de um procedimento de facilitação da autocomposição.

O artigo 3º do Código de Processo Civil também se mostra alinhado com o conceito de jurisdição apresentado por Grinover. Em seu § 1º, há referência à justiça arbitral como uma forma de realização do princípio do acesso à justiça e, nos parágrafos 2º e 3º, indica-se expressamente que o Estado também deverá se preocupar com o estímulo e a realização da justiça consensual.

Por sua vez, o artigo 6º do Código de Processo Civil[192] determina o princípio da cooperação dos sujeitos do processo. Conforme Silva reflete sobre a diretriz estabelecida pelo artigo em questão:

> O argumento, no caso, é o de que a justiça nasce mais da plena participação das partes e do juiz na construção da solução mais adequada do que de uma necessária decisão a ser concedida ao final de um ritual de atos. *Esta, aliás, parece ser uma diretriz do atual Código de Processo Civil ao estabelecer o princípio da cooperação entre suas normas fundamentais (art. 6º). A valorização do caráter participativo das partes e do juiz na interpretação e aplicação do direito processual implica a admissão de que a escolha do método de resolução de conflito e a definição de suas regras resulte não apenas da lei,* mas do contraditório que elas exercerem no caso concreto. Basta compreender que *jurisdição é atividade para resolver conflitos de forma justa e que o direito processual concentra regras para que isso seja feito de forma isonômica, pela participação, cooperação entre as partes e o juiz, independentemente do método e tipo de resultado.*[193]

Em vista do objeto de estudo e em consonância com a ampliação da tutela jurisdicional como decorrência de uma norma fundamental do processo civil, entende-se que o dever processual dos juízes, advogados, defensores públicos e membros do Ministério Público de estimular de

[192] "Art. 6º Todos os sujeitos do processo devem cooperar entre si para que se obtenha, em tempo razoável, decisão de mérito justa e efetiva."
[193] Silva, 2019, p. 29.

modo cooperativo os meios consensuais também se concretiza a partir do reconhecimento dos efeitos processuais da convenção de resolução consensual de conflitos.

Em vista dos ditames do artigo 190 do Código de Processo Civil[194], CÂMARA compreende que o legislador criou uma cláusula geral para a contratação de negócios jurídicos atípicos de índole processual que se compatibilizam com a noção do processo como Instituição Constitucional e os artigos 5º, XXV e 24, XI, da Constituição Federal:

> (...) cremos que a contratação de negócio jurídico processual deverá, sempre, respeitar todos os princípios constitucionais aplicáveis ao processo. Cremos, ademais, que não haja nenhum óbice para essa compatibilização. Poderão as partes, sempre que assim entenderem, celebrar o negócio jurídico processual desde que se respeitem o modelo constitucional do processo e todas as garantias que lhe são inerentes.[195]

O que se pretende defender ao longo da presente obra é que a efetividade da convenção de resolução consensual de conflitos, como forma de tutela adequada de resolução de controvérsias escolhida pelas partes, serve ao propósito da justiça consensual, contribuindo, numa visão mais ampla, à garantia de acesso à ordem jurídica justa.

Outrossim, o artigo 139, inciso V, do Código de Processo Civil[196], alinhado à concepção de um juízo de adequação dos meios de resolução de conflitos, indica que o gerenciamento do processo pelo magistrado levará em consideração a promoção da autocomposição, preferencialmente realizada com o auxílio de terceiros[197]. E, em relação ao momento

[194] "Art. 190. Versando o processo sobre direitos que admitam autocomposição, é lícito às partes plenamente capazes estipular mudanças no procedimento para ajustá-lo às especificidades da causa e convencionar sobre os seus ônus, poderes, faculdades e deveres processuais, antes ou durante o processo. Parágrafo único. De ofício ou a requerimento, o juiz controlará a validade das convenções previstas neste artigo, recusando-lhes aplicação somente nos casos de nulidade ou de inserção abusiva em contrato de adesão ou em que alguma parte se encontre em manifesta situação de vulnerabilidade.".

[195] CÂMARA, 2018, p. 85 e 98.

[196] "Art. 139. O juiz dirigirá o processo conforme as disposições deste Código, incumbindo-lhe: (...) V – promover, a qualquer tempo, a autocomposição, preferencialmente com auxílio de conciliadores e mediadores judiciais."

[197] DINAMARCO ressalta que o Código de Processo Civil chega ao ponto de erigir o incentivo às soluções consensuais em um *dever do juiz*, ao dizer que a este incumbe "promover, a qual-

de realização da audiência de instrução, o artigo 359 do Código de Processo Civil[198] preceitua a possibilidade de nova tentativa de composição das partes a ser intentada pelo juiz[199], independentemente do emprego anterior dos métodos consensuais de resolução de conflitos.

Por fim, destaca-se que o artigo 334, § 8º, do Código de Processo Civil[200] se mostra a favor e de acordo com a Política Judiciária Nacional de tratamento adequado dos conflitos no âmbito do Poder Judiciário ao determinar que o não comparecimento de qualquer das partes à "audiência" de mediação/conciliação será considerado ato atentatório à dignidade da justiça e será sancionado por multa[201].

Nota-se que os artigos ora destacados, ainda que reflexamente, também buscam efetivar a escolha das partes quanto ao mecanismo de reso-

quer tempo, a *autocomposição*, preferencialmente com auxílio de conciliadores e mediadores judiciais." (Dinamarco, 2017, p. 486).

[198] "Art. 359. Instalada a audiência, o juiz tentará conciliar as partes, independentemente do emprego anterior de outros métodos de solução consensual de conflitos, como a mediação e a arbitragem."

[199] Conforme será debatido adiante, defende-se que a condução do procedimento autocompositivo pelo juiz não é uma postura recomendável, em vista do princípio da imparcialidade do terceiro.

[200] "Art. 334. Se a petição inicial preencher os requisitos essenciais e não for o caso de improcedência liminar do pedido, o juiz designará audiência de conciliação ou de mediação com antecedência mínima de 30 (trinta) dias, devendo ser citado o réu com pelo menos 20 (vinte) dias de antecedência. (...) § 8º O não comparecimento injustificado do autor ou do réu à audiência de conciliação é considerado ato atentatório à dignidade da justiça e será sancionado com multa de até dois por cento da vantagem econômica pretendida ou do valor da causa, revertida em favor da União ou do Estado."

[201] Ressalta-se que, em termos de mediação extrajudicial, a Lei de Mediação, em seu artigo 2º, § 1º, estabelece, na hipótese de existir previsão de cláusula de mediação, a obrigatoriedade de comparecimento das partes à primeira reunião de mediação e, em seu artigo 22, § 2º, inciso IV, que na hipótese de inexistir como um dos requisitos mínimos da previsão contratual de mediação a penalidade em caso de não comparecimento à primeira reunião de mediação, a parte ausente assumirá cinquenta por cento das custas e honorários sucumbenciais, caso venha a ser vencedora em procedimento arbitral ou judicial posterior, que envolva o escopo da mediação para a qual foi convidada. Nota-se que a Lei de Mediação também se preocupa com a utilização e a promoção da mediação como meio adequado de resolução de conflitos, constituindo como uma obrigação contratual, ao menos, o comparecimento das partes à primeira reunião de mediação. A questão da obrigatoriedade legal de comparecimento à mediação extrajudicial será explorada adiante, levando-se em conta o caráter voluntário do meio autocompositivo e a possível intenção do legislador de amenizar a execução específica da obrigação contratual de realização da mediação.

lução de conflitos. Se as partes definirem uma convenção de resolução consensual de conflitos, a realização de um primeiro encontro deverá ser observada, sob pena de aplicação de sanção legal e a despeito de o magistrado intentar novamente encaminhar as partes ao procedimento autocompositivo.

Portanto, o princípio de acesso à justiça assegurado pela Constituição Federal passa a ser realizado por normas processuais que, ao embasarem a escolha das partes pelo meio consensual, erigem a tutela adequada de resolução de conflitos à norma fundamental do processo civil.

3. A Convenção de Resolução Consensual de Conflitos como Negócio Jurídico Processual sobre Meios Consensuais

A convenção de resolução consensual de conflitos possui a declaração de vontade como elemento do seu suporte fático, constituindo, portanto, um negócio jurídico. O presente capítulo tem como objetivo estudar a tipificação da convenção de resolução consensual de conflitos como espécie de fato jurídico fundado no autorregramento da vontade que busca estabelecer certas situações jurídicas processuais. Serão estudados alguns exemplos de convenções de resolução consensual de conflitos, que incluem: a transação, o compromisso, a "convenção de processo participativo", a cláusula escalonada que identifica a convenção de resolução consensual de conflitos, ao prever a realização do meio consensual, juntamente com a convenção de arbitragem, bem como outros exemplos de negócios jurídicos processuais sobre meios consensuais, tais como a pactuação quanto a regras referentes à condução do procedimento consensual e a denominada "cláusula assimétrica" de resolução de conflitos.

3.1. Convenção de resolução consensual de conflitos como negócio jurídico

A autonomia da vontade é pedra angular da discussão sobre a formação e a validade dos negócios jurídicos, expressando-se na liberdade de contratar e na manifestação de vontade das partes conforme à ordem jurídico-positiva posta[202]. O Código de Processo Civil expressa a primazia da autonomia da vontade das partes com relação à efetivação dos meios consensuais da mediação e da conciliação, principalmente ao destacá-la dentre os princípios informadores desses métodos, inclusive no que diz respeito à definição de regras procedimentais:

> Art. 166. A conciliação e a mediação são informadas pelos princípios da independência, da imparcialidade, da *autonomia da vontade*, da confidencialidade, da oralidade, da informalidade e da decisão informada.
> (...)
> § 4º *A mediação e a conciliação serão regidas conforme a livre autonomia dos interessados, inclusive no que diz respeito à definição das regras procedimentais.* (destaques não originais)

Destarte, haja vista que a convenção de resolução consensual de conflitos tem como elemento nuclear do seu suporte fático a manifestação de vontade voltada à contratação de procedimentos para a resolução de controvérsias, dentro da teoria do fato jurídico, ela é tida como um negócio jurídico[203].

[202] "(...) a grande maioria dos autores aceita a teoria objetiva de Büllow, segundo o qual o negócio jurídico funda-se na 'autonomia privada', ou seja, no poder de autorregulação dos interesses que contém a enunciação de um preceito, independentemente do querer interno (...). Logo, para esta concepção não basta a mera manifestação de vontade para a aquisição de um direito (...). É necessário que tal efeito, visado pelo interessado, esteja conforme a ordem jurídica, isto é assim porque a própria ordem jurídico-positiva permite a cada pessoa prática de negócio jurídico, provocando os seus efeitos. Este é o âmbito da 'autonomia privada', de forma que os sujeitos de direito podem autorregular, nos limites legais, seus interesses particulares." (DINIZ, Maria Helena. **Curso de direito civil brasileiro.** Teoria geral do direito civil, vol. 1, 32ª ed. São Paulo: Saraiva, 2015, p. 303).

[203] "A prestante função do conceito de negócio jurídico está em servir à distinção entre negócio jurídico e ato jurídico não-negocial ou *strictu sensu*, naqueles casos em que o suporte fático do ato jurídico 'strictu sensu' consiste em *manifestação de vontade.* (...) negócio jurídico, que é apenas uma das classes dos atos jurídicos em que há, como elemento fáctico, manifestação de vontade." (MIRANDA, Pontes de. **Tratado de Direito Privado** – Parte Geral. Tomo III, São Paulo: Revista dos Tribunais, 2012, p. 55, destaques originais). Segundo AZEVEDO, negócio jurídico "é todo fato jurídico consistente em declaração de vontade, a que o ordenamento jurídico atribui os efeitos designados como queridos, respeitados os pressupostos de existência, validade e eficácia impostos pela norma jurídica que sobre ele incide." (AZEVEDO, Antônio Junqueira de. **Negócio jurídico: existência, validade e eficácia**. 4ª ed., São Paulo:

Como será visto, além da lei processual, também a lei material permite que as partes se valham livremente dos MASCs como forma de resolver litígios entre pessoas aptas a contratar.

Importa sublinhar que, a despeito de a eleição dos MASCs se caracterizar como exercício da autonomia da vontade com origem no direito das obrigações, isto é, no âmbito do direito privado, os MASCs também podem ser utilizados pela Administração Pública[204]. Sublinha-se também que a autonomia contratual não é absoluta. O princípio da autonomia da vontade se relaciona com outros princípios prezados pelo ordenamento jurídico – como se nota pela própria norma do artigo 166 do Código de Processo Civil, devendo observar os limites que se impõem à liberdade de contratar.

De modo geral, a liberdade de contratar encontra limitações decorrentes dos preceitos da boa-fé, conforme será discutido neste trabalho[205], da função social do contrato, da ordem pública e dos bons costumes.

O princípio da função social do contrato é previsto no ordenamento jurídico como atenuante da autonomia privada, ao mesmo tempo que contraposto ao princípio da intervenção mínima do Estado[206]. Com rela-

Saraiva, 2002, p. 16. Ainda, MELLO define negócio jurídico como: "(...) fato jurídico cujo elemento nuclear do suporte fático consiste em manifestação ou declaração consciente de vontade, em relação à qual o sistema jurídico faculta às pessoas, dentro de limites predeterminados e de amplitude vária, o poder de escolha de categoria jurídica e de estruturação do conteúdo eficacial das relações jurídicas respectivas, quanto ao seu surgimento, permanência e intensidade no mundo jurídico." (MELLO, Marcos Bernardes de. **Teoria do fato jurídico:** plano da existência. São Paulo: Saraiva, 2014, p. 245).

[204] Conforme determina o artigo 1º, da Lei de Mediação e o artigo 1º, § 1º, da Lei de Arbitragem, respectivamente: "Esta Lei dispõe sobre a mediação como meio de solução de controvérsias entre particulares e sobre a autocomposição de conflitos no âmbito da administração pública" e "A administração pública direta e indireta poderá utilizar-se da arbitragem para dirimir conflitos relativos a direitos patrimoniais disponíveis".

[205] Tendo-se em conta, especialmente, a tensão entre os princípios da autonomia da vontade das partes e da decisão informada, a ser discutida no Capítulo 5.

[206] De acordo com o artigo 421 do Código Civil, a autonomia da vontade é limitada pelo preceito da função social do contrato, embora prevaleça o princípio da intervenção mínima do Estado: "A liberdade de contratar será exercida em razão e nos limites da função social do contrato, observado o disposto na Declaração de Direitos de Liberdade Econômica. Parágrafo único: Nas relações contratuais privadas, prevalecerá o princípio da intervenção mínima do Estado, por qualquer dos seus poderes, e a revisão contratual determinada de forma externa às partes será excepcional". Cabe também destacar a redação do Enunciado nº 23, da I Jornada de Direito Civil, do Conselho de Justiça Federal: "A função social do contrato,

ção à ordem pública, APRIGLIANO reconhece um alargamento do campo da atuação da ordem pública de direito material e consequente limitação das bases contratuais[207]. Já com relação aos bons costumes, estes podem configurar como um parâmetro do abuso do direito[208].

Considerando a sua natureza de negócio jurídico, além dos parâmetros e limitações estabelecidos pelos preceitos ora destacados, a convenção de resolução consensual de conflitos deve observar os requisitos de validade dispostos nos artigos 104 e 166 do Código Civil, isto é: a celebração do instrumento por agente capaz, objeto lícito, possível, determinado ou determinável e forma prescrita ou não defesa em lei, sob pena de declaração de sua nulidade absoluta.

Além da licitude do objeto da convenção de resolução consensual de conflitos, determina o artigo 3º da Lei de Mediação que:

> Art. 3º Pode ser objeto de mediação o conflito que verse sobre direitos disponíveis ou sobre direitos indisponíveis que admitam transação.
> § 1º A mediação pode versar sobre todo o conflito ou parte dele.

prevista no art. 421 do novo Código Civil, não elimina o princípio da autonomia contratual, mas atenua ou reduz o alcance desse princípio quando presentes interesses metaindividuais ou interesse individual relativo à dignidade da pessoa humana".

207 "Há um alargamento do campo da atuação da ordem pública de direito material. As bases contratuais vêm sendo limitadas, não existindo mais a noção de autonomia contratual absoluta." (APRIGLIANO, Ricardo de Carvalho. **Ordem pública e processo:** o tratamento das questões de ordem pública no direito processual civil. São Paulo: Atlas, 2011, p. 25-26). Além disso, CÂMARA indica que: "(...) em razão de sua submissão à ordem pública, o negócio jurídico – para obter o resultado que dele se espera para produzir válidos efeitos jurídicos – deverá, como já vimos, enquadrar-se na ordem jurídica posta." (CÂMARA, 2018, p. 87).

208 De acordo com PEREIRA: "Para nós, à vista do disposto no art. 4º da Lei de Introdução às Normas de Direito Brasileiro, não padece dúvida o seu valor [do costume], nem se pode questionar de seu caráter secundário, já que o legislador estatuiu que na omissão da lei o juiz decidirá de acordo com a analogia, os *costumes* e os princípios gerais de direito." E "[a]tendendo a tais circunstâncias e à necessidade de conter o sujeito da relação jurídica nos lindes morais do seu exercício, o Código Civil de 2002 consagra, no art. 187, a teoria do *abuso do direito*, qualificando-o na conceituação genérica do ato ilícito. (...) O parâmetro instituído no Código está em que o sujeito de um direito subjetivo não o pode exercer em afronta à finalidade econômica ou social dele, ou contrariando o princípio da boa-fé ou os bons costumes." (PEREIRA, Caio Mário Silva. **Instituições de Direito Civil**. 28ª ed. Rio de Janeiro: Forense, vol. I, 2015, p. 57 e 565, destaques originais).

> § 2º O consenso das partes envolvendo direitos indisponíveis, mas transigíveis, deve ser homologado em juízo, exigida a oitiva do Ministério Público.

Assim, ampliando-se a aplicação da regra acerca do conteúdo da mediação aos demais meios consensuais, entende-se que estes podem ser eleitos contratualmente pelas partes para lidar com e/ou resolver conflitos relativos a direitos disponíveis ou indisponíveis que admitam transação[209].

Consoante a classificação proposta por DINAMARCO[210], ora já discutida, os meios autocompositivos podem assumir a dimensão bilateral, o que ocorre com a transação, isto é, quando os sujeitos dispõem de seus próprios interesses e resolvem a disputa por mútuas concessões. O artigo 840 do Código Civil prevê, como espécie de contrato, a transação que se caracteriza pela disposição das partes quanto ao término ou à *prevenção* do litígio por meio de concessões mútuas. Destarte, a tipificação da transação vai além do instrumento apto a extinguir obrigações, permitindo-se que métodos de resolução de conflitos sejam contratados pelas partes para prevenirem o litígio.

Contudo, a transação não se confunde com os MASCs. O instrumento não se confunde com o meio, com o procedimento acordado que visa obter a transação. Embora a transação possa constituir o próprio resultado obtido pelos MASCs, se o seu propósito for prever a resolução de litígio existente ou futuro, a transação é identificada como uma convenção de resolução de conflitos.

Tal qual a limitação do objeto dos MASCs, a transação somente pode regular direitos patrimoniais disponíveis, de acordo com o artigo 841 do Código Civil. A transação pode assumir as formas judicial e extrajudicial ou exigir uma forma solene, conforme os ditames do artigo 842 do Código Civil. Na hipótese de transação judicial, esta será feita por escritura pública ou nos autos do processo, contando com a homologação pelo juiz[211].

[209] "O que admite composição é aquilo que não é cogente, aquilo que não é obrigatório e inarredável por força de lei e aquilo que diz respeito a direitos disponíveis. Assim sendo, a autocomposição deverá gravitar sobre regras meramente dispositivas, aquelas que permitam às partes a composição, o ajuste, de maneira distinta da prevista em lei." (CÂMARA, 2018, p. 110).

[210] DINAMARCO, 2017, p. 213.

[211] De acordo com o parágrafo único do artigo 20 da Lei de Mediação, também o instrumento de transação extrajudicial poderá constituir título executivo judicial após a sua homo-

A transação pode ser anulada, em razão de nulidade relativa, nas circunstâncias de dolo, coação, ou erro essencial quanto à pessoa ou coisa controversa. Todavia, de acordo com o artigo 849, parágrafo único, do Código Civil, a transação não pode ser anulada por erro de direito a respeito das questões que foram objeto de controvérsia entre as partes[212].

Por fim, a transação representa um acordo único de declaração de vontades, o que significa que, se uma de suas cláusulas for considerada nula, a transação será nula. A regra não se aplica, porém, se a transação versar sobre outros negócios independentes entre si, tendo em vista o parágrafo único do artigo 848 do Código Civil e conforme alerta GUERRERO:

> (...) a transação deve representar um todo que abranja todo o negócio jurídico a que se refere, contendo todos os seus elementos, embora, tratando-se de diversos negócios jurídicos, como é natural nas relações econômicas complexas, um negócio não atingirá o outro. Esses dispositivos indicam a necessidade de um cuidado enorme que deve ser tomado pelas partes em qualquer procedimento que culmine em uma transação e principalmente nos procedimentos de MASCs.[213]

logação: "O termo final de mediação, na hipótese de celebração de acordo, constitui título executivo extrajudicial e, quando homologado judicialmente, título executivo judicial".

212 A título comparativo, a doutrina francesa também aponta que a transação não pode ser anulada por erro de direito: "*Pour garantir l'efficacité de la transaction et prévenir un contentieux parasitaire, la jurisprudence raisonnait implicitement à la lumière de l'adage selon lequel l'aléa chasse l'erreur comme il chasse la lésion. Aussi bien était-il exclu que l'erreur de droit, c'est-à-dire l'erreur sur la solution du litige, puisse emporter la nullité de la transaction. Seule une erreur sur l'objet du litige constituait une cause de nullité. La distinction entre l'erreur sur la solution du litige et celle portant sur son objet doit demeurer car il est de l'essence de la transaction de ne pouvoir être remise en cause lorsque les parties ont mal anticipé ce qu'aurait pu être le règlement juridictionnel de leur différend.*" (GUINCHARD, Serge *et al.* **Droit processuel** – droits fondamentaux du procès. Paris: Dalloz, 10ª ed., 2019, p. 1453-1454). Em tradução livre: "Para garantir a eficiência da transação e prevenir um litígio parasitário, a jurisprudência implicitamente raciocinou à luz do ditado de que a aleatoriedade persegue o erro assim como persegue a lesão. Foi também excluído que um erro de direito, ou seja, um erro na solução do litígio, poderia tornar a operação nula. Apenas um erro quanto ao objeto do litígio constitui motivo de nulidade. A distinção entre o erro na solução do litígio e o relativo ao seu objeto deve permanecer, porque é da essência da transação que ela não possa ser questionada quando as partes previram mal qual poderia ter sido a solução jurisdicional de sua disputa."

213 GUERRERO, Luis Fernando. **Os métodos de solução de conflitos e o processo civil**. São Paulo: Atlas, 2015, p. 55.

A convenção de resolução consensual de conflitos constitui um negócio jurídico independente, que não se confunde com o instrumento de transação no qual ela pode estar inserida, ainda mais tendo em consideração que, como será visto a seguir, a convenção irradia efeitos jurídicos de fatos jurídicos processuais[214]. Eventual análise quanto à sua validade deverá ser feita independentemente da invalidade do negócio jurídico principal da transação.

O Código Civil também prevê expressamente o instrumento contratual do compromisso como declaração de vontades das partes para resolver litígios[215], assim, por meio dele as partes contratantes podem definir o procedimento de resolução de disputas e a instituição de qualquer MASC que as partes desejarem, ressalvadas as especificidades e as exigências legais de cada um[216].

O compromisso poderá indicar a forma por meio da qual as partes diretamente, assistidas ou não por advogados, conduzirão a resolução de conflitos, se a resolução do conflito será assistida ou viabilizada por um terceiro imparcial (um facilitador da comunicação ou uma pessoa instituída de poderes adjudicatórios), bem como quais são as consequências da atuação desse terceiro (apresentação de recomendação quanto ao acordo, por exemplo). Ressalta-se que a negociação também é o método utilizado na própria celebração do compromisso, auxiliando a verbalização das manifestações de vontades.

Quanto à forma do compromisso, ele poderá ser judicial ou extrajudicial, firmado por instrumento público ou particular e seu objeto está

[214] "A convenção processual é autônoma em relação ao negócio principal em que estiver inserida. A invalidade do negócio principal não implicará, necessariamente, a invalidade da convenção processual. Essa regra, existente para a convenção de arbitragem (art. 8º, Lei nº 9.307/1990), estende-se a todas as demais convenções processuais, por analogia." (Didier Júnior, Fredie. Negócios Jurídicos Processuais atípicos no CPC-2015. In: Marcato, Ana *et al.* **Negócios Processuais**. Salvador: Juspodivm, 2017, p. 170-171). Ademais, de acordo com o Enunciado nº 409 do Fórum Permanente de Processualistas Civis: "A convenção processual é autônoma em relação ao negócio em que estiver inserta, de tal sorte que a invalidade deste não implica necessariamente a invalidade da convenção processual.".

[215] De acordo com o artigo 851 do Código Civil: "É admitido compromisso, judicial ou extrajudicial, para resolver litígios entre pessoas que podem contratar."

[216] Por exemplo, de acordo com o § 2º, do artigo 9º, da Lei de Arbitragem, a forma escrita é tida como requisito de validade do compromisso arbitral.

limitado pelo artigo 852 do Código Civil, em termos de direitos disponíveis, com caráter patrimonial.

Guardadas as devidas distinções entre os meios consensuais e adjudicatórios, entende-se que a estruturação do compromisso de resolução consensual de conflitos encontra inspiração nos requisitos fundamentais e facultativos do compromisso arbitral[217]. Assim, apresentam-se como requisitos fundamentais para o compromisso de resolução consensual de conflitos: (i) a qualificação das partes (e do terceiro facilitador e, eventualmente, da instituição responsável por secretariar e auxiliar na condução do procedimento consensual); (ii) a matéria objeto de discussão; e (iii) o local de celebração de eventual acordo. Já com relação aos requisitos facultativos: (i) o local de desenvolvimento do procedimento; (ii) o prazo de duração do procedimento; (iii) a indicação da lei aplicável ao procedimento (lei nacional, estrangeira ou regramento institucional de organização responsável por auxiliar na condução do procedimento); e (iv) se for o caso de autocomposição indireta, a declaração de responsabilidade pelo pagamento dos honorários do terceiro, bem como a fixação do seu valor.

Por fim, a manifestação de vontade das partes quanto à utilização de um meio consensual pode ser materializada também em cláusula contratual de solução de controvérsias. Sinaliza-se que o artigo 22 da Lei de Mediação estabelece os requisitos essenciais da cláusula de mediação extrajudicial (os quais também são compreendidos como aplicáveis à cláusula de conciliação extrajudicial, tendo em vista o artigo 42 da Lei de Mediação). Nos termos legais:

> Art. 22. A previsão contratual de mediação deverá conter, no mínimo:
> I – prazo mínimo e máximo para a realização da primeira reunião de mediação, contado a partir da data de recebimento do convite;

[217] Nesse sentido, Guerrero: "Na linha de ampliação dos dispositivos da Lei de Arbitragem para os demais MASCs, não se poderia esperar que o legislador de 1996 antevisse o horizonte atual, com a ampliação dos métodos de solução de controvérsias ao, aparentemente, restringir o instituto do compromisso somente para a arbitragem. Não obstante, tal interpretação não é a mais razoável. *A Lei de Arbitragem pode ser vista sim como um norte, uma referência para os métodos de solução de controvérsias. É necessário, porém, que as disposições relativas à arbitragem, método de solução de controvérsias jurisdicional, não sejam aplicadas indistintamente para os métodos consensuais em todas as situações* (...) Tanto é assim que o art. 851 do Código Civil apresenta disposição ampla, de modo a abarcar todas as formas de solução de controvérsias, nos limites do art. 852 do mesmo Código." (Guerrero, 2015, p. 51, destaques não originais).

II – local da primeira reunião de mediação;
III – critérios de escolha do mediador ou equipe de mediação;
IV – penalidade em caso de não comparecimento da parte convidada à primeira reunião de mediação.

A Lei de Mediação, nos termos do § 1º, do seu artigo 22, esclarece que a identificação dos requisitos ora listados pode ser substituída pela indicação de "regulamento, publicado por instituição idônea prestadora de serviços de mediação, no qual constem critérios claros para a escolha do mediador e realização da primeira reunião de mediação".

Ainda, estabelece a Lei de Mediação que, na hipótese de previsão contratual incompleta, sem identificação dos requisitos legais, deverão ser observados os seguintes critérios para realização da primeira reunião de mediação extrajudicial: (i) o prazo mínimo de dez dias úteis e prazo máximo de três meses, contados a partir do recebimento do convite; (ii) um local adequado a uma reunião que possa envolver informações confidenciais; (iii) uma lista de cinco nomes, informações de contato e referências profissionais de mediadores capacitados; a parte convidada poderá escolher, expressamente, qualquer um dos cinco mediadores e, caso a parte convidada não se manifeste, considerar-se-á aceito o primeiro nome da lista; e (iv) o não comparecimento da parte convidada à primeira reunião de mediação acarretará a assunção por parte desta de cinquenta por cento das custas e honorários sucumbenciais caso venha a ser vencedora em procedimento arbitral ou judicial posterior, que envolva o escopo da mediação para a qual foi convidada.

Já com relação à cláusula de mediação/conciliação que eleja a modalidade da mediação/conciliação judicial pré-processual, entende-se que não haveria necessidade, embora não haja qualquer impedimento, de as partes preverem contratualmente os critérios do procedimento tais como aqueles previstos legalmente para a cláusula de mediação/conciliação extrajudicial. Isto porque o procedimento da mediação judicial é definido pelo CEJUSC (ou, eventualmente, pelo magistrado), sendo que o mediador poderá ser designado pelo tribunal ou pelo magistrado ou, ainda, conforme listagem do CEJUSC[218].

[218] Tendo em vista a discussão apresentada no Capítulo 2 com relação à antinomia das normas do artigo 25 da Lei de Mediação e do artigo 168 e seus §§ 1º e 2º do Código de Processo Civil, defende-se a preconização do princípio da autonomia da vontade das partes e a

Finalmente, indica-se que a questão relacionada aos requisitos da cláusula de negociação e o ajuste de convenção quanto à mediação processual **serão** tratados em particularidade adiante.

Como visto, a convenção de resolução consensual de conflitos possui natureza contratual, cuja origem é o livre acordo de vontades entre as partes que a caracteriza como um negócio jurídico. Passa-se agora a analisar mais detidamente a classificação da convenção como negócio jurídico processual.

3.2. Convenção de resolução consensual de conflitos como negócio jurídico processual

De acordo com os ensinamentos de Didier Júnior, o negócio jurídico processual é o fato jurídico, cujo suporte fático fundado na voluntariedade confere ao sujeito, dentro dos limites fixados pelo ordenamento jurídico, o poder de regular certas situações jurídicas processuais ou de alterar o procedimento[219]. Acrescenta o autor que o negócio jurídico é fonte de norma jurídica processual que vincula o órgão julgador, já que, em um Estado de Direito, ele deve observar e fazer cumprir as normas jurídicas válidas, incluindo as convencionais[220].

Em nosso ordenamento, diversos são os negócios jurídicos processuais típicos: a eleição negocial do foro (artigo 63, do Código de Processo Civil); a escolha consensual do perito (artigo 471, do Código de Processo Civil); o estabelecimento de calendário processual (artigo 191,

possibilidade de as partes escolherem o mediador/conciliador judicial, sendo que a indicação entre os profissionais cadastros no registro do tribunal ficaria excetuada à inexistência de consenso entre as partes quanto à nomeação do mediador/conciliador judicial.

[219] Em complementação, Gouveia Filho e Teixeira Júnior: "(...) pode-se afirmar que o negócio jurídico tem como elemento nuclear, logo, como pressuposto de existência (plano da existência), a manifestação ou declaração consciente da vontade, de uma ou de ambas as partes, visando ao autorregramento de uma situação jurídica simples ou da eficácia de uma relação jurídica. E tem, ainda, como elementos completantes (i) a existência de um poder de determinação e regramento da categoria jurídica (no processo civil, tem-se a cláusula geral negocial do art. 190, CPC/2015); e, (ii) no caso dos negócios jurídicos processuais (campo-dependente, pois), a existência de um processo a que se refira, ainda quando sua ocorrência seja exterior, isto é, fora da 'sede' processual." Gouveia Filho, Carlos Roberto; Teixeira Júnior, Jaldemiro Rodrigues de Ataíde. Comentários ao artigo 190. In: Câmara, Helder Moroni (Coord.). **Comentários ao novo Código de Processo Civil**. 1ª ed. São Paulo: Almedina, 2016, pp. 301-317.

[220] Didier Júnior, 2017, p. 162.

do Código de Processo Civil); como visto, os instrumentos da transação e do compromisso celebrados com o intuito de prevenir e resolver disputas; e, ainda com relação ao tema do presente trabalho, a cláusula de mediação que prevê a primeira reunião prévia obrigatória (§1º, artigo 2º, da Lei de Mediação)[221] e a cláusula escalonada que preveja a mediação antecedente à arbitragem ou ao processo judicial (artigo 23 da Lei de Mediação).

Um traço notável do atual Código de Processo Civil, conforme analisado anteriormente, é que ele privilegiou o papel da autocomposição, buscando o empoderamento das partes também a partir da celebração de negócios jurídicos atípicos, conforme os ditames do artigo 190 do Código de Processo Civil:

> Art. 190. Versando o processo sobre direitos que admitam autocomposição, é lícito às partes plenamente capazes estipular mudanças no procedimento para ajustá-lo às especificidades da causa e convencionar sobre os seus ônus, poderes, faculdades e deveres processuais, antes ou durante o processo.
> Parágrafo único. De ofício ou a requerimento, o juiz controlará a validade das convenções previstas neste artigo, recusando-lhes aplicação somente nos casos de nulidade ou de inserção abusiva em contrato de adesão ou em que alguma parte se encontre em manifesta situação de vulnerabilidade.

Assim, de acordo com o artigo da lei processual, é permitida a celebração de negócios jurídicos processuais atípicos lastreada na cláusula geral de negociação sobre o processo, ou seja, é possível convencionar negócios jurídicos processuais que têm por objeto o próprio processo.

Como qualquer negócio jurídico, os negócios jurídicos processuais estão sujeitos ao plano da validade dos atos jurídicos[222], devendo obser-

[221] Apesar de a previsão legal fazer menção expressa somente à mediação, haja vista o artigo 42 da Lei de Mediação, que indica a aplicabilidade da lei, no que couber, às outras formas consensuais de resolução de conflitos, entende-se que é possível aplicar analogicamente a regra da obrigatoriedade de comparecimento à primeira reunião de conciliação ou negociação, independentemente de o negócio jurídico entabulado ser classificado como típico ou atípico.

[222] Conforme CÂMARA esclarece: "(...) cremos que a existência do negócio jurídico processual dependa da presença dos seguintes elementos, verdadeiros substantivos sem qualquer

var as condições gerais de validade estatuídas pelo artigo 104 do Código Civil[223]. Adicionalmente, devem ser consideradas as hipóteses de nulidades processuais previstas nos artigos 276 a 283 do Código de Processo Civil.

A forma do negócio jurídico processual é livre: oral ou escrito, expresso ou tácito. A convenção de arbitragem como negócio jurídico processual exige a forma escrita de acordo com o artigo 4º, §1º (em termos de cláusula compromissória) e artigo 9º, §2º (em relação ao compromisso arbitral), da Lei de Arbitragem[224]. Haja vista os termos do parágrafo único do artigo 154, do Código de Processo Civil, o negócio jurídico processual de recusa à proposta de autocomposição formulada pela outra parte, certificada em mandado por oficial de justiça, pode assumir a forma tácita.

Além da forma livre e não prescrita em lei, os negócios jurídicos processuais: (i) precisam possuir objeto lícito e que admita autocomposição, como condição específica objetiva prevista no *caput* do artigo 190 do Código de Processo Civil; e (ii) precisam ser celebrados por pessoas com capacidade processual negocial, a qual pressupõe a capacidade processual, mas, não se limitando a ela, já que, de acordo com o parágrafo

qualificação, sendo certo que a qualificação será verificável em outros campos, como o da validade e da efetividade: (i) agente; (ii) manifestação da vontade; e (iii) objeto (...) a qualificação desses elementos – ou seja, se o agente é capaz, se a manifestação da vontade é livre e regular, bem como se o objeto, em que pese faticamente possível, é também juridicamente plausível – diz respeito ao plano da validade ou eficácia (...)" (Câmara, 2018, p. 92).

[223] Conforme supramencionado quanto ao controle de validade da espécie do fato jurídico, a convenção de resolução consensual de conflitos como negócio jurídico processual é passível de ser anulada nas hipóteses de dolo, coação, disposição sobre matérias sujeitas a reserva legal ou questões de ordem pública, disposição sobre direitos indisponíveis ou que violem direitos fundamentais.

[224] A exigência da forma escrita para fins de validade da cláusula compromissória, contudo, é flexibilizada diante de fenômenos fáticos que excepcionalmente podem provocar a sua extensão subjetiva, tendo em vista a constatação de um consentimento implícito à eleição da arbitragem como meio jurisdicional (sobre a temática, vide, por exemplo: Hasson, Felipe; Nalin, Paulo. Existência e validade da cláusula compromissória não escrita: interpretação extensiva do artigo 4º, § 1º, da Lei de Arbitragem, à luz do direito brasileiro e comparado. In: **Revista Brasileira de Arbitragem**, vol. 14, ed. 55, 2017, pp. 11-37 e Scaletscky, Fernanda S. A Teoria dos Grupos Societários e a Extensão da Cláusula Compromissória a Partes não Signatárias. In: **Revista Brasileira de Arbitragem**, vol. 12, ed. 26, 2015, pp. 20-47).

único do artigo 190, do Código de Processo Civil, a vulnerabilidade é uma hipótese de incapacidade processual negocial[225].[226]

Outrossim, novamente de acordo com DIDIER JÚNIOR, é preciso criar padrões dogmáticos seguros para a análise da licitude do objeto dos negócios jurídicos processuais. Para o autor, a primeira diretriz que é preciso estabelecer para avaliar o consenso das partes sobre o negócio processual é "*in dubio pro libertate*": se inexistente regra de interpretação restritiva ou lei que delimite os contornos do seu objeto, na dúvida, deve-se admitir o negócio processual. Ademais, ele ressalta a possibilidade de se inserir negócio jurídico processual em contrato de adesão, desde que não seja abusivo (considerando-se os termos do parágrafo único do artigo 190 do Código de Processo Civil)[227], e, de modo geral, de as partes definirem outros deveres e sanções que são distintos do rol

[225] Conforme DIDIER JÚNIOR, 2017, p. 171-172. No mesmo sentido, MENEZES: "Já se discutiu que a vulnerabilidade é um óbice à legitimação das partes para a celebração de negócios processuais perfeitos. Falta ao sujeito vulnerável a condição de igualdade, que processualmente se manifesta na paridade de armas, para o efetivo contraditório." (MENEZES, 2017, p. 599). Ainda, importa ressaltar posição diversa de SOARES, para quem: "(...) compreende-se que a vulnerabilidade não se confunde com a capacidade processual, assim como não se confunde com a manifestação livre da vontade para negociar, configurando-se como um requisito autônomo de validade do negócio jurídico processual devidamente expressado na legislação (parágrafo único do art. 190). Isso porque a capacidade processual, exigida para o negócio, é uma formalidade que gera uma aptidão ao sujeito para estar em juízo, causando, na forma expressa do *caput* do art. 190, a invalidade. (...) Nada obstante, a vulnerabilidade também não se confunde com a livre manifestação da vontade, uma vez que esta é requisito essencial para a realização do negócio, ao passo que aquela é característica que pode ou não gerar a invalidade da convenção." (SOARES, 2017, p. 292-293).

[226] Para que o negócio jurídico processual seja considerado válido, em vista do artigo 190 do Código de Processo Civil, ele precisa de duas modalidades cumulativas de condições específicas: as condições específicas objetivas de validade, que se referem ao seu objeto e modo pelo qual se processa o contrato sobre esse objeto e as condições subjetivas de validade, que dizem respeito aos sujeitos do processo, como uma condição negativa, que é a ausência de abusividade e vulnerabilidade (Cf. CÂMARA, 2018, p. 94).

[227] Nesse sentido: "(...) não há limitação abusiva em contrato de adesão por si só – é possível a negociação processual em contratos de adesão, o que não é permitida é a negociação processual abusiva." (FERNANDES, Renata Assalim. Negócios jurídicos processuais no novo CPC – o que pode? Disponível em: <https://www.migalhas.com.br/dePeso/16,MI258990,71043-Negocios+juridicos+processuais+no+novo+CPC+o+que+pode>. Acesso em: 10 set. 2019).

legal de deveres e sanções processuais, na hipótese de descumprimento do negócio jurídico processual[228].

A negociação processual (durante todas as suas fases de tratativas, celebração e execução) deve ser pautada pela boa-fé processual, tendo em conta o artigo 5º do Código de Processo Civil e o artigo 422 do Código Civil e deve ser interpretada de acordo com as normas gerais para interpretação de qualquer negócio jurídico[229]: (i) de acordo com o artigo 112 do Código Civil: "nas declarações de vontade se atenderá mais à intenção nelas consubstanciada do que ao sentido literal da linguagem"; (ii) de acordo com o artigo 113 do Código Civil: "os negócios jurídicos devem ser interpretados conforme a boa-fé e os usos do lugar de sua celebração"; (iii) de acordo com o artigo 114 do Código Civil: "os negócios jurídicos benéficos e a renúncia devem ser interpretados estritamente"; e (iv) em vista da permissão legal de inclusão de negócio jurídico processual em contrato de adesão e de acordo com o artigo 423 do Código Civil: "quando houver no contrato de adesão cláusulas ambíguas ou contraditórias, dever-se-á adotar a interpretação mais favorável ao aderente".

Compreende-se, portanto, que a convenção que indica um meio consensual como forma de resolução de conflitos possui, além da natureza contratual típica dos negócios jurídicos, a natureza de negócio jurídico processual. Tal característica se dá na medida em que o acordo de vontades é celebrado entre as partes com o fim de se realizar um determinado método consensual de resolução de conflitos, enquanto a utilização de um método adjudicatório fica transitoriamente impedida ou suspensa[230].

[228] Didier Júnior, Op. cit., p. 170-177.

[229] Ibid., p. 181.

[230] Guerrero, 2015, p. 78. Ainda, nas palavras de Fernandes: "(...) o artigo 190 aparece como uma das maiores inovações do novo CPC, uma vez que instituiu a possibilidade de celebração de negócios jurídicos processuais, que podem ser conceituados como *o negócio jurídico celebrado, em juízo ou fora dele, com a intenção de produzir efeitos processuais, antes do processo (pré-eficácia do negócio processual), no curso do processo ou depois de encerrado o processo (pós-eficácia do negócio processual)*. No entanto, a autonomia da vontade das partes não é absoluta, não podendo ser transacionados, por exemplo, a supressão de direito de defesa, do contraditório, do direito de interpor os recursos cabíveis e produzir provas etc. (...) *Quais serão, então, arrolados, os exemplos de negócios jurídicos processuais que podem ser livremente praticados pelas partes? Negócios que: (...) (xiv) pacto de mediação ou de conciliação extrajudicial.*" (Fernandes, 2017).

Decorrem da convenção de resolução consensual de conflitos, como negócio jurídico processual, dois tipos de obrigações: uma obrigação de resultado e uma obrigação de meio[231]. A dimensão positiva da obrigação de resultado determina o dever das partes de iniciarem as tratativas negociais ou nomearem o terceiro, conforme as condições determinadas contratualmente. Já em vista da dimensão negativa da obrigação de resultado, as partes devem observar um dever de não fazer, de não iniciarem outro procedimento, inclusive adjudicatório, antes da realização do meio consensual[232]. Com relação à obrigação de meio decorrente da convenção de resolução consensual de conflitos, as partes se obrigam a realizar o meio consensual com lealdade e boa-fé, buscando uma solução para o conflito[233].

Os efeitos processuais atrelados à realização ou ao descumprimento das obrigações decorrentes da convenção de resolução consensual de conflitos serão analisados adiante[234]. Por ora, ressaltam-se outros exem-

[231] LEMES, 2010, pp. 163-178.

[232] Em relação à cláusula de mediação cf. NOUGEIN, Henri-Jacques *et al.* **Guide pratique de l'arbitrage et de la médiation commerciale**. Paris: Lexis Nexis Litec, 2004, p. 195.

[233] Vide LAGARDE, Xavier. L'efficacité des clauses de conciliation ou de médiation. In: **Revue de l'Arbitrage**, nº 3, 2000, pp. 385-390, e a opinião de KAYALI: *"(...) good faith in the ADR context implies a duty on parties to conduct negotiations in a proper and constructive way. Therefore, this duty involves an obligation to commence negotiations and have some minimum participation in them; to adopt an open mind in the sense of a willingness to consider options proposed by the other party for the resolution of the dispute; and a willingness to give consideration to putting forward options, and not to withdraw from the negotiations without first giving a reason and a reasonable opportunity for the other party to respond. Consequently, it might be argued that all these obligations of a negotiating party make clear that negotiating in good faith is not related to a state of mind, but the behavior of the parties during the negotiation process, which allows the courts to follow the process."* (KAYALI, Didem. Enforceability of Multi-Tiered Dispute Resolution Clauses. In: **Journal of International Arbitration**, vol. 27, issue 6, 2010, p. 570). Em tradução livre: "(...) a boa fé no contexto dos ADR implica o dever de as partes conduzirem as negociações de maneira adequada e construtiva. Portanto, este dever envolve a obrigação de iniciar negociações e ter alguma participação mínima nelas; adotar uma mente aberta no sentido de uma disposição para considerar as opções propostas pela outra parte para a resolução da controvérsia; e a disposição de considerar a apresentação de opções e de não se retirar das negociações sem primeiro dar uma razão e uma oportunidade razoável para a outra parte responder. Consequentemente, pode-se argumentar que todas essas obrigações de uma parte negociadora deixam claro que negociar de boa-fé não está relacionado a um estado de espírito, mas sim ao comportamento das partes durante o processo de negociação, o que permite aos tribunais acompanhar o processo."

[234] Todavia, desde já, adianta-se o entendimento de GUERRERO: "Assim, temos uma obrigação finalística quanto à realização do método autocompositivo de solução de controvérsias e

plos de convenções de resolução consensual de conflitos como negócios jurídicos processuais.

3.2.1. Cláusula escalonada

A cláusula escalonada, como espécie da convenção de resolução de conflitos, caracteriza-se pela previsão de procedimento adjudicatório em combinação com meios consensuais. Conforme ensinamento de LEMES, cláusulas que preveem as modalidades conjugadas da mediação ou conciliação e da arbitragem, na eventualidade do meio consensual não redundar em acordo das partes, são denominadas de "cláusulas escalonadas" ou "cláusulas combinadas"[235]. Nesse diapasão, CARMONA designa a cláusula escalonada segundo a qual "(...) as partes avençam que se submeterão a procedimento de mediação (ou de conciliação, conforme seja o caso) e, não chegando a um acordo, instaurarão desde logo a arbitragem"[236]. LEVY também distingue como cláusula escalonada aquela que prevê a realização do procedimento de arbitragem antes do método autocompositivo da mediação[237].

A doutrina comumente se refere à cláusula escalonada que preveja a realização da mediação antes da arbitragem como cláusula "med-arb" e à cláusula escalonada que indica a mediação após a arbitragem de cláusula "arb-med". Esse último tipo de cláusula escalonada também pode ser referido como "*pure post-arbitration*"[238]. Neste caso, fica estabelecido que o procedimento arbitral deve prosseguir até o momento que a sentença arbitral será proferida, sem, no entanto, revelar às partes o seu conteúdo. Assim, a sentença arbitral é colocada em um envelope se-

uma obrigação de meio quanto ao seu resultado. De qualquer modo, tal situação não altera a ausência de caráter vinculativo da obrigação de modo a torná-la exequível *in natura*, apenas sendo critério de avaliação do seu cumprimento." (GUERRERO, 2015, p. 109).

235 LEMES, 2010, p.163-178.

236 CARMONA, 2009, p. 34.

237 "(...) diante de tantas possibilidades de combinação possíveis no modelo multietapas de gestão de controvérsias, escolhemos dois modelos de cláusulas escalonadas para análise: um primeiro que estabelece um meio adjudicatório inicial (arbitragem), seguido por um meio consensual (mediação) e um segundo que em sentido inverso, prevê inicialmente um meio consensual (mediação), seguido por um meio adjudicatório (arbitragem), no caso de não obtenção do acordo na primeira fase." (LEVY, 2013, p. 206).

238 BÜHRING-UHLE, Christian; KIRCHHOFF, Lars; SCHERER, Gabriele. **Arbitration and mediation in international business**. 2ª ed. Holanda: Kluwer Law International, 2006, p. 254.

lado e suspende-se a arbitragem para que se dê início à mediação. Na hipótese das partes chegarem a um acordo com o auxílio do mediador, a sentença que seria proferida é descartada, dando lugar à sentença homologatória do acordo; inversamente, se as partes não chegarem a um acordo, a sentença arbitral que até então estava "envelopada", é proferida, emanando seus efeitos processuais[239]. Outro tipo de cláusula escalonada "arb-med" é aquele que prevê a mediação como incidental ao processo arbitral e, de acordo com o quanto estabelecido contratualmente pelas partes, suspende a arbitragem. Assim, ao término da fase de mediação incidental, as partes podem ter chegado ao acordo total ou parcial ou a nenhum acordo. Quanto à última hipótese, o procedimento arbitral é retomado, sendo usual que "as partes, de alguma maneira transformadas pela mediação, se conciliem sob a batuta do árbitro"[240].

Nada obstante, indica-se que é mais usual que a cláusula escalonada preveja a mediação antes da arbitragem (cláusula "med-arb"), sem prejuízo de outros MASCs serem utilizados antes da arbitragem ou, ainda, serem prévios à mediação que antecede a arbitragem. Para PRYLES, por exemplo, a cláusula escalonada abrange e pode prever os seguintes métodos: negociação, mediação, "*expert determination*" e arbitragem[241].

[239] LEVY, 2013, p. 207.

[240] Ibid., p. 211.

[241] PRYLES, Michael. Multi-Tiered Dispute Resolution Clauses. In: **Journal of International Arbitration**, 2011, p. 159. Também é a opinião de KAYALI e MELLO e CASTRO, respectivamente: *"Multi-tiered dispute resolution clauses are also known as 'escalation', 'multi-step', or 'ADR-first' clauses. By these types of clauses in a contract, parties agree that if a dispute arises between them they will follow a series of separate stages with different procedures such as negotiation, mediation or conciliation, expert determination and then, if necessary, arbitration."* (KAYALI, 2010, p. 552. Em tradução livre: "As cláusulas de resolução de disputas também são conhecidas como cláusulas "escalonadas", "em várias etapas" ou "ADR primeiro". Por meio desses tipos de cláusulas em um contrato, as partes concordam que, se surgir uma disputa entre elas, elas seguirão uma série de etapas distintas com procedimentos diferentes, como negociação, mediação ou conciliação, determinação de *expert* e, então, se necessário, arbitragem."). E "(...) cláusula em que se comprometem a se submeter, quando do surgimento do conflito, a um método de autocomposição. Essa cláusula é a chamada cláusula escalonada e indicará a qual método (negociação, mediação, conciliação, entre outros) as partes deverão se submeter quando do surgimento de um conflito, por quanto tempo, e quais serão os aspectos práticos desse procedimento, como perante qual órgão ele será realizado. (...) Há, como se pôde perceber, uma pluralidade de métodos de solução de conflitos, e cabe às partes decidir quais seriam os mais adequados com base nas características de seu contrato e relação. Há diversas combinações possíveis, como negociação-arbitragem ou negociação-

A escolha pela cláusula escalonada leva em consideração algumas vantagens. Se por um lado, a arbitragem se revela como um procedimento custoso e, por vezes, delongado, por outro lado, os procedimentos autocompositivos previstos na cláusula escalonada permitem que as partes busquem resolver suas controvérsias de modo mais apropriado e relativamente mais barato, com maior custo-benefício. Além do mais, os procedimentos autocompositivos auxiliam na preservação de relacionamentos familiares e comerciais e, de modo geral, mais complexos, como por exemplo aqueles regulados por contratos com obrigações diferidas no tempo.

Contudo, a escolha pela cláusula escalonada também traz alguns riscos. Conforme KAYALI esclarece, as cláusulas escalonadas são frequentemente inseridas nos contratos no último momento das tratativas, sem que as partes dediquem tempo para avaliar a sua relevância e conveniência. Como resultado, têm-se cláusulas escalonadas mal redigidas que criam os seus próprios problemas de interpretação e aplicação, o que pode torná-las inexequíveis[242].

A partir da vigência da Lei de Mediação estabeleceu-se o tratamento legal da cláusula escalonada. Nota-se que o artigo 23 da Lei de Mediação[243] versa sobre a cláusula escalonada não somente em termos da mediação combinada com a arbitragem, mas também com o processo judicial, indicando que as partes podem se comprometer a não iniciar quaisquer desses meios adjudicatórios durante certo prazo ou até o implemento de determinada condição. Em vista do parágrafo único do artigo 23 da Lei de Mediação, o legislador ressalvou os efeitos da cláusula escalonada às hipóteses nas quais o acesso ao Poder Judiciário se faz

mediação-arbitragem, sendo a mais comum a mediação-arbitragem." (MELLO, Marcello Vieira; CASTRO Flávia Câmara e. **Arbitragem e mediação** – cláusulas escalonadas: como funcionam e quando devem ser utilizadas. Disponível em: <https://www.migalhas.com.br/dePeso/16,MI271681,51045-Arbitragem+e+mediacao+clausulas+escalonadas+como+funcionam+e+quando>. Acesso em: 2 set. 2019).

[242] KAYALI, 2010, p. 553.

[243] "Art. 23. Se, em previsão contratual de cláusula de mediação, as partes se comprometerem a não iniciar procedimento arbitral ou processo judicial durante certo prazo ou até o implemento de determinada condição, o árbitro ou o juiz suspenderá o curso da arbitragem ou da ação pelo prazo previamente acordado ou até o implemento dessa condição."

necessário para a satisfação de medidas de urgência, evitando-se o perecimento de direito[244].

Existindo cláusula "med-arb" e uma das partes obtém tutela provisória perante o Poder Judiciário, conforme os ditames do parágrafo único do artigo 22-A da Lei de Arbitragem, é preciso que a parte favorecida observe o prazo de 30 dias para instauração da arbitragem, sob pena de cessar a eficácia da medida. Porém, pondera-se quanto à hipótese de que a etapa da mediação ainda não tenha sido cumprida.

Pinho e Mazzola consideram que, exceto se as partes modificarem o conteúdo da cláusula "med-arb", o prazo legal de 30 dias deverá fluir somente após a mediação frustrada, tendo em vista uma interpretação conforme e a promoção que a Constituição Federal em seu preâmbulo dá à solução pacífica de conflitos[245].

Em contrapartida, não se compreende como irrazoável a conduta da parte favorecida pela tutela de urgência de instaurar o procedimento de arbitragem antes da tentativa de realização do meio consensual, para fins de cumprimento do prazo legal voltado ao resguardo da eficácia da decisão acautelatória, *desde que se imponha alguma impossibilidade para mediar, independentemente de sua vontade, até o fim do referido prazo e malgrado a sua iniciativa para tanto*. Assim, em vista dos próprios termos do artigo 23 da Lei de Mediação e do seu dever de colaboração, a parte favorecida pela tutela de urgência, ao apresentar o requerimento de arbitragem, deverá indicar o seu propósito de cumprir com o prazo legal para evitar a cessação de efeitos da tutela de urgência, ressalvando a necessidade de suspensão do processo o quanto antes para que a mediação seja tentada, nos termos da cláusula "med-arb".

Situação diversa seria se a parte favorecida pela tutela de urgência iniciasse a arbitragem por entender superada a etapa de mediação prevista na cláusula escalonada, seguindo-se com a instauração do procedimento arbitral e, finalmente, à fase de prolação de sentença e, neste cenário, contudo, a parte contrária buscasse posteriormente anular a sentença arbitral, com base no artigo 32, IV, da Lei de Arbitragem, que

[244] Nos termos do parágrafo único do artigo 23 da Lei de Mediação: "O disposto no caput não se aplica às medidas de urgência em que o acesso ao Poder Judiciário seja necessário para evitar o perecimento de direito."

[245] Pinho, Humberto Dalla Bernardina de; Mazzola, Marcelo. **Manual de Mediação e Arbitragem**. São Paulo: Saraiva Educação, 2019, p. 118.

se refere à sentença arbitral proferida fora dos limites da convenção de arbitragem. PINHO e MAZZOLA defendem ser fundamental o exame da conduta das partes para o deslinde desse tipo de controvérsia, já que se a parte requerida se manteve silente e deixou de suscitar a exceção da etapa prévia de mediação na primeira oportunidade que teve, conforme o artigo 20 da Lei de Arbitragem, a questão controversa terá sido superada (considerando-se até mesmo que aos árbitros compete tentar a conciliação das partes, conforme artigo 21, §4º, da Lei de Arbitragem); caso contrário, se a parte requerida suscitou a questão a tempo e o tribunal arbitral a rejeitou, "aí sim, em tese, seria possível, posteriormente, manejar ação anulatória"[246].

A possibilidade de anulação de sentença arbitral por desrespeito aos efeitos processuais da convenção de resolução consensual de conflitos constituinte da cláusula escalonada será analisada mais afundo adiante. Desde já, indica-se concordância com a opinião de PINHO e MAZZOLA, uma vez que a cláusula escalonada, como convenção de resolução de conflitos e, portanto, expressão de um negócio jurídico, pode ser distratada pelas partes ainda que tacitamente[247].

Por fim, indicam-se as reflexões de LEVY quanto à natureza da cláusula escalonada e às especificidades percebidas com os efeitos processuais decorrentes de convenções distintas de resolução de disputas que, na abrangência, formam o negócio jurídico processual da cláusula escalonada.

LEVY aponta três possibilidades quanto à natureza da cláusula escalonada: (i) uma cláusula que preveja duas convenções desvinculadas sob o "guarda-chuva" do procedimento multietapas; (ii) uma cláusula que assumiria a natureza da convenção de arbitragem, considerando a incorporação da fase de mediação ao processo arbitral; e (iii) uma cláusula que admitiria a forma de uma cláusula arbitral híbrida ou *sui generis*,

[246] PINHO; MAZZOLA, 2019, p. 118-119.

[247] Tal conclusão também decorre dos ditames do artigo 485, VII, do Código de Processo Civil, o qual determina a hipótese de impossibilidade de o juiz julgar o mérito do processo judicial *se ele acolher a alegação de existência de convenção de arbitragem* ou quando o juízo arbitral reconhecer sua competência. Caso contrário, ocorre revogação tácita da convenção de arbitragem pela parte que ingressou com a ação judicial e pela parte que não se manifestou sobre a exceção à jurisdição estatal.

visto que a convenção de arbitragem contemplaria o procedimento da mediação que lhe seria prévio e condicionado[248].

Em consonância à crítica feita por Levy, a cláusula escalonada não é concebida a partir das convenções de arbitragem e de mediação desvinculadas[249]. Com relação à concepção da cláusula escalonada como uma convenção de arbitragem *per se* ou uma cláusula arbitral híbrida ou *sui generis*, entende-se que as convenções de resolução de disputas que formam a cláusula escalonada são distintas.

Singularmente, as convenções constituem negócios jurídicos processuais próprios, posto que regulam situações processuais específicas e diversas. A fase de resolução consensual é determinada pela cláusula de resolução consensual de conflitos, isto é, a cláusula de negociação, mediação ou conciliação, enquanto a cláusula compromissória, de modo autônomo, ainda que condicionado à realização do meio consensual previamente, determina a fase do procedimento arbitral[250].

Contudo, nota-se que as cláusulas consensual e de arbitragem estão interligadas e dessa interligação decorre o efeito processual de renúncia do juízo estatal, como um efeito resultante e abrangente da convenção de arbitragem. Conforme ponderação feita pelo Grupo de Estudos de Mediação Empresarial Privada do Comitê de Brasileiro de Arbitragem – GEMEP/CBAr:

> Em relação ao Judiciário, os efeitos processuais dessa cláusula [escalonada] de forma a impedir o conhecimento do conflito decorrem da conjugação dos institutos, ou seja, a previsão da resolução do conflito através da mediação e da arbitragem, uma vez que a opção pela arbitragem exclui o Judiciário.[251]

[248] Levy, 2013, p. 212-213.

[249] "Embora possuam lógicas e técnicas próprias e distintas, existe uma vinculação entre os dois métodos tendo em vista que o segundo só acontecerá caso as partes não acordem no primeiro." (Ibid., p. 213).

[250] Conforme lições de LEVY, os métodos da arbitragem e da mediação que forma a cláusula escalonada devem "(...) ser preservados em respeito às suas singularidades, cuidando-se fortemente para que não haja confusão conceitual e procedimental que colocaria em risco cada um deles e a resolução do conflito como um todo." (Levy, 2013., p. 213).

[251] Isoldi, Ana Luiza (Coord.). **Principais aspectos relacionados à chamada cláusula escalonada também conhecida por Cláusula Med-Arb, no que toca o mecanismo da**

Adiante, no Capítulo 4, serão discutidos os possíveis efeitos processuais decorrentes da convenção de resolução consensual de conflitos prevista na cláusula escalonada e, especialmente, a questão que insurge quanto à efetividade da negociação prevista como etapa prévia à arbitragem. De toda forma, adianta-se que a convenção de arbitragem componente da cláusula escalonada determina a competência do juízo arbitral para analisar questões relativas ao descumprimento da etapa do meio consensual, seja prévia ou incidentalmente à arbitragem.

A cláusula escalonada, afinal, sempre gerará o efeito negativo distintivo da convenção de arbitragem (princípio da *Kompetenz-Kompetenz*[252]), o que leva à conclusão de que, tendo em vista as classificações propostas por LEVY, a cláusula "arb-med" seria uma cláusula de arbitragem que incorpora a cláusula do meio consensual[253] e a cláusula "med-arb" seria uma cláusula de arbitragem híbrida ou *sui generis*[254].

mediação. Disponível em: <http://www.cbar.org.br/PDF/Artigo_1_Clausula_Escalonada_out-2012.pdf>. Acesso em: 26 dez. 2019.

[252] "Consequência da autonomia da cláusula compromissória é a possibilidade de o próprio árbitro decidir acerca de qualquer controvérsia que diga respeito à convenção de arbitragem. (...) Significa dizer que o dispositivo legal comentado [artigo 8º, da Lei de Arbitragem] trata de duas questões distintas, o *caput* disciplinando a autonomia da cláusula e o § estabelecendo o princípio da *Kompetenz-Kompetenz* (competência do árbitro para decidir sobre sua própria competência, resolvendo as impugnações que surjam acerca de sua capacidade de julgar, da extensão de seus poderes, da arbitrabilidade da controvérsia, isto é, avaliando a eficácia e a extensão dos poderes que as partes lhe conferiram tanto por via de cláusula compromissória, quanto por meio de compromisso arbitral)." (Carmona, 2009, p. 175).

[253] "Essa hipótese [conferir natureza jurídica de convenção de arbitragem (cláusula arbitral) à cláusula escalonada] ilustra a cláusula escalonada arb-med, verdadeira convenção arbitral com um procedimento especial que inclui a mediação incidental." (Levy, 2013, p. 213).

[254] "(...) Entendemos tratar-se, assim, de cláusula arbitral que contempla duas etapas para a gestão do conflito: uma primeira que busca o consenso entre as partes e uma segunda que, diante do insucesso da primeira na obtenção do acordo, prevê na solução do conflito pela adjudicação na seara arbitral ou ainda, na hipótese de as partes terem acordado em mediação, oferece sua força de título judicial por meio de sentença arbitral homologatória. Assim, *entendemos que a cláusula med-arb possui natureza arbitral*, possuindo efeitos processuais vinculantes, inclusive no que se refere à etapa da mediação, desde que esse efeito esteja efetivamente previsto na redação da cláusula e/ou nas regras procedimentais da entidade arbitral, constando a participação na mediação (entendida como a presença das partes à primeira reunião) como pressuposto prévio procedimental ao processo arbitral." (Ibid., p. 215, destaques não originais).

Assim, a cláusula escalonada constitui um negócio jurídico processual caracterizado pela natureza arbitral, ressalvando-se, todavia, e novamente, que os meios de resolução de disputas e seus efeitos processuais próprios devem ser preservados diante de suas especificidades, na abrangência do efeito processual negativo – de afastamento da jurisdição estatal – da cláusula escalonada.

2.2.2. "Convenção de Processo Participativo"

O direito colaborativo, também denominado de "*collaborative practice*", surgiu na década de 90 nos Estados Unidos, a partir da prática advocatícia de STUART WEBB em matérias de direito de família, especialmente de divórcio[255]. No Brasil, a resolução colaborativa de conflitos também vem ganhando espaço como um MASC[256] e é denominado de "práticas colaborativas"[257].

[255] Conforme informações disponibilizadas em: <https://www.collaborativepractice.com/sites/default/files/CP-KnowledgeKit.pdf>. Acesso em: 13 set. 2019. Vide também: "*Collaborative law (CL) is a process that 'provides for an advance agreement entered into by the parties and the lawyers in their individual capacities, under which the lawyers commit to terminate their representations in the event the settlement process is unsuccessful and the matter proceeds to litigation.' (...) Although the collaborative process is only roughly twenty-five years old, accepted norms of collaborative practice – bolstered by the creation of the Uniform Collaborative Law Act – have emerged.*" (BLANKLEY, Kristen M. Agreeing to Collaborate in Advance. In: **Ohio State Journal on Dispute Resolution**, 2017, p. 562). Em tradução livre: "O Direito Colaborativo (CL) é um processo que 'prevê um acordo prévio firmado entre as partes e os advogados em suas capacidades individuais, segundo o qual os advogados se comprometem a encerrar suas representações caso o processo de negociação seja malsucedido e o assunto prossiga para o litígio.' (...) Embora o processo colaborativo tenha apenas cerca de vinte e cinco anos, as normas aceitas de práticas colaborativas – reforçadas pela criação do *Uniform Collaborative Law Act* – surgiram."

[256] "Por um lado, o CPC fomenta e estimula soluções autocompositivas dos conflitos (art. 3º, §2º) e admite convenções processuais (arts. 190 e 200). Há um claro empoderamento das partes na solução da disputa. Além disso, o Código de Processo Civil consagra os princípios da cooperação e da boa-fé (arts. 5º e 6º). Ora, todas essas regras demonstram uma clara diretriz favorável à aplicação da resolução colaborativa de conflitos. Nesse quadro, não seria razoável inadmitir a negociação ou a resolução colaborativa apenas por falta de expressa previsão legal, como se o sistema de meios adequados de solução de controvérsias fosse *numerus clausus*. Ao revés, devem-se admitir outros instrumentos e técnicas de resolução de controvérsias que possam levar ao resultado consensual, sobretudo se forem protagonizados pelas partes e estas fizeram-no com menos custos para todos." (CABRAL; CUNHA, 2018, p. 738).

[257] De acordo com a cartilha de práticas colaborativas da OAB-RJ: "As Práticas Colaborativas são um método não adversarial e extrajudicial de gestão de conflitos, que conta com uma equipe multidisciplinar (advogados, profissionais de saúde, especialistas financeiros, entre

De modo geral, as práticas colaborativas se referem à resolução consensual de conflitos por autocomposição direta, sem a participação de um terceiro facilitador, mas com o auxílio dos advogados das partes que devem assumir uma postura colaborativa[258]. Também é possível que especialistas de diversas áreas do conhecimento (terapeutas, analistas financeiros, psicólogos, "*coaches*", por exemplo) participem e auxiliem como consultores das partes nas práticas colaborativas[259].

Na França, a partir do Decreto nº 2012-66 de 20 de janeiro de 2012, criou-se a figura da "*procédure participative*", que é inspirada no direito colaborativo norte-americano e é atualmente regulada pelo código civil (artigos 2062 a 2068) e pelo código de processo civil (artigos 1542 a 1564-4), fazendo parte dos "*modes amiables de résolution des différends*".

Conforme GUINCHARD *et al* explicam, as partes e seus advogados celebram uma convenção de participação com o intuito de definir um processo de negociação durante o qual as partes se abstêm tempora-

outros), devidamente capacitada pelo Instituto Brasileiro de Práticas Colaborativas – IBPC, ou outro Instituto que atenda os padrões estabelecidos pelo IBPC (www.praticascolaborativas.com.br)." Disponível em: <https://www.oabrj.org.br/arquivos/files/ Cartilha_de_Praticas_Colaborativas_-_OABRJ.pdf>. Acesso em: 13 set. 2019.

[258] "É realmente uma forma de atuação curiosa porque os advogados não atuam como 'terceiro neutro', como na mediação, nem totalmente 'parciais' (no sentido de comprometimento com o interesse material do mandante), mas como 'condutores do procedimento' para cada uma das partes, e seus deveres restringem-se à condução adequada e legalmente permitida do procedimento, sem compromisso direto com o êxito da parte que o contratou. (...) O advogado não atua apenas no interesse material do cliente, mas sobretudo como um recomendador ou defensor da eficiência do procedimento de solução de controvérsias escolhido, a fim de que chegue a termo rapidamente e com êxito." (CABRAL; CUNHA, 2018, p. 733-734).

[259] Conforme explicações disponibilizadas pela cartilha do IACP – International Academy of Collaborative Professionals: <https://www.collaborativepractice.com/sites/default/files/What%20Makes%20Collaborative %20Practice%20Unique.pdf>. Acesso em: 13 set. 2019.

riamente de ingressar em juízo[260].[261] A convenção de participação é um contrato solene que deve ser firmada por escrito, sob pena de nulidade, e antes do processo judicial, já que não é possível haver o procedimento participativo incidental. Deve o instrumento contratual da convenção de participação prever com exatidão o objeto da controvérsia (o qual não pode dizer respeito a direitos indisponíveis), o termo de duração do procedimento ("*pacte de non-agression à durée limitée*") e os documentos e informações necessários para a discussão ou a preparação da controvérsia, bem como os termos de sua troca entre as partes. As partes não são obrigadas a preverem contratualmente cláusula de confidencialidade, já que elas podem posteriormente apresentar ao juiz os acordos e/ou informações e documentos trocados durante o procedimento; porém, nada impede que elas convencionem de modo diverso[262].

Embora a "*procédure participative*" se origine de uma convenção extrajudicial, ela é considerada como parte do procedimento judicial francês. Isto porque, na hipótese de insucesso ou de uma das partes não se submeter ao procedimento, a demanda será apresentada ao juiz para fins de julgamento, levando-se em conta o que, eventualmente, tiver sido discutido pelas partes e não estiver protegido por confidencialidade[263].

[260] "*Aux termes d'une convention de participation, signée des parties et de leur conseil, ceux-ci définissent un processus de négociation au cours duquel les parties s'interdisent d'agir en justice. Naturellement, l'interdiction est temporaire et, le temps de la négociation, le cours de la prescription est suspendu. À l'issue de la procédure, il est admis que les parties qui se seraient mises d'accord partiellement peuvent soumettre le différend résiduel au juge par voie de requête conjointe.*" (Guinchard, 2019, p. 1394). Em tradução livre: "De acordo com os termos de um acordo de participação, firmado entre as partes e seus advogados, estes definem um processo de negociação durante o qual as partes se abstêm de iniciar ações judiciais. Naturalmente, a proibição é temporária e, enquanto as negociações estão em andamento, o prazo de prescrição é suspenso. No final do procedimento, admite-se que as partes que tenham chegado a um acordo parcial possam submeter ao juiz o litígio residual por meio de pedido conjunto."

[261] A interdição temporária de ingresso em juízo também é prevista no procedimento doméstico de práticas colaborativas: "Enquanto durar o prazo definido na convenção, as partes ficam vinculadas e não podem acessar o Judiciário. Assim, o principal efeito da convenção de processo participativo é a inadmissibilidade de demandas judiciais para deliberar sobre o litígio. Trata-se de uma inadmissibilidade temporária, que deve ser pronunciada durante o prazo de negociação estabelecido na convenção." (Cabral; Cunha, 2018, p. 737).

[262] Conforme informações disponibilizadas em: <http://www.avocatparis.org/la-procedure-participative>. Acesso em: 14 set. 2019.

[263] Conforme informações disponibilizadas em: <http://www.avocatparis.org/la-procedure-participative>. Acesso em: 14 set. 2019.

O fato de o juiz francês levar em consideração o que foi discutido pelas partes e desenvolvido no procedimento participativo, inclusive em termos de documentos, dados e opiniões de especialistas, permite que o processo judicial não dependa de uma "*mise en état préalable*". Isto é, a fase de conhecimento do processo, incluindo a instrução judicial, pode ser abreviada em vista dos resultados obtidos com o procedimento participativo, sendo o processo encaminhado diretamente à fase de prolação de sentença[264].

A "*procédure participative*" não impede a submissão de pedidos de urgência e, conforme o artigo 2238 do código de processo civil francês, suspende prazos prescricionais. A convenção de "*procédure participative*" deve observar os requisitos de validade dispostos pelo artigo 2063 do código civil francês[265], produzindo além de efeitos obrigacionais, efeitos processuais.

[264] De acordo com os artigos 763 a 781 do código de processo civil francês, especialmente os termos dos artigos 778 e 779, respectivamente: "*Dès l'exécution de la mesure d'instruction ordonnée, l'instance poursuit son cours à la diligence du juge de la mise en état*" e "*Sauf dans le cas où il est fait application des dispositions du deuxième alinéa de l'article 764, le juge de la mise en état déclare l'instruction close dès que l'état de celle-ci le permet et renvoie l'affaire devant le tribunal pour être plaidée à la date fixée par le président ou par lui-même s'il a reçu délégation à cet effet. La date de la clôture doit être aussi proche que possible de celle fixée pour les plaidoiries.*" (Em tradução livre, respectivamente: "A partir da execução da medida ordenada que visar organizar o processo, este segue em curso a pedido do juiz responsável por supervisionar referida organização." e "Exceto no caso em que se aplique o disposto na segunda alínea do artigo 764, o juiz responsável pela organização do processo declarará encerrada a etapa assim que o estado do processo permitir, devolvendo este ao tribunal para que seja discutido na data fixada pelo presidente ou por si mesmo, se tiver sido delegado para esse fim. A data de encerramento deve ser a mais próxima possível da data fixada para as peças processuais."). Ainda, "*la mise en état: (i) un magistrat du tribunal est chargé de veiller à la préparation du dossier; (ii) il s'assure que les pièces sont au dossier; (iii) que les preuves sont constituées; (iv) lorsque le dossier lui paraît en état d'être jugé, il fixe un jour d'audience.*" (Conforme informações disponibilizadas em: <https://www.vergne-avocat.fr/la-procedure-de-mise-en-etat--instruction-prealable-de-l-affaire-avant-l-examen-du-dossier-au-fond_ad26.html>. Acesso em: 14 set. 2019. Em tradução livre: "a '*mise en état*': (i) um magistrado do tribunal é responsável por supervisionar a preparação do processo; (ii) ele garante que as peças acompanham o processo; (iii) que as provas estão estabelecidas; (iv) quando o caso lhe parece estar pronto para julgamento, ele marca um dia de audiência.").

265 *In verbis*: "*La convention de procédure participative est, à peine de nullité, contenue dans un écrit qui précise: 1° Son terme; 2° L'objet du différend; 3° Les pièces et informations nécessaires à la résolution du différend ou à la mise en état du litige et les modalités de leur échange; 4° Le cas échéant, les actes contresignés par avocats que les parties s'accordent à établir, dans des conditions prévues par décret en*

Enquanto o prazo do procedimento participativo estiver transcorrendo, a convenção de participação torna inadmissível o ingresso de qualquer demanda judicial nos tribunais franceses. Contudo, na hipótese de uma das partes descumprir a convenção de procedimento participativo e ingressar com demanda no judiciário, a parte contrária fica autorizada a apresentar as suas pretensões e buscar a resolução do conflito no âmbito do processo judicial, nos termos do artigo 2065 do código civil francês[266].

Já na hipótese de a "*procédure participative*" resultar em um acordo, este poderá ser homologado pelo juiz, a depender da solicitação das partes. A homologação judicial diz respeito tão somente a questões de regularidade formal do contrato e de obediência à ordem pública, tornando o acordo um título com força executória. Contudo, em caso de insucesso total ou parcial da negociação entre as partes na "*procédure participative*", há um resguardo do direito de ação, tendo em vista que o prazo prescricional é suspenso até o momento de conclusão do método e as partes se beneficiam de uma intervenção do juiz mais acelerada e direcionada àquilo que foi objeto do procedimento participativo e não está protegido pela confidencialidade – além de que, conforme o artigo 2066 do código civil francês, não haveria necessidade de se intentar a mediação ou a conciliação previamente à instauração do processo judicial[267].

Conseil d'Etat.". Em tradução livre: "A convenção de procedimento participativo encontra-se, sob pena de nulidade, contida em documento que especifica: 1º A sua vigência; 2º O objeto da disputa; 3º Os documentos e informações necessários para a resolução do litígio ou para a preparação do processo relativo ao litígio e os termos da sua troca; 4º Se for o caso, os atos rubricados por advogados que as partes concordem em estabelecer, nas condições previstas por decreto do *Conseil d'Etat.*"

266 *In verbis*: "*Tant qu'elle est en cours, la convention de procédure participative conclue avant la saisine d'un juge rend irrecevable tout recours au juge pour qu'il statue sur le litige. Toutefois, l'inexécution de la convention par l'une des parties autorise une autre partie à saisir le juge pour qu'il statue sur le litige.*". Em tradução livre: "Enquanto estiver em curso, a convenção de procedimento participativo celebrada antes do encaminhamento a um juiz torna inadmissível qualquer recurso ao juiz para decidir sobre o litígio. No entanto, o descumprimento da convenção por uma das partes autoriza a outra a encaminhar a questão ao juiz para julgamento do litígio."

267 "(...) *la loi fait en sorte que les parties n'aient pas perdu de temps: elles conservent leur droit d'action en justice puisqu'est prévue la suspension de la prescription à compter de la conclusion de la convention de procédure participative (C. civ., art. 2238); elles bénéficient d'une intervention judiciaire accélérée dans la mesure où les échanges intervenus, non couverts par la confidentialité, vont être pris en compte et le*

Por fim, com relação ao papel dos advogados, a presença destes é obrigatória de acordo com os artigos 2064 do código civil e 1544 do código de processo civil franceses, sendo facultado aos advogados permanecerem como representantes processuais das partes no processo judicial ulterior. Com relação a essa faculdade dos advogados, a "*procédure participative*" francesa em muito se diferencia da "*collaborative practice*" norte-americana e das práticas colaborativas desenvolvidas no Brasil.

A celebração pelos advogados da "convenção de processo participativo", conforme denominada por CABRAL[268], antevendo expressamente que renunciarão à representação das partes na hipótese de haver demanda judicial sobre o mesmo assunto é a prática adotada pelos americanos[269] e brasileiros[270]. A razão para tanto é contar com advogados que estejam plenamente engajados nas práticas colaborativas, que não se preocupem com a preparação de uma ação judicial subsequente. Conforme COLLINS esclarece:

jugement de l'affaire pourra être rendu sans mise en état préalable (dépôt d'une requête conjointe possible pour statuer sur les désaccords persistants). En outre, faute de parvenir à un accord au terme de la convention conclue avant la saisine d'un juge, les parties sont contraintes de soumettre leur litige au juge mais sont dispensées de la conciliation ou de la médiation préalable (C. civ., art. 2066, al. 2)." Disponível em: <http://www.avocatparis.org/la-procedure-participative>. Acesso em: 14 set. 2019. Em tradução livre: "(...) a lei garante que as partes não perderam tempo: elas conservam o direito à ação judicial, uma vez que a suspensão da prescrição está prevista a partir da celebração da convenção de procedimento participativo (C. civ., Art. 2238); elas se beneficiam de uma intervenção judicial acelerada na medida em que as trocas ocorridas, não cobertas pelo sigilo, serão levadas em conta e o julgamento do caso poderá ser proferido sem a preparação prévia (apresentação de pedido conjunto para possivelmente decidir sobre divergências persistentes). Além disso, na falta de acordo ao final da convenção celebrada antes do encaminhamento a um juiz, as partes são obrigadas a submeter o seu litígio ao juiz, mas estão isentas de conciliação ou mediação prévia (C. civ., Art. 2066, al. 2)."

[268] CABRAL, 2018, p. 737.

[269] "*Each party must be represented by a lawyer whose representation terminates upon the undertaking of any contested court proceeding.*" Disponível em: <https://www.collaborativepractice.com/sites/default/files/What%20Makes%20Collaborative%20Practice%20Unique.pdf>. Acesso em: 14 set. 2019. Em tradução livre: "Cada parte deve ser representada por um advogado, cuja representação termina no início de qualquer processo judicial contestado."

[270] De acordo com a cartilha de práticas colaborativas da OAB-RJ, o advogado que atuar colaborativamente em um caso específico não estará impedido de participar de casos litigiosos que envolvam outros temas ou outros clientes. O impedimento se refere ao caso objeto do Termo de Compromisso que apresenta cláusula específica de não litigância e confidencialidade (Conforme informações disponibilizadas em: <https://www.oabrj.org.br/arquivos/files/Cartilha_de_Praticas_Colaborativas_-_OABRJ.pdf>. Acesso em: 13 set. 2019.

> *The Collaborative Disqualification Provision is a provision in the Participation Agreement which requires both Collaborative lawyers to withdraw if the case leaves the Collaborative process and proceeds to litigation. Many people comment that this provides a financial disincentive to leave the process. While this is true, that's not the point of the disqualification provision. In fact, there are several very good reasons for having this provision be part of the Collaborative process. From the clients' perspective, having the disqualification provision ensures that both attorneys are committed 100% to resolving the case. In traditional (non-Collaborative) cases, it is often the case that attorneys try to settle on one hand while also preparing for trial on the other. The disqualification provision prevents this by making sure the focus is completely on settlement. The disqualification provision ensures clients can safely share their thoughts and concerns and with the Collaborative lawyers without fear that it will be held against them later on. Further, clients can rest easy knowing that they will never be cross-examined by the other lawyer. This leads to an atmosphere of trust and creativity, both of which lead to productive resolution of cases. From the lawyers' perspective, the disqualification provision frees them up to focus entirely on settlement. (...) Rather than being a 'harsh' provision, the disqualification provision actually promotes resolution by ensuring that everyone involved is completely committed to resolving your case.*[271]

[271] Collins, Forrest. **What is the Disqualification Provision?** Disponível em: <https://www.keepoutofcourt.com/what-is-the-disqualification-provision/>. Acesso em: 14 set. 2019. Em tradução livre: "A Cláusula de Desqualificação Colaborativa é uma disposição do Acordo de Participação que exige que ambos os advogados deixem de representar os seus clientes, caso estes se retirem do processo colaborativo e prossigam para o litígio. Muitas pessoas comentam que isso representa um desincentivo financeiro para abandonar o processo. Embora isso seja verdade, esse não é o ponto da cláusula de desqualificação. Na verdade, existem várias razões muito boas para que esta disposição faça parte do processo colaborativo. Do ponto de vista dos clientes, ter a cláusula de desqualificação garante que ambos os advogados estejam 100% comprometidos com a resolução do caso. Em casos tradicionais (não-colaborativos), se, por um lado, muitas vezes os advogados tentam chegar a um acordo, por outro lado, também se preparam para o julgamento. A cláusula de desqualificação evita isso, garantindo que o foco esteja totalmente no acordo. A cláusula de desqualificação garante que os clientes possam compartilhar com segurança seus pensamentos e preocupações com os advogados colaborativos, sem medo de que isso seja apontado contra eles mais tarde. Além disso, os clientes podem ficar tranquilos sabendo que nunca serão interrogados pelo outro advogado. Isso leva a uma atmosfera de confiança e criatividade, que levam à resolução produtiva dos casos. Do ponto de vista dos advogados, a cláusula de desqualificação os libera para se concentrarem inteiramente no acordo. (...) Em vez de ser uma cláusula

Como mencionado, na França, a "*procédure participative*" está regulada pelas leis de direito processual e material, sendo que outro aspecto que a diferencia em comparação com as práticas colaborativas desenvolvido no Brasil é a determinação legal da suspensão de prazo prescricional durante a realização do procedimento.

A Lei de Mediação prevê expressamente que enquanto transcorrer a mediação, ficará suspenso o prazo prescricional[272], seja em termos de mediação judicial, seja de mediação extrajudicial. Entende-se que a normativa em testilha poderia ser aplicada, analogicamente e sem prejuízo, ao método consensual da conciliação[273].

Com relação ao método da negociação que, em último caso, é o procedimento que constitui as práticas colaborativas, defende-se que, para fins de aplicação analógica da regra de suspensão do prazo prescricional, é preciso haver uma formalização do início e do fim do procedimento de negociação entre as partes. Como meio de prova, compreende-se como suficiente para suspender o prazo prescricional o "termo de compromisso"[274] das práticas colaborativas, o qual, afinal, constitui a "convenção de processo participativo", firmado pelas partes, datado e com prazo determinado para início e fim do procedimento, já que, a partir da sua finalização, sem acordo sobre a demanda, esta poderá ser apresentada perante o judiciário[275]. Já em relação à negociação direta e informal

"severa", a cláusula de desqualificação na verdade promove a resolução, garantindo que todos os envolvidos estejam completamente comprometidos com a resolução do seu caso."

[272] Conforme o artigo 17, parágrafo único, da Lei de Mediação.

[273] Vide artigo 42 da Lei de Mediação: "Aplica-se esta Lei, no que couber, às outras formas consensuais de resolução de conflitos, tais como mediações comunitárias e escolares, e àquelas levadas a efeito nas serventias extrajudiciais, desde que no âmbito de suas competências."

[274] Conforme informações disponibilizadas em: <https://www.oabrj.org.br/arquivos/files/Cartilha_de_Praticas_Colaborativas_-_OABRJ.pdf>. Acesso em: 13 set. 2019.

[275] Levando-se em consideração que as práticas colaborativas contam com a negociação de boa-fé entre as partes e o seu compromisso voluntário (e expresso no termo de compromisso) de não iniciar ação judicial enquanto não finalizado o procedimento. Além de que, "[n]as Práticas Colaborativas os advogados de ambas as partes trabalham em parceria e assumem o compromisso de não recorrer ao Judiciário caso o acordo não seja alcançado. Para tanto, é assinado um Termo de Compromisso com cláusula específica de não litigância e confidencialidade. A assinatura da referida cláusula, que desqualifica os advogados para o litígio em relação àqueles clientes específicos, tem um efeito transformador para todas as pessoas envolvidas na negociação." (Conforme informações da cartilha da OAB-RJ dispo-

entre as partes, entende-se que o meio de prova poderia ser troca de correspondências, correios eletrônicos e mensagens instantâneas ou quaisquer outros meios idôneos e juridicamente admissíveis que comprovem o início, bem como o fim da negociação.

Como se nota, as práticas colaborativas se originam de uma convenção de resolução consensual de disputas que regula situações jurídicas processuais prévias ao ingresso em juízo e que vem se desenvolvendo em diversos países, incluindo o Brasil – em termos de legislação brasileira, é possível classificar a "convenção de processo participativo" como um negócio jurídico processual. A prática é vista com bons olhos e permite que casos, especialmente aqueles ligados ao de direito de família, que prescindem de uma multidisciplinaridade e cuidados com interesses subjetivos, encontrem um método adequado de resolução de controvérsias.

3.2.3. Outros negócios jurídicos processuais sobre meios consensuais

Como se observou anteriormente, a Lei de Mediação estabeleceu requisitos essenciais da cláusula de mediação extrajudicial, inclusive aqueles que se aplicariam diante de uma previsão contratual incompleta. Da mesma forma, foram observados requisitos do compromisso arbitral que poderiam ser aplicados, no que couber, ao compromisso de resolução consensual de conflitos. Considerando a sua natureza de direitos disponíveis e de regras procedimentais, os requisitos da convenção de resolução consensual de conflitos poderiam ser regulados e modificados, seja em seus próprios instrumentos contratuais, seja por outros negócios jurídicos processuais. Assim, passa-se a discutir, sem pretensão de exaurimento, exemplos de negócios jurídicos processuais quanto aos processos dos meios consensuais.

Em vista dos artigos 4º e 22, III, da Lei de Mediação, as partes são livres para celebrarem negócio jurídico processual para a escolha do profissional que atuará como mediador/conciliador extrajudicial, podendo estabelecer critérios para a sua escolha, tais como, a necessidade de o profissional possuir determinadas capacidades técnicas, pertencer a

nibilizadas em: <https://www.oabrj.org.br/arquivos/files/Cartilha_de_Praticas_Colaborativas_-_OABRJ.pdf>. Acesso em: 13 set. 2019.

uma categoria profissional, estar cadastrado no tribunal de justiça ou ser membro de lista de mediadores de uma determinada câmara de mediação.

Com relação à antinomia identificada acima no Capítulo 2 acerca da nomeação de mediador judicial necessariamente pelo tribunal ou CEJUSC, entende-se que, além da aplicação de regras de harmonização e resolução de antinomias jurídicas, seria possível superar a questão a partir da celebração de negócio jurídico processual para a escolha do profissional que atuará como mediador/conciliador judicial. A matéria em questão não se refere à direito indisponível, sendo passível de ser acordada em convenção que trata da efetivação da liberdade de escolha dada às partes, independentemente de o procedimento ocorrer em âmbito judicial ou privado.

O negócio jurídico processual também pode dispor sobre regras referentes à condução do procedimento consensual, por exemplo: (i) se a presença dos advogados será obrigatória em todos ou alguns dos encontros; (ii) se serão realizadas reuniões entre o terceiro e cada uma das partes em separado (reunião denominada como "*caucus*"[276]); e (iii) se haverá procedimento para apresentação e produção de documentos.

[276] "*Holding caucuses, i.e. meeting separately with the parties during a mediation, is another popular intervention technique used by mediators to overcome critical situations or unusual problems posed by the parties or by the particular circumstances of a negotiation situation. While some mediation practitioners, especially from the common law world, think that caucus is the essence of mediation and there is no mediation without caucuses, others take a more cautious approach and take the view that caucuses must not happen in all mediations. The latter approach seems to make more sense. Thus, Art. 7 UNCITRAL Model Law on International Commercial Conciliation provides that '[t]he conciliator may meet or communicate with the parties together or with each of them separately'. Article 7(2) ICDR International Mediation Rules provides that '[t]he mediator is authorized to conduct separate or ex parte meetings and other communications with the parties and/or their representatives, before, during, and after any scheduled mediation conference' and that '[s]uch communications may be conducted via telephone, in writing, via email, online, in person, or otherwise'.*" (BERGER, Klaus Peter. **Private Dispute Resolution in International Business:** Negotiation, Mediation, Arbitration. 3ª ed., Kluwer Law International, 2015, p. 245). Em tradução livre: "Realizar *caucuses*, ou seja, reunir-se separadamente com as partes durante uma mediação, é outra técnica popular de intervenção usada pelos mediadores para superar situações críticas ou problemas incomuns colocados pelas partes ou pelas circunstâncias particulares de uma situação na negociação. Enquanto alguns praticantes da mediação, especialmente do mundo do *common law*, pensam que *caucus* é a essência da mediação e não há mediação sem *caucuses*, outros adotam uma abordagem mais cautelosa e consideram que *caucuses* não devem acontecer em todas as mediações. A última abordagem parece fazer mais sentido. Assim, o art. 7 A Lei Modelo da UNCITRAL sobre Conciliação Comercial Internacional prevê que '[o]

Lipiani e Siqueira comentam sobre a relevante inovação trazida pelo Código de Processo Civil em termos de produção antecipada de prova sem o requisito da urgência, que coloca as partes também como destinatárias da prova. As autoras ressaltam que, dentre as hipóteses em que é possível solicitar a produção antecipada de provas, conforme o artigo 381, II, do Código de Processo Civil, encontra-se a situação em que "a prova a ser produzida seja suscetível de viabilizar a autocomposição ou outro meio adequado de solução de conflitos", o que viabiliza o acordo das partes quanto à (des)necessidade de produção de prova antes de se iniciar o procedimento consensual ou que este seja suspenso, após a primeira reunião, para que se realize a produção de provas[277].

Ainda com relação à produção de documentos relevantes para o litígio, as partes podem convencionar sobre a realização de *diclosure* (ou *discovery*), conforme procedimento do direito anglo-saxão, durante o procedimento consensual. Dentre os benefícios e finalidades da estipulação da obrigação de produção de documentos relevantes referentes à controvérsia, Andrews ressalta a igualdade de acesso a informações pelas partes e a facilitação de acordos, visto que as partes teriam melhores condições para avaliar a viabilidade de uma demanda judicial[278]. Destarte, além da regulação quanto à forma de produção de documentos – quais são os critérios para se classificar como relevantes os documentos a serem solicitados, se haverá momentos específicos para a apre-

conciliador pode reunir-se ou comunicar-se com as partes em conjunto ou com cada uma delas separadamente'. O Artigo 7 (2) das Regras de Mediação Internacional do ICDR prevê que ‹[o] mediador está autorizado a conduzir reuniões separadas ou *ex parte* e outras comunicações com as partes e/ou seus representantes, antes, durante e após qualquer reunião de mediação programada' e que '[s]uas comunicações podem ser conduzidas por telefone, por escrito, via e-mail, *online*, pessoalmente ou de outra forma'". A nova Lei Modelo da UNCITRAL "*on International Commercial Mediation and International Settlement Agreements Resulting from Mediation*" reitera em seu artigo 8º a possibilidade de haver a reunião do *caucus*: "*The mediator may meet or communicate with the parties together or with each of them separately.*" Em tradução livre: "O mediador pode se encontrar ou se comunicar com as partes em conjunto ou com cada uma delas separadamente."

277 Lipiani, Júlia; Siqueira, Marília. Negócios Jurídicos Processuais sobre Mediação e Conciliação. In: Zaneti Júnior, Hermes; Cabral, Trícia Navarro Xavier. **Justiça Multiportas:** mediação, conciliação, arbitragem e outros meios adequados de resolução de conflitos. Salvador: Juspodivm, 2018, pp. 151-152.

278 Andrews, Neil. O moderno processo civil: formas judiciais e alternativas de resolução de conflitos na Inglaterra. São Paulo: **Revista dos Tribunais**, 2009, p. 127.

sentação de lista identificando os documentos requeridos por cada uma das partes e para apresentação de contestação, se haverá a nomeação de um terceiro, sem ou com poderes adjudicatórios, como um árbitro, para decidir quanto aos documentos requeridos, etc. –, as partes podem definir obrigações e limitações deste dever. Nesse sentido, as partes podem definir sanções, como multas pela não apresentação de documentos[279].

Nos termos do artigo 28 da Lei de Mediação, o procedimento da mediação judicial deverá ser concluído em até 60 dias, contados da primeira reunião. Todavia, o prazo legal é passível de modificação por convenção das partes, conforme os próprios ditames da Lei de Mediação ("sujeito à prorrogação de acordo com o consenso das partes")[280], encontrando inspiração em requisito facultativo do compromisso arbitral (artigo 11, III, da Lei de Arbitragem).

Ademais, indica-se a possibilidade de as partes disporem sobre a confidencialidade do procedimento consensual. A Lei de Mediação e Código de Processo Civil estabelecem que os procedimentos de mediação e conciliação são informados pela confidencialidade, bem como definem a extensão desse dever em termos de conteúdo e atores ligados, direta ou indiretamente, ao procedimento[281]. Os §§ 1º e 4º do artigo 166, do Código de Processo Civil e o artigo 30 da Lei de Mediação preveem expressamente a possibilidade de celebração de negócio jurídico processual quanto à definição de regras procedimentais acerca da confidencialidade.

Tartuce indica que é essencial que os participantes da sessão consensual se sintam protegidos em suas manifestações e contem com a garantia de que o que for compartilhado não será usado contra si em outras circunstâncias. Dessa forma, a previsão do dever de confidencialidade permite que os participantes se manifestem com abertura e transparência, conferindo um elevado grau de compartilhamento de in-

279 Lipiani; Siqueira, 2018, pp. 157-158.

280 Lipiani e Siqueira chamam atenção para o fato de que, na hipótese de não haver previsão quanto ao prazo do procedimento consensual ou no caso de prorrogação tácita ou, ainda, se uma faz partes não mais queira dar continuidade às tratativas negociais, deverá haver a comunicação quanto ao início ou prosseguimento do procedimento judicial/arbitral, uma vez que "[o] dever de informação é uma das concretizações do dever de cooperação, cujo alcance não se limita aos procedimentos judiciais, devendo, também, ser observados nas mediações extrajudiciais." (Lipiani; Siqueira, 2018, pp. 152-153).

281 Vide o artigo 166, do Código de Processo Civil e os artigos 30 e 31 da Lei de Mediação.

formações[282]. De todo modo, conforme ressaltam Lipiani e Siqueira, em consonância com o princípio da autonomia a vontade das partes, não seria ilógico que as partes pudessem afastar os aspectos de proteção e segurança da confidencialidade, "caso vislumbrem alguma vantagem pessoal (que não precisa ser justificada)"[283]. Assim, seria possível prever negócio jurídico processual que permita divulgar parte ou a totalidade de informações obtidas e discutidas no procedimento consensual, nos autos do processo e para sujeitos que participaram ou não do procedimento[284].

Outrossim, com relação à possibilidade de se prever a escolha de um juiz, que poderá vir a julgar a causa, como mediador/conciliador, entende-se que não é medida recomendável. Ainda que a partes possam dispor da confidencialidade do procedimento consensual, é preciso atentar-se para o princípio da imparcialidade do terceiro. Há um grande risco de o juiz ter a sua imparcialidade comprometida no procedimento consensual, considerando-se a possível dificuldade de o magistrado se desvencilhar do seu papel de juiz togado que, a depender, será futuramente exercido ou, ainda, o comprometimento poderia ocorrer quanto à sua imparcialidade no meio adjudicatório que eventualmente se seguirá, tendo em vista as observações coletadas na mediação/conciliação anterior. Pugna-se pelo não compartilhamento de papeis entre os terceiros que figuram em procedimentos adjudicatórios e aqueles que figuram em procedimentos consensuais – aliás, em consonância com a expressa proibição da Lei de Mediação quanto ao "mediador-árbitro"[285] – como forma de resguardar a confiabilidade dos MASCs e o princípio da imparcialidade do terceiro em procedimentos indiretos.

Finalmente, vislumbra-se a possibilidade de as partes celebrarem negócio jurídico processual caracterizado pelo pacto que estabelece

[282] Tartuce, 2016, p. 211.

[283] Lipiani; Siqueira, Op. cit., p. 155.

[284] Nesse contexto ressalta-se a proibição legal, prevista no artigo 7º da Lei de Mediação, do mediador funcionar como testemunha em processos judiciais ou arbitrais pertinentes a conflito em que tenha atuado como mediador.

[285] Com relação à escolha como mediador de indivíduo que poderia atuar como árbitro da disputa entre as partes, indica-se a proibição expressa do artigo 7º da Lei de Mediação: "*O mediador não poderá atuar como árbitro* nem funcionar como testemunha em processos judiciais ou arbitrais pertinentes a conflito em que tenha atuado como mediador", destaques não originais.

que, para fins de resolução de controvérsias, uma das partes deverá iniciar arbitragem, enquanto a outra somente se valerá do judiciário ou de um meio consensual previamente ao processo judicial ou arbitral. Ou, ainda, para buscar a tutela de sua pretensão, somente uma das partes é obrigada a iniciar um MASC previamente à jurisdição estatal ou em substituição a esta, na hipótese de cláusula compromissória.

Tal negócio jurídico processual é ora denominado como "cláusula assimétrica" de resolução de conflitos. A expressão é cunhada tendo em vista a sua pactuação a partir de uma relação jurídica com assimetria de poderes contratuais que convenciona que determinado MASC somente poderia ser utilizado por uma das partes e inspira-se nas observações de ROPPO ao defender o paradigma dos "contratos assimétricos"[286].

Embora a cláusula assimétrica, assim como qualquer outro negócio jurídico processual, esteja sujeita ao controle de sua validade, considerando-se especialmente os casos de nulidade, a sua inserção abusiva em contrato de adesão e a manifesta situação de vulnerabilidade de seus celebrantes, conforme o parágrafo único do artigo 190 do Código de Processo Civil, entende-se que ela constituiu um negócio jurídico processual lícito, válido e exigível[287]. Inclusive, é possível considerar que a cláusula assimétrica tenha como finalidade justamente resguardar os direitos da parte com menor poder negocial, da parte mais vulnerável.

Cita-se, por exemplo a Diretiva 2013/11/UE relativa ao uso de MASCs em disputas de consumo, no âmbito da União Europeia, que regula o acordo entre consumidor e fornecedor quanto à submissão de controvérsias a uma entidade de resolução alternativa de litígios ("entidade de RAL", nos termos da Diretiva). Tendo em vista o considerando (43) da Diretiva 2013/11/UE[288], as partes podem dispor a respeito da

[286] ROPPO compreende o contrato assimétrico como uma hipótese de congruência negocial, na qual os contratantes desfrutam de diferentes abrangências quanto aos seus poderes negociais. O autor comenta que, anteriormente, a abrangência do poder era definida como "fraqueza" de uma parte em relação à outra, numa linguagem mais moderna, hoje pode ser chamada de assimetria do poder contratual, a qual embasa um novo paradigma contratual que vai além do contrato de consumo em si (Cf. ROPPO, Vincenzo. **Il Contratto del Duemila**. 3ª ed. Torino: G. Giappichelli Editore, 2011, p. 87-89).

[287] "Ressalvada alguma regra que imponha uma interpretação restritiva (...), na dúvida deve admitir-se o negócio processual." (DIDIER JÚNIOR, 2017, p. 174).

[288] *Ipsis litteris*: "Os acordos entre consumidores e comerciantes quanto à apresentação de uma queixa a uma entidade de RAL não deverão vincular os consumidores se tiverem sido

vinculação do consumidor ao compromisso de resolução de controvérsias de consumo perante uma entidade de RAL, visto que este é celebrado tão somente após o surgimento do conflito. Do mesmo modo, as partes podem convencionar quanto ao efeito vinculante da cláusula de resolução de controvérsias de consumo perante uma entidade de RAL somente ao fornecedor. Logo, essa modalidade de cláusula seria obrigatória apenas para o fornecedor e não para o consumidor[289].

Dessa forma, até mesmo encontrando equivalência no regime legal europeu, entende-se como válida a cláusula assimétrica de resolução de conflitos que determina, por exemplo, que as etapas do meio consensual e da arbitragem são oponíveis apenas ao fornecedor, dependendo de iniciativa do consumidor para realizá-las[290].

celebrados antes da ocorrência do litígio e se tiverem por efeito privar os consumidores do direito que lhes assiste de intentar uma ação em juízo para a resolução do litígio. Além disso, nos procedimentos de RAL destinados a resolver litígios por imposição de uma solução, a solução imposta só deverá ser vinculativa para as partes se estas tiverem sido previamente informadas do facto e tiverem dado expressamente o seu consentimento. Não deverá ser exigida a aceitação específica do comerciante se as regras nacionais previrem que tais soluções são vinculativas para os comerciantes."

[289] Nesse sentido, ressalta-se que as regras do "*Code de la consommation*" francês inspiradas pela Diretiva 2013/11/EU determinam que a realização da mediação em matéria consumerista é facultativa, porém, se buscada, deverá ser gratuita para os consumidores e dependente de sua iniciativa e, por outro lado, obrigatória aos fornecedores (Cf. Brunaux, Geoffray. La médiation de consommation. Um nouveau mode de règlement des différends à s'approprier. In: Blohorn-Brenneur, Béatrice; Bacqué, Myriam (Org.). **Médiation obligatoire ou volontaire** – quelles réformes pour quels enjeux? Paris: L'Hamattan, 2018, p. 146).

[290] Inclusive, a disposição contratual relativa à etapa de arbitragem na cláusula escalonada assimétrica ora exemplificada está em consonância com os ditames do §2º, do artigo 4º, da Lei de Arbitragem: "Nos contratos de adesão, a cláusula compromissória só terá eficácia se o aderente tomar a iniciativa de instituir a arbitragem ou concordar, expressamente, com a sua instituição, desde que por escrito em documento anexo ou em negrito, com a assinatura ou visto especialmente para essa cláusula". Ainda, conforme recente entendimento reafirmado pela Terceira Turma do Superior Tribunal de Justiça (STJ) que reformou acórdão do Tribunal de Justiça de Goiás (TJGO) que, em virtude da existência de compromisso arbitral no contrato, havia negado o prosseguimento de ação ajuizada por consumidora contra empreiteira: "RECURSO ESPECIAL. PROCESSUAL CIVIL E CONSUMIDOR. CONTRATO DE ADESÃO. AQUISIÇÃO DE UNIDADE IMOBILIÁRIA. CONVENÇÃO DE ARBITRAGEM. LIMITES E EXCEÇÕES. CONTRATOS DE CONSUMO. POSSIBILIDADE DE USO. AUSÊNCIA DE FORMALIDADE. IMPOSIÇÃO. PROIBIÇÃO. 1. Ação ajuizada em 07/03/2016, recurso especial interposto em 19/06/2018 e atribuído a este gabinete em 01/10/2018. 2. O propósito recursal consiste em avaliar a validade de cláusula

As opções restritas de MASCs ou combinadas com a tutela estatal para apenas uma das partes contratantes podem ser a mais diversas nas cláusulas assimétricas, ressaltando-se que estas podem se referir a outros tipos de relações jurídicas que não somente à relação de consumo[291].

compromissória, contida em contrato de aquisição de um lote em projeto de parcelamento do solo no município de Senador Canedo/GO, que foi comercializado pela recorrida. 3. O art. 51, VII, do CDC se limita a vedar a adoção prévia e compulsória da arbitragem, no momento da celebração do contrato, mas não impede que, posteriormente, diante do litígio, havendo consenso entre as partes – em especial a aquiescência do consumidor –, seja instaurado o procedimento arbitral. Precedentes. 4. *É possível a utilização de arbitragem para resolução de litígios originados de relação de consumo quando não houver imposição pelo fornecedor, bem como quando a iniciativa da instauração ocorrer pelo consumidor ou, no caso de iniciativa do fornecedor, venha a concordar ou ratificar expressamente com a instituição.* 5. Pelo teor do art. 4º, § 2º, da Lei de Arbitragem, mesmo que a cláusula compromissória esteja na mesma página de assinatura do contrato, as formalidades legais devem ser observadas, com os destaques necessários. Cuida-se de uma formalidade necessária para a validades do ato, por expressa disposição legal, que não pode ser afastada por livre disposição entre as partes. 6. *Na hipótese, a atitude da consumidora em promover o ajuizamento da ação evidencia a sua discordância em submeter-se ao procedimento arbitral, não podendo, pois, nos termos do art. 51, VII, do CDC, prevalecer a cláusula que impõe a sua utilização, visto ter-se dado de forma compulsória.* 7. Recurso especial conhecido e provido" (BRASIL. Superior Tribunal de Justiça. Plenário. Recurso Especial nº 1.785.783. **Diário da Justiça**, Brasília, DF, 7 nov. 2019. Disponível em: <https://www.migalhas.com.br/arquivos/2019/12/8F7240D5CD5B56 _acordao2clausulaarbitral.pdf>. Acesso em: 10 jan. 2020, destaques não originais).

[291] Para Roppo, a categoria dos denominados contratos assimétricos não abrange tão somente os contratos de consumo, mas também contratos entre subfornecedores e clientes, agentes e prepostos, filiais e clientes, intermediários financeiros e investidores, locatários e proprietários, por exemplo, cuja relação deve ser observada sob o ponto de vista dos poderes contratuais e das posições de mercado em que figuram os contratantes, constituindo um novo paradigma contratual (Cf. Roppo, 2011, p. 87 e 106-107).

4. Os Efeitos Processuais da Convenção de Resolução Consensual de Conflitos

Tem-se como propósito neste capítulo estudar os efeitos processuais da convenção de resolução consensual de conflitos. Quer dizer-se, será lançado um olhar sobre as consequências da previsão da convenção de resolução consensual de conflitos que extrapolem os efeitos meramente contratuais relativos ao descumprimento de obrigações de fazer e de não fazer, de resultado e de meio, isto é, da mera pretensão indenizatória ante a não realização do compromisso, da etapa consensual de escalonamento ou da cláusula de meio consensual[292]. A intenção, destarte, é ir além da discussão quanto à previsão de cláusula penal, ainda que determinada legalmente, e de eventual judicialização de demanda

[292] Compreende-se que a condenação judicial/arbitral ao ressarcimento de danos, prejuízos decorrentes do inadimplemento de obrigação contratual não atende adequadamente ao propósito e características dos MASCs, sendo preciso ir além do descumprimento do binômio obrigação de "meio-resultado" e buscar a eficácia processual dos MASCs. Nesse sentido, LAGARDE, 2000, p. 384-392 e 395 e NÁPOLES e JÚDICE, para quem "[a] possibilidade de compelir alguém a participar empenhadamente num processo de mediação/conciliação não existe; no entanto, estando tal obrigação inequivocamente prevista, cremos que um Tribunal pode obrigar as partes a darem início a esse processo." (NÁPOLES, Pedro Metello de; JÚDICE, José Miguel. **Cláusulas que impõem mecanismos de prévia conciliação:** da sua executoriedade e das consequências da sua violação. Disponível em: <http://www.josemigueljudice-arbitration.com/xms/files/03_ARTIGOS_CONFERENCIAS_JMJ/01_Artigos_JMJ/Clausulas_de_conciliacao_previa_a_arbitargem__Livro_Acuerdo_Arbitral__Peru__2010.pdf>. Acesso em: 23 ago. 2019).

posterior para buscar um pedido de ressarcimento. Sendo assim, buscar-se-á um novo olhar sobre os efeitos processuais dos meios consensuais em estipulação contratual, levando-se em conta, especialmente, a concepção de justiça consensual e todo o aparato legal, institucional e político a favor da realização desses meios de resolução de conflitos.

Para tanto, contempla-se que o estudo do direito comparado, considerando os regimes legais e decisões dos tribunais da Inglaterra/País de Gales[293], Cingapura e França, tem valia para as reflexões que ora se intentam. Já no âmbito do direito brasileiro, tendo em vista as considerações de direito comparado, serão testadas as hipóteses dos efeitos processuais, negativo ou suspensivo, da convenção de resolução consensual de conflitos ou, ainda, do efeito negativo postergado, ressaltando-se a importância de sua redação clara e expressa.

Por fim, também será explorada a possibilidade de contratação da "cláusula *opt out*", a qual se refere à convenção que excetua a obrigatoriedade legal de realização da mediação/conciliação processual, levando-se em consideração a coerência desse tipo de negócio jurídico processual frente ao contexto internacional e nacional de estímulo à mediação judicial e, em geral, aos meios consensuais.

4.1. Da perspectiva comparada do direito estrangeiro

GUINCHARD *et al* são categóricos ao dizer que um MASC é eficaz se ele encerrar definitivamente uma disputa a partir da qual ele se origina e se ele for *implementável*[294].

A questão quanto à possibilidade de se implementar efetivamente os MASCs, sobretudo os meios consensuais previstos em convenções de forma independente ou como etapas da cláusula escalonada, é debatida na doutrina estrangeira. Se, por um lado, coloca-se o aspecto da voluntariedade dos meios consensuais em contraposição à concepção de sua execução contratual forçada, do outro lado, preza-se pelo princípio do *pacta sunt servanda*. Como bem resume KRENNBAUER:

[293] Conforme já indicado, as discussões serão direcionadas especialmente ao entendimento jurisprudencial firmado pelos tribunais da Inglaterra e País de Gales, bem como ao regime legal único desses países, uma vez que Irlanda do Norte e Escócia possuem jurisdições legais independentes e diversas.

[294] GUINCHARD, 2019, p. 1456.

> *On one hand, enforcing such agreements [to negotiate or to mediate] could be considered a violation of the principles of mediation or contrary to the principle of self-determination in contractual negotiations. On the other hand, it has to be kept in mind that the parties negotiated multi-step dispute resolution at the time of concluding the contract. They must have had good reason for choosing methods of alternative dispute resolution before going to arbitration or litigation to resolve their conflicts. In this regard, one could argue that the parties should be held to what they have agreed in their contracts.*[295]

[295] KRENNBAUER, Stefan. Enforceability of Multi-Tiered Dispute Resolution Clauses in International Business Contracts. In: **Year Book on International Arbitration**, 199, 2010, p. 206 (Em tradução livre: "Por um lado, fazer cumprir tais acordos [para negociar ou mediar] pode ser considerado uma violação dos princípios da mediação ou contrário ao princípio da autodeterminação nas negociações contratuais. Por outro lado, deve-se ter em mente que as partes negociaram a resolução de litígios em várias etapas no momento da celebração do contrato. Eles devem ter tido um bom motivo para escolher métodos alternativos de resolução de disputas antes de irem à arbitragem ou ao judiciário para resolver seus conflitos. A este respeito, pode-se argumentar que as partes devem respeitar o que acordaram em seus contratos"). Nesse sentido, KAYALI: *"(...) the enforceability of negotiation and mediation steps [in multi-tiered dispute resolution clauses] is also controversial in the opinions of scholars, courts, and arbitral tribunals. According to one view, due to the consensual and non-determinative nature of negotiation and mediation, these procedures are not enforceable notwithstanding the agreement of the parties. The opposing view is that, if the parties agree on a multi-tiered dispute resolution system in a binding clear way, a tribunal should treat a premature request for arbitration as being inadmissible. (...) the procedure to be followed in case of dispute is determined by the agreement of the parties within the framework of party autonomy, which is one of the fundamental principles of both contract law and international commercial arbitration. Therefore, if a multi-tiered dispute resolution clause reflects the parties' intention and describes the procedure to be followed clearly, each step of this clause should be enforced regardless of their consensual features."* (KAYALI, 2010, p. 552 e 569). Em tradução livre: "(...) a exequibilidade das etapas de negociação e mediação [em cláusulas escalonadas de resolução de disputas] também é controversa nas opiniões doutrinárias, de tribunais e de tribunais arbitrais. Segundo uma opinião, devido ao caráter consensual e não determinante da negociação e da mediação, esses procedimentos não são executáveis, não obstante o acordo das partes. A visão oposta é que, se as partes concordarem em um sistema de resolução de disputas escalonado de uma forma clara e vinculativa, um tribunal deve tratar um pedido prematuro de instauração de arbitragem como inadmissível. (...) O procedimento a ser seguido em caso de litígio é determinado pelo acordo das partes no âmbito da autonomia das partes, que é um dos princípios fundamentais tanto do direito contratual como da arbitragem comercial internacional. Portanto, se uma cláusula escalonada de resolução de disputas reflete a intenção das partes e descreve o procedimento a ser seguido claramente, cada etapa desta cláusula deve ser executada independentemente de suas características consensuais."

Foi-se por muito tempo a posição dos tribunais da Inglaterra e País de Gales considerar como inválidas e inexequíveis a cláusula de negociação e a cláusula que busca a composição amigável das partes. Falava-se em "*agreement to agree*", um acordo para se acordar. Tal posição foi firmada com os julgamentos dos casos *Courtney & Fairbairn Ltd. v. Tolaini Brothers (Hotels) Ltd. [1975] 1 W.L.R. 297 (C.A.)* e *Walford v. Miles [1992] 2 A.C. 128 (H.L.)*. A racionalidade adotada nas decisões foi a de que as cláusulas contratuais eram muito incertas para serem executadas[296].

Contudo, até os dias atuais, não existe uma definição formal e legal do que constitui um "*ADR agreement*" na Inglaterra, tampouco existe uma descrição sobre qual seria o seu conteúdo acurado ou os seus requisitos essenciais. O que se espera, em todo caso, é que uma manifestação escrita que preveja a realização de um MASC seja detalhada em termos de duração e diretrizes de condução do procedimento, tais como o papel do terceiro imparcial, se houver[297].

O primeiro caso de repercussão na Inglaterra com relação à clausula escalonada foi *Channel Tunnel Group v. Balfour Beatty Construction Ltd., A.C. 334 (H.L.)* em 1993. Tendo em vista o pedido da parte requerida de suspensão do processo judicial em razão da necessidade das partes, em etapa prévia a arbitragem, de nomearem um painel com três especialistas que, conjuntamente e de maneira unânime, deveriam emitir uma opinião, a *House of Lords* decidiu em favor da suspensão[298]. Lord Mustill

[296] De acordo com Lord Ackner: "*The reason why an agreement to negotiate, like an agreement to agree, is unenforceable is simply because it lacks the necessary certainty.*" *Walford v. Miles [1992] 2 A.C. 128 (H.L.)*. Em tradução simples: "A razão pela qual um acordo para negociar, como um acordo para acordar, é inexequível é simplesmente porque carece da certeza necessária."

[297] SALEHIJAM, Maryam. The enforceability of Alternative Dispute Resolution Agreements: an analysis of selected European Union Member States. In: **International Trade and Business Law Review**, 277, 2018, p. 287

[298] "*The contract in this case stated that if any dispute or difference should arise between the employer and the constructor during the progress of works, then such dispute was to be referred in writing by either party to a panel of three experts, which was to give its binding decision within 90 days. Provided the panel's decision was unanimous, it would be final and binding unless, within 90 days of receiving the decision, the dissatisfied party notified the other party that the dispute was to be referred to arbitration. In that case, a tribunal of three arbitrators was to finally decide the dispute under the Rules of the ICC. Accordingly, the dispute resolution clause provided for two steps. As it happened, a dispute arose and immediately English courts were assigned to decide the case. The respondent took the view that the court would have competence to stay the proceedings since the first part of the clause had not yet been complied with.*" (KRENNBAUER, 2010, p. 202-203). Em tradução livre: "O contrato, neste caso, estabe-

afirmou o poder da corte inglesa de suspender o processo, indicando que: "(...) *that those who make agreements for the resolution of disputes must show good reasons for departing from them*"[299].

Em 1999, as cortes inglesas deram um passo atrás em relação ao entendimento do efeito vinculante dos meios consensuais previstos em cláusula escalonada. No caso *Halifax Financial Services Ltd. v. Intuitive Systems Ltd. 1 All E.R. (Comm) 303*, o tribunal entendeu que procedimentos "não determinantes", como a negociação e a mediação, não seriam executáveis[300].

lecia que, se qualquer disputa ou controvérsia surgisse entre o empregador e o construtor durante o andamento das obras, tal disputa deveria ser encaminhada por escrito por qualquer uma das partes a um painel de três especialistas, que deveria dar sua decisão vinculativa no prazo de 90 dias. Desde que a decisão do painel fosse unânime, ela seria final e vinculativa, a menos que, no prazo de 90 dias após o recebimento da decisão, a parte insatisfeita notificasse a outra parte de que a disputa será submetida à arbitragem. Nesse caso, um tribunal de três árbitros deveria finalmente decidir a disputa de acordo com as Regras da CCI. Assim, a cláusula de resolução de disputas previa duas etapas. Conforme ocorreu, uma disputa surgiu e imediatamente os tribunais ingleses foram designados para decidir o caso. A parte requerida entendeu que o tribunal teria competência para suspender o processo, uma vez que a primeira parte da cláusula ainda não havia sido cumprida."

299 Em tradução livre: "(...) que aqueles que fecham acordos para a solução de controvérsias devem apresentar bons motivos para se afastarem deles."

300 *"In this case, the parties to the contract agreed on a multi-step dispute resolution clause providing that in case of a dispute, as a first step the senior representatives of the companies had to meet in good faith within 10 days and attempt to resolve the dispute. Then, if such a meeting would not render a settlement of the dispute, the next step is for structured negotiations, which had to be assisted by a neutral advisor or mediator. Thereafter, if the parties failed to reach agreement within 45 days, they were entitled to initiate court proceedings or arbitration. In fact, the plaintiff refrained from conducting structured negotiations and immediately filed a claim for the reason that it would be futile to further negotiate, as the initial negotiations had already been unsuccessful. The defendant argued to stay the plaintiff's actions, contending that the preconditions to legal proceedings had not been fulfilled and the clause was an enforceable dispute resolution provision. The defendant lost the appeal since the court took the view that determinative procedures were enforceable and non-determinative such as negotiations and mediation were not."* (Krennbauer, 2010, p. 203). Em tradução livre: "Neste caso, as partes do contrato concordaram com uma cláusula escalonada de resolução de disputas, prevendo que, em caso de disputa, como primeira etapa, os representantes seniores das empresas deveriam se reunir de boa fé no prazo de 10 dias e tentar resolver a disputa. Se tal reunião não resolvesse a disputa, o próximo passo levaria às negociações estruturadas, que deveriam ser auxiliadas por um assessor neutro ou mediador. Posteriormente, se as partes não conseguissem chegar a um acordo dentro de 45 dias, elas tinham o direito de iniciar um processo judicial ou arbitragem. No caso, o autor se absteve de conduzir as negociações estruturadas e imediatamente entrou com uma ação judicial considerando que seria inútil prosseguir com

A mudança de entendimento jurisprudencial, entretanto, veio em 2002, com o julgamento paradigmático do caso *Cable & Wireless Plc. v. IBM United Kingdom Ltd., EWHC 2059 (Comm Ct).* A propósito, foi nessa época que as regras de direito processual civil britânicas sofreram reformas e os MASCs passaram a ser incentivados como métodos de resolução de conflitos. Assim, no caso *Cable & Wireless Plc. v. IBM United Kingdom Ltd.*, a corte inglesa entendeu que a previsão contratual, em cláusula escalonada que fazia referência ao regulamento do Centre for Dispute Resolution relativo à mediação, era suficiente para definir uma obrigação mútua das partes de realizarem o procedimento consensual[301].

as negociações, uma vez que as negociações iniciais já haviam sido malsucedidas. A parte requerida buscou a suspensão das ações da requerente, alegando que as condições prévias para o processo judicial não haviam sido cumpridas e a cláusula era uma disposição de resolução de litígios exequível. A requerida perdeu o recurso, uma vez que o tribunal considerou que os procedimentos determinantes eram executáveis e os não determinantes, como as negociações e a mediação, não eram."

[301] *"(...) the contract stipulated for negotiations between senior executives of the parties as a first step, followed by an ADR-procedure as recommended by the Centre of Dispute Resolution, in the second step. The recommended ADR-procedure was mediation. One party refused to attend mediation and initiated proceedings. The other sought to enforce the agreement and sought a stay of the court proceedings pending mediation. The court held that the clause was an enforceable part of the contract since it referred to an elaborate and detailed set of rules – the rules of the Centre of Dispute Resolution. Thus, the clause went beyond a mere agreement to negotiate and '[...] envisage[d] a certain minimum participation in the procedure'."* (Krennbauer, 2010, pp. 203-204). Em tradução livre: "(...) o contrato estipulava negociações entre altos executivos das partes como uma primeira etapa, seguido de um procedimento de ADR conforme recomendado pelo Centre of Dispute Resolution, na segunda etapa. O procedimento de ADR recomendado era a mediação. Uma das partes se recusou a comparecer à mediação e deu início ao processo. A outra parte buscou o cumprimento do acordo e a suspensão do processo enquanto se aguardava a mediação. O tribunal considerou que a cláusula era uma parte exequível do contrato, uma vez que se referia a um conjunto elaborado e detalhado de regras – as regras do Centre of Dispute Resolution. Assim, a cláusula foi além de um mero acordo para negociar e '[...] previu uma certa participação mínima no procedimento'.". Ainda, conforme Andrews indica: *"In Cable & Wireless v IBM United Kingdom Ltd (2002) the relevant clause was a so-called tiered provision. (1) It initially required the parties to endeavour to negotiate a resolution by considering the relevant dispute within their own organisations; (2) the clause stated that mediation would be obligatory if these negotiations collapsed; (3) thereafter, if the dispute were still unresolved, 'proceedings' before a court might take place. After negotiation had failed, one party decided to by-pass the stipulated stage of mediation, stage (2), and brought a claim before the English High Court, stage (3). The other party challenged this. Colman J found that there had been a breach of the dispute resolution agreement because a party had jumped the mediation stage and proceeded straight to litigation. The judge placed a stay upon formal proceedings which one party had begun in defiance of this mediation agreement. But he acknowledged that a stay*

Em duas ocasiões, com os julgamentos dos casos *Halsey v Milton Keynes General NHS Trust EWCA (Civ) 576* e *Holloway and another v Chancery Mead Ltd. EWHC 2495 (TCC) [81] (Ramsey J)*, em 2004 e 2007, respectivamente, as cortes inglesas passaram a considerar alguns critérios para fins de declaração dos efeitos vinculantes das "*ADR clauses*".

No caso "*Halsey*", a *Court of Appeal* – tribunal superior em relação aos *Senior Courts* da Inglaterra e País de Gales – determinou que a falta de razoabilidade de uma parte se recusar a participar da mediação dependeria: (i) da natureza da disputa; (ii) do mérito do caso; (iii) da comprovação de que outros métodos autocompositivos foram tentados; (iv) da falta de desproporcionalidade dos custos do procedimento; (v) da falta de prejudicialidade com o atraso causado pela participação no procedimento; e (vi) da chance de êxito do procedimento autocompositivo[302].

Já no julgamento do caso "*Holloway*", as cortes inglesas definiram os seguintes critérios para declaração dos efeitos vinculantes das "*ADR clauses*": (i) o procedimento deve ser suficientemente certo, sem necessitar de um acordo posterior para sua implementação; (ii) deve haver definição quanto ao procedimento de escolha do terceiro imparcial e ao modo de pagamento dos honorários deste; e (iii) as diretrizes e condi-

would not be automatic in all cases: 'For example, there may be cases where a reference to ADR would be obviously futile and where the likelihood of a productive mediation taking place would be so slight as not to justify enforcing the agreement. Even in such circumstances ADR would have to be a completely hopeless exercise'." (Andrews, Neil. Arbitration and Mediation in England. In: **Revista de Processo**, vol. 175, 2009a, p. 112). Em tradução livre: "No caso *Cable & Wireless v IBM United Kingdom Ltd (2002)*, a cláusula relevante era uma cláusula denominada de escalonada. (1) Inicialmente, exigia que as partes se esforçassem para negociar uma resolução, considerando a disputa relevante dentro de suas próprias organizações; (2) a cláusula estabelecia que a mediação seria obrigatória se essas negociações fracassassem; (3) na sequência, se a disputa ainda não estivesse resolvida, 'procedimentos' poderiam ser iniciados perante um tribunal. Após o fracasso da negociação, uma das partes decidiu contornar a fase de mediação estipulada, fase (2), e ingressou com uma ação perante o Tribunal Superior inglês, fase (3). A outra parte contestou. Colman J entendeu que houve uma violação do acordo de resolução de disputas porque uma das partes pulou a fase de mediação e foi direto para o litígio. O juiz suspendeu o procedimento formal iniciado por uma das partes em desacordo com o acordo de mediação. Mas ele reconheceu que uma suspensão não seria automática em todos os casos: '*Por exemplo, pode haver casos em que uma referência a ADR seja obviamente fútil e que a probabilidade de ocorrer uma mediação produtiva seja tão pequena que não justifique a execução da cláusula. Mesmo em tais circunstâncias, ADR teria que ser um exercício completamente sem esperança*'."

302 Andrews, 2009a, p. 113.

ções de realização do procedimento devem ser estabelecidas em detalhes e de modo suficientemente claro.

Os critérios do caso "*Holloway*" foram aplicados pela *Court of Appeal*, em 2012, no caso *Sulamerica CIA Nacional De Seguros SA v Enesa Engenhaira EWCA Civ 638*, concluindo-se que a cláusula de resolução de disputas não era suficientemente precisa para criar uma obrigação de iniciar um procedimento de mediação[303].

Cinco anos depois, os critérios foram ampliados pelas cortes inglesas. No caso *Wah v Grant Thornton International Ltd. EWHC 3198 (Ch)*, de acordo com Lees[304], os seguintes critérios foram estabelecidos: (i) existência de um compromisso certo e inequívoco para iniciar o procedimento; (ii) indicação das condições a serem observadas pelas partes para desenvolver o procedimento; (iii) indicação do requisito mínimo de participação de ambas as partes no procedimento; e (iv) quando e como o procedimento seria concluído ou extinto sem haver descumprimento contratual.

No caso "*Wah*", Hildyard J entendeu que a cláusula prevendo um meio autocompositivo não era exequível, pois, embora indicasse em detalhes os critérios do procedimento, ela não definiu quem deveria participar do procedimento. A cláusula dispunha de termos muito vagos, tais como "*attempt to resolve the dispute*", sem definir claramente se o terceiro deveria decidir sobre o mérito ou tomar alguma providência em particular[305].

Contudo, indo na contramão dos critérios estabelecidos no caso "*Wah*", em 2014, no caso *Emirates Trading Agency LLC v Prime Mineral Exports Private Ltd. EWHC 2104 (Comm) [64] (Teare J)*, o tribunal inglês reconheceu o efeito vinculante de uma cláusula que meramente estipulava que as partes deveriam resolver amigavelmente as suas disputas pelo período de quatro semanas antes de ser possível iniciar o procedi-

[303] "The first paragraph contains merely an undertaking to seek to have the dispute resolved amicably by mediation. No provision is made for the process by which that is to be undertaken and none of the succeeding paragraphs touch that question." *Sulamerica CIA Nacional De Seguros SA v Enesa Engenhaira [2012] EWCA Civ 638 [36] (Moore-Bick J)*. Em tradução livre: "O primeiro parágrafo contém apenas o compromisso de buscar que o litígio seja resolvido amigavelmente por meio de mediação. Nenhuma previsão é feita para o processo pelo qual isso deve ser realizado e nenhum dos parágrafos seguintes toca nessa questão."

[304] Lees, Amanda Joan. The Enforceability of Negotiation and Mediation Clauses in Hong Kong and Singapore. In: **Asian Dispute Review**, vol. 17, 2015, p. 17-18.

[305] Salehijam, 2018, p. 290.

mento de arbitragem[306]. Ao determinar o efeito processual e vinculante da cláusula de resolução amigável de controvérsias, a corte inglesa fundamentou que seria de interesse público a declaração de sua executoriedade, já que as partes em relações comerciais esperam que o tribunal

[306] *"In deciding that a clause requiring friendly discussions within a limited period of time was complete, certain and enforceable, Teare J made the following points: (1) such an obligation must necessarily import an obligation to undertake those discussions in good faith; (2) 'an obligation to seek to resolve a dispute by friendly discussions in good faith has an identifiable standard, namely, fair, honest and genuine discussions aimed at resolving a dispute. Difficulty of proving a breach in some cases should not be confused with a suggestion that the clause lacks certainty.' (3) 'Whilst it may be difficult to establish that a party has not sought to resolve a dispute in good faith [,] there will be cases where that can be shown, for example, where a party asserts his claim, refuses to negotiate and seeks to commence arbitration. In such a case it would be unfortunate were the court to say that the obligation to seek to resolve the dispute was uncertain and therefore unenforceable. For that would mean that a party could ignore his apparent obligation.' Further, the judge held that enforcement of the clause was in the public interest, because (i) commercial parties expected the Court to enforce obligations which they had freely undertaken, and (ii) the object of the clause was to avoid expensive and time-consuming arbitration. Having decided that the obligation to negotiate was enforceable, Teare J then considered whether it had been satisfied. In circumstances where there had been multiple discussions between the parties over a number of months, in which they had sought to find a solution to the issues between them, the judge held that the condition precedent to arbitration had been satisfied and the tribunal had jurisdiction to hear the arbitration."* (Lees, 2015, p. 19). Em tradução livre: "Ao decidir que uma cláusula exigindo discussões amistosas dentro de um período limitado era completa, certa e exequível, Teare J indicou os seguintes pontos: (1) tal obrigação deve necessariamente tratar de uma obrigação de conduzir essas discussões de boa-fé; (2) 'uma obrigação de buscar resolver uma disputa por discussões amigáveis em boa-fé tem um padrão identificável, isto é, de discussões justas, honestas e genuínas voltadas à resolução de uma disputa. A dificuldade de provar uma violação em alguns casos não deve ser confundida com uma sugestão de que a cláusula carece de certeza.' (3) 'Embora possa ser difícil estabelecer que uma parte não procurou resolver um litígio de boa-fé [,] existirão casos em que isso pode ser demonstrado, por exemplo, quando uma parte afirma seu pleito, se recusa a negociar e busca iniciar a arbitragem. Nesse caso, seria lamentável se o tribunal dissesse que a obrigação de procurar resolver o litígio era incerta e, portanto, inexequível. Pois isso significaria que uma parte poderia ignorar sua obrigação aparente.' Além disso, o juiz considerou que a execução da cláusula era de interesse público, porque (i) as partes empresariais esperavam que o Tribunal determinasse a execução das obrigações que haviam sido aceitas livremente, e (ii) o objetivo da cláusula era evitar arbitragens caras e demoradas. Tendo decidido que a obrigação de negociar era exequível, Teare J considerou então se esta havia sido cumprida. Nas circunstâncias em que houve diversas discussões entre as partes durante vários meses, nas quais elas buscaram encontrar uma solução para as questões entre elas, o juiz considerou que a condição precedente para arbitragem havia sido satisfeita e o tribunal tinha jurisdição para seguir com a arbitragem."

determine que obrigações contratuais sejam cumpridas, ainda que o objetivo da cláusula contratual seja afastar a arbitragem[307].

Como se nota, o entendimento jurisprudencial das cortes inglesas quanto aos efeitos vinculantes da cláusula que preveja um MASC, especialmente os meios consensuais, não atingiu um nível de estabilidade. Não obstante, em termos de efeitos processuais das convenções de resolução de disputas que preveem MASCs, as cortes inglesas determinaram o seu poder de encaminhar as partes para a realização destes por meio de suspensão do processo judicial ou de decisão relativa a "*anti-suit injunction*" que determina a abstenção da parte de iniciar prematuramente o procedimento adjudicatório[308].

[307] De acordo com SALEHIJAM, que conclui: "*Therefore, the Court in Emirates did not aim to implement the strict requirements of Sulamerica and Wah. Nevertheless, it can be argued that such a shift will indirectly affect English courts' policy towards enforcing clauses calling for formal ADR processes. This is because their motive for their declining to enforce mediation clauses is their subsequent willingness to make agreements to agree on the particulars of ADR at a later date, which had, prior to Emirates, found to be unenforceable.*" (SALEHIJAM, 2018, p. 291). Em tradução livre: "Portanto, o Tribunal no caso *Emirates* não objetivou implementar os requisitos estritos dos casos *Sulamerica* e *Wah*. No entanto, pode-se argumentar que tal mudança afetará indiretamente a política dos tribunais ingleses em relação à aplicação de cláusulas que exigem processos formais de ADR. Isso ocorre porque o motivo de sua recusa em fazer cumprir as cláusulas de mediação é a sua disposição subsequente de fazer acordos para acordar com os detalhes do ADR em uma data posterior, o que, antes do caso *Emirates*, era considerado inexequível."

[308] "*While some courts have been highly protective of the requirement of certainty in a clause, others give more importance to the parties' intentions in including an ADR clause in their commercial contract. This complicated approach to the enforcement of ADR clauses not only causes parties to sway away from the inclusion of such clauses but also results in the various ADR providers having a monopoly in the provision of ADR services. The latter result is evident when taking into consideration the Cable and Wireless judgments. (...) It should be noted that the English courts' power to compel parties to comply with their ADR agreement is limited. The courts only have the power to compel the parties to send a representative to take part in the mediation procedure by way of a stay of proceedings or an anti-suit injunction to stop an offending party from proceeding to arbitration or premature foreign proceedings.*" (SALEHIJAM, 2018, p. 292). Em tradução livre: "Embora alguns tribunais tenham sido altamente protetores quanto à exigência de certeza em uma cláusula, outros deram mais importância às intenções das partes ao incluir uma cláusula de ADR em seus contratos comerciais. Esta abordagem complicada para a execução de cláusulas de ADR não apenas faz com que as partes se afastem da inclusão de tais cláusulas, mas também resulta em vários provedores de ADR tendo o monopólio na prestação de serviços de ADR. O último resultado é evidente quando se leva em consideração os julgamentos dos casos *Cable* e *Wireless*. (...) Deve-se notar que o poder dos tribunais ingleses para obrigar as partes a cumprir a sua cláusula de ADR é limitado. Os tribunais apenas têm o poder de obrigar as partes a enviarem um representante

De todo modo, o que se nota também é que, em termos gerais, as cortes britânicas tendem a reconhecer os efeitos vinculantes das convenções de resolução consensual de conflitos que sejam suficientemente claras e expressas quanto, pelo menos, aos critérios de desenvolvimento do procedimento e, se for o caso, aos critérios de eleição do terceiro neutro, bem como aos termos do pagamento dos seus honorários.

Com relação à convenção contratual que estipula que as partes deverão intentar conversas amigáveis, tratativas negociais de boa-fé e outros termos que poderiam ser considerados mais vagos, ressalta-se, na esteira do caso "*Emirates*", o entendimento da Court of Appeal de Cingapura no caso *HSBC Institutional Trust Services (Singapore) Ltd v Toshin Development Singapore Pte Ltd.*

O caso se refere a um contrato de locação de imóvel que previa um mecanismo contratual de determinação de revisão do valor de aluguel. Tal mecanismo era dividido em três etapas, sendo a primeira delas relativa à negociação, de boa-fé, entre as partes quanto ao valor revisado do aluguel[309].

para participar no procedimento de mediação por meio de suspensão do processo ou de medida cautelar para impedir a parte violadora da cláusula de proceder à arbitragem ou processo estrangeiro prematuro". Ainda, de acordo com KAYALI, "*Under section 9(2) of the English Arbitration Act 1996, an application to enforce an arbitration agreement by staying court proceedings may be brought notwithstanding that the matter is to be referred to arbitration only after other dispute resolution procedures have been exhausted. Section 9 is a mandatory provision and the phrase 'other dispute resolution procedures' is interpreted to involve multi-tiered dispute resolution clauses which may include negotiation, mediation, or expert determination procedures before any arbitration may be commenced. Therefore, under section 9, a multi-tiered dispute resolution clause which is not considered to be 'null and void, or incapable of being performed' will oblige the court to stay proceedings.*" (KAYALI, 2010, p. 561, destaques não originais). Em tradução livre: "De acordo com a seção 9 (2) da Arbitration Act inglesa de 1996, um pedido de execução de uma convenção de arbitragem por meio da suspensão dos procedimentos judiciais pode ser apresentado, não obstante, a disputa será submetida à arbitragem somente após os outros procedimentos de resolução de disputas terem sido esgotados. A seção 9 é uma disposição obrigatória e a frase 'outros procedimentos de resolução de disputas' é interpretada a fim de envolver cláusulas escalonadas de resolução de disputas, que podem incluir negociação, mediação ou procedimentos de determinação por especialistas antes que qualquer arbitragem possa ser iniciada. Portanto, nos termos da seção 9, uma cláusula escalonada de resolução de litígios que não seja considerada 'nula e inválida, ou incapaz de ser executada' obrigará o tribunal a suspender o processo."

309 Conforme LEE relata, a primeira etapa demandava o empenho das partes de acordarem, de boa-fé, o valor do aluguel revisado, haja vista o valor predominante de mercado. A segunda etapa começaria três meses após o fim do termo do contrato para revisão do aluguel e se as

Embora as partes tenham se engajado na negociação do valor revisado do aluguel, que, no final, restou infrutífera, bem como terem as partes iniciado a segunda etapa do mecanismo contratual relativa à nomeação de empresas especializadas em avaliação de imóveis, a empresa Toshin buscou, diretamente e antes mesmo do início da segunda etapa, avaliações do valor do aluguel do imóvel. Após a empresa HSBC descobrir que a Toshin havia se adiantado no procedimento de avaliação do valor de aluguel independentemente, ela decidiu ingressar com ação judicial contra esta, tendo como fundamento que a conduta adotada pela Toshin tornou o mecanismo contratual de revisão do valor de aluguel inoperante e que ela descumpriu com o dever de boa-fé decorrente do contrato de locação de imóvel.

Quando a ação judicial chegou à esfera de competência da *Court of Appeal* de Cingapura, esta partiu do pressuposto de que, para julgar o mérito do caso, era preciso discutir se a cláusula contratual que previa o mecanismo de revisão do valor de aluguel e determinava "*good faith endeavour to agree*" era válida e eficaz.

A *Court of Appeal* de Cingapura não enfrentou maiores obstáculos para determinar a validade da cláusula[310]. No entanto, a questão quanto

partes não tivessem chegado a um acordo. Assim, nessa etapa, as partes deveriam conjuntamente apontar três empresas internacionais especializadas na avaliação de imóveis que emitiriam, cada uma, um parecer sobre o valor revisado do aluguel. Sendo que, o valor final do aluguel seria determinado pela média dos valores apontados nos três pareceres. Contudo, se as partes não chegassem em um consenso quanto à nomeação das três empresas especialistas, uma terceira etapa teria início com a nomeação da(s) empresa(s) faltante(s) pelo presidente da *Singapore Institute of Surveyors and Valuers* (SISV), seguindo o procedimento da segunda etapa com relação à determinação da média do valor revisado do aluguel (Cf. LEE, Joel. Agreements to negotiate in good faith. In: **Singapore J. Legal Studies**, 212, 2013, p. 213-214).

[310] "*On the issue of whether a clause requiring parties in 'good faith' was valid, the Court of Appeal held that 'there is no good reason why an express agreement between contracting parties that they must negotiate in good faith should not be upheld'. (...) The Court of Appeal distinguished the present case from Walford by drawing a line between pre-contractual agreements to negotiate (a la Walford) and agreements to negotiate within the context of a wider existing contractual framework.*" (LEE, 2013, p. 215). Em tradução livre: "Sobre a questão de saber se uma cláusula exigindo que as partes ajam de 'boa-fé' era válida, o *Court of Appeal* considerou que 'não há nenhuma boa razão para que um acordo expresso entre as partes contratantes de que elas devem negociar de boa-fé não deva ser observado.'. (...) O *Court of Appeal* distinguiu o presente caso do caso *Walford*, traçando uma linha entre acordos pré-contratuais para negociar (à *Walford*) e acordos para negociar no contexto de um quadro contratual existente mais amplo."

à incerteza da cláusula para fins de sua implementação e execução gerou maiores debates. Isto porque, considerando a posição no caso "*Walford*" (o sistema legal de Cingapura tem sua base no sistema da *common law* inglesa), o argumento aplicável seria que uma cláusula de negociação em boa-fé é inexequível, posto que não é suficientemente precisa. Todavia, a posição adotada pela *Court of Appeal* de Cingapura desconsiderou a aplicação desse argumento ao caso, uma vez que as partes estariam obrigadas a tentar, na medida do que seria razoavelmente possível, chegar a um acordo. O entendimento partiu do pressuposto que a estipulação contratual de incentivo à realização da negociação não contraria a ordem pública, pelo contrário, está em consonância com o interesse público de apoio aos MASCs[311].

Portanto, percebe-se que, em ambos os casos "*Emirates*" e "*Toshin*", as cortes inglesa e de Cingapura fundamentaram o efeito vinculante da cláusula de resolução amigável de controvérsias ou de negociação em boa-fé no interesse público de que a convenção fosse exequível. As cortes

[311] Conforme LEE esclarece: "*[The Court of Appeal] opined that even though agreement cannot be guaranteed, parties are obligated to 'try as far as reasonably possible to reach an agreement.' In upholding the clause to negotiate in good faith, the court opined that such an agreement was not contrary to public policy and that it was in fact in the public interest to support methods of amicably managing and resolving potential disputes. This writer has argued elsewhere that agreements to negotiate should be distinguished from agreements to agree in that one can build in sufficient certainty for a court to determine if the agreement has been complied with. For example, an agreement to negotiate can be made certain by specifying a time frame in which the negotiations are to be conducted after which other mechanisms kick in. This appears to be the position taken by the Court of Appeal in overcoming the 'uncertainty' argument and this analysis is consistent with the relevant clause in this case and it can be argued that this outcome should be limited to clauses which have this certainty built in.*" (LEE, 2013, p. 216-218). Em tradução livre: "*[O Court of Appeal]* opinou que, embora o acordo não possa ser garantido, as partes são obrigadas a 'tentar, tanto quanto razoavelmente possível chegar a um acordo'. Ao considerar a cláusula de negociação de boa-fé, o tribunal considerou que tal acordo foi não contrário à ordem pública e que era de fato do interesse público apoiar métodos de gestão amigável e resolução de conflitos potenciais. Este escritor argumentou em outro lugar que os acordos para negociar devem ser distinguidos dos acordos para acordar em que se pode construir com certeza suficiente para um tribunal determinar se o acordo foi cumprido. Por exemplo, um acordo para negociar pode ser garantido especificando um período no qual as negociações devem ser conduzidas e a partir de quando outros mecanismos entram em ação. Esta parece ser a posição assumida pelo *Court of Appeal* ao superar o argumento da 'incerteza', sendo esta análise consistente com a cláusula relevante neste caso e sendo possível argumentar que este resultado deve ser limitado às cláusulas que têm essa certeza incutidas nelas."

compreenderam que a cláusula que estimula as partes a dialogarem e autocomporem-se é passível de ser executada e efetivamente implementada, desde que a cláusula seja precisa ao definir o dever das partes de negociarem[312]. A certeza quanto a realização da obrigação de negociar adviria, por exemplo, do estabelecimento do período de negociação[313].

Outrossim, a precisão da redação da cláusula contratual que determina a realização de negociações amigáveis é um critério-chave observado pelos tribunais arbitrais constituídos segundo o Regulamento de Arbitragem da Câmara de Comércio Internacional[314].

[312] "(...) *it is interesting to speculate what the court would have done if the clause in question merely stated that 'the parties agree to negotiate in good faith the rent for the new rent period' without any specification of when Stage Two of the rent review mechanism would kick in. This writer submits that courts should adopt a practical and robust approach to this and imply a reasonable period of time (appropriate for the context and complexity of the negotiation in question) for the negotiations to be conducted. This would be supported by the court's statement that parties are obligated to 'try as far as reasonably possible to reach an agreement'.*" LEE, 2013, p. 218). Em tradução livre: "(...) é interessante especular o que o tribunal teria feito se a cláusula em questão apenas declarasse que 'as partes concordam em negociar de boa-fé o aluguel pelo novo período de aluguel', sem qualquer especificação de quando o Estágio Dois do mecanismo de revisão de aluguel entraria em ação. Este escritor sustenta que os tribunais devem adotar uma abordagem prática e robusta para isso e determinar um período razoável (apropriado para o contexto e complexidade da negociação em questão) para que as negociações sejam conduzidas. Isso seria apoiado pela declaração do tribunal de que as partes são obrigadas a 'tentarem, tanto quanto razoavelmente possível, chegar a um acordo'."

[313] "*Even though there is no formal test, in line with Holloway and Emirates an enforceable escalation clause must meet the following conditions: it must be certain as to its procedure, be drafted in a way which makes its compliance mandatory, and include a precise time period.*" (KRAUSS, Olivier. The Enforceability of Escalation Clauses Providing for Negotiations in Good Faith under English Law. In: **McGill Journal of Dispute Resolution**, vol. 2, n. 142, 2015-2016, p. 150). Em tradução livre: "Ainda que exista um teste formal, de acordo com os casos *Holloway* e *Emirates*, uma cláusula escalonada executável deve atender às seguintes condições: deve ter certeza quanto ao seu procedimento, deve ser redigida de uma forma que torne seu cumprimento obrigatório e deve incluir um período preciso."

[314] Destacam-se os seguintes trechos de três decisões parciais de tribunais arbitrais que foram publicadas pela ICC: (i) "*Il n'est pas douteux qu'un préalable de conciliation, inséré dans une clause compromissoire, peut être rendu obligatoire par la prévision des parties, et en ce cas la demande d'arbitrage formée sans respect du préalable de conciliation est irrecevable, mais le caractère obligatoire du préalable doit alors être expressément, et certainement indiqué. Or en l'espèce, la rédaction des clauses compromissoires indique, au contraire, que les parties n'ont pas voulu rendre obligatoire la procédure de conciliation, et qu'elles ont prévu deux modes alternatifs et non successifs de solution de leurs litiges éventuels.*" (Cf. Interim Award in Case 4229 (Extracts). Disponível em: <https://library.iccwbo.org/dr-awards.htm>. Acesso em: 17 nov. 2019). Em tradução livre: "Não há dúvida de que

um pré-requisito de conciliação, inserido em cláusula compromissória, pode ser tornar obrigatório por previsão das partes, sendo que, neste caso, o pedido de arbitragem feito sem respeitar o pré-requisito de conciliação é inadmissível, mas a característica de obrigatoriedade do pré-requisito deve ser expressa e certamente indicada. Neste caso, porém, a redação das cláusulas compromissórias indica, ao contrário, que as partes não desejavam tornar obrigatório o procedimento de conciliação e que elas previam duas modalidades alternativas e não sucessivas de solução de seus eventuais litígios."); (ii) *"The Respondent submitted that these provisions, read together, should be interpreted to mean that a mediation under Section 15.2 is a prerequisite to an application for an arbitration under Section 15.3. To put it another way, the Respondent contended that a party is not entitled to seek an arbitration under Section 15.3 until there has been a mediation by expert under Section 15.2. I do not accept the submission in [the preceding paragraph]. It is clear by the use of the word 'may' in Section 15.2 that the reference of the dispute to an expert under that section is permissive not mandatory. I do not consider that the provision in Section 15.3 [set out above] affects that conclusion. The reference in the section to the dispute '...not resolved following the procedures described in Sections 15.1 and 15.2...' is no more than a reference to those procedures if a party has elected to invoke them. If the party has chosen not to exercise the right to refer the dispute to mediation by an expert under Section 15.2, the only consequence is that the dispute has not been resolved by the procedures described in that section. Either party is free to refer the dispute to arbitration under Section 15.3, whether or not there have been good faith mutual discussions under Section 15.1 or a reference to mediation by an expert under Section 15.2."* (Cf. Interim Award in Case 10256 (Extracts). Disponível em: <https://library.iccwbo.org/dr-awards.htm>. Acesso em: 17 nov. 2019, destaques não originais). Em tradução livre: "A Requerido afirmou que essas disposições, lidas em conjunto, devem ser interpretadas no sentido de que uma mediação nos termos da Seção 15.2 é um pré-requisito para um pedido de arbitragem nos termos da Seção 15.3. Em outras palavras, a Requerida argumentou que uma parte não tem o direito de buscar uma arbitragem nos termos da Seção 15.3 até que tenha havido uma mediação por especialista nos termos da Seção 15.2. Não aceito a submissão no [parágrafo anterior]. É claro pelo uso da palavra "pode" na Seção 15.2 que a referência da disputa a um especialista é permissiva e não obrigatória. Não considero que a disposição da Seção 15.3 [estabelecida acima] afete essa conclusão. A referência na seção à disputa '(...) não resolvida seguindo os procedimentos descritos nas Seções 15.1 e 15.2 (...)' não é nada mais do que uma referência a esses procedimentos se uma parte tiver optado por invocá-los. Se a parte optou por não exercer o direito de encaminhar a disputa para mediação por um especialista nos termos da Seção 15.2, a única consequência é que a disputa não foi resolvida pelos procedimentos descritos naquela seção. Qualquer uma das partes é livre para encaminhar a disputa para arbitragem nos termos da Seção 15.3, quer tenha havido ou não discussões mútuas de boa-fé conforme a Seção 15.1 ou uma referência à mediação por um especialista nos termos da Seção 15.2."; e (iii) *"For two main reasons, the Arbitral Tribunal does not consider that [Claimant]'s claims in the Request for Arbitration are inadmissible due to non-compliance with the provisions regarding amicable settlement negotiations in the Contract. First, the Arbitral Tribunal doubts that the provisions regarding amicable settlement negotiations in the Special Conditions and the EPC Conditions are mandatory in nature. Neither of these provisions contain objective criteria which would enable the Arbitral Tribunal to determine that the procedure of amicable settlement negotiations has been exhausted. Article 15(a) of the Special Conditions*

A utilização de uma linguagem assertiva impele os tribunais arbitrais a considerarem prematuro o requerimento de arbitragem, condicionan-

does not contain any specific time limits governing the commencement and conclusion of the negotiation process or when arbitration may be commenced. While Sub-Clause 20.5 of the EPC Conditions refers to certain time limits, the Parties are ultimately at liberty to commence arbitration 56 days after the notice of dissatisfaction is given even in the event that "no attempt at amicable settlement has been made". Accordingly, this provision specifically contemplates the possibility that the Parties will not make any attempt at amicable settlement negotiations. Second and in any event, the Arbitral Tribunal finds there is clear evidence that [Claimant] made genuine efforts to engage in amicable settlement negotiations before commencing this ICC arbitration. The correspondence on record shows that [Claimant] repeatedly requested a meeting with [Respondent] (...) for the purpose negotiating an amicable resolution of the present dispute (...). Moreover, it appears that the Parties did, in fact, meet for this purpose (...), although this meeting did not ultimately result in a final settlement (...). Finally, it should be noted that [Claimant] waited almost two years after [Respondent]'s purported termination of the Contract (...) before filing its Request for Arbitration (...). Accordingly, this is not a case where the claimant acted precipitously in commencing arbitration, without first seeking to resolve the dispute amicably." (Cf. Interim Award in Case 16083 (Extract). Disponível em: <https://library.iccwbo.org/dr-awards.htm>. Acesso em: 17 nov. 2019, destaques não originais). Em tradução livre: "Por duas razões principais, o Tribunal Arbitral não considera que as reclamações da [Requerente] no Requerimento de Arbitragem sejam inadmissíveis em razão do descumprimento das disposições relativas à negociação de solução amigável no Contrato. Em primeiro lugar, o Tribunal Arbitral duvida que as disposições relativas às negociações amigáveis previstas nas Condições Especiais e nas Condições EPC sejam de natureza obrigatória. Nenhuma dessas disposições contém critérios objetivos que permitiriam ao Tribunal Arbitral determinar que o procedimento de negociações amigáveis foi esgotado. O Artigo 15 (a) das Condições Especiais não contém quaisquer prazos específicos que regem o início e a conclusão do processo de negociação ou quando a arbitragem pode ser iniciada. Embora a Subcláusula 20.5 das Condições do Contrato se refira a certos limites de tempo, as Partes têm a liberdade de iniciar a arbitragem 56 dias após a notificação de insatisfação, mesmo no caso de 'nenhuma tentativa de resolução amigável ter sido intentada'. Dessa forma, esta disposição contempla especificamente a possibilidade de as Partes não fazerem qualquer tentativa de negociação amigável. Em segundo lugar, e em qualquer caso, o Tribunal Arbitral considera que há evidências claras de que a [Requerente] fez esforços genuínos para se envolver em negociações amigáveis antes de iniciar esta arbitragem da ICC. A correspondência registrada nos autos mostra que a [Requerente] solicitou repetidamente uma reunião com a [Requerida] (...) com o objetivo de negociar uma resolução amigável da presente disputa (...). Além disso, parece que as Partes, de fato, se reuniram para esse fim (...), embora essa reunião não tenha resultado em um acordo definitivo (...). Por fim, deve-se observar que a [Requerente] esperou quase dois anos após a suposta rescisão do Contrato pela [Requerida] (...) antes de protocolar o seu Requerimento de Arbitragem (...). Portanto, este não é um caso em que a parte requerente agiu precipitadamente ao iniciar a arbitragem, sem antes procurar resolver a disputa de forma amigável."

do a sua admissibilidade à realização prévia dos meios consensuais, conforme explanação de FRIEDRICH:

> *Regarding arbitral tribunals constituted pursuant to the rules of the ICC, the tribunals tend to adopt a two-fold approach: firstly, they consider whether the parties were under an obligation to attempt amicable dispute resolution before arbitration and, thus, observe whether the parties drafted the clause using the words "may" or "shall"; and secondly, if the parties are obliged to attempt ADR, the tribunals determine on the facts whether or not this obligation has been fulfilled. Therefore, if a mediation clause stipulates that the parties "may" refer their dispute to mediation, the tribunal may proceed with the arbitral proceedings although the mediation was not carried out. But if there is an obligation to undertake ADR before initiating arbitration, the tribunal will consider the request for arbitration to be premature at the present stage, in the event such an obligation was not fulfilled, or the tribunal will hold the request admissible, if the parties have attempted such an ADR-procedure prior to the request for arbitration.*[315]

[315] FRIEDRICH, Fabian M. The enforceability of mediation clauses – The approach of English and German courts and ICC arbitral tribunals. In: RISSE, Jörg *et al.* **SchiedsVZ**. German Arbitration Journal, vol. 3, 2005, p. 254 (Em tradução livre: "Com relação aos tribunais arbitrais constituídos de acordo com as regras da CCI, os tribunais tendem a adotar uma abordagem em duas partes: em primeiro lugar, eles consideram se as partes tinham a obrigação de tentar uma resolução amigável de disputas antes da arbitragem e, assim, observam se as partes redigiram a cláusula usando as palavras "pode" ou "deve"; e, em segundo lugar, se as partes são obrigadas a tentar o ADR, os tribunais determinam em vista dos fatos se essa obrigação foi ou não cumprida. Portanto, se uma cláusula de mediação estipular que as partes "podem" submeter sua disputa à mediação, o tribunal pode prosseguir com o procedimento arbitral, embora a mediação não tenha sido realizada. Mas se houver uma obrigação de realizar o ADR antes de iniciar a arbitragem, o tribunal considerará o requerimento de arbitragem prematuro no estágio atual, caso a obrigação não tenha sido cumprida, ou o tribunal considerará o requerimento admissível, se as partes tentaram tal procedimento de ADR antes do pedido de arbitragem."). Em consonância, KAYALI indica que: "*When an ICC arbitral tribunal is faced with an allegation that the claimant has submitted the request for arbitration without having completed the necessary steps prior to arbitration, it first considers whether the parties were under an obligation to submit their disputes to ADR before arbitration and, in the affirmative, it looks at the facts to determine if this obligation has been fulfilled. When the wording of the clause makes the use of ADR obligatory, tribunals have decided that this makes the provision binding upon the parties.*" (KAYALI, 2010, p. 571). Em tradução livre: "Quando um tribunal arbitral constituído de acordo com as regras da CCI se depara com uma alegação de que o requerente apresentou o requerimento de arbitragem sem ter concluído as etapas necessárias antes da arbitragem, ele primeiro considera se as partes tinham a obrigação de submeter suas disputas ao ADR

Com relação à discussão sobre os efeitos processuais da convenção de resolução consensual de conflitos na França, BLOCK relata que, até a inauguração do entendimento jurisprudencial quanto à impossibilidade de prosseguimento do processo judicial em vista da cláusula de mediação/conciliação, existiam três correntes doutrinárias[316].

A primeira corrente era a favor da interpretação da cláusula de mediação/conciliação como uma condição de admissibilidade do direito de ação convencionada pelas partes, um "*fin de non-recevoir*"[317]. Assim, diante da previsão contratual, enquanto o procedimento consensual não fosse realizado, a ação judicial não poderia ser admitida pelo juiz/árbitro, que deveria declarar a sua extinção, sem resolução do mérito. A segunda corrente, diametralmente oposta, compreendia que a cláusula de mediação/conciliação não poderia constituir um "*fin de non-recevoir*" e não haveria qualquer sanção judicial decorrente da falta de realização do meio consensual. Já a terceira corrente doutrinária, defendida por LAGARDE, percebia a cláusula de mediação/conciliação como um "*sursis à statuer*", isto é, a sanção decorrente da não observação da cláusula seria a suspensão do processo, sendo que, ao juiz caberia o papel de

antes da arbitragem e, em no caso afirmativo, ele analisa os fatos para determinar se essa obrigação foi cumprida. Quando a redação da cláusula torna obrigatório o uso do ADR, os tribunais já decidiram que isso torna a previsão contratual obrigatória para as partes."

316 BLOCK, Guy. La sanction attachée au non-respect d'une clause de conciliation ou de médiation obligatoire. In: ***Liber amicorum* en l'honneur de Raymond Martin**. Bruxelas: Bruylant, 2004, pp. 69-74.

317 De acordo com o artigo 122 do Código de processo civil francês, o "*fin de non-recevoir*" se assemelha à hipótese legal doméstica de extinção do processo sem resolução do mérito: "*Constitue une fin de non-recevoir tout moyen qui tend à faire déclarer l'adversaire irrecevable en sa demande, sans examen au fond, pour défaut de droit d'agir, tel le défaut de qualité, le défaut d'intérêt, la prescription, le délai préfix, la chose jugée.*" Em tradução livre: "Constitui um '*fin de non-recevoir*' todo meio que tenda a declarara como inadmissível o pedido do adversário, sem exame do mérito, por falta de direito de agir, como o vício de qualidade, a falta de interesse, a prescrição, o prazo prefixado, a coisa julgada." Ainda, indica HUCHET que a sanção de "fin de non-recevoir" é uma sanção processual decorrente da falha do "*droit d'agir*" que obriga uma ou outra parte a reintroduzir uma ação judicial, ressaltando que "*[a] la différence de l'exception dilatoire, la fin de non-recevoir entraîne le prononcé d'une décision d'irrecevabilité ayant autorité de la chose jugée et emportant dessaisissement du juge étatique.*" Em tradução livre: "diferentemente da exceção dilatória, o '*fin de non-recevoir*' implica o pronunciamento da decisão de inadmissibilidade com força de coisa julgada e envolvendo renúncia do juiz estatal." (Cf. HUCHET, 2007, pp. 120, 127, 130 e 204).

executar "*en nature*" a cláusula, nomeando o mediador/conciliador no lugar das partes para, assim, encaminhá-las ao procedimento consensual[318].

Eis que, em 2003, a *Cour de Cassation* inaugurou entendimento que rejeitou o até então predominante precedente jurisprudencial do caso "*Brunet*" (Cass., 2e civ., 15 janvier 1992), o qual indicava que uma cláusula de mediação/conciliação não poderia resultar em qualquer tipo de sanção. O entendimento inédito, conhecido como "*l'arrêt Poiré*"[319], determinou que a cláusula de mediação/conciliação constitui um "*fin de non-recevoir*", tornando a ação judicial inadmissível enquanto o procedimento consensual não fosse realizado[320].

A decisão da *Cour de Cassation* ocorreu na época que as orientações do "*Green Paper*" de 2002 da Comissão Europeia foram publicadas, o que demonstra que o tribunal francês estava alinhado com os objetivos das orientações, tendo também como inspiração o caso inglês "*Cable*".

[318] LAGARDE, 2000, pp. 395-397.

[319] *Cass. ch. mixte, 14 février 2003:* "***Médiation conventionnelle. Clause de médiation incluse dans un contrat. Fin de non-recevoir. Irrecevabilité de l'action en justice antérieure au déroulement de la médiation. Contrat. Clause de médiation. Effet suspensif.*** *La clause d'un contrat instituant une procédure de conciliation obligatoire et préalable à la saisine du juge, dont la mise en œuvre suspend jusqu'à son issue le cours de la prescription, constitue une fin de non-recevoir qui s'impose au juge si les parties l'invoquent.*". Em tradução simples: "Mediação convencional. Cláusula de mediação incluída em contrato. *Fin de non-recevoir.* Inadmissibilidade da ação judicial antes da realização da mediação. Contrato. Cláusula de mediação. Efeito suspensivo. A cláusula de um contrato que estabelece um procedimento de conciliação obrigatório e prévio à remessa dos autos ao juiz, cuja execução suspende o decurso do prazo de prescrição até ao seu termo, constitui um *fin de non-recevoir* que vincula o juiz, se as partes o invocarem." O caso se refere a um contrato celebrado entre os senhores Poiré e Tripier, que estipularam uma cláusula de conciliação para resolver as disputas contratuais. O senhor Poiré buscou a execução da cláusula de conciliação.

[320] BLOCK comenta que, no contexto do caso "*Poiré*", a Cour de Cassation teve que finalmente escolher uma dentre três opções: "(...) *une exception péremptoire de procédure (absence temporaire de juridiction comparable à celle tirée de l'arbitrage), une exception dilatoire (sursis à statuer) ou une fin de non-recevoir.*" (BLOCK, 2004, p. 80). Em tradução livre: "(...) uma exceção processual peremptória (ausência temporária de jurisdição comparável à derivada da arbitragem), uma exceção dilatória (suspensão do processo) ou o *fin de non-recevoir*". O entendimento foi replicado conforme indica a jurisprudência: "***Clause contractuelle de médiation obligatoire -Action en justice. Fin de non-recevoir.*** *Cass. Civ. 1 – 30 octobre 2007. L'article d'un contrat d'exercice en commun stipule une médiation obligatoire constitue une fin de non-recevoir.*" Em tradução livre: "Cláusula contratual de mediação obrigatória – Ação judicial. *Fin de non-recevoir.* Cass. Civ. 1 – 30 de outubro de 2007. A cláusula de um contrato de prática comum que estipula a mediação obrigatória constitui um *fin de non-recevoir.*"

O entendimento assentado pelo tribunal francês também esclareceu que durante a realização do procedimento consensual, o prazo prescricional ficaria suspenso e que o *"fin de non-recevoir qui s'impose au juge si les parties l'invoquent"*[321]. Dessa forma, o juiz não poderia declarar de ofício que decorre como efeito processual da cláusula de mediação/conciliação a extinção do processo. Além de que, não seria permitido às partes invocarem condicionante de admissibilidade pela primeira vez quando o processo estiver em grau de recurso perante a *Cour de Cassation*[322].

Os efeitos da decisão no caso *"Poiré"* foram sentidos na sequência com outro caso decidido em 2003 (Cass. Com., 17 juin 2003), com o diferencial que a *Cour de Cassation* chamou atenção para a ausência de uma redação contratual clara quanto à intenção das partes de submeterem o litígio a um procedimento consensual obrigatório prévio ao processo.

De acordo com Block, com o objetivo de evitar discussão perante os tribunais quanto ao caráter obrigatório das cláusulas de mediação/conciliação, a doutrina passou a sugerir a referência nas cláusulas aos regulamentos e regras de instituições responsáveis em auxiliar na condução dos procedimentos consensuais[323]. Também passou a ser sugerido a indicação precisa de prazos, do procedimento de nomeação do terceiro e da questão relativa a medidas provisórias e urgentes[324].

Em decisão emitida em 2012, a 3ª câmara civil relembrou que a eficácia da cláusula de mediação/conciliação dependia necessariamente da clara expressão dos seus termos, evitando-se uma ambiguidade quanto à escolha das partes sancionarem a inexecução da cláusula com o *"fin de non-recevoir"*[325]. Ainda em 2012, a *Cour de Cassation* ressaltou que a cláusula de mediação prévia ao processo judicial seria aplicada aos litígios delimitados de acordo com o escopo definido contratualmente[326]. Já em 2014, a *Cour de Cassation* destacou a necessidade de estabelecimento das

[321] Em tradução livre: "o *fin de non-recevoir* se impõe ao juiz apenas se as partes o invocarem."

[322] Ibid., p. 82.

[323] Ibid., pp. 78-79.

[324] Mathe, Charline. **L'Efficacité de la clause de conciliation**. Disponível em: <https://charlinemathe.wordpress.com/2015/06/10/lefficacite-de-la-clause-de-conciliation/>. Acesso em: 11 set. 2019.

[325] Cf. ***Clause de conciliation – fin de non-recevoir – conditions.*** *Cass. Civ. 3e, 23 mai 2012.*

[326] Cf. ***Clause de médiation préalable – portée – rupture d'une relation commerciale.*** *Cass. Com., 12 juin 2012.*

condições específicas para realizar o procedimento consensual para fins de determinação do "*fin de non-recevoir*"[327].

Outro aspecto importante ressaltado por BLOCK quanto ao entendimento jurisprudencial francês acerca da obrigatoriedade da cláusula de mediação/conciliação se refere à forma escrita expressa em contrato[328].

Foi também com a decisão emblemática do caso "*Poiré*" que a *Cour de Cassation* esclareceu que o rol de hipóteses de extinção da ação, previsto no artigo 122 do código de processo civil francês, não é taxativo. As partes podem estabelecer contratualmente hipóteses de "*fin de non-recevoir*"[329].

MATHE, contudo, tece uma crítica com relação à sanção processual do "*fin de non-recevoir*", já que esta não seria suficientemente restritiva. Na sua opinião, o que ocorre afinal é que o juiz convidará a parte que descumpriu com a sua obrigação de resultado a tentar a conciliação, ou seja, a cumprir com a sua obrigação de meio; inexistindo no direito francês imposição legal de sanção pecuniária decorrente do descumprimento da cláusula de mediação/conciliação[330]. De todo modo, como um aspecto positivo, MATHE ressalta que a sanção processual evita estratégias protelatórias das partes, considerando que não é possível regularizar a causa de extinção da ação com a implementação da convenção de resolução consensual de conflitos no decurso do processo[331].

327 Cf. ***Conciliation obligatoire préalable – conditions – effets.*** *Cass. Com., 29 avril 2014.*

328 "*Le caractère obligatoire, tant pour les parties que pour le juge, d'une clause de conciliation ou de médiation doit donc être explicite et ne peut résulter que d'une stipulation contractuelle. C'est, au demeurant, ce qu'a rappelé la première chambre de la Cour de cassation dans un arrêt du 6 mai 2003 [Cass. lére ch., 6 mai 2003]. (...) La Cour rejette le moyen aux motifs que: 'La cour d'appel a exactement jugé qu'une procédure de conciliation ne pouvait résulter que d'une stipulation contractuelle, laquelle est, en effet, seule de nature à s'imposer au juge; (...) celle-ci étant inexistante en l'espèce (...)'.*" (BLOCK, 2004, p. 79). Em tradução livre: "O carácter vinculante, tanto para as partes como para o juiz, de uma cláusula de conciliação ou mediação deve, portanto, ser explícito e só pode resultar de uma cláusula contratual. Aliás, foi isto que a *première chambre de la Cour de cassation* recordou numa decisão de 6 de maio de 2003 [Cass. 1º ch., 6 de maio de 2003]. (...) A *cour d'appel* rejeitou o fundamento indicando que: 'A *cour d'appel* decidiu exatamente que um procedimento de conciliação só poderia resultar de uma estipulação contratual, que é, de facto, a única capaz de se impor a um juiz; (...) o que é inexistente nesse caso (...)'."

329 Cf. Cass. ch. mixte, 14 février 2003.

330 MATHE, 2015.

331 Conforme os precedentes judiciais: ***Mise en oeuvre de la clause en cours d'instance – régularisation (non).*** *Cass. Ch mixte, 12 décembre 2014. Cass. 2e civ., 29 janvier 2015.* e ***Fin de***

Por fim, cabe indicar que em decisão de 22 de junho de 2017, a *Cour de Cassation* indicou que a cláusula de mediação prévia ao processo judicial não poderia impedir a busca por uma medida de execução forçada, exceto se as partes estipularem expressamente nesse sentido[332].

4.2. Importância da redação clara e expressa da convenção de resolução consensual de conflitos

Conquanto os sistemas legais estrangeiros ora analisados guardem diferenças com relação aos efeitos processuais e vinculante da convenção de resolução consensual de conflitos – enquanto o direito francês reconhece a estipulação contratual voltada à resolução consensual de controvérsias como uma hipótese de inadmissibilidade da ação judicial, que resulta na extinção do processo sem resolução do mérito, o direito da Inglaterra e do País de Gales tende a suspender temporariamente o processo para que o meio consensual seja intentado, percebe-se que existe uma relevante questão comum a eles.

Os dois sistemas legais estrangeiros consideram que para fins de implementação da convenção de resolução consensual de conflitos, é essencial que a sua redação seja clara e expressa. Como visto, os entendimentos jurisprudenciais em ambos os sistemas foram sendo modificados com relação à exigência de quais condições de execução do procedimento consensual seriam necessárias para se prever expressamente o efeito vinculante da convenção de resolução consensual de conflitos.

O tema ganha maior relevância em relação à disposição contratual relativa a "melhores esforços para resolver a disputa amigavelmente" ou de implementação de procedimento arbitral "caso não haja solução amigável"[333]. Para LEMES, inclusive, a previsão da negociação como etapa

non-recevoir – régularisation par la mise en œuvre de la clause de médiation en cours d'instance (non). *Cass. 3e Civ., 6 octobre 2016.*

332 Cf. *Cass. 2e civ., 22 juin 2017.*

333 De acordo com KULESZA, PEDROSO e VIEIRA: "Infelizmente, é comum a redação de cláusulas que preveem que as partes '*deverão envidar seus melhores esforços para resolver a disputa amigavelmente*' e, '*caso não haja solução amigável*', a disputa será submetida à arbitragem. Várias dúvidas surgem da leitura dessa cláusula. O que são 'melhores esforços'? Como se configura o insucesso das tentativas de negociação? E as próprias tentativas de negociação, como se caracterizam? Basta sentar-se à mesa de negociação? A cláusula deixa em aberto todas essas questões. É justamente essa indefinição que afeta a obrigatoriedade da etapa de negociação pré-arbitral." (KULESZA, Gustavo; PEDROSO, Luiza; VIEIRA, Thais. **Cláusula**

prévia à arbitragem sequer constituiria uma cláusula escalonada, visto que o procedimento de solução amigável seria informal:

> (...) algumas situações não se tratam de cláusulas escalonadas ou combinadas. Assim se verifica quando as partes estabelecem que surgida a controvérsia envidarão seus melhores esforços para solucionar a controvérsia amigavelmente e, não sendo possível, instituirão procedimento arbitral, regulando, em seguida, a arbitragem. A proposição de solução amigável, tal como acima mencionada, mesmo quando fixa prazo para que as partes tentem uma solução amigável, representa um procedimento informal e de condução de uma simples negociação, considerando-se verificada, sem maiores formalidades, com o início de trocas de correspondências, com atas de reuniões entabuladas para esse fim, inclusive envolvendo altos escalões da empresa, com o objetivo de alcançar solução para o dissenso. Neste exemplo, a forma aberta e genérica em que foi redigida, não se pode dizer que representa uma cláusula escalonada ou combinada, mas exterioriza procedimento normal e habitual de negociação, não demandando maiores formalidades, além da demonstração de tentativa de negociar e solucionar o conflito, conforme acima mencionado. Assim, não atingindo as partes o consenso esperado, dá-se o passo seguinte: inicia-se a arbitragem.[334]

Conforme percebido, inicialmente, os tribunais britânicos consideravam as disposições contratuais de melhores esforços para atingir a resolução amigável como meros "*agreements to agree*", porém o entendimento evoluiu para o reconhecimento do efeito vinculante com fundamento no interesse público de que a convenção fosse exequível.

Importa ressaltar, ainda com relação ao assunto da executoriedade da negociação prevista em cláusula escalonada, que, no Brasil, a 7ª Câmara Cível do Tribunal de Justiça do Paraná – TJPR, em sede de apelação, decidiu pela anulação de sentença arbitral, em vista da demanda anulatória apresentada pela apelante, tendo como fundamento, entre outras razões

escalonada: Tribunal de Justiça do Paraná anula sentença arbitral por desrespeito à etapa de negociação pré-arbitral. Disponível em: <http://www.cbar.org.br/blog/artigos/clausula-escalonada-tribunal-de-justica-do-parana-anula-sentenca-arbitral-por-desrespeito-a-etapa-de-negociacao-pre-arbitral#_edn16>. Acesso em: 15 set. 2019).

334 Lemes, 2010, p.163-178, destaques não originais.

relacionadas ao caso, a falta de realização da etapa de "solução amigável da controvérsia" previamente à arbitragem[335].

Nesse caso, a cláusula escalonada inserida no contrato objeto de disputa entre as partes se refere a uma primeira etapa de "solução amigável de controvérsias", na qual um representante de cada uma das partes deveria comparecer à reunião de negociação com a "frequência que as partes julgarem necessária" a fim de solucionar a controvérsia surgida, "sem a necessidade de qualquer procedimento formal". Em que pese a ausência de regulação do procedimento de negociação na primeira parte da cláusula escalonada, na sequência, determinou-se que: "[p]rocedimentos formais para a solução de uma controvérsia não poderão ser iniciados até que os representantes designados pelas PARTES concluam de boa-fé, no prazo de 30 (trinta) dias, que uma solução amigável, através de negociações continuadas, não parecer provável". Com relação à etapa da arbitragem, a redação contratual ainda indica que: "[s]e qualquer controvérsia entre as PARTES surgir e não for solucionada por acordo mútuo, nos termos da Cláusula acima, essa controvérsia deverá ser definitivamente resolvida por arbitragem (...)".

O acórdão do TJPR, por maioria de votos[336], sem adentrar na discussão acerca dos efeitos processuais da cláusula escalonada, compreendeu

[335] Conforme relatado por Kulesza; Pedroso; Vieira, 2017. A ação anulatória refere-se ao processo TJPR, Apelação nº 1668801-0, Rel. Des. Ramon De Medeiros Nogueira, julgamento em 22 de agosto de 2017. Embora tenha-se conhecimento que houve interposição de embargos de declaração contra o acórdão por ambas as partes, não é possível acompanhar o desenvolvimento do caso, uma vez que o processo está sob segredo de justiça (BRASIL. Tribunal de Justiça do Paraná. Seção da 7ª Câmara Cível. Apelação nº 1668801-0. **Diário da Justiça do Estado do Paraná**, Curitiba, PR, 22 ago. 2017. Disponível em: <https://portal.tjpr.jus.br/consultaprocessual/publico/b2grau/consultaPublica.do?tjpr.url.crypto=8a6c53f8698c7ff72d6c5e2eb4a83ec933a1dea187afdfd2e7a90266413c0a62>. Acesso em: 10 jan. 2020).

[336] Segundo Kulesza, Pedroso e Vieira: "O desembargador que divergiu da maioria da turma julgadora o fez por entender que o tribunal arbitral e o magistrado de primeiro grau teriam reconhecido corretamente que o requisito da 'tentativa de solução amigável' fora observado pela Interportos [requerente na arbitragem], uma vez que a Ponta do Félix [requerida na arbitragem] teria sido devidamente notificada a respeito do surgimento da disputa. O desembargador afirmou não só que a Ponta do Félix se manteve inerte diante da notificação enviada pela Interportos, mas também que não foi demonstrado qualquer prejuízo com eventual descumprimento da primeira etapa da cláusula escalonada. In verbis: 'Ademais, tal prejuízo sequer existe, ante a imposição legal determinada no art. 21, §4º da Lei nº 9.307/1996 [...] Assim, uma vez realizada a conciliação em sede do Tribunal Arbitral

que a parte apelante demonstrou efetivo prejuízo diante da inobservância pelo juízo arbitral e, posteriormente, pelo juízo estatal que indeferiu a ação anulatória, das "regras contratuais (autonomia da vontade)"[337] e, em vista do artigo 32, VII, da Lei de Arbitragem, deu provimento à apelação, julgando procedente a ação declaratória para anular a sentença arbitral.

Valendo-se uma vez mais da doutrina estrangeira, destacam-se os comentários de LYE sobre a possibilidade de, em teoria, os tribunais ingleses anularem uma sentença arbitral por falta de cumprimento da mediação, como pré-condição à arbitragem, haja vista que o procedimento de arbitragem seria considerado nulo:

> *The writer is not aware of a precedent where a court has declared an arbitration proceeding void on the grounds of the nonfulfillment of an obligation to mediate as a pre-condition to arbitration. However, if a mediation clause is enforceable, and the dispute resolution clause is worded to make an attempt to resolve the dispute via mediation a pre-condition to the parties' agreement to arbitrate, then conceptually, an arbitration begun in breach of the obligation to first attempt mediation is void. The courts have held on past occasions that arbitrations begun in breach of pre-conditions to the agreement to arbitrate are void. The theoretical basis for this is simple. The basis of an arbitrator's jurisdiction is the agreement between the parties to submit their dispute to arbitration. If a pre-condition to the*

não há que se falar em qualquer prejuízo às partes acerca de eventual descumprimento de cláusula contratual que prevê exatamente a tentativa de conciliação'. Nesse sentido, tendo o tribunal arbitral promovido a tentativa de conciliação entre as partes no início do procedimento arbitral, em atenção ao art. 21, §4º, da Lei de Arbitragem, não haveria prejuízo que justificasse a anulação da sentença (pas de nullité sans grief). O desembargador ainda concluiu que 'afigura-se desnecessária a tentativa de conciliação, como preconizada pela cláusula do contrato, quando inexistir qualquer manifestação de interesse conciliatória da parte contrária'." (Kulesza; Pedroso; Vieira, 2017).

337 "Com efeito, a análise em questão não se trata de revisar o mérito da sentença arbitral, mas sim de verificar a legalidade do procedimento adotado naquela jurisdição, maculado evidentemente pela inobservância de disposições contratuais previamente estabelecidas (autonomia da vontade) e na inversão irregular de ônus probatório comparável à obrigação de produzir prova impossível." (BRASIL. Tribunal de Justiça do Paraná. Seção da 7ª Câmara Cível. Apelação nº 1668801-0. **Diário da Justiça do Estado do Paraná**, Curitiba, PR, 22 ago. 2017. Disponível em: <https://portal.tjpr.jus.br/consulta-processual/publico/b2grau/consultaPublica.do?tjpr.url.crypto=8a6c53f8698c7ff72d6c5e2eb4a83ee933a1dea187afdfd2e7a90266413c0a62>. Acesso em: 10 jan. 2020).

> *agreement to arbitrate is not fulfilled, there is in effect no agreement to arbitrate. Any arbitration proceeding begun prior to the fulfilment of a pre-condition to an agreement to arbitrate is thus void. (...) It is suggested that conceptually, an arbitration begun in breach of a contractual obligation to first attempt mediation is void if: (a) the agreement to mediate is enforceable in law; and (b) the arbitration clause was drafted as to make performance of the agreement to mediate a precondition to the agreement to arbitrate. It is suggested that in order to achieve the effect of making an attempt to settle the dispute via mediation a pre-condition to the parties' agreement to arbitrate, clear words must be used. The word 'precondition' must be used in the clause. It will not be sufficient merely to provide a sequence of steps where mediation is described as the step before arbitration.*[338]

A importância da redação da cláusula escalonada, especialmente, da etapa de resolução consensual é também ressaltada na opinião de Lye, considerando-se a hipótese de nulidade do procedimento arbitral iniciado em desrespeito à pré-condição estabelecida na primeira etapa da cláusula escalonada.

[338] Lye, Kah Cheong. Agreements to mediate – the impact of *Cable & Wireless plc. v IBM United Kingdom Ltd. [2003] BLR 89*. In: **16 SAcLJ**, 530, 2004, pp. 538-539, destaques não originais. Em tradução livre: "O autor não tem conhecimento de um precedente em que um tribunal tenha declarado nulo um procedimento de arbitragem com base no não cumprimento da obrigação de mediar como uma pré-condição para a arbitragem. No entanto, se uma cláusula de mediação for vinculante e a redação da cláusula de resolução de disputa for no sentido de que haja uma tentativa de resolver a disputa por meio da mediação, como uma 'pré-condição' para as partes arbitrarem, então, conceitualmente, uma arbitragem iniciada em violação da obrigação de uma primeira tentativa de mediação é nula. Os tribunais sustentaram em ocasiões anteriores que as arbitragens iniciadas em violação às pré-condições da cláusula compromissória são nulas. A base teórica para isso é simples. A base da jurisdição de um árbitro é o acordo entre as partes para submeter sua disputa à arbitragem. Se uma pré-condição da cláusula compromissória não for cumprida, não há, de fato, nenhum acordo para arbitrar. Qualquer procedimento de arbitragem iniciado antes do cumprimento de uma pré-condição para arbitrar é, portanto, nulo. (...) Sugere-se que, conceitualmente, é nula uma arbitragem iniciada em violação de uma obrigação contratual que estabeleça uma primeira tentativa de mediação, se: (a) o acordo para mediar for vinculante por lei; e (b) a cláusula compromissória foi redigida de forma a tornar a execução do acordo para mediar uma pré-condição à arbitragem. Sugere-se que, a fim de alcançar o efeito de uma tentativa de resolução da disputa por meio de mediação, como uma pré-condição ao acordo das partes para arbitrar, palavras claras devem ser usadas. A palavra "pré-condição" deve ser usada na cláusula. Não será suficiente apenas fornecer uma sequência de etapas em que a mediação é descrita como a etapa anterior à arbitragem."

A despeito do mérito do caso e de não se ter conhecimento do desfecho do processo em trâmite no TJPR, é possível inferir que a decisão dos desembargadores do Paraná pela anulação de sentença arbitral alinha-se com as ponderações apresentadas por LYE no que diz respeito à pactuação de uma condição para encerramento da fase de negociação e início da fase de arbitragem, que, uma vez desrespeitada, pode macular a sentença arbitral com o vício de nulidade. Tendo em vista a seguinte parte da cláusula escalonada que ora se repete e destaca-se, percebe-se que a redação da condição pré-arbitral é clara e expressa: '[p]rocedimentos formais para a solução de uma controvérsia *não poderão ser iniciados* até que os representantes designados pelas PARTES concluam de boa-fé, no prazo de 30 (trinta) dias, que uma solução amigável, através de negociações continuadas, não parecer provável". Assim, infere-se que a declaração de vontade das partes *in casu* quanto à realização da negociação previamente à arbitragem foi expressada na cláusula escalonada de maneira a emanar efeitos processuais vinculantes e explícitos quanto à procedibilidade condicionada da arbitragem.

Vale mencionar ainda que, conforme explicitado por FRIEDRICH, a análise quanto ao descumprimento da etapa consensual da cláusula escalonada cabe ao tribunal arbitral –como decorrência do efeito negativo resultante e abrangente da convenção de arbitragem constituinte da cláusula escalonada, conforme ponderado no subcapítulo 3.2.1 acima; considerando-se que a jurisdição estatal é afastada diante da previsão contratual da arbitragem, seria de competência do próprio tribunal arbitral avaliar a (des)necessidade de realização da etapa consensual e, consequentemente, em que medida a sua jurisdição é afetada:

> *In general, it is suggested that an arbitration begun in breach of the obligation to first attempt mediation is void because there is in effect no arbitration agreement if the obligation to mediate as a prerequisite to the arbitration agreement is not fulfilled. To be more precise, as far as the applicable law grants the arbitral tribunal the competence to rule on its own jurisdiction like in Sec. 30 Arbitration Act 1996 for England and in Sec. 1040 (1) CCP for Germany, the arbitral tribunal can determine whether or not the breach of a mediation clause affects its jurisdiction.*[339]

[339] FRIEDRICH, 2005, p. 254. Em tradução livre: "Em geral, sugere-se que é nula uma arbitragem iniciada em violação à obrigação de se tentar primeiramente a mediação porque não há convenção de arbitragem em vigor se a obrigação de mediar como um pré-requisito

Assim, diante de cláusula escalonada que determina a realização de um meio consensual prévia e condicionadamente à arbitragem (ou seja, conforme já discutido, como uma cláusula arbitral híbrida/*sui generis*) e considerando-se o princípio da *Kompetenz-Kompetenz*, caberia ao tribunal arbitral avaliar qualquer questão que afete a sua jurisdição[340]. O que, como visto no caso brasileiro julgado pelo TJPR, não impede que, posteriormente à prolação da sentença arbitral, o juízo estatal seja buscado para se manifestar sobre o pedido de anulação da sentença arbitral diante de eventual desconsideração pelo tribunal arbitral da etapa prévia e obrigatória do meio consensual prevista em cláusula escalonada.

De outro ponto de vista, faz-se referência à crítica de Nápoles e Júdice quanto à hipótese de anulação de sentença arbitral por não ter tido lugar um prévio processo de resolução consensual de conflitos. Para os autores, por inexistir uma finalidade nos procedimentos consensuais, uma vez que estes não se encerram com a prolação de uma decisão vinculante, não faria sentido questionar a validade de uma sentença arbitral diante da ausência de realização inicialmente de um mecanismo como a mediação ou a conciliação[341].

à convenção de arbitragem não for cumprida. Para ser mais preciso, na medida em que a lei aplicável concede ao tribunal arbitral competência para decidir sobre sua própria jurisdição, como na Sec. 30 do Arbitration Act 1996 para a Inglaterra e na Sec. 1040 (1) CCP para a Alemanha, o tribunal arbitral pode determinar se a violação da cláusula de mediação afeta ou não a sua jurisdição."

340 "Consequência da autonomia da cláusula compromissória é a possibilidade de o próprio árbitro decidir acerca de qualquer controvérsia que diga respeito à convenção de arbitragem. (...) Significa dizer que o dispositivo legal comentado [artigo 8º, da Lei de Arbitragem] trata de duas questões distintas, o *caput* disciplinando a autonomia da cláusula e o § estabelecendo o princípio da *Kompetenz-Kompetenz* (...). A decisão que o árbitro tomar a respeito da questão que vier a ser submetida acerca da existência, validade, extensão e eficácia da convenção de arbitragem não será, de qualquer modo, inatacável, eis que trata o art. 32 para impugnar a decisão final." (Carmona, 2009, p. 175).

341 "A arbitragem é um mecanismo que envolve uma solução final: independentemente da vontade ou colaboração de uma das partes, o Tribunal Arbitral pode proferir uma decisão, pondo termo ao litígio; esse não é o caso da mediação/conciliação, na medida em que independentemente da participação das partes, pode não ser possível conseguir um consenso. Não há portanto finalidade. Ora, se não é possível encontrar essa finalidade, também entendemos que não faz sentido pôr em causa a validade de uma decisão arbitral final, por num momento inicial não se ter feito uso de um mecanismo de mediação/conciliação que, por definição, não seria final." (Napoles; Júdice, 2010).

Em que pese a inexistência de um resultado tal qual a decisão vinculante emanada dos meios adjudicatórios judicial e arbitral, os meios consensuais possuem uma finalidade comum a todos os tipos de métodos de resolução de controvérsias: a pacificação social. Finalidade esta que, como visto, serve de fundamento para abranger a justiça consensual como exercício de jurisdição e que, de qualquer modo, decorre da expressão de um negócio jurídico processual que regula situações jurídicas processuais, incluindo os processos judicial e arbitral, e deve ser respeitado (*pacta sunt servanda*):

> *Negócio Processual* é o fato jurídico voluntário, em cujo suporte fático se confere ao sujeito o poder de regular, dentro dos limites fixados no próprio ordenamento jurídico, certas situações jurídicas processuais ou alterar o procedimento. Sob esse ponto de vista, o negócio jurídico é fonte de norma jurídica processual e, assim, vincula o órgão julgador, que, em um Estado de Direito, deve observar e fazer cumprir as normas jurídicas *válidas*, inclusive as convencionais.[342]

Dentro da temática dos efeitos processuais da convenção de resolução consensual de conflitos e considerando as previsões legais, já apontadas acima, referentes aos requisitos contratuais da cláusula de mediação, incluindo a previsão de sanção decorrente do descumprimento do negócio jurídico processual, passa-se a discutir especificamente os efeitos decorrentes do artigo 22 da Lei de Mediação, em vista da redação da cláusula de mediação/conciliação.

A partir da leitura do artigo 22 da Lei de Mediação, bem como o seu § 2º, percebe-se que o legislador não traçou um paralelo entre a execução da cláusula de mediação/conciliação por transformação e substituição de vontade da parte requerida e a execução da cláusula compromissória vazia[343] com a celebração do compromisso arbitral judicial. Isto porque a Lei de Mediação determina quais critérios deverão ser

[342] Didier Júnior, 2017, p. 161-162, destaques originais.

[343] Cláusula compromissória vazia ou patológica é definida como o negócio jurídico processual que se limita a afirmar que a resolução do conflito ocorrerá por meio da arbitragem, sem indicar, contudo, o mecanismo de atuação imediata para a nomeação do árbitro ou dos árbitros membros do tribunal arbitral, o que impede a automática instituição do juízo arbitral (Cf. Carmona, 2009, pp. 17, 78, 112 e 138).

seguidos para a realização da primeira reunião de mediação/conciliação, caso as partes não tenham previsto expressamente os requisitos no contrato. Percebe-se que a legislação busca evitar que a cláusula de mediação/conciliação seja considerada meramente sugestiva ou inócua, afastando, ao mesmo tempo, a hipótese de sua execução seguindo os ditames do contencioso disciplinado pelos artigos 6º e 7º, da Lei de Arbitragem.

Faz-se notar, ainda, que a Lei de Mediação determina uma sanção, que serve de verdadeira cláusula penal[344], se as partes, com relação aos critérios legais, não preverem expressamente penalidade em caso de não comparecimento da parte convidada à primeira reunião de mediação/conciliação[345].

Com relação aos requisitos mínimos da cláusula de negociação, entende-se que os requisitos previstos nos incisos I, II e IV do artigo 22 da Lei de Mediação para a cláusula de mediação/conciliação[346] podem servir de inspiração (artigo 42 da Lei de Mediação). Aliás, como visto por meio da experiência do direito estrangeiro, a duração da negociação apresenta-se como um relevante requisito para se assegurar o juízo de "certeza" quanto à realização da obrigação.

Outros dois requisitos, além do prazo de duração da negociação, do local da reunião e da cláusula penal, são sugeridos por Kulesza, Pedroso e Vieira[347], quando da análise do acórdão do TJPR que decidiu pela

[344] "A forma mais simples de atrelar consequência pela não realização de um MASC é o estabelecimento de uma cláusula penal prevendo a situação em que uma parte se recuse a utilizá-lo. Em geral é fixada em dinheiro, com expressão monetária, não dependendo da liquidação de prejuízos que eventualmente sejam causados (...)." (Guerrero, 2015, p. 120).

[345] De acordo com o § 2º, inciso IV, do artigo 22 da Lei de Mediação: "§2º Não havendo previsão contratual completa, deverão ser observados os seguintes critérios para a realização da primeira reunião de mediação: (...) IV – o não comparecimento da parte convidada à primeira reunião de mediação acarretará a assunção por parte desta de cinquenta por cento das custas e honorários sucumbenciais caso venha a ser vencedora em procedimento arbitral ou judicial posterior, que envolva o escopo da mediação para a qual foi convidada."

[346] A saber: o prazo de duração do procedimento, o local para a realização do procedimento e a previsão contratual de penalidade para a parte que se ausentar da primeira reunião.

[347] Kulesza, Gustavo; Pedroso, Luiza; Vieira, Thais. **Cláusula escalonada: Tribunal de Justiça do Paraná anula sentença arbitral por desrespeito à etapa de negociação pré-arbitral**. Disponível em: <http://www.cbar.org.br/blog/artigos/clausula-escalonada-tribunal-de-justica-do-parana-anula-sentenca-arbitral-por-desrespeito-a-etapa-de-negociacao-pre-arbitral#_edn16>. Acesso em: 15 set. 2019.

anulação de sentença arbitral em vista da inobservância de etapa de "*solução amigável da controvérsia*" prévia à arbitragem: (i) o registro expresso de que a etapa de negociação é obrigatória; e (ii) o estabelecimento de um procedimento específico que sirva de gatilho ao início do procedimento (envio de notificação, por exemplo[348]).

Contudo, não se entende que o critério especificamente indicado no inciso IV do § 2º, do artigo 22, que corresponde ao requisito da penalidade quando esta não for estabelecida expressamente pelas partes, deva ser aplicado à negociação. Embora o critério possa servir de inspiração para a redação da cláusula de negociação, entende-se que ele não poderia ser aplicado automaticamente por analogia à Lei de Mediação.

A determinação legal relativa à assunção pela parte ausente da primeira reunião de "cinquenta por cento das custas e honorários sucumbenciais caso venha a ser vencedora em procedimento arbitral ou judicial posterior, que envolva o escopo da mediação para a qual foi convidada" é verdadeira sanção legal que deve ser interpretada restritivamente à mediação e à conciliação (esta que, no final das contas, é um meio autocompositivo indireto que, em termos contratuais, resulta em obrigações de mesma natureza do que aquelas geradas pela cláusula de mediação[349], além de se aplicar o artigo 42, da Lei de Mediação).

[348] A respeito, indica-se sentença preliminar emitida por tribunal arbitral em arbitragem conduzida de acordo com o Regulamento de Arbitragem da CCI que compreendeu que a correspondência enviada pelo requerente aos Requeridos, convidando estes para participarem em negociação prévia à arbitragem no prazo de 30 dias, seria suficiente para evidenciar a tentativa de realização do procedimento autocompositivo, embora não houvesse determinação expressa na cláusula escalonada quanto ao procedimento que servisse de gatilho ao início da negociação, nem quanto ao seu prazo de duração (Vide: Preliminary Award in Case 9984 (Extracts). Disponível em: <https://library.iccwbo.org/dr-awards.htm>. Acesso em: 17 nov. 2019).

[349] Nesse sentido, MATHE: "*En effet, si la distinction entre la médiation et la conciliation est naturellement développée par chaque ouvrage de droit ayant trait aux méthodes alternatives de règlement des conflits, il n'en est rien des clauses qui les portent. (...) L'explication est pour le moins rationnelle: si la différence entre ces deux notions est notable du point de vue littéral et processuel, elle l'est moins du point de vu contractuel. La médiation et la conciliation sont deux méthodes alternatives de résolutions de conflits mais les clauses de conciliation et de médiation créent des obligations juridiques de même nature.*" (MATHE, 2015, destaques não originais). Em tradução livre: "Com efeito, se a distinção entre mediação e conciliação é desenvolvida naturalmente por cada obra jurídica relativa a métodos alternativos de resolução de conflitos, não é o caso das cláusulas que os contêm. (...) A explicação é, no mínimo, racional: se a diferença entre essas duas noções é notável do ponto de vista literal e procedimental, ela é menos do ponto de vista contratual. A mediação e a

Dessa forma, as partes são livres para prever uma cláusula penal atrelada ao não comparecimento à primeira reunião de negociação[350], não sendo possível, todavia, que a sanção definida legalmente seja ampliada à cláusula de negociação que acaso não definir uma cláusula penal.

Portanto, além da declaração de vontade das partes ser de extrema importância para a existência e validade da convenção de resolução consensual de conflitos, serve também como fonte para os efeitos obrigacionais e processuais decorrentes desta, devendo, portanto, a redação contratual ser a mais clara e expressa possível quanto a tal declaração de vontade para fins de se afastar, temporariamente, a jurisdição estatal/arbitral[351] e de se aplicar eventual penalidade correlata à inobservância da interdição do direito de ação.

Na opinião de Huchet, de modo geral, para que a declaração de vontade quanto à execução do meio consensual previsto em convenção de resolução de disputas "neutralize" temporariamente o direito de ação das partes é preciso observar dois critérios: o critério da legalidade processual e o critério temporal. Aquele diz respeito à existência de um interesse legítimo das partes de se submeterem à resolução da controvérsia mediante um meio consensual, sendo que a legitimidade é resultante da falta de violação de princípios processuais fundamentais, notadamente, a independência e imparcialidade do terceiro facilitador, o direito de assistência jurídica e a paridade de armas. Já este se refere à limitação temporal para que as partes deem uma chance ao método consensual com o

conciliação são dois métodos alternativos de resolução de litígios, mas as cláusulas de conciliação e mediação criam obrigações de mesma natureza."

350 Sobre o assunto, Guerrero comenta sobre à disposição das partes quanto à limitação do valor da cláusula penal: "Questão bastante complicada poderá ser aquela que diz respeito à limitação do valor da cláusula penal, que deverá ser o valor da obrigação (art. 412 do Código Civil). No caso dos MASCs poderá ser difícil quantificar o valor de um método não realizado, mas parece razoável que todos os custos que seriam incorridos com honorários profissionais, advogados e terceiros imparciais e com estrutura física para a sua realização podem ser somados para corresponder ao valor da cláusula penal. (...) Finalmente, pode-se pensar até na possibilidade de definição do pagamento de custas de um MASC que venha a ser utilizado em uma hipótese de escalonamento." (Guerrero, 2015, p. 122).

351 *"(...) la particularité de l'objet de l'obligation de ne pas agir en justice amènera à certaines précisions, puisqu'il s'agit ici d'une licéité processuelle en raison de l'effet de neutralisation de l'action en justice."* (Huchet, 2007, p. 102). Em tradução livre: "(...) a peculiaridade do objeto da obrigação de não agir, de não iniciar uma ação judicial levará a certas precisões, visto que se trata aqui de uma licitude processual pelo efeito neutralizador da ação judicial."

objetivo de se chegar a um resultado acordado, porém sem deixar a via contenciosa interditada indefinidamente[352].

Em contribuição, além dos requisitos delimitados pelos entendimentos jurisprudenciais estrangeiros destacados nesse capítulo, destacam-se as recomendações de Lees relativas às melhores práticas para redação de cláusulas de negociação ou mediação: (i) considerar cuidadosamente se o cliente deseja incluir uma condição vinculante previamente à arbitragem ou ao processo judicial, independentemente de ser uma cláusula de mediação ou negociação[353]; (ii) se o efeito vinculativo é dese-

[352] Huchet, 2007, pp. 103-106.

[353] O requisito em questão é bastante relevante em termos do papel que o advogado assume diante do minissistema de justiça consensual. De acordo com o Relatório Analítico Propositivo, na fase qualitativa da pesquisa, muitos entrevistados mencionaram a necessidade de mudança de percepção dos advogados quanto à conciliação. Foi-se dito que boa parte dos advogados não possui conhecimento sobre o instituto e que, por isso, ele seria mal utilizado, como por exemplo, quando a sessão de conciliação é compreendida como um meio de produção de prova (Cf. informações disponíveis em: <http://www.cnj.jus.br/files/publicacoes/arquivo/d87ecfa91fdcada3c1795f522be42dcc_7772666f491fd94a642e05b394cff84a.pdf>. Acesso em: 31 ago. 2019, p. 170). Essa questão levantada pelo Relatório Analítico Propositivo é bastante delicada e liga-se diretamente com o propósito de política pública e judiciária de promoção e implementação dos MASCs, uma vez que se espera que o advogado, como um dos principais atores do processo e profissional mais próximo à sociedade, seja habilidoso com relação ao emprego dos MASCs e que parta dele o incentivo quanto à mudança de mentalidade a favor da cultura de pacificação e não o contrário. Assim é preciso que o advogado seja bem formado em matéria de justiça conciliativa, preferencialmente desde a base universitária, embora seja preciso ponderar que a maioria dos profissionais provém de uma formação litigante dos operadores do direito. O advogado precisa conhecer os MASCs, suas características e efeitos para poder bem assessorar o seu cliente na redação da convenção de resolução consensual de conflitos e estabelecer uma boa estratégia processual que se valha proveitosamente dos meios consensuais e adjudicatórios. Ademais, é preciso que ao mesmo tempo que o advogado reconheça que a realização dos MASCs implica o empoderamento e maior engajamento das partes, ele é um ator importante em todos os tipos de jurisdições, inclusive a consensual, mormente quando as partes necessitam de auxílio técnico-jurídico e, de todo modo, na redação da convenção de resolução de conflitos e do acordo final. Há, inclusive, determinações legais expressas relativas à presença do advogado nos meios consensuais, conforme os artigos 10 e 26 da Lei de Mediação e artigo 334, § 9º, do Código de Processo Civil. Na mediação e conciliação judiciais, a presença de advogados (ou defensores públicos) é obrigatória – a título exemplificativo, acórdão do Tribunal de Justiça de São Paulo desconstituiu sentença de primeiro grau em vista de declaração de nulidade do ato processual: uma das partes compareceu desacompanhada de advogado para a realização da audiência conciliatória (BRASIL. Tribunal de Justiça de São Paulo. Seção da 7ª Câmara Civil. Apelação nº 1010108-93.2018.8.26.0405. **Diário da Justiça Eletrônico**, São Paulo, SP,

jado, usar uma linguagem que reflita a obrigatoriedade da realização do MASC; em compensação, se não se desejar o efeito vinculante, a linguagem deve ser igualmente clara; (iii) certificar-se que o procedimento de negociação é específico e realizável; (iv) certificar-se que o procedimento de mediação é preciso; fazer referência a um regulamento institucional de mediação é o modo mais simples e seguro de assegurar uma redação clara – atentar-se para não indicar incorretamente o nome da instituição; (v) deixar muito claro o prazo para se iniciar[354] e encerrar o procedimento; e (vi) prever que as partes poderão buscar medidas de urgência durante o período de realização da negociação ou mediação[355].

Por último, ressalta-se que, conforme sugestão apresentada por NOUGEIN, as partes podem prever expressamente a autonomia da cláusula de mediação em relação ao contrato principal no qual ela se insere, haja vista a possibilidade de contestação da validade deste[356]. Indepen-

21 out. 2019. Disponível em: <https://www.jusbrasil.com.br/processos/190137500/processo-n-1010108-9320188260405-do-tjspr>. Acesso em: 10 jan. 2020); enquanto, na mediação extra-processual, a presença é facultativa, porém comparecendo uma das partes acompanhada de advogado (ou defensor público), o procedimento será suspenso até que todas as partes estejam devidamente assistidas. O papel que os advogados assumem nos meios consensuais, de fato, não é decorrente de uma postura litigante tal qual no momento de representação em processo judicial. A postura esperada é colaborativa e integrativa.

354 Com relação ao procedimento de mediação, o artigo 17 da Lei de Mediação determina que: "Considera-se instituída a mediação na data para a qual for marcada a primeira reunião de mediação".

355 LEES, 2015, p. 19-20.

356 "*(...) les rédacteurs de ces clauses devraient, pour éviter toute contestation sur ce point, prendre de certaines précautions. La première, qui semble essentielle, est d'éviter toute ambiguïté sur la nature de la mission confié au tiers. (...) Toute incertitude à cet égard ne peut qu'engendrer un contentieux irritant au niveau de la validité ou au niveau des effets de la clause considérée. Cela n'interdit pas de combiner les deux figures, mais à condition de bien distinguer dans le temps les deux phases de médiation et d'arbitrage. Ensuite, pour éviter qu'une allégation par une des parties de la nullité du contrat principal ne paralyse le jeu de la clause de médiation, il est prudent d'indiquer explicitement que la médiation s'impose aussi dans le cas où le litige porterait sur la nullité du contrat, ou tout au moins de désigner les litiges à régler par voie de médiation d'une manière suffisamment large pour ne faire naître aucune ambigüité: ce n'est qu'à cette condition que sera véritablement assurée l'autonomie de la clause.*" (NOUGEIN, 2004, p. 192, destaques não originais). Em tradução livre: "(...) os redatores dessas cláusulas devem, para evitar qualquer questionamento sobre este ponto, tomar alguns cuidados. O primeiro, que parece essencial, é evitar qualquer ambiguidade quanto à natureza da missão confiada ao terceiro. (...) Qualquer incerteza a este respeito pode levar a uma disputa irritante ao nível da validade ou ao nível dos efeitos da cláusula considerada. Isso não impede a combinação das duas figuras, mas com a condição de que uma distinção clara seja feita

dentemente da conveniência de previsão contratual relativa à autonomia da convenção de resolução consensual de conflitos em relação ao instrumento principal em que se encontra, para se obstar qualquer discussão quanto à sua implementação, conforme já ressaltado acima no Capítulo 3, a convenção de resolução consensual de conflitos constitui negócio jurídico processual independente e autônomo[357]. Assim, como mera forma de resguardo, as partes poderiam prever expressamente a autonomia da convenção de resolução consensual de conflitos com o fito de delimitar eventual discussão quanto à invalidade apenas ao contrato principal.

Em conclusão, para que não haja dúvida com relação à efetividade e à apreciação dos efeitos processuais da convenção, tanto em relação à etapa consensual prévia ou posterior à arbitragem na cláusula escalonada, como à etapa de negociação, mediação ou conciliação singularmente, as partes precisam se atentar para os termos empregados contratualmente.

4.3. Efeito processuais negativo ou suspensivo

De modo geral, compreende-se que o efeito vinculante da convenção de resolução de conflitos é decorrente da precisão dos termos do negócio jurídico processual. A cláusula que estimula as partes a dialogarem e autocomporem-se é passível de ser implementada, desde que seja clara e expressa ao definir o dever das partes de, ao menos, tentarem negociar.

ao longo do tempo entre as duas fases de mediação e arbitragem. Em seguida, para evitar que uma das partes alegue a nulidade do contrato principal paralisando o funcionamento da cláusula de mediação, é prudente indicar explicitamente que a mediação também deverá ser realizada caso o litígio diga respeito à nulidade do contrato, ou, pelo menos, designar as controvérsias a serem resolvidas por mediação de forma suficientemente ampla para não dar lugar a qualquer ambiguidade: é somente nesta hipótese que será assegurada a autonomia da cláusula."

[357] Além dos ensinamentos de Didier Júnior já apontados (Cf. Didier Júnior, 2017, pp. 170-171), salienta-se que, de acordo com Levy, a convenção de mediação é um contrato em sentido amplo, inominado, complexo, plurilateral, de forma livre e ainda autônoma, mesmo na sua modalidade cláusula de mediação ao constar como pacto adjeto ao contrato principal – o que se propugna como característica extensível às cláusulas de conciliação e negociação –; assim, a convenção de resolução consensual de conflitos seria "autônoma em relação ao contrato principal justamente para que possível invalidade de outras cláusulas contratuais não contamine a estipulação que prevê o procedimento de mediação, espaço destinado à construção de solução que podem versar inclusive sobre as questões referentes à própria invalidade." (Levy, 2013, p. 183).

Assim, voltando-se ao ambiente e ordenamento domésticos, passa-se a investigar quais são os efeitos – se negativo ou meramente suspensivo em relação ao processo judicial/arbitral – decorrentes da contratação dos meios consensuais como métodos de resolução de conflitos, mormente, da negociação e da mediação/conciliação.

Conforme analisado, a contratação dos meios consensuais com o objetivo de se estabelecer procedimento de resolução de controvérsias constitui um negócio jurídico processual[358]. As partes convencionam uma obrigação de não ingressar em juízo enquanto não tentarem uma solução consensual, condicionando o seu direito de ação[359], ou de suspender o processo adjudicatório para tentarem o meio consensual, ambas as hipóteses em consonância com o artigo 190 do Código de Processo Civil.

A leitura do artigo 190 precisa ser complementada com a do artigo 200 do Código de Processo Civil[360]. Este é expresso ao estabelecer que os atos das partes "consistentes em declarações unilaterais ou bilaterais de vontade *produzem imediatamente* a constituição, modificação ou extinção de direitos processuais"[361].

Destarte, conforme explorado acima, os instrumentos contratuais da transação e do compromisso, juntamente com a cláusula escalonada e a "convenção de processo participativo", servindo ao propósito de resolver litígios, produzem efeitos imediatamente, "salvo se as partes, expres-

[358] "O relevante para caracterizar um ato como negócio jurídico é a circunstância de a vontade estar direcionada não apenas à prática do ato, mas, também, à produção de um determinado efeito jurídico." (Didier Júnior, Op. cit., p. 165).

[359] "Se o direito de ação não pode ser imposto às partes (inclusive lhes sendo facultada a escolha pelo procedimento arbitral, em renúncia à jurisdição), é lógico concluir-se que o ingresso em juízo possa ser, convencionalmente, postergado e condicionado à tentativa de solução consensual do conflito. Ou seja, considerando que as partes não estão obrigadas a pleitear a tutela jurisdicional para resolução da sua demanda, nada impede que convencionem a postergação e condicionamento do ingresso em juízo (menos, portanto, do que a renúncia à jurisdição)." (Lipiani; Siqueira, 2018, p. 156).

[360] "Há um conjunto de normas que disciplinam a negociação sobre o processo. Esse conjunto pode ser considerado um microssistema. O art. 190 e o art. 200 do CPC são o núcleo do microssistema e devem ser interpretados conjuntamente, pois restabelecem o modelo dogmático da negociação sobre o processo no direito processual civil brasileiro." (Didier Júnior, 2017, p. 160).

[361] Destaques não originais.

samente, houverem modulado a eficácia do negócio, com a inserção de uma condição ou de um termo"[362].

Para Didier Júnior, a seguinte regra prepondera: *se o negócio jurídico processual não possui defeito*, o juiz não pode recusar a sua aplicação[363].

Em conformidade, destaca-se o entendimento amplo dado aos termos do artigo 200, do Código de Processo Civil[364] pelo Superior Tribunal de Justiça desde 1992: "[a]s manifestações de vontade, legalmente exercitadas, extinguem de imediato direitos processuais (art. 158, CPC)"[365], bem como os enunciados 133 e 261 do Fórum Permanente de Processualistas Civis[366].

Nesse sentido, para Guerrero, a previsão contratual do MASC deve ser observada pelo magistrado ou árbitro como manifestação de vontade vinculante, que impossibilita um juízo de terceiros julgadores em relação à escolha feita do método de solução de controvérsias, exceto no que tange à forma, capacidade e objeto da manifestação de vontade das partes, nos termos do artigo 104 do Código Civil[367].

Ocorre que, com relação aos meios consensuais, a sua realização invariavelmente estará ligada a um impedimento *transitório* de recurso ao meio adjudicatório[368] ou de seu seguimento. Se a convenção de resolução

362 Ibid., p. 178.

363 Ibid., p. 162, destaques não originais.

364 Previamente, artigo 158, do Código de Processo Civil de 1973.

365 BRASIL. Superior Tribunal de Justiça. 2ª Turma. Recurso Especial nº 18942-SP. **Diário da Justiça**, Brasília, DF, 29 jun. 1992. Disponível em: <https://stj.jusbrasil.com.br/jurisprudencia/484086350/recurso-especial-resp-1332766-sp-2012-0135287-0/inteiro-teor-484086369>. Acesso em: 10 jan. 2020.

366 Enunciados 133 e 261, respectivamente: "Salvo nos casos expressamente previstos em lei, os negócios processuais do art. 190 não dependem de homologação judicial" e "O art. 200 aplica-se tanto aos negócios unilaterais quanto aos bilaterais, incluindo as convenções processuais do art. 190". Ainda, em contribuição: "(...) o CPC impõe às partes, como regra, a irretratabilidade das posições jurídicas processuais assumidas." Marcato, Antônio Carlos (Coord.). **Código de Processo Civil interpretado**. 3ª ed. São Paulo: Atlas, 2008, p. 439 e "(...) o art. 200 do CPC dispõe que os atos e negócios processuais produzem efeitos imediatos." Cabral, Antônio do Passo; Cramer, Ronaldo (Org.). **Comentários ao novo Código de Processo Civil**. 2ª ed. Rio de Janeiro: Forense, 2016, pp. 335-336.

367 Guerrero, 2015, p. 88.

368 "Daí se extrai que há uma relação de prevalência temporal dos métodos consensuais em relação aos métodos adjudicatórios quando os primeiros são previstos como uma possibilidade de solução de controvérsias. Nesse contexto, uma previsão para que uma mediação ou

consensual de conflitos gerar um acordo que encerre definitivamente o conflito entre as partes, a sua finalidade, inclusive considerando o objetivo da tutela jurisdicional enquanto pacificação social, foi plenamente atingida. Contudo, se a pacificação social não decorrer do meio consensual, seja porque este não resultou em um acordo, seja porque as partes decidiram por não o utilizar, ainda restará a possibilidade de buscar posteriormente ou de se seguir com o processo formal[369].

O que se questiona, no entanto, é se o implemento de determinada condição ou o lapso temporal destinado à realização do meio consensual, sem embargo deste ser previsto independente ou conjuntamente da arbitragem em cláusula escalonada, poderão ser contrapostos à parte que tentar se furtar da execução da convenção de resolução consensual[370], isto é, de participar da primeira reunião do meio consensual[371].

uma conciliação aconteçam limita o acesso ao Judiciário, por exemplo, dando-se preferência para que se realize o método de solução de controvérsias estabelecido pelas partes." (Ibid., p. 90). Ainda, HUCHET: "*Dès lors, la clause de médiation entraîne seulement une suspension, une neutralisation temporaire du droit d'action. Celui-ci est mis entre parenthèses jusqu'à l'issue favorable ou non du processus de médiation.*" (HUCHET, 2007, p. 102). Em tradução livre: "Portanto, a cláusula de mediação acarreta apenas uma suspensão, uma neutralização temporária do direito de ação. Este é colocado entre parênteses até que o resultado do processo de mediação seja favorável ou não."

[369] Conforme CÂMARA esclarece: "(...) não se pode, pela via do negócio jurídico processual, renunciar, por exemplo, ao direito de ação em abstrato, de modo que uma das partes jamais possa ingressar com ação contra a outra, sob pena de invalidade do negócio jurídico, já que o direito de ação em abstrato considerado não admite autocomposição." (CÂMARA, 2018, p. 110).

[370] Novamente, GUERRERO: "Partindo de um pressuposto de cooperação entre as partes e de total aplicabilidade do princípio da boa-fé objetiva, pode-se dizer que tal obrigação é mútua, não só daquela parte que deseja valer-se de um método de solução de controvérsias. Com isso, a partir do momento em que concordaram com a utilização de um MASC, as partes estarão sujeitas a uma condição, surgimento do conflito, para a utilização de um método de solução de controvérsias em um determinado lapso temporal. Sendo a lealdade um predicado dessa relação, não podem as partes se furtar das consequências aplicáveis nesse caso, inclusive a perda da faculdade de analisar a questão por meio de outro método de solução de controvérsias." (GUERRERO, 2015, p. 78).

[371] "A possibilidade de compelir alguém a participar empenhadamente num processo de mediação/conciliação não existe; no entanto, estando tal obrigação inequivocamente prevista, cremos que um Tribunal pode obrigar as partes a darem início a esse processo." (NAPOLES; JÚDICE, 2010).

Dessa forma, parte-se da redação do § 1º, do artigo 2º, da Lei de Mediação, que determina a obrigatoriedade de comparecimento das partes à primeira reunião de mediação:

> Art. 2º A mediação será orientada pelos seguintes princípios:
> (...)
> § 1º *Na hipótese de existir* ***previsão contratual de cláusula de mediação****, as partes* ***deverão*** *comparecer à primeira reunião de mediação.* (destaques não originais)

Ou seja, a legislação especial aplicável à mediação, especialmente em termos de mediação extrajudicial e pré-processual, esclarece que a convenção de resolução consensual de conflitos vincula as partes à *obrigação de participarem da primeira reunião com o terceiro facilitador*[372].

Embora a legislação especial em questão seja destinada à mediação, em vista do artigo 42 da Lei de Mediação, infere-se que não haveria qualquer prejuízo de estender a sua aplicação também ao meio autocompositivo indireto da conciliação e ao meio autocompositivo direto da negociação. Assim, considerando o ditame legal, com relação à realização da negociação, as partes devem participar de uma primeira reunião com o intuito de tentarem o procedimento da negociação direta. Isto não quer dizer que seria obrigatório as partes negociarem sobre o mérito da disputa logo no primeiro encontro[373].

Considerando a primeira reunião de mediação/conciliação, nesta o terceiro facilitador explicaria os fundamentos e regras do procedi-

[372] Outra previsão constante na legislação especial que busca incentivar a realização da primeira reunião de mediação/conciliação, conforme visto, é a redação do artigo 22, §2º, inciso IV. O legislador determinou sanção processual para a parte que deixar de comparecer à reunião inaugural e posteriormente se sagrar vencedora em procedimento arbitral ou judicial posterior, que envolva o escopo da mediação para a qual foi convidada. Desse modo, nota-se que, embora a sanção legal não constitua fonte de eficácia processual da convenção de resolução de conflitos, ela busca promover a realização de um primeiro encontro entre as partes com o propósito de se tentar o meio consensual.

[373] A conclusão em questão é defendida por Kayali: "*Enforcement of an ADR step means obliging the parties to participate in a process at the end of which they may reach a compromise, rather than compelling them to reach a compromise.*" (Kayali, 2010, p. 576). Em tradução livre: "A vinculação de uma etapa de ADR significa obrigar as partes a participarem de um processo ao final do qual elas podem chegar a um acordo, em vez de obrigá-las a chegar a um acordo."

mento e, por fim, perguntaria se as partes desejam seguir com o meio consensual e a negociação sobre o mérito da disputa. Em relação ao primeiro encontro das partes no procedimento de negociação, também ficaria facultado a estas discutirem sobre o mérito da disputa.

O que poderia ser compreendido como decorrência da obrigatoriedade de comparecimento à primeira reunião de negociação seria a discussão sobre o procedimento de resolução de disputas em si – se as partes estão confortáveis com a negociação direta, quais regras de condução do procedimento elas gostariam de estabelecer, inclusive, se for o caso, as regras sobre a próxima fase de resolução de conflitos por um outro MASC ou pelo processo judicial.

Neste sentido, compreende-se como benéfica a presença dos advogados acompanhando as partes na primeira reunião de negociação com o intuito de orientá-las quanto ao procedimento e possível discussão sobre a disposição de ônus, faculdades, poderes e/ou direitos. De outra maneira, a assistência orientativa dos advogados poderia ocorrer anteriormente, a fim de que as partes se encontrem exclusivamente.

Não se desatenta para o fato de o existente risco de desequilíbrio de poderes entre as partes ser ampliado justamente no primeiro encontro "obrigatório" da negociação, especialmente sem a presença de um terceiro que, por exemplo, poderia determinar a suspensão do procedimento enquanto ambas as partes não estejam acompanhadas de advogados ou defensores públicos[374] ou para que elas possam refletir separadamente sobre uma situação de impasse.

Em vista da questão do desequilíbrio de poderes dos sujeitos participantes dos meios consensuais – a qual será enfrentada em particularidade no Capítulo 5 a seguir –, é possível que as partes lancem mão de técnicas de negociação que auxiliem no equilíbrio de poderes ou que elas próprias determinem que a negociação (ou, pelo menos, a primeira reunião) conte necessariamente com a presença de advogados. Contudo, a situação de vulnerabilidade da parte pode ser extrema, a ponto de haver uma falta de isonomia em razão de desinformação pessoal que poderia ser explorada pela outra parte na primeira reunião de negociação.

[374] De acordo com o parágrafo único do artigo 10 da Lei de Mediação: "Comparecendo uma das partes acompanhada de advogado ou defensor público, o mediador suspenderá o procedimento, até que todas estejam devidamente assistidas".

O que se defende, portanto, como obrigatoriedade de realização da primeira reunião de negociação não é a disposição pelas partes de seus direitos, mas tão somente um primeiro encontro que incentive as partes a dialogarem sobre os aspectos formais da condução da resolução de disputas. Se, porventura, as partes pactuarem um negócio jurídico processual ou chegarem a dispor sobre seus direitos, resultando em um instrumento de transação, entende-se que, de todo modo, a parte que sobrevier prejudicada terá resguardada a sua tutela jurídica em vista da proteção legal contra os vícios do negócio jurídico e do parágrafo único do artigo 190[375].

Em conclusão, o que se sustenta é que para a adequada e efetiva realização dos MASCs, em primeiro lugar, é necessária uma difusão cada vez maior na sociedade sobre suas características e atributos, como forma de educação quanto aos direitos e poderes que os próprios cidadãos possuem para regularem a forma de resolução de seus conflitos. Em segundo lugar, com relação à possibilidade de se impor a observação a lapso temporal ou implemento de condição para fins de realização do meio consensual, é preciso também considerar a questão da utilidade do provimento jurisdicional e de seus requisitos para que se alcance a atuação da vontade concreta da lei, com a pacificação social[376]. Destarte, passa-se a discutir o interesse de agir.

4.3.1. Relevância do interesse de agir

Além das normativas legais, para fins de ponderação quanto ao efeito negativo ou suspensivo decorrente dos meios consensuais, é preciso

[375] "Art. 190. Versando o processo sobre direitos que admitam autocomposição, é lícito às partes plenamente capazes estipular mudanças no procedimento para ajustá-lo às especificidades da causa e convencionar sobre os seus ônus, poderes, faculdades e deveres processuais, antes ou durante o processo. Parágrafo único. De ofício ou a requerimento, *o juiz controlará a validade das convenções previstas neste artigo, recusando-lhes aplicação somente nos casos de nulidade ou de inserção abusiva em contrato de adesão ou em que alguma parte se encontre em manifesta situação de vulnerabilidade.*", destaques não originais.

[376] "Antes da emissão do provimento sobre o caso concreto, porém, é preciso verificar a presença de determinados requisitos, sem os quais não pode o Juiz sequer examinar a situação deduzida. Existem, portanto, requisitos para que a atividade jurisdicional atinja o seu escopo de atuação da vontade concreta da lei, com a pacificação social. São os pressupostos processuais e as condições da ação." (Bedaque, José Roberto dos Santos. Pressupostos processuais e condições da ação. In: **Revista Justitia**, nº 156, 1991, p. 49).

voltar a atenção para as condições da ação. Conforme conceito mais recente proposto por LIEBMAN[377]:

> As condições da ação, há pouco mencionadas, são o interesse de agir e a legitimação. Como ficou dito, elas são os requisitos de existência da ação, devendo por isso ser objeto de investigação no processo, preliminarmente ao exame do mérito (ainda que, implicitamente, como costuma ocorrer). Só quando estiverem presentes essas condições é que se pode considerar existente a ação, surgindo para o juiz a necessidade de julgar sobre a demanda, para acolhê-la ou rejeitá-la. Elas podem, por isso, ser definidas também como condições de admissibilidade do julgamento da demanda, ou seja, como condições essenciais para o exercício da função jurisdicional com referência à situação concreta [*concreta fattispecie*] deduzida em juízo.[378]

À concepção de LIEBMAN acerca das condições da ação se apresentaram adaptações[379] e críticas doutrinárias[380]. Hodiernamente, sejam estas com relação à inutilização da categoria "condição da ação", visto que ela não mais existiria a partir da vigência do Código de Processo Civil de 2015[381],

[377] Originalmente, LIEBMAN compreendia a existência de três condições da ação: interesse de agir, legitimidade *ad causam* e possibilidade jurídica do pedido. Porém, na terceira edição do seu Manual de Direito Processual Civil, ele passou a sustentar a existência de apenas duas condições da ação: interesse de agir e legitimidade *ad causam*.

[378] LIEBMAN, Enrico Tullio. **Manual de Direito Processual Civil**. 3ª ed. São Paulo: Malheiros, vol. I, 2005, p. 203.

[379] Conforme indica COSTA: "Apesar de todo estudo realizado em torno do conceito de possibilidade jurídica do pedido, o próprio Liebman, que tanta importância concedeu às condições da ação, nas edições mais recentes do seu Manual deixou de incluir a possibilidade jurídico no seu rol. Tal mudança de pensamento se deve, principalmente, ao fato de que, em 1970, entrou em vigor na Itália a lei que instituiu o divórcio." (COSTA, Susana Henriques da. **Condições da Ação**. São Paulo: Quartier Latin, 2005, p. 57).

[380] "Uma das maiores críticas recebidas pela teoria de Liebman assemelha-se à crítica por ela mesma realizada à teoria concreta, ou seja, se somente existe ação quando preenchidas as condições da ação, como explicar o fenômeno processual ocorrido entre a propositura da demanda e o reconhecimento da carência da ação?" (Ibid., p. 39).

[381] "O CPC atual não mais menciona a *categoria* condição da ação. O inciso IV do art. 485 do CPC autoriza a extinção do processo sem resolução do mérito pela ausência de 'legitimidade ou de interesse processual'. (...) Enfim: a) o assunto, 'condição da ação' desaparece, tendo em vista a inexistência da única razão que o justificava: a consagração em texto legislativo dessa controvertida categoria; b) a ausência de 'possibilidade jurídica do pedido' passa a ser

sejam com relação à visão instrumental do processo[382], cuja interpretação evolutiva compreende o direito de ação vinculado à noção de devido processo constitucional[383], compreende-se que para postular-se em juízo é preciso ter "interesse e legitimidade", conforme os ditames do artigo 17, do Código de Processo Civil.

Assim, no presente subcapítulo e adiante, o enfoque será dado ao interesse de agir, também compreendido como interesse processual[384], tendo em vista a doutrina processualista que o assimila por meio do binômio "necessidade-adequação"[385], na medida em que ele tenha *utilidade*[386].

examinada como hipótese de *improcedência liminar do pedido*, no capítulo respectivo; c) legitimidade *ad causam* e interesse de agir passam a ser estudados no capítulo sobre os pressupostos processuais." (Didier Júnior, 2019, pp. 363-365).

[382] Costa tratando da instrumentalidade do processo e o direito de ação na perspectiva instrumental conclui que "(...) sobressai a importância e a instrumentalidade do direito de ação, primeiramente enxergado como 'cobertura geral' do sistema de direitos previstos no ordenamento jurídico, ou seja, como garantia de que toda pretensão será apreciada pelo Poder Judiciário. Num segundo momento, a ação deve corresponder a uma cobertura efetiva que garanta o desenvolvimento regular do processo; com as partes em situação de igualdade; com direito de informação e reação (contraditório) a todos os atos realizados; com a presença de um juiz participativo e imparcial; e com a observância do procedimento previsto previamente em lei, que tem por intuito garantir a ampla defesa, a publicidade, e a própria legitimidade do processo." (Costa, 2005, pp. 110-119).

[383] Costa, Susana Henriques da. Livro II: da função jurisdicional. Título I. Arts. 16 a 20. In: Bueno, Cassio Scarpinella (Coord.). **Comentários ao código de processo civil** – volume I (arts. 1º a 317). São Paulo: Saraiva, 2017, pp. 282-284.

[384] "O termo *interesse* é tratado pela doutrina processualista como interesse de agir ou interesse processual, que são sinônimos. No CPC, o termo utilizado é interesse processual, como se verifica nos artigos 330, II; 337, XI e 485, VI (...)." (Chies Filho, Humberto. **Um novo paradigma de acesso à justiça:** autocomposição como metodo de solução de controvérsias e caracterização do interesse processual. Belo Horizonte: Editora D'Plácido, 2019, p. 116).

[385] "O interesse processual, em suma, exige a conjugação do binômio *necessidade* e *adequação*, cuja presença cumulativa é sempre indispensável para franquear à parte a obtenção da sentença de mérito." (Theodoro Júnior, Humberto. **Curso de Direito Processual Civil**. 56ª ed. Rio de Janeiro: Forense, vol. I, 2015, p. 161). Ainda, de acordo com Dinamarco: "Existem dois fatores sistemáticos muito úteis para a aferição do interesse de agir, como *indicadores* de sua presença: a *necessidade* da realização do processo e a *adequação* do provimento jurisdicional postulado. Só há o *interesse-necessidade* quando sem o processo e sem o exercício da jurisdição o sujeito seria incapaz de obter o bem desejado. (...) O interesse-adequação liga-se à existência de múltiplas espécies de provimentos e tutelas instituídas pela legislação do país, cada um deles integrando uma técnica e sendo destinado à solução de certas *situações da vida* indicadas pelo legislador." (Dinamarco, 2017, vol. I2, pp. 355-356). Para Didier

Considerando-se uma visão instrumentalista do direito processual, o interesse de agir legitima o acesso ao processo judicial *quando somente é lícito exigir do Estado o provimento pedido.* De acordo com BEDAQUE:

> A condições da ação constituem, sem dúvida – e desde que compreendidas dentro de seus devidos limites –, noção extremamente útil à visão instrumentalista do direito processual e à relativização do binômio direito-processo. Veja-se, por exemplo, a ideia de interesse, concebida como utilidade da prestação jurisdicional em função de seus escopos, todos ligados ao direito material. (...) Para verificar a presença do interesse, indaga-se, à luz dos fatos narrados pelo autor e com dados da relação substancial, se o provimento judicial pleiteado será útil para o fim do processo; se a medida requerida é necessária e adequada aos objetivos jurídicos, políticos e sociais do processo, estes também exteriores à relação processual. Todo este exame, portanto, é feito com os olhos voltados para fora do processo, para a situação da vida trazida à apreciação do juiz. *Verifica-se se o instrumento escolhido é útil, necessário, adequado ao seu objeto. Quando se fala em legítimo interesse processual, leva-se em conta não só a*

JÚNIOR, o interesse de agir é caracterizado como requisito processual extrínseco positivo, ou seja, ele deve existir para que a instauração do processo se dê validamente, devendo, porém, ser examinado somente em duas dimensões: necessidade e utilidade da tutela jurisdicional (com relação a esta dimensão, haveria utilidade sempre que o processo puder propiciar algum proveito ao demandante). Isto porque ele entende que a terceira dimensão "adequação do remédio judicial ou procedimento" é dado estranho à análise da demanda, sendo que, eventual equívoco na escolha do procedimento é sempre sanável (Cf. DIDIER JÚNIOR, 2019, pp. 422-423).

[386] Nesse sentido, é o entendimento definido pelo Supremo Tribunal Federal, em regime de repercussão geral: "A utilidade significa que o processo deve trazer proveito para o autor, isto é, deve representar um incremento em sua esfera jurídica. (...) A adequação, por sua vez, traduz a correspondência entre o meio processual escolhido pelo demandante e a tutela jurisdicional pretendida. (...) A necessidade, por fim, consiste na demonstração de que a atuação do Estado-juiz é imprescindível para a satisfação da pretensão do autor." (BRASIL. Superior Tribunal Federal. Plenário. RE nº 631240/MG. **Diário da Justiça**, Brasília, DF, 10 nov. 2014. Disponível em: http://redir.stf.jus.br/paginadorpub/paginador.jsp?docTP=TP&docID=7168938 4. Acesso em: 10 jan. 2020). Ainda, nas palavras de Mancuso: "O que ora se afirma traz à berlinda o *interesse de agir*, que pode ser visto como a *necessidade-utilidade-adequação do acesso à Justiça ante uma situação concreta de dano sofrido ou temido.*" (MANCUSO, Rodolfo de Camargo. **Acesso à justiça: condicionantes legítimas e ilegítimas.** 2ª ed. São Paulo: Editora Revista dos Tribunais, 2015, p. 234).

> *efetiva necessidade da tutela pleiteada, como, também, sua adequação à situação da vida exposta.*[387]

Ainda, conforme explanado por CARMONA com relação à tentativa de preenchimento de lacuna em cláusula compromissória para o fim de instituição do juízo arbitral, espera-se que, antes de recorrer ao Poder Judiciário, a parte interessada busque obter a prestação do contratante inadimplente a partir dos instrumentos legais à sua disposição, aferindo-se, portanto, que "(...) não tendo o autor demonstrado que concitou o réu, sem resultado, a estabelecer os parâmetros para a arbitragem, não estará caracterizada a **necessidade** de invocar-se tutela jurisdicional estatal"[388].

Por fim, conforme DINAMARCO sumariza: "Haverá o interesse processual *sempre que o provimento jurisdicional pedido for* ***o único caminho*** *para tentar obtê-lo e tiver aptidão a propiciá-lo* àquele que o pretende" [389].

Entende-se, portanto, que a questão da convenção de resolução consensual de conflitos estaria centrada no interesse de agir das partes. Enquanto o meio consensual não for intentado pelas partes, conforme declaração de vontade destas apta a produzir imediatamente efeitos processuais e até mesmo em vista de determinação legal expressa sobre a obrigatoriedade de comparecimento à primeira reunião, as partes não poderão, ainda que transitoriamente, buscar a tutela judicial ou arbitral.

Conforme entendimento firmado pelo Supremo Tribunal Federal - STF no julgamento de repercussão geral, a respeito de ações ajuizadas contra o Instituto Nacional do Seguro Social - INSS e da exigência de prévio requerimento administrativo para a concessão de benefícios previdenciários, bem como de sua (falta de) apreciação e indeferimento para que assim se constate ameaça ou lesão à direito, esclareceu-se que a limitação decorrente de regras processuais é legítima ao exercício do direito de ação. Assim, o interesse de agir somente se configura caso haja necessidade de ir à juízo, ou seja, se nesta hipótese, o INSS analisou e indeferiu o benefício almejado ou se excedido o prazo legal para sua análise:

[387] BEDAQUE, José Roberto dos Santos. **Direito e Processo:** influência do direito material sobre o processo. 6ª ed., São Paulo: Malheiros, 2011, p. 114, destaques não originais.

[388] CARMONA, 2009, p. 144, destaques originais.

[389] DINAMARCO, 2017, vol. II, p. 354, destaques não originais.

> RECURSO EXTRAORDINÁRIO. REPERCUSSÃO GERAL. PRÉVIO REQUERIMENTO ADMINISTRATIVO E INTERESSE DE AGIR.
> 1. A instituição de condições para o regular exercício do direito de ação é compatível com o art. 5º, XXXV, da Constituição. Para se caracterizar a presença de interesse em agir, é preciso haver necessidade de ir a juízo. 2. A concessão de benefícios previdenciários depende de requerimento do interessado, não se caracterizando ameaça ou lesão a direito antes de sua apreciação e indeferimento pelo INSS, ou se excedido o prazo legal para sua análise. É bem de ver, no entanto, que a exigência de prévio requerimento não se confunde com o exaurimento das vias administrativas. (...).[390]

Importa ressaltar que, na prática, quando uma demanda é judicializada, não é incomum que ocorra uma grande flexibilização quanto à análise e aplicação das condicionantes legítimas legalmente previstas para o exercício do direito de ação, sob a justificativa de atendimento à garantia constitucional do acesso à justiça e de aproveitamento de atos processuais[391]. Porém, a aplicação da regra processual de verificação das condições da ação e, particularmente, do interesse processual, não pode permitir, tal como se verifica atualmente, que um expressivo número de

[390] BRASIL. Superior Tribunal Federal. Plenário. RE nº 631240/MG. **Diário da Justiça**, Brasília, DF, 10 nov. 2014. Disponível em: <http://redir.stf.jus.br/paginadorpub/paginador.jsp?docTP=TP&docID=7168938 4>. Acesso em: 10 jan. 2020, destaques não originais. O entendimento em questão foi confirmado pelo STF em acórdão posterior que também lidou com a questão da necessidade de se buscar prévio requerimento administrativo antes de se permitir o ingresso da ação judicial: "Esta Corte já firmou entendimento no sentido de que o estabelecimento de condições para o exercício do direito de ação é compatível com o princípio do livre acesso ao Poder Judiciário, previsto no artigo 5º, XXXV, da Constituição Federal. A ameaça ou lesão a direito aptas a ensejarem a necessidade de manifestação judiciária do Estado só se caracteriza após o prévio requerimento administrativo, o qual não se confunde com o esgotamento das instâncias administrativas, consoante firmado pelo Plenário da Corte no julgamento de repercussão geral reconhecida nos autos do RE 631.240, Rel. Min. Roberto Barroso, Sessão do dia 03/09/2014." (BRASIL. Superior Tribunal Federal. Plenário. RE nº 839.353/MA. **Diário da Justiça**, Brasília, DF, 9 fev. 2015. Disponível em: <https://stf.jusbrasil.com.br/jurisprudencia/25355116/recurso-extraordinario-re-839353-ma-stf>. Acesso em: 10 jan. 2020).

[391] Na opinião de Chiesi Filho, quando um conflito é levado ao Poder Judiciário, via de regra, a análise e aplicação de condicionantes para o exercício do direito de ação são extremamente flexibilizadas (Cf. Chiesi Filho, 2019, p. 89).

demandas desnecessárias (tanto em termos de inexistência de condições da ação e pressupostos processuais, quanto ao potencial de resolução extrajudicial dos conflitos) ingressem no sistema judicial, perpetuando a cultura do litígio[392].

Entende-se também que, em vista da decorrência imediata de efeitos processuais após a celebração da convenção de resolução consensual de conflitos, o interesse de agir da parte autora deve ser aferido "*in statu assertionis*"[393], ou seja, tomando-se por base tão somente o que for narrado na petição inicial, em cognição sumária, acerca da realização ou não do meio consensual previsto na convenção de resolução de conflitos[394].

[392] Chiesi Filho habilmente apresenta os conceitos de *tópos* e paradigma, em vista da teoria de Thomas Kuhn (em sua obra "A Estrutura das Revoluções Científicas"), para explicar que existe uma confusão quanto à natureza da prestação jurisdicional estatal que por vezes é tida como algo insubstituível, como uma primeira porta que deve ser buscada quando um conflito de interesses se estabelece. Ele ressalta que a prestação jurisdicional a cargo do Estado é muito relevante e essencial em um Estado Democrático de Direito, tendo se firmado como um paradigma especialmente à época que garantias processuais fundamentais eram ameaçadas (o que se justifica com a proibição pela Constituição Federal de que a lei venha excluir do judiciário a apreciação de lesão ou ameaça a direito – art. 5º, XXXV). Contudo, tal paradigma passou a ser concebido como um *tópos* equivocado ao se confundir a garantia constitucional de inafastabilidade da jurisdição com o direito de ação (apesar de o *tópos* ter sido importante para o momento histórico anterior, ele já não é mais capaz de oferecer uma resposta efetiva ao cenário corrente da justiça brasileira). Assim, Chiesi Filho propõe uma mudança do paradigma, sugerindo que a aplicação da regra processual de verificação das condições da ação, especialmente o interesse processual, não seja flexibilizada de maneira exacerbada pelos magistrados. Embora contrariar um paradigma que foi importante para o desenvolvimento jurídico e democrático do país seja algo desafiador e que gere uma certa resistência ao novo, é preciso se considerar quais são as consequências que o paradigma atual está trazendo. Dessa forma, ainda que haja um interesse legítimo, por exemplo, de se agilizar e aproveitar os atos processuais realizados com o ingresso da ação judicial, em realidade, o que ocorre é um fomento ao efeito nefasto de judicialização desenfreada, que acarreta um grande número de processos em trâmite nos tribunais brasileiros (Cf. Chiesi Filho, 2019, pp. 76, 89-91, 101 e 146).

[393] "Devem as condições da ação ser analisadas em tese, isto é, sem adentrar ao exame do mérito, sem que a cognição do Juiz se aprofunde na situação de direito substancial. Esse exame, feito no condicional, ocorre normalmente em face da petição inicial, **in statu assertionis**. (...) Há casos, porém, onde a solução extrajudicial é perfeitamente possível, somente sendo necessário o recurso ao órgão jurisdicional quando a atuação da lei não se verifica voluntária e espontaneamente. O autor não precisa, é claro, provar tal circunstância, basta alegá-la." (Bedaque, 1991, pp. 54 e 56, destaques originais).

[394] "Com base na teoria da asserção, o juiz se pautaria exclusivamente na narração dos fatos na petição inicial, onde deve o autor narrar com lealdade o que ocorreu antes da propositura

Isso, pois, tem-se como objetivo evitar processos manifestamente desprovidos do requisito de legítimo exercício do direito de ação. Conforme opinião de Costa:

> Na tentativa de responder às críticas à teoria de Enrico Tulio Liebman, sem negar vigência ao disposto no CPC (1973 e 2015), que prevê a ausência de legitimidade e interesse de agir como causas de extinção do processo sem resolução do mérito, surgiu a doutrina assertista. Para os assertistas, o juiz deve examinar a presença de legitimidade de agir e do interesse processual *in statu assertionis*, ou seja, à luz das afirmações das partes, em cognição sumária, sem que tenha havido instrução da causa. Para essa teoria, a legitimidade e o interesse possuiriam um caráter eminentemente instrumental, de filtros de demandas manifestamente inviáveis, pois a verificação da sua ausência, por meio de cognição não exauriente, impediria desde já o desenvolvimento de um processo não apto a chegar a seu fim e solucionar o conflito, pacificando as relações sociais. O caráter instrumental de técnica de filtragem da legitimidade de agir e do interesse processual estaria evidenciado principalmente pela aplicação do princípio da economia processual, pois o reconhecimento da ausência de qualquer um deles impediria, sem a necessidade da instrução, o prosseguimento de um processo inócuo.[395]

Também seguindo posição doutrinária defendida por Costa, reconhece-se as condições da ação na sua verdadeira função dentro do sistema processual, como *técnica de filtragem de demandas inviáveis*[396]. Para Watanabe, "[s]ão razões de *economia processual* que determinam a criação de técnicas processuais que permitam o julgamento antecipado,

da ação, *inclusive quanto à comunicação realizada com o réu extrajudicialmente*, de tal modo que o juiz possa analisar a dinâmica dos fatos e constatar se há interesse processual no que concerne à necessidade". (Chiesi Filho, 2019, p. 148, destaques não originais).

[395] Costa, 2017, pp. 284-285.

[396] "Nesse sentido, avançou o CPC de 2015 em não mais utilizar a denominação condição da ação. Ao fazê-lo, ratifica a escolha política pelo vetor de ampliação de acesso à justiça, incondicionando o direito de ação, este único e constitucional, não mais bipartido em duas dimensões [direito de demandar e direito de ação processual]. Além disso, desvincula a legitimidade de agir e ao interesse processual do direito de ação, reconhecendo a esses institutos sua verdadeira função dentro do sistema processual: técnica de filtragem de demandas inviáveis." (Costa, 2017, p. 284).

sem a prática de atos processuais inteiramente inúteis ao julgamento da causa", sendo as condições da ação técnica processual instituída para atingir esse objetivo[397]. Assim sendo, condição da ação, mormente o interesse processual, é doravante referida como *requisito de admissibilidade do julgamento do mérito*[398].

Na prática, compreende-se que é plausível que haja tentativa de desvirtuamento dos fatos quando o autor alega que houve tentativa de realização do meio consensual previamente ao meio adjudicatório e, que, portanto, ele possui interesse de agir. CHIESI FILHO defende que, nessas circunstâncias, sendo a realidade fática diversa, o autor deve ser condenado por litigância de má-fé e que a penalidade aplicada pelo juiz/árbitro serviria como importante fator de desestímulo ao uso indevido da máquina estatal[399]. Todavia, compreende-se que dificilmente será possível que o juiz/árbitro chegue à conclusão de que o autor alegou interesse de agir inexistente sem que haja manifestação da parte contrária e consequente aprofundamento de sua cognição. Nessa hipótese, portanto, entende-se que haverá análise de mérito quanto à inexistência do requisito de admissibilidade[400].

397 WATANABE, Kazuo. **Da cognição no processo civil**. São Paulo: Perfil. 2005, p. 108, destaques originais.

398 "Pelo atual CPC, portanto, a legitimidade e o interesse são meros *requisitos de admissibilidade do julgamento do mérito*, cuja ausência, em teoria, impede o juiz de analisar o pedido do autor." (COSTA, Op. cit., p. 286, destaques não originais).

399 "Como freio ao uso indevido do processo por um advogado que tente desvirtuar a realidade fática e criar uma situação com o propósito de superar essa análise da petição inicial e apresentar um cenário de existência de pretensão resistida, sem que na realidade isso tenha ocorrido, deve ser o autor condenado nas penas de litigância de má-fé, tratando-se este elemento de um fator importante de desestímulo ao uso indevido do poder judiciário." (CHIESI FILHO, 2019, p. 148, destaques não originais).

400 Com relação à cognição sumária das condições da ação, conforme a teoria assertista, BEDAQUE indica que: "(...) a cognição do juiz deve limitar-se a uma análise hipotética do afirmado na inicial. A dilação probatória vai implicar, pois, a análise da relação material deduzida na inicial, que será considerada existente ou não. Isso é mérito." (BEDAQUE, 1991, p. 59). Nesse sentido, COSTA: "Para os adeptos da teoria assertista, o que importa para a caracterização ou não da análise preliminar sobre a existência de legitimidade e interesse não é o momento do seu conhecimento, mas sim o grau de cognição realizada pelo juiz quando da sua aferição. A sentença terminativa por falta de legitimidade e interesse (art. 485, CPC), para os assertistas, pode ser proferida em qualquer fase do procedimento, mas para que não caracterize exame de mérito, a análise do preenchimento ou não dos requisitos de interesse e legitimidade deve ser feita à luz do afirmado pelo autor, com cognição sumária." (COSTA,

Cabe ressaltar ainda que, embora o juízo de utilidade, conforme ensina THEODORO JÚNIOR, dependa do caso concreto e do risco de exposição da parte a sofrer um dano jurídico[401], a Lei de Mediação é expressa ao ressalvar o direito de as partes se socorrerem ao judiciário (ou tribunal arbitral competente e constituído) para buscar medidas de urgência[402]. Além de que, a Lei de Mediação estabelece taxativamente no parágrafo único do seu artigo 17 que, enquanto transcorrer a mediação, ficará suspenso o prazo prescricional[403].

Op. cit., p. 285). Por sua vez, DINAMARCO, reconhecendo a flexibilidade da aferição dos requisitos de admissibilidade do julgamento do mérito, indica que: "O Código de Processo Civil não é rígido ou inflexível na fixação do momento em que esses pressupostos devem ser verificados pelo juiz. Ele quer que já ao despachar a petição inicial o juiz faça a verificação inquisitiva dos pressupostos de admissibilidade do julgamento do mérito, competindo-lhe até indeferi-la se for o caso (CPC, arts. 319-321 e 801) – sem sujeitar-se a preclusão alguma, pois seria indesejável e contrário à lei permitir que o processo seguisse avante e atingisse seu objetivo final sem que tais pressupostos estivessem implementados (CPC, arts. 139, inc. IX, e 485, inc. IV)." (DINAMARCO, 2016, p. 180).

[401] "O interesse processual, como já se demonstrou, é fruto de um juízo de utilidade da tutela jurisdicional, à luz do caso concreto deduzido em juízo. Assim, só há interesse processual quando, à falta da medida pleiteada em juízo, a parte esteja realmente exposta a sofrer um dano jurídico. A necessidade de evitar esse prejuízo, e a possibilidade de só fazê-lo pelo processo, é que configuram a condição de ação denominada 'interesse processual'." (THEODORO JÚNIOR, 1988, p. 13).

[402] Tanto com relação ao período de suspensão do processo judicial/arbitral para realização da mediação processual, quanto com relação à previsão de cláusula de mediação extrajudicial ou pré-processual, a Lei de Mediação é clara: "Art. 16. Ainda que haja processo arbitral ou judicial em curso, as partes poderão submeter-se à mediação, hipótese em que requererão ao juiz ou árbitro a suspensão do processo por prazo suficiente para a solução consensual do litígio. (...) § 2º *A suspensão do processo não obsta a concessão de medidas de urgência pelo juiz ou pelo árbitro*." e "Art. 23. Se, em previsão contratual de cláusula de mediação, as partes se comprometerem a não iniciar procedimento arbitral ou processo judicial durante certo prazo ou até o implemento de determinada condição, o árbitro ou o juiz suspenderá o curso da arbitragem ou da ação pelo prazo previamente acordado ou até o implemento dessa condição. § único. *O disposto no caput não se aplica às medidas de urgência em que o acesso ao Poder Judiciário seja necessário para evitar o perecimento de direito*.", destaques não originais. Defende-se que as disposições normativas ora destacadas se aplicam, analogicamente e sem prejuízo, aos meios consensuais da conciliação e da negociação (conforme os termos do artigo 42 da Lei de Mediação).

[403] Conforme supramencionado, defende-se a aplicação analógica e extensiva da normativa em testilha ao meio consensual da negociação, desde que seja possível comprovar o início e fim do procedimento.

Nada obstante, também do ponto de vista de conveniência política, haja vista a própria Política Pública de Tratamento Adequado dos Conflitos de Interesses no âmbito do Poder Judiciário promovida pelo CNJ, bem como o propósito de se fomentar a justiça conciliativa na sociedade brasileira, é possível argumentar-se pela verificação de existência ou não do interesse de agir da parte autora que consentiu com a convenção de resolução consensual de conflitos – é o que se verá adiante, no Capítulo 5, especialmente com relação a decisões envolvendo matéria consumerista e à determinação de uso da negociação transformada pela tecnologia.

4.3.2. Requisito de admissibilidade, sob pena de extinção do processo, sem julgamento do mérito

Tendo em conta que haveria uma chance de o conflito ser resolvido pelo meio consensual e, consequentemente, a intervenção do judiciário/tribunal arbitral seria evitada, numa perspectiva de contraposição da convenção de resolução consensual de conflitos e do interesse de agir, é possível defender que a resposta processual a ser dada à parte recalcitrante a tentar o meio consensual deva ser a extinção da ação judicial prematuramente iniciada, sem resolução de mérito, por falta de requisito de admissibilidade do julgamento do mérito, conforme os ditames do artigo 485, VI, do Código de Processo Civil[404].

Lipiani e Siqueira compartilham do entendimento quanto à extinção do processo, sem resolução do mérito, quando há descumprimento da convenção de resolução consensual de conflitos prévia e obrigatoriamente ao ingresso em juízo:

> A inobservância deste pacto de mediação/conciliação extrajudicial prévia obrigatória (...) deverá ensejar a extinção da ação sem resolução do mérito, por ausência de interesse processual, com base no art. 485, inciso VI, do CPC.[405]

[404] Aliás, ressalta-se novamente disposição que existiu no passado, no Artigo 161, da Constituição do Império: "Sem se fazer constar, que se tem intentado o meio da reconciliação, *não se começará Processo algum*", destaques não originais.

[405] Lipiani; Siqueira, 2018, p. 157.

Por conseguinte, percebe-se que, ao se defender a extinção do processo por falta de interesse processual, em vista da falta de cumprimento da obrigação de tentar-se realizar o meio consensual decorrente da convenção de resolução de conflitos, haveria uma aproximação entre os regimes legais brasileiro e francês. De acordo com o direito processual francês e embasamento jurisprudencial da *Court de Cassation*, a cláusula de mediação/conciliação constitui um "*fin de non-recevoir*"[406], cuja consequência é a inadmissibilidade e rejeição da ação judicial por meio de decisão sem análise do mérito e com força de coisa julgada[407]. Assim, o regime legal francês reconhece os efeitos processuais da cláusula de mediação/conciliação, determinando-se o "*fin de non-recevoir*" da ação judicial como verdadeira sanção processual que decorre da falha do direito de ação.

É possível antever críticas direcionadas à resposta processual ora aludida. O argumento da economia processual e consequente aproveitamento de atos processuais é bastante persuasivo. Porém, tendo como finalidade precípua da justiça consensual o amplo e adequado acesso à justiça, buscando-se por via transversa uma resposta à crise do monopólio estatal de resolução de conflitos e à sobrecarga de processos judiciais, alguns estudiosos encontram fundamento na aplicação de requisito de admissibilidade e consequente decisão pela extinção da ação, sem resolução do mérito, como forma de incentivo à mudança da mentalidade litigiosa da sociedade[408].

Ademais, conforme Chiesi Filho esclarece, não seria possível alegar que tal resposta processual (que ele chama de "aplicação do direito processual de maneira plena") representaria um obstáculo ao acesso à justiça, visto que, ao extinguir um processo, por carência de ação, ante a falta de interesse processual, o juiz está efetivamente oferecendo uma

[406] "*En retenant la sanction de la fin de non-recevoir, la Chambre mixte dans son arrêt du 14 février 2003 s'est clairement opposée à toute idée de suspension de l'instance engagée au mépris de la clause de médiation. Les juges ne pourront donc retenir ni une exception dilatoire (1) ni une cause de sursis à statuer (2).*" (Huchet, 2007, p. 125). Em tradução livre: "Ao manter a sanção de *fin de non-recevoir*, a *Chambre mixte* em seu julgamento de 14 de fevereiro de 2003 se opôs claramente a qualquer ideia de suspensão de processo iniciado em desacordo com a cláusula de mediação. Os juízes não poderão, portanto, aceitar uma exceção dilatória (1) nem uma causa de suspensão do processo (2)."

[407] Ibid., p. 120, 127, 130 e 204.

[408] Além de Lipiani e Siqueira, conforme visto, também em Chiesi Filho, 2019, p. 145.

prestação jurisdicional à parte (o juiz tem que dizer o direito processual, que também é direito)[409]. A garantia constitucional de acesso à justiça deve observada sob a perspectiva de uma trava de segurança para conter eventuais iniciativas legislativas que visem a suprimir a cognição judicial de conflitos em afronta à lei e à própria Constituição, contudo, conforme leciona MANCUSO, "[o] direito de ação não é absoluto, nem potestativo, mas (muito) condicionado", especialmente ao se considerar a necessidade de esgotamento das vias dos MASCs[410].

Outrossim, COSTA defendendo a criação de categorias técnico-processuais de filtragens de demandas inviáveis, como é o caso da legitimidade e do interesse processual, indica que tal criação "é necessária para a concretização do postulado de efetividade do processo"[411], ressaltando CHIESI FILHO que isso não representa uma afronta à garantia constitucional da inafastabilidade da jurisdição[412].

Com efeito, não se mostra proveitoso, nem condizente com o regular exercício do direito de ação que, tendo em consideração o caso concreto, seja permitido ao autor da ação movimentar a máquina judiciária e submeter a parte contrária a um processo judicial custoso sem demonstrar, previamente, que houve o preenchimento dos requisitos de admissibilidade, do binômio "necessidade-adequação" frente à utilidade

[409] CHIESI FILHO, Op. cit., p. 102.

[410] "Por certo, no rol de *condicionantes legítimas* do acesso à justiça, pontificam-se as *condições da ação*, seja por definição – já que se trata de um direito subjetivo público *muito condicionado* – seja porque, notadamente o *interesse de agir* – necessidade/utilidade da resposta jurisdicional – hoje é de se ter como atendido quando demonstrado o anterior esgotamento de outros meios e modos, auto ou heterocompositivos, idôneos a prevenir ou resolver o conflito." (MANCUSO, 2015, p. 226 e 237, destaques em itálico originais e sublinhados não originais).

[411] COSTA, 2017, p. 284.

[412] "Tais requisitos, assim como a necessidade de legitimação ordinária ou extraordinária, das partes e o interesse processual, são demonstrações da existência de condicionantes legítimas e legalmente previstas para o exercício do direito de ação, sem que isso represente uma afronta à garantia constitucional da inafastabilidade da jurisdição." (CHIESI FILHO, 2019, p. 109 e 115). Vide ainda, conforme pontua BEDAQUE: "(...) o direito processual de ação, como direito ao provimento jurisdicional, com toda as garantias a ele inerentes, é assegurado constitucionalmente. Mas o exercício desse poder está sujeito a determinadas regras previstas na legislação ordinária. Daí a noção de pressupostos processuais e de condições da ação, que representam os requisitos necessários a que o órgão jurisdicional possa satisfazer o direito de ação, fornecendo a prestação jurisdicional pleiteada." (BEDAQUE, 1991, p. 53).

do procedimento[413]. A própria Constituição Federal afirma em seu preâmbulo a busca pela solução pacífica das controvérsias, sendo certo que, muitas vezes, a ordem jurídica justa se concretiza fora do Poder Judiciário.

Portanto, diante da perspectiva de que da convenção de resolução consensual de conflitos, como negócio jurídico processual, decorre um efeito negativo, um impedimento, mesmo que transitório, de recurso ao meio adjudicatório, resultante de técnica de filtragem de demanda inviável, observa-se um posicionamento doutrinário que defende que, uma vez desrespeitado tal efeito negativo, a resposta processual do juiz ou tribunal arbitral seria a inadmissibilidade da demanda, determinando-se a extinção do processo, sem resolução do mérito.

4.3.3. Condição suspensiva do processo

Como contraposição à perspectiva de extinção do processo na hipótese de descumprimento de convenção de resolução consensual de conflitos, observa-se posicionamento doutrinário que defende, como possível efeito processual decorrente da convenção, a determinação da suspensão do processo pelo juiz/tribunal arbitral para que as partes tentem realizar o meio consensual, isto é, participem da sua primeira reunião.

Para GUERRERO, a convenção de resolução consensual de conflitos invariavelmente atuaria como uma condicionante do processo civil ou arbitral, que não poderia prosseguir enquanto o meio consensual não se realizar, não se tratando, portanto, de um impedimento que levaria à extinção processual:

> A convenção de solução de controvérsias de mediação e conciliação, por exemplo, não teria um efeito negativo sobre o processo civil ou o processo arbitral, mas atuaria como uma condição suspensiva destes. Vale dizer, enquanto a mediação ou a conciliação não se realizar, o método de solução de controvérsias jurisdicional e vinculativo intentado por uma das partes não poderá prosseguir. A ligação, nesse caso, não é com a existência do processo e sim com a sua validade. O reconhecimento da existência de um método de solução de controvérsias não jurisdicional não impedirá absolutamente que os métodos jurisdicionais atuem.

[413] ABBOUD, Georges; SANTOS, José Carlos Van Cleef de Almeida. Seção III: do indeferimento da Petição Inicial. Artigo 330. In: WAMBIER, Teresa Arruda Alvim *et al.* **Breves comentários ao novo código de processo civil**. 3ª ed. São Paulo: Revista dos Tribunais, 2016, p. 937.

> *Tratar-se-á apenas de uma condicionante, não de um impedimento que deve levar à extinção do processo.*[414]

HUCHET destaca os benefícios de se adotar o posicionamento pelo efeito suspensivo da convenção de resolução consensual de conflitos:

> *Le recours à l'exception dilatoire a le mérite de respecter une certaine cohérence dans le comportement procédural des parties. En effet, il est fréquent que l'inexécution de la clause de médiation soit invoquée par l'une des parties au seuil de l'instance; cette position permet ainsi au juge de faire respecter le préliminaire de médiation en renvoyant ces dernières au respect de leur volonté initiale mais aussi de garantir aux parties un règlement plus rapide de leur litige car le juge n'est pas dessaisi de l'affaire.*[415]

Logo, para HUCHET, garantir maior agilidade na eventual retomada do processo judicial se apresenta como um relevante benefício da resposta processual pela suspensão da ação judicial para que as partes sejam remetidas ao procedimento consensual. Outrossim, com a mera suspensão do processo, aproveitam-se os atos processuais realizados e o juiz natural.

É possível que o efeito suspensivo do processo decorra de pronto da declaração de vontade das partes. É o que estabelece o artigo 16 da Lei de Mediação[416], que prevê a convivência da medição com o processo judicial/arbitral nas bases da suspensão[417], bem como o artigo 23 da Lei de Mediação[418], com relação à cláusula escalonada que combina a mediação

[414] GUERRERO, 2015, p. 115, destaques não originais.

[415] HUCHET, 2007, pp. 127-128. Em tradução livre: "O recurso à exceção dilatória tem o mérito de respeitar uma certa consistência na conduta processual das partes. Com efeito, o descumprimento da cláusula de mediação é frequentemente invocado por uma das partes no âmbito do processo; esta posição permite, portanto, ao juiz fazer cumprir a mediação preliminar, fazendo-os respeitar os seus desejos iniciais, mas também garantindo às partes uma resolução mais rápida do seu litígio porque o juiz não é afastado do caso."

[416] "Art. 16. Ainda que haja processo arbitral ou judicial em curso, as partes poderão submeter-se à mediação, hipótese em que requererão ao juiz ou árbitro a suspensão do processo por prazo suficiente para a solução consensual do litígio."

[417] GUERRERO, Op. cit., p. 115.

[418] "Art. 23. Se, em previsão contratual de cláusula de mediação, as partes se comprometerem a não iniciar procedimento arbitral ou processo judicial durante certo prazo ou até o

com a arbitragem ou o processo judicial, o qual, conforme se entende, pode ser aplicado analogicamente aos outros meios consensuais[419]. As partes são livres para celebrar negócio jurídico processual que determine que a ação judicial/arbitragem deva ser suspensa para que o meio consensual seja intentado. Em termos de redação de cláusulas escalonadas, como já observado, faz-se relevante determinar expressamente o período de suspensão, seja para fins de implementação de uma convenção precisa e vinculante, seja para resguardo das partes com relação ao momento de retomada do exercício do direito de ação.

Nesse sentido, ressalta-se o artigo 14 da Lei Modelo da UNCITRAL "*on International Commercial Mediation and International Settlement Agreements Resulting from Mediation*" que favorece a exequibilidade do meio consensual ao indicar que o tribunal estatal ou arbitral deverá dar efetividade à determinação das partes quanto ao período ou à implementação de condição para realização da mediação:

> ***Article 14. Resort to arbitral or judicial proceedings***
> *Where the parties have agreed to mediate and have expressly undertaken not to initiate during a specified period of time or until a specified event has occurred arbitral or judicial proceedings with respect to an existing or future dispute, such an undertaking shall be given effect by the arbitral tribunal or the court until the terms of the undertaking have been complied with, except to the extent necessary for a party, in its opinion, to preserve its rights. Initiation of such proceedings is not of itself to be regarded as a waiver of the agreement to mediate or as a termination of the mediation proceedings.*[420]

implemento de determinada condição, o árbitro ou o juiz suspenderá o curso da arbitragem ou da ação pelo prazo previamente acordado ou até o implemento dessa condição."

[419] De acordo com os termos do artigo 42 da Lei de Mediação.

[420] Em tradução livre: "Artigo 14. Recurso a procedimentos arbitrais ou judiciais. Quando as partes concordaram em mediar e se comprometeram expressamente a não iniciar um processo arbitral ou judicial em relação a uma disputa existente ou futura durante um determinado período ou até que um determinado evento tenha ocorrido, o tribunal arbitral ou a corte judicial dará efeito a tal compromisso, até que os termos deste tenham sido cumpridos, exceto na medida necessária para que uma das partes, em sua opinião, preserve os seus direitos. O início de tais processos não deve, por si só, ser considerado como uma renúncia ao acordo para mediar ou como um encerramento do processo de mediação."

Além do mais, conforme visto, a resposta processual ora proposta, especialmente com relação a convenções de meios consensuais cuja realização é prevista previamente ao meio adjudicatório, alinha-se com a prática dos tribunais britânicos. O processo judicial/arbitral não é extinto, mas tão somente suspenso diante de uma convenção de resolução consensual de conflitos, cuja redação, ressalta-se, novamente, não seja ambígua e defina claramente os parâmetros que fundamentem os efeitos vinculantes.

Assim, buscando resguardar-se e aproveitar-se dos atos processuais já praticados, o juiz ou o tribunal arbitral determinará a suspensão do processo para fins de tentativa do meio consensual, assinalando-se prazo para tanto, se este não for previsto pelas partes[421].

Tal resposta processual parte da ótica de uma condição suspensiva do processo, sem compreender a inércia do autor para intentar o meio consensual como um impedimento que levaria à extinção da ação[422] – o que, de todo modo, entende-se, não obstaria a aplicação de penalidades processuais pelo juiz/árbitro em vista do comportamento adotado pelo autor, especialmente após a determinação do período suspensivo para nova tentativa do meio consensual[423]. Dessa forma, transcorrido o prazo suspensivo para nova tentativa do meio consensual previsto contratual-

[421] Com relação ao procedimento de mediação, o artigo 22, §2º, I, da Lei de Mediação determina que, na ausência de previsão contratual pelas partes, o prazo para realização da mediação seria de no mínimo dez dias úteis e no máximo de três meses. Tal disposição legal poderia servir ao juiz/árbitro para definir o prazo suspensivo para a conciliação e a negociação, se as partes não acordarem de modo diverso.

[422] Conforme observada a opinião de Guerrero, o efeito meramente suspensivo decorrente da convenção de resolução consensual de conflitos se dá considerando exclusivamente a natureza contratual desta e não do "MASC como algo que afete o interesse de agir", além de que, tal natureza contratual também possibilita a imposição de obrigações contratuais à parte que deixar de realizar o meio consensual: "(...) Tratar-se-á apenas de uma condicionante, não de um impedimento que deve levar à extinção do processo. (...) Conforme descrito, os MASCs são legitimados socialmente, e a visualização de tais cláusulas como instrumentos exclusivamente contratuais pode dar abertura para criação de obrigações da parte recalcitrante." (Guerrero, 2015, p. 85 e 115).

[423] Aliás, em termos de aplicação de penalidades para a parte que não realizar o meio consensual durante o período suspensivo determinado como condicionante processual, conforme será observado adiante, é da prática dos tribunais da Inglaterra e País de Gales impor sanção pecuniária contra a parte que injustificadamente recusar a tentativa de realização dos MASCs sugerida pela outra parte ou pelo tribunal.

mente, sem êxito, a condicionante processual seria considerada cumprida e o processo judicial/arbitral poderia seguir o seu trâmite.

A mesma conclusão se apresenta com relação à pactuação das partes quanto à realização do meio consensual incidentalmente ao processo adjudicatório, como é o caso, por exemplo, da cláusula "arb-med". O processo judicial/arbitral seria suspenso, em decorrência do efeito processual suspensivo determinado contratualmente, para que as partes intentassem o meio consensual. Na hipótese de insucesso da resolução consensual, transcorrido o prazo para tanto ou tendo as partes concordado com a finalização do procedimento consensual, o processo adjudicatório seria retomado. De todo modo, na hipótese de o autor e/ou o réu apresentarem comportamento desleal ou até mesmo protelatório com relação à participação, ao menos, na primeira reunião do meio consensual, entende-se que tal comportamento poderia ser discutido no processo adjudicatório, estando sujeito à aplicação de penalidades processuais e, se existentes, contratuais.

Conforme debatido ao longo deste trabalho, em vista da nova concepção de acesso *adequado* à justiça, também não há que se falar em restrição ao direito de ação diante da suspensão processual para realização do meio consensual. Tampouco seria possível afirmar que o acesso à justiça seria obstaculizado ante a suspensão do processo para que as partes intentem o meio consensual incidentalmente[424].

Diante das duas perspectivas ora delineadas quanto às respostas processuais face à convenção de resolução consensual de conflitos, cuja realização se dá previamente ao processo judicial ou a arbitragem, e tendo-se em conta que a extinção do processo, sem resolução do mérito, por carência da ação, pode ser compreendida como uma resposta pedagógica, porém, desproporcional – já que são incorridas custas com o início da ação judicial/procedimento arbitral, despesas com a representação processual, bem como taxas administrativas de instituições arbitrais, as quais seriam desperdiçadas –, e que, em contrapartida, existe uma preo-

[424] Para Salles: "Não parecem os pressupostos ou condições da ação ser ontologicamente diferentes de requisitos que poderiam ser estabelecidos, impondo às partes lançar mão, previamente, de meios alternativos de solução de controvérsias, como se discute em relação à mediação, para ter acesso à prestação jurisdicional estatal. Nota-se, a propósito, tratar apenas de um requisito, não propriamente de uma exclusão da apreciação judicial." (Salles, 2006, p. 782-783).

cupação com a promoção de uma cultura de pacificação e resposta à crise do monopólio estatal de resolução de disputas, não necessariamente reconhecida com a mera suspensão e retomada do processo diante da falta de disposição do autor de realizar o meio consensual, defende-se uma visão mais eclética com relação ao interesse de agir, a qual será descrita a seguir.

4.4. Requisito de admissibilidade cujo efeito negativo é postergado

Buscando conciliar um interesse, inclusive de política pública e judiciária, de incentivo aos meios consensuais e uma resposta processual proporcional e alinhada à economia e aproveitamento de atos processuais, defende-se que a tentativa de realização do meio consensual previamente ao meio adjudicatório, conforme determinado em convenção de resolução consensual de conflitos, constitui requisito de admissibilidade do provimento jurisdicional que, uma vez não verificado, não levaria, em um primeiro momento, à extinção do processo, mas sim à sua suspensão[425]. À parte autora seria dada a oportunidade de implementar o requisito faltante e, não ocorrendo sequer a primeira reunião do meio consensual por sua inércia, não será constatada a existência do seu interesse de agir e da necessidade, adequação e, até mesmo, utilidade da via judicial, o que, nesse segundo momento, resultará na extinção do processo, sem julgamento do mérito.

Nota-se que a posição eclética ora defendida, partindo-se da tendência de processualistas de agrupamento das condições da ação e dos pressupostos processuais na categoria de requisitos de admissibilidade do julgamento do mérito[426], está em consonância com a atual dinâmica

[425] Chiesi Filho, alternativamente à proposta de extinção do processo, sem resolução do mérito, tendo em vista o ajuizamento de ações carentes de interesse processual, especialmente no que se refere à necessidade real da jurisdição do Estado para a resolução da controvérsia, considera que o juiz pode buscar uma medida menos extrema, "uma maneira de evitar a prolação de uma sentença sem resolução do mérito, desde que isso seja possível", haja vista o artigo 317, do Código de Processo Civil, que trata do dever do juiz de conceder à parte oportunidade para, se possível, corrigir o vício, antes de proferir decisão sem resolução de mérito (Cf. Chiesi Filho, 2019, p. 147).

[426] "A ordem processual só outorga o *efetivo direito ao julgamento de mérito* a quem esteja amparado pelas condições da ação (...) e também seja capaz e se apresente adequadamente representado, dirija-se a juiz legitimamente investido e realize todos os atos processuais aptos a conduzir ao dever judicial de prover sobre a demanda inicial. Estamos diante de um *conceito*

proposta pelo artigo 317 do Código de Processo Civil quanto a se possibilitar o saneamento de vício processual antes de o juiz proferir decisão sem resolução do mérito. Logo, a ausência de requisito de admissibilidade de julgamento do mérito, num primeiro momento, causa a suspensão do processo, e, posteriormente, a sua extinção se houver insistência na inércia da parte autora de intentar o meio consensual.

Dessa forma, diante da verificação pelo juiz/árbitro, em cognição sumária e conforme alegado pelo autor, da inexistência de realização da primeira reunião do meio consensual ou do conhecimento do descumprimento da convenção de resolução consensual pela parte autora da ação judicial/arbitragem de acordo com a manifestação, em contestação, da parte descontente, pugna-se que o magistrado/árbitro declare a força vinculante da convenção, suspendendo o processo e encaminhando as partes ao meio consensual. Se no decurso da realização do meio consensual, ocorrerem mútuas concessões entre as partes com a celebração de uma transação que ponha fim à demanda, o processo judicial/arbitral

dinâmico da ação, como um poder que só é uma realidade efetiva e útil quando concretamente estiverem presentes todos os chamados *pressupostos de admissibilidade do julgamento do mérito*. Mesmo aquele que *tenha ação* só terá o efetivo poder de exigir o provimento de mérito (e o juiz só terá o *dever* de pronunciá-lo) quando satisfeitos todos esses requisitos (sobre a ação exercida e o direito à tutela jurisdicional) (...). Pelo disposto nos incisos do art. 485 do Código de Processo Civil são causas de extinção do processo por ausência de pressupostos de admissibilidade do provimento de mérito (...). Essa premissa sistemática legitima a exigência de uma demanda regularmente deduzida como elemento indispensável à constituição de um processo viável. Essa exigência, qualificada como um *pressuposto processual,* inclui a própria apresentação de uma demanda e a presença de certos requisitos nela, tal como a narração de fatos que em tese sejam suficientes para a outorga da tutela jurisdicional." (DINAMARCO, Cândido Rangel. **Teoria Geral do Novo Processo Civil.** São Paulo: Malheiros, 2016, p. 179-180, destaques originais). COSTA menciona uma tendência generalizada entre os processualistas que acatam a teoria de Liebman de classificação dos pressupostos processuais e condições da ação de maneira agrupada na categoria batizada de pressupostos de admissibilidade do provimento jurisdicional (Cf. COSTA, 2005, p. 121). Vide ainda: "Assim, deixando o interessado de obter a proteção jurisdicional por defeito ou ausência de algum dos requisitos integrantes dos pressupostos processuais e das condições da ação, frustra-se o objetivo maior do Estado-Juiz, que é a pacificação social por intermédio da solução de conflitos de interesses qualificados, através da prolação de uma sentença de mérito. Por isso se diz que os pressupostos processuais e as condições da ação reúnem-se na categoria de *requisitos de admissibilidade do julgamento do mérito.*" (FIGUEIRA JÚNIOR, Joel Dias. A Metodologia no Exame do Trinômio Processual: Pressupostos Processuais, Condições da Ação e Mérito da Causa. In: **Revista de Processo**, vol. 72, 1993, p. 336).

será extinto, com resolução do mérito, se homologado o instrumento de transação[427].

Quando da suspensão do processo para que as partes intentem o meio consensual, caberia ao magistrado/árbitro esclarecer que as partes deverão seguir os ditames legais e contratuais para a realização do procedimento consensual e atentarem-se para a possibilidade de extinção do processo, sem resolução do mérito, caso a parte autora deixe de buscar a realização do meio consensual, bem como para a imposição de penalidade contratual ou legal para a parte convidada que faltar à primeira reunião de mediação/conciliação[428].

A despeito de se sustentar que a tentativa de realização do meio consensual constitui requisito de admissibilidade do julgamento do mérito, entende-se que ela não representa matéria afeta à ordem pública processual. O artigo 337, X, §5º, do Código de Processo Civil expressamente estabelece que a convenção de arbitragem não se refere à matéria que o juiz conhecerá de ofício, ou seja, depende de o réu apresentá-la em sua contestação como exceção à jurisdição estatal[429]. Defende-se que a mesma lógica se aplica à convenção de meios consensuais[430]. Assim, na hipótese de o autor deixar de mencionar que as partes não intentaram o meio consensual previamente ao seu ingresso em juízo e o réu não se opor quanto à necessidade de tentativa do meio consensual, entende-se que haverá um distrato tácito da convenção de resolução consensual de conflitos.

427 Conforme artigo 487, III, b, do Código de Processo Civil.

428 De acordo com o inciso IV, do artigo 22 e IV, do §2º, do artigo 22, da Lei de Mediação. Na hipótese de convenção de negociação, entende-se que, conforme debatido, somente haveria o risco de aplicação de penalidade se prevista contratualmente pelas partes.

429 Em sede de arbitragem, a exceção quanto à jurisdição do tribunal arbitral também constituiu matéria que depende de alegação pelo réu "na primeira oportunidade que tiver de se manifestar, após a instituição da arbitragem", de acordo com o artigo 20, da Lei de Arbitragem.

430 Conforme Didier Júnior esclarece, o fato do inadimplemento do negócio jurídico processual deve ser alegado pela parte contrária no primeiro momento que lhe couber se manifestar, caso contrário, "considera-se que houve novação tácita e, assim, preclusão do direito de alegar o inadimplemento." (Didier Júnior, 2017, p. 180). Como visto, o distrato tácito de convenção consensual também é considerado pelos tribunais franceses que, a partir do "*l'arrêt Poiré*", determinam que "*fin de non-recevoir*" somente se impõe ao juiz se as partes o invocarem.

Em resumo, vislumbram-se as seguintes hipóteses e considerações acerca da verificação do interesse de agir, tendo em vista a convenção de resolução consensual de conflitos:

(i) Se o autor alegar em sua petição inicial a realização do meio consensual ou desinteresse de ambas as partes, porém, for contestado pelo réu e o juiz/árbitro verificar que inexiste o requisito de admissibilidade do julgamento do mérito – o autor não buscou realizar o meio consensual –, sustenta-se que o processo judicial ou o procedimento arbitral deva ser suspenso para a tentativa de realização da primeira reunião do meio consensual, sob pena de sua extinção. Ademais, ao juiz/tribunal arbitral facultará aplicar penalidades processuais (tais como a de litigância de má-fé, haja vista o comportamento processual da parte autora de alegar interesse de agir inexistente) como uma trava de segurança[431], especialmente quando a parte recalcitrante faz uso indevido da estrutura da jurisdição estatal para obter vantagem[432]. Assim, a efetivação do requisito processual ligado à convenção de resolução consensual de conflitos ocorre a partir do mero comparecimento à primeira reunião e qualquer discussão quanto ao aspecto da boa-fé dar-se-á com relação à atuação prévia ou incidental das partes no procedimento consensual[433].

(ii) Se, diante da determinação judicial ou do tribunal arbitral quanto à suspensão do processo para que as partes intentem o meio

[431] CHIESI FILHO, 2019, pp. 109 e 140.

[432] Principalmente considerando que, como aponta CHIESI FILHO, em disputas envolvendo matéria consumerista, o que se verifica na prática é que quando uma tentativa de obtenção de vantagem indevida é frustrada, a mera consequência processual que se observa na prática forense é a improcedência dos pedidos, sem determinação de custas judiciais ou honorários de sucumbência a serem pagos nos Juizados Especiais (Ibid., pp. 87, 140, 148-149 e 172).

[433] Para KAYALI, com relação aos meios consensuais: "*(...) what is enforced in these procedures is not cooperation and consent but participation in a process from which cooperation and consent may come. (...) Furthermore, good faith in ADR context implies a duty on parties to conduct negotiations in a proper and constructive way.*" (KAYALI, 2010, pp. 569-570). Em tradução simples: "(...) o que se impõe nesses procedimentos não é a cooperação e o consentimento, mas a participação em um processo do qual podem vir a cooperação e o consentimento. (...) Além disso, a boa-fé no contexto dos ADR implica o dever das partes de conduzir as negociações de maneira adequada e construtiva."

consensual, a parte autora se quedar inerte, não convidando a parte ré para a primeira reunião de mediação ou desta não participar, o juiz/árbitro deverá extinguir o processo, sem resolução do mérito, visto que a parte autora não demonstrou interesse de agir. Enquanto a via consensual não for previamente realizada, conforme o pactuado, entende-se que a via adjudicatória ainda não constitui o caminho adequado para a resolução da demanda.

(iii) Se, em contrapartida, o autor buscar realizar a primeira reunião e o réu se fizer ausente, o processo judicial/arbitral prosseguirá e o comportamento adotado por este poderá ser avaliado pelo juiz/tribunal arbitral como desleal e até mesmo contraditório ou protelatório, especialmente se ele tiver sinalizado previamente interesse em participar, não somente a partir da celebração da convenção de resolução consensual de conflitos. Se avaliado como um comportamento processual inadequado do réu, merecedor de reprovação, o juiz/tribunal arbitral poderá levá-lo em consideração quando da aplicação de penalidades processuais e da alocação de responsabilidades e custas entre as partes em futura sentença. Ademais, na hipótese de convenção de mediação ou conciliação, o réu também estará sujeito às penalidades legais e/ou contratuais, e, sendo o caso de convenção de negociação, a eventuais penalidades contratuais.

(iv) Se o autor ingressar com ação judicial ou iniciar procedimento arbitral, uma vez que o réu expressou o seu desinteresse pela tentativa de realização do meio consensual, porém, este, posteriormente, contesta a falta de implementação do meio consensual, ao autor caberá comprovar a sua iniciativa de convidar o réu para a primeira reunião do meio consensual e a recusa deste para fins de se afastar o efeito negativo postergado decorrente do requisito de admissibilidade do provimento jurisdicional e seguir-se com o processo judicial/arbitral. Nessa hipótese, também se compreende que faculta ao autor discutir a boa-fé processual do réu (valendo-se de manifestações de proteção à boa-fé, por exemplo: *exceptio doli, venire contra factum proprium, supressio* e *tu-quoque*) e buscar a aplicação das penalidades processuais cabíveis.

Conforme visto, levando em consideração os ditames do artigo 22, §2º, da Lei de Mediação, a cláusula de mediação/conciliação ou negociação "vazia" prescinde de ação judicial que busque determinar os seus requisitos e condições essenciais – tal qual ocorre na hipótese de ação judicial para celebrar o compromisso arbitral em juízo, nos termos dos artigos 6º e 7º da Lei de Arbitragem, para fins de instituição da arbitragem, isto é, para a nomeação do tribunal arbitral[434].

Não há razão, nem efeito prático satisfatório com a apresentação de pedido de ressarcimento por perdas e danos em vista de descumprimento contratual da convenção de resolução de conflitos[435]. Invariavelmente, a comprovação do dano sofrido e a sua quantificação constituem um ônus extremamente gravoso à parte irresignada. Ademais, eventual pedido de execução específica não surtiria outro efeito que o encaminhamento das partes para a primeira reunião de mediação/conciliação

[434] Importa ressaltar que no texto inicial do Projeto de Lei do Senado nº 517, de 2011, que originou o Projeto de Lei nº 7.169, de 2014, o qual, por sua vez, foi convertido na Lei de Mediação, o artigo 16 previa, na hipótese de haver resistência quanto à "convenção através da qual as partes em um contrato comprometem-se a submeter à mediação os litígios que possam vir a surgir", um procedimento similar ao da denominada ação de execução específica da cláusula compromissória (esta determinada pelo artigo 7º da Lei de Arbitragem): "Art. 16. Existindo cláusula compromissória e havendo resistência quanto ao comparecimento na reunião inicial de mediação, poderá a parte interessada requerer a citação da outra parte para comparecer em juízo a fim de requerer mediação judicial, designando o juiz audiência especial para tal fim. § 1º O autor indicará, com precisão, o objeto da controvérsia, instruindo o pedido com o documento que contiver a cláusula compromissória. § 2º Se a cláusula compromissória nada dispuser sobre a nomeação de mediadores, caberá ao juiz, ouvidas as partes, encaminhá-las à mediação judicial. § 3º A ausência da parte requerente, sem justo motivo, à audiência designada para o encaminhamento à mediação judicial importará a extinção do processo sem julgamento de mérito. § 4º Não comparecendo a parte requerida à audiência, caberá ao juiz, ouvido o autor, encaminhar o caso à mediação judicial." Disponível em: <https://legis.senado.leg.br/sdleg-getter/documento?dm=4485085&ts=156752831099 3&disposition=inline>. Acesso em: 11 nov. 2019. Tal previsão não foi recepcionada pela Lei de Mediação, existindo, em alternativa, a previsão dos requisitos mínimos da convenção de mediação, conforme o artigo 22, § 2º, caso esta seja incompleta.

[435] "Antes, o descumprimento dessa cláusula [escalonada] era entendido como o de qualquer outro do contrato, ou seja, convertido em perdas e danos. Com o advento da lei de mediação, que entrou e vigor em dezembro 2015, a tentativa de autocomposição passa a ser uma condição de procedibilidade ao método seguinte. Ou seja, as partes ficam vinculadas àquele método e somente quando o superarem, com o advento do acordo, da condição ou do tempo estabelecidos é que podem acionar, por exemplo, a arbitragem." (Mello; Castro, 2018).

ou negociação, levando-se em consideração os critérios definidos legalmente, conforme o artigo 22, §2º, da Lei de Mediação, naquilo que se aplicar ao meio consensual específico.

Por conseguinte, na hipótese de a tentativa de se realizar o meio consensual restar frustrada, faculta à parte descontente requerer ao juiz/árbitro diretamente no bojo do processo[436], que a convenção de resolução consensual de conflitos seja respeitada e implementada, ou seja, ao menos, com a primeira reunião do meio consensual; sendo que, o afastamento do efeito negativo postergado decorrente da convenção de resolução consensual de conflitos dependeria tão somente da comprovação de que a parte contrária não participou da primeira reunião.

Se, a despeito do requerimento da parte irresignada quanto à ausência de interesse de agir do autor ou da verificação em cognição sumária, conforme alegação do autor, quanto à inexistência de interesse de agir, o juiz/árbitro não decidir pelo efeito negativo com a suspensão do processo, nem pela sua extinção, sem resolução do mérito, comprovado que o autor se recusou novamente a realizar o meio consensual durante o período suspensivo, seria possível combater a decisão judicial/arbitral? Entende-se que sim.

Diante de sentença judicial que, *in statu assertionis*, conforme alegação do autor, ou após contestação da parte irresignada, não declarar a inexistência de interesse de agir da parte inadimplente, a pedido da parte irresignada, deixando de suspender o processo e, eventualmente, de extingui-lo, por inércia da parte autora de intentar o meio consensual durante o período suspensivo, poderá a parte irresignada apresentar apelação contra sentença que não extinguiu o processo por carência de ação, sem julgamento do mérito.

Já na hipótese de sentença arbitral, considerando as mesmas circunstâncias em relação à cognição sumária do tribunal acerca da inexistência de requisito de admissibilidade do julgamento do mérito, conforme ale-

436 "O inadimplemento da prestação de um negócio jurídico processual autoriza que se peça a execução da prestação devida ou a implantação da situação jurídica pactuada. Essa execução, diferentemente do que ocorre com a execução de negócios jurídicos não processuais, dá-se no bojo do próprio processo, sem necessidade de ajuizamento de uma ação executiva. Por simples petição, a parte lesada pelo inadimplemento pede ao juiz 'que exija da parte contrária o respeito ao pactuado ou simplesmente ponha em prática a nova sistemática processual firmada na convenção'." (Didier Júnior, 2017, p. 180-181).

gação do requerente, ou em relação à alegação comprovada por parte do requerido quanto ao descumprimento da convenção de resolução consensual de conflitos, entende-se possível a proposição de ação anulatória perante o Poder Judiciário, com base nos artigos 21[437] e 32, IV[438], da Lei de Arbitragem. Dessa forma, a ação anulatória teria como fundamento o desrespeito da sentença arbitral ao procedimento estabelecido pelas partes na convenção de resolução de conflitos, isto é, à autonomia da vontade das partes, a partir da qual decorre a própria jurisdição do tribunal arbitral[439].[440]

4.5. Obrigatoriedade da "audiência" prévia de mediação/conciliação e "cláusula *opt out*"

O presente subcapítulo tem como objetivo analisar a possibilidade e conveniência da celebração de negócio jurídico processual que busca afastar a realização da mediação/conciliação processual obrigatória prévia, conforme os ditames do artigo 334 do Código de Processo Civil, haja vista toda uma perspectiva de incentivo à mediação/conciliação, tanto alhures, quanto no ambiente doméstico.

É preciso esclarecer, primeiramente, que se defende que o termo legal "audiência de conciliação ou de mediação" é atécnico. A audiência de mediação/conciliação não se trata de uma audiência judicial, tal qual

[437] "Art. 21. *A arbitragem obedecerá ao procedimento estabelecido pelas partes na convenção de arbitragem*, que poderá reportar-se às regras de um órgão arbitral institucional ou entidade especializada, facultando-se, ainda, às partes delegar ao próprio árbitro, ou ao tribunal arbitral, regular o procedimento.", destaques não originais.

[438] "Art. 32. É nula a sentença arbitral se: (...) IV – for proferida fora dos limites da convenção de arbitragem."

[439] Carmona, 2009, pp. 26-27 e 64-65.

[440] No já mencionado caso decidido pelo TJPR (BRASIL. Tribunal de Justiça do Paraná. Seção da 7ª Câmara Cível. Apelação nº 1668801-0. **Diário da Justiça do Estado do Paraná**, Curitiba, PR, 22 ago. 2017. Disponível em: <https://portal.tjpr.jus.br/consulta-processual/publico/b2grau/consultaPublica .do?tjpr.url.crypto=8a6c53f8698c7ff72d6c5e2eb4a83ec933a1dea187afdfd2e7a90266413c0a62>. Acesso em: 10 jan. 2020), os desembargadores entenderam que foi preenchida a hipótese de nulidade da sentença arbitral estabelecida no artigo 32, VIII, da Lei de Arbitragem, isto é, a nulidade em razão de desrespeito aos princípios de que trata o artigo 21, §2º, da Lei de Arbitragem, *in casu*, ao princípio da igualdade das partes em vista da inversão de ônus da prova que não incumbia à parte apelante e em vista de efetivo prejuízo desta pela inobservância das regras contratuais estabelecidas de acordo com a autonomia da vontade das partes.

a audiência de instrução conduzida pelo juiz, mas, sim, de uma reunião ou sessão de mediação/conciliação, na qual, em princípio e conforme se defende, o magistrado não deveria estar presente. Isto porque, visando ao não constrangimento das partes e ao estímulo do diálogo franco com troca de informações confidenciais, entende-se que somente as partes, seus advogados, o terceiro facilitador e outras pessoas, cuja presença seja aceita pelas partes, participem da *reunião* ou *sessão* de mediação/conciliação[441].

Contudo, tendo em vista a existência e prática da figura do "juiz-conciliador", como aquele que preside e conduz a sessão de conciliação, faz-se pertinente apontar as considerações e informações obtidas a partir de pesquisa empírica apresentada pelo já citado Relatório Analítico Propositivo[442].

[441] Nesse sentido, conforme relatado por Marcato: "(...) nas Comarcas em que não há Cejusc instalado, juízes afirmando que eles próprios farão a audiência de mediação, circunstância inadmissível, seja porque o juiz não é mediador e não possui a qualificação técnica necessária, seja porque fere a confidencialidade e pode comprometer a imparcialidade do juiz com o resultado final." (Marcato, 2018, p. 138).

[442] Conforme indicado, a pesquisa empírica constante no Relatório Analítico Propositivo alcançou os anos de 2013 a 2017 e valeu-se dos métodos de análises quantitativa e qualitativa. O grupo de trabalho coletou os dados referentes aos processos em que houve conciliação ou mediação nos seguintes estados brasileiros: Ceará, São Paulo, Paraná, Rio de Janeiro e Piauí. O trabalho realizado não buscou a definição de uma amostragem, mas da "estruturação de um banco de dados com todos os processos existentes – seja por meio do acesso a dados públicos dos tribunais ou mesmo por acesso às informações fornecidas pelo próprio tribunal". A partir desse banco de dados, o Relatório Analítico Propositivo apresentou as análises quantitativas sobre os processos, por exemplo, relacionadas ao tempo médio de duração das demandas, tendo o grupo de estudo se focado na pesquisa por "processos homologados", expressão utilizada no sentido de "processos que tenham sido finalizados após algum procedimento de conciliação ou mediação". Dessa forma, a partir da coleta bruta (aproximadamente 120 milhões de documentos), os dados foram tratados de forma a separar documentos de processos homologados, os quais resultaram em, aproximadamente, 1,5 milhão. Já a etapa qualitativa constituiu uma abordagem sistemática e subjetiva com o objetivo de descrever as experiências de vida e apreender seus significados, sendo que os dados qualitativos orientaram a coleta dos dados qualitativos. "Os dados qualitativos foram obtidos por meio de entrevistas semiestruturadas aos juízes, servidores e conciliadores de cada uma das cidades visitadas; da observação dos espaços visitados e da dinâmica das relações nesses espaços; e também da coleta das opiniões de advogados, por meio de um questionário enviado por e-mail" (Disponível em: <http://www.cnj.jus.br/files/publicacoes/arquivo/d87ecfa91fdcada3c1795f522be42dcc_7772666f491fd94a642e05b394cff84a.pdf>. Acesso em: 27 ago. 2019).

Em sua etapa qualitativa, a pesquisa empírica relata que foi colocada aos entrevistados a seguinte pergunta: "um juiz ou um conciliador obtém mais sucesso em uma sessão de conciliação ou mediação?". As respostas obtidas foram classificadas como desuniformes, notando-se, todavia, que "os juízes entendem que um juiz é melhor para presidir a sessão; os conciliadores entendem que um conciliador preside melhor a sessão e os servidores entendem que depende mais da característica pessoal que da função exercida". A pesquisa também avaliou que alguns juízes entendem que poderiam "forçar" mais o acordo do que o conciliador, quando dizem que por terem a função de julgar e sentenciar o caso, "ambos podem sair prejudicados, é melhor fazer um acordo agora"[443]. Nesse sentido, destaca-se a entrevista concedida por um juiz de Bocaiúva do Sul, Paraná:

> "Pelo juiz. [Por quê?] Porque eu faço as audiências togado. Certo? Então, *além de fazer togado, que é uma exigência da lei,* nós temos um poder maior de conciliar, instruir e decidir. Então, o juiz pode ter essa liberdade de escolher as provas, que a prova é produzida para o juiz. Então, o juiz pode no desenvolver daquela conversa de conciliação, perceber qual é a prova faltante, qual é a prova que deve melhor instruir aquilo. Então, tanto ele pode forçar um pouquinho mais a conciliação porque ele acaba vendo de cima aonde vai dar aquela situação. E pode, quando não há conciliação, ele pode já arrolar testemunhas, dele mesmo como do juízo, no sentido de facilitar o julgamento depois lá na frente. Mas o juiz tem um poder maior de abrangência, no sentido de ele ir mais afundo na hora de discutir o acordo."[444]

Embora o artigo 359 do Código de Processo Civil estimule a tentativa de conciliação das partes pelo juiz, uma vez instalada a audiência de instrução e julgamento e independentemente do emprego anterior de outros MASCs, entende-se que este exercício pelo magistrado e mesmo

[443] Disponível em: <http://www.cnj.jus.br/files/publicacoes/arquivo/d87ecfa91fdcada3c1795f522be42dcc_ 7772666f491fd94a642e05b394cff84a.pdf>. Acesso em: 27 ago.2019, p. 139.

[444] Cf. Relatório Analítico Propositivo, disponível em: <http://www.cnj.jus.br/files/publicacoes/arquivo/d87ecfa91fdcada3c1795f522be42dcc_7772666f491 fd94a642e05b394cff84a.pdf>. Acesso em: 27 ago. 2019, p. 139-140, destaques não originais.

a mediação/conciliação prévia determinada pelo artigo 334 do Código de Processo Civil não devem ser realizados na figura do juiz togado, cuja função decorre precipuamente do *ius imperium* e do *ius dicere*[445]. Ademais, no momento que o magistrado avaliar como pertinente e benéfica a possibilidade de composição das partes, sua reflexão deve ser apresentada como sugestão a estas e não um certo tipo de coação ou preparação para a audiência de instrução. Caso contrário, a finalidade e legitimidade dos MASCs restam maculadas. Apesar de o resultado aparentar ser positivo (fim da demanda judicial), este pode não ser o melhor e o mais adequado e ainda existir uma insatisfação das partes diante da inexistência de uma predisposição livre para negociar.

Com relação à temática da obrigatoriedade da "audiência" de mediação/conciliação judicial, doravante denominada como sessão de mediação/conciliação processual, consoante o Relatório Analítico Propositivo, cerca de 70% dos entrevistados que atuam como conciliadores e 69% daqueles que já atuaram como conciliadores concordam com a obrigatoriedade de agendamento das sessões de conciliação/mediação processual. Ainda, 48% das pessoas que nunca atuaram com esses meios consensuais possuem a mesma percepção[446]. A constatação que o Relatório Analítico Propositivo apresenta a partir desses dados é a de que quem trabalha com a conciliação entende a importância da determinação do Código de Processo Civil acerca da realização dos meios consensuais previamente ao processamento da ação judicial.

O Relatório Analítico Propositivo ainda destaca manifestações espontâneas que questionaram ou trouxeram críticas, algumas construtivas, quanto à imposição pela legislação da sessão de mediação/conciliação processual[447]:

[445] Inclusive, conforme crítica apresentada anteriormente, com relação à possibilidade de as partes celebrarem negócio jurídico processual que determine a escolha de um juiz, que poderá vir a julgar a causa, como mediador/conciliador, entende-se que existe um grande risco de o juiz ter a sua imparcialidade comprometida no procedimento consensual, em vista da sua regular atuação como juiz togado, como também em futuro e eventual processo judicial, considerando-se as informações coletadas durante o procedimento consensual.

[446] Disponível em: <http://www.cnj.jus.br/files/publicacoes/arquivo/d87ecfa91fdcada3c1795f522be4 2dcc_7772666f491fd94a642e05b394cff84a.pdf>. Acesso em: 26 ago. 2019, p. 156.

[447] Disponível em: <http://www.cnj.jus.br/files/publicacoes/arquivo/d87ecfa91fdcada3c1795f522be42d cc_7772666f491fd94a642e05b394cff84a.pdf>. Acesso em: 26 ago. 2019, p. 157.

"No caso de juizados especiais, em que há obrigatoriedade da audiência de conciliação, percebo ser apenas pro forma, na maioria das vezes."

"Acredito que as audiências de conciliação devam se realizar quando houver uma efetiva predisposição das partes em estabelecer uma composição, do contrário representam um entrave ao andamento processual."

"Conciliação e mediação não devem ser impostas pela Lei mas incentivadas apenas."

"[...] referida audiência apenas retarda o andamento do processo."

"Com frequência vejo audiências marcadas e, mesmo com manifestação de ambas as partes requerendo o cancelamento da audiência, o Tribunal as mantêm, forçando as partes, sob o pretexto de que elas 'não querem contribuir para com o Poder Judiciário'."

"Entendo que o trâmite processual já é muito lento, e perde-se muito tempo aguardando audiência inaugural de mediação/conciliação. Até a presente data o índice de acordos realizados nos processos que atuo são insignificantes."

"Uma das dificuldades que venho enfrentando é a indisponibilidade das partes em realizar a mediação. Esta deve se dar pela vontade das partes, não por imposição legal ou judicial."

"Considero as audiências conciliação positivas, mas observo poucos esforços em disseminar a cultura da mediação."

"Falta informação sobre o tema, políticas de incentivo e educacionais e estrutura física nos fóruns."

"Na minha singela opinião, creio que o Estado deveria dar maior publicidade para a sociedade sobre as inúmeras vantagens advindas do instituto da conciliação e/ou da mediação, inclusive em termos de custo."

"Poderiam fazer alguns seminários na faculdade ou intentar criar uma grade nos cursos de bacharelado, para poder desenvolver melhor a cultura de conciliação e mediação."

> "Poderíamos termos mais cursos, palestras sobre conciliação/mediação para os operadores do direito e incentivar mais comunidade a recorrerem a conciliação."

> "Entendo que os índices de resultados da conciliação/mediação deveriam ser divulgados ou, caso sejam, que busquem uma maior abrangência."

Outrossim, dentre as observações feitas pelos advogados no âmbito da pesquisa do Relatório Analítico Propositivo, foi-se enfatizada a necessidade de rever a obrigatoriedade de agendamento das sessões de conciliação, conforme determinado pelo artigo 334 do Código de Processo Civil, para os casos em que grandes litigantes estão envolvidos. Conforme ressaltado no Relatório Analítico Propositivo, em regra, pessoas jurídicas, tais como bancos, o poder público e concessionários de serviço público, são mais difíceis de acordarem, especialmente porque aqueles que comparecem às sessões de mediação ou conciliação não possuem poderes ou interesse para negociar[448].

Ainda, de acordo com o Relatório Analítico Propositivo, palavras duras foram usadas pelos entrevistados nas respostas aos questionários relativos à obrigatoriedade da sessão de mediação/conciliação processual. Porém, conforme dito, o que se compreende é que esse tipo de visão mais negativa é apenas das pessoas que não têm contato mais próximo com os MASCs. De outra parte, alguns entrevistados mencionaram que a realização da sessão prévia de mediação/conciliação é muito positiva, uma vez que possibilita as partes pensarem sobre seus problemas, em muitos casos pela primeira vez[449].

Quanto à visão dos magistrados sobre a temática, parece que ela se direciona à alternatividade da sessão de mediação/conciliação proces-

[448] De acordo com o Relatório Analítico Propositivo, quase a unanimidade dos entrevistados mencionaram a impossibilidade de fazer acordo com bancos, pois estes enviam prepostos para o procedimento sem poder de negociação (Conforme informações disponíveis em: <http://www.cnj.jus.br/files/publicacoes/arquivo/d87ecfa91fdcada3c1795f522be42dcc_7772666f491fd94a642e05b394cff84a.pdf>. Acesso em: 2 set. 2019, p. 145).

[449] Conforme informações constantes do Relatório Analítico Propositivo disponíveis em: <http://www.cnj.jus.br/files/publicacoes/arquivo/d87ecfa91fdcada3c1795f522be42dcc_7772666f491fd94a642e05b394cff84a.pdf>. Acesso em: 26 ago. 2019, pp. 151 e 157.

sual. O Relatório Analítico Propositivo assinalou o seguinte precedente judicial do TJDF:

> CIVIL. PROCESSO CIVIL. AÇÃO MONITÓRIA. APELAÇÃO. CASSAÇÃO DA SENTENÇA. IMPROCEDÊNCIA. AUSÊNCIA DE *Error in procedendo*. DESIGNAÇÃO DE AUDIÊNCIA DE CONCILIAÇÃO. **INEXISTÊNCIA DE DEVER AO MAGISTRADO QUANDO VERIFICADO DESINTERESSE DE UMA DAS PARTES.** POSSIBILIDADE DE COMPOSIÇÃO EXTRAJUDICIAL. GRATUIDADE DE JUSTIÇA. PRESUNÇÃO JURIS TANTUM DA DECLARAÇÃO DE HIPOSSUFICIÊNCIA. EXISTÊNCIA DE ELEMENTOS QUE AFASTAM O BENEFÍCIO EM QUESTÃO. ART. 5º, INCISO LXXIV, DA CF/88. ARTS. 98 E SEGUINTES DO CPC/2015. HONORÁRIOS RECURSAIS. APLICABILIDADE. NOVA SISTEMÁTICA DO CPC/2015. RECURSO CONHECIDO E IMPROVIDO. SENTENÇA MANTIDA. 1 – *In casu*, afirmou o réu, ora apelante, que a sentença merece ser cassada tendo em vista que o d. Juízo a quo não observou o vem sendo aplicado pelo Poder Judiciário em relação à tentativa de conciliação, pois, apesar de manifestado sua intenção na realização de audiência a fim de autocomposição, aquele d. Juízo prolatou sentença. 1.1 – Apenas haverá a cassação ou anulação de uma sentença quando se observar *error in procedendo*, ou seja, erro no procedimento, na forma, quando o Julgador não observar os requisitos formais necessários para a prática de determinado ato, culminando num decisório nulo, o que não se observa no caso em testilha. **1.2 – Embora o art. 3º, § 3º, do CPC/2015, disponha que "a conciliação, a mediação e outros métodos de solução consensual de conflitos deverão ser estimulados por juízes, advogados, defensores públicos e membros do Ministério Público, inclusive no curso do processo judicial", o agendamento de audiência de conciliação não é ato obrigatório posto ao Juiz, tanto que o art. 319, inciso VII, estabelece que a petição inicial deverá indicar a opção do autor pela realização ou não de audiência de conciliação ou de mediação, sendo que ela não será realizada nas hipóteses constantes do art. 334, § 4º, incisos I e II (se ambas as partes manifestarem, expressamente, desinteresse na composição consensual ou quando não se admitir a autocomposição), e § 5º ("o autor deverá indicar, na petição inicial, seu desinteresse na autocomposição, e o réu deverá**

fazê-lo, por petição, apresentada com 10 (dez) dias de antecedência, contados da data da audiência"). 1.3 – Observando- se que o NCPC adotou a regra do isolamento dos atos processuais, contemplando como critério de aplicação das normas processuais no tempo o princípio tempus *regit actum*, e que a ação monitória foi proposta em 11/12/2015, os requisitos que deveriam constar da petição inicial estavam insertos no art. 282 do CPC/1973. **1.4 – Apesar da intenção do apelante de que fosse realizada uma audiência de conciliação, da réplica apresentada pela apelada verifica-se seu desejo de que o feito fosse julgado antecipadamente (fls. 73/74), o que, em outras palavras, significa a existência de desinteresse na autocomposição.** 1.5 – Conquanto a conciliação deva ser estimulada no curso do processo, a ausência de interesse na autocomposição, obstaculiza o deferimento do pedido de designação de audiência para a finalidade em questão e eventual agendamento de audiência ensejaria ato protelatório ao julgamento do feito e inútil à efetiva entrega da prestação jurisdicional. 1.6 – Existindo, de fato, pretensão à autocomposição do conflito, poderia a parte ter buscado a solução da questão de forma extrajudicial, o que não se verifica do presente feito. 2 – Com o advento da Lei nº 13.105/2015 (Código de Processo Civil – CPC), que derrogou a Lei nº 1.060/50, o instituto da gratuidade de justiça teve suas normas gerais insertas nos arts. 98 a 102 desse *Codex* processual. 2.1 – O entendimento anteriormente difundido era de que o art. 4º da Lei nº 1.060/50 deveria ser analisado conjuntamente com o art. 5º, inciso LXXIV, da Constituição Federal, atribuindo à declara**ção de hipossuficiência presunção** *juris tantum*, porquanto necessária a análise da correlação das condições de profissão e consumo demonstrados com o estado de pobreza afirmado, a fim de contemplar aqueles que, de fato, não têm condições de arcar com as custas processuais sem prejuízo de sua subsistência nem de sua família. (...). 4 – Recurso conhecido e improvido. Sentença mantida.[450]

[450] BRASIL. Tribunal de Justiça do Distrito Federal e Territórios. 6ª Turma Cível. 0041111-67.2015.8.07.0001. **Diário da Justiça Eletrônico**, Brasília, DF, 23 maio 2017. Disponível em: <https://cacheinternet.tjdft.jus.br/cgibin/tjcgi1?NXTPGM=plhtml02&MGWLPN=SERVIDOR1&submit=Consultar&SELECAO=1&CHAVE=00411116720 15.8.07.0001&ORIGEM=INTER>. Acesso em: 10 jan. 2020, destaques originais do Relatório Analítico Propositivo. Indica-se também o entendimento expressado no acórdão do Tribunal de Justiça de Minas Gerais: "*O douto Juízo de 1º grau, entendeu, por bem, não designar a audiência*

Vale mencionar que a alternatividade da sessão de mediação/conciliação é determinada pelos magistrados por meio de despachos, como se exemplifica:

> Vistos. Em atenção ao princípio constitucional da razoável duração do processo (CF, art. 5º, inciso LXXVII), a audiência prevista no artigo 334 do Código de Processo Civil será designada futuramente, na hipótese de manifestação de interesse de ambas as partes. Cite-se a parte demandada (...). Não sendo contestada a presente ação, no prazo legal, por advogado legalmente habilitado, presumir-se-ão aceitos os fatos articulados na petição inicial, consoante o disposto no artigo 344 do Código de Processo Civil. Intime-se (...).[451]

Ambos os entendimentos judiciais destacados mencionam a hipótese de manifestação de interesse na realização do meio autocompositivo. O acórdão do TJDF chega a apontar a regra processual constante no artigo 334, § 4º, inciso I, do Código de Processo Civil, referente à necessidade de manifestação expressa de ambas as partes quanto ao desinteresse na composição consensual no início do processo. No entanto,

de conciliação, prevista no art. 334 do Código de Processo Civil, por entender que tal regra vai de encontro aos princípios da eficiência e da celeridade processual, levando também em considerações a dificuldade de citação da parte ré, no caso concreto. Inexiste, a meu aviso, ilegalidade no ato do juiz singular, que deixou de designar audiência de conciliação, tendo apresentado fundamentos sólidos para tanto e, ainda, evidenciado a possibilidade designá-la em momento futuro." (BRASIL. Tribunal de Justiça de Minas Gerais. 6ª Turma Cível. Agravo de Instrumento nº 1.0000.16.053504-3/001. **Diário da Justiça do Estado de Minas Gerais**, Belo Horizonte, MG, 52 out. 2016. Disponível em: https://www.tjmg.jus.br/portal-tjmg/processos/anda mento-processual/#.XiAjXSN7mHs. Acesso em: 10 jan. 2020, destaques não originais).

[451] SÃO PAULO (Estado). Foro Central Cível. 4ª Vara Cível. Procedimento comum nº 1072639-97.2017.8.26.0100. **Diário da Justiça Eletrônico**, São Paulo, SP, 26 jul. 2017. Disponível em: <https://esaj.tjsp.jus.br/pastadigital/abrirDocumentoEdt.do?nuProcesso=1072639-97. 2017.8.26.0100&cdProcesso=2S000QTEP0000&cdForo=100&baseInd ice=INDDS&nmAlias=PG5JM&tpOrigem=2&flOrigem=P&cdServico=190101&acessibilidade=false&ticket=yVL2ye%2BhPo3kHnf%2BfRK3tso7DbaRQP0ciU9v3jTQY9CCy4IUZbNOKN4F0xYudKlvJV5A%2FfodLTPQ0mSK3154rn01dlp92%2BGHI0iHgKWVoS2vkQg%2Fd2Uzp%2BGny%2BKR%2BYOwE4ZYwx65w7OX4pS93VVORsBZpiHhBJhukReAZVN0TXLT5xLC%2Bl7YWqFsBQcY0A4oLpg%2BRJJvW8nOP1DHZ%2BzANykknJnHXapAzYESV%2FDo4AZHpb%2Fp2LvvcnTuQUh8C717gcmWlwlFB4v5QgkSQgq5WpSS5l2A7zoME4TKd9lwtp1B4GmNYXLueBeOsgjpUf%2B5JAGfGeIJRm3DYPwPTZmwdQ%3D%3Dr>. Acesso em: 10 jan. 2020.

ambos os entendimentos partem de premissas que contrariam tal regra processual.

Observa-se que, nos dois casos citados, os magistrados presumiram a intenção das partes de não realizarem o meio consensual previamente. No primeiro caso, tendo em vista a apresentação de pedido de julgamento antecipado do feito pela parte autora, o magistrado, substituindo-se na vontade da parte ré, determinou que a sessão de conciliação não seria realizada, que não haveria proveito na sua tentativa. No segundo caso, por meio de justificativa quanto ao atendimento do princípio constitucional da razoável duração do processo, não foi dada sequer a oportunidade para que a parte ré se manifestasse previamente à contestação, não se respeitando o seu eventual interesse quanto à realização da mediação/conciliação processual prévia.

A regra expressa no Código de Processo Civil é clara ao definir que <u>ambas as partes</u> precisam manifestar expressamente o seu desinteresse e, *a contrario sensu*, se uma das partes desejar que a audiência de mediação/conciliação seja agendada, deve-se intentar a realização do procedimento. De acordo com os esclarecimentos de Didier Júnior:

> O legislador preferiu não impor a audiência no caso em que ambas as partes manifestam expressamente o seu desinteresse. A solução parece ser boa: *elimina a possibilidade de a audiência não se realizar porque apenas uma parte não a deseja*, mas ao mesmo tempo respeita a vontade das partes no sentido de não querer a autocomposição, *o que está em conformidade com o princípio do autorregramento da vontade e com o princípio da cooperação.*[452]

Conforme expressado no Relatório Analítico Propositivo, apesar de ainda não existirem evidências científicas, é sabido que a institucionalização dos MASCs não fez os juízes se esforçarem mais para a garantia da pacificação social, "[h]á muitos que sequer cumprem o requisito formal do artigo 334 do CPC (2015)"[453], inobstante o posicionamento de membros do próprio Judiciário[454].

[452] Didier Júnior, 2019, p. 727, destaques não originais.

[453] Conforme informações constantes do Relatório Analítico Propositivo disponíveis em: <http://www.cnj.jus.br/files/publicacoes/arquivo/d87ecfa91fdcada3c1795f522be42dcc_7772666f491fd94a642e05b394cff84a.pdf>. Acesso em: 26 ago. 2019, p. 27.

[454] Sobre o tema, o Ministro do Superior Tribunal de Justiça, Marco Aurélio Gastaldi Buzzi: "A partir das explanações anteriores é possível concluir: o juiz há de designar a audiência de

Em contrapartida, citam-se, por exemplo, decisão monocrática de desembargadores do Tribunal de Justiça do Rio de Janeiro – TJRJ e acórdão do TJRJ a favor da obrigatoriedade da sessão de mediação/conciliação processual. Estes reformaram decisões pela dispensa da sessão, entendendo-se que é imperativo a sua designação pelo juízo *a quo*, visto que eram hipóteses em que a petição inicial era apta e não havia improcedência liminar do pedido, bem como de inexistência de manifestação de ambas as partes quanto ao desinteresse pela sessão[455].

GABBAY, anteriormente à promulgação do atual Código de Processo Civil e da Lei de Mediação, já comentava sobre a obrigatoriedade da mediação judicial, dado o seu efeito pedagógico junto às partes quanto ao funcionamento do procedimento e tendo em vista que era esperada uma baixa adesão voluntária aos MASCs, especialmente no início de sua implementação no Judiciário[456]. Com relação ao efeito pedagógico

conciliação ou de mediação inicial, salvo nas excepcionais hipóteses legais. Caso assim não o faça, comete afronta tanto ao artigo 334 do CPC quanto ao princípio da cooperação, por não colaborar com o resultado mais proveitoso possível do processo." BUZZI, Marco Aurélio Gastaldi. A audiência do artigo 334 do CPC e o princípio da cooperação. In: RODAS, João Grandino; *et al* (Cord.). **Visão Multidisciplinar das Soluções de Conflitos no Brasil**. Curitiba: Editora Prismas, 2018, p. 29.

455 "Deve, no entanto, ser reformado o *decisum* agravado no que tange à designação de audiência de conciliação ou de mediação, prevista no art. 334 do CPC/15. Isso porque, o aludido dispositivo legal é claro ao dispor que, se a petição inicial preencher os requisitos essenciais e não for o caso de improcedência liminar do pedido, o juiz designará audiência de conciliação ou de mediação. Na presente hipótese, estão presentes os requisitos essenciais e não ocorreu a improcedência liminar do pedido inicial, pelo que é imperativa a designação no Juízo *a quo* (e não no Juízo *ad quem*) da audiência de conciliação ou de mediação." (BRASIL. Tribunal de Justiça do Rio de Janeiro. 20ª Câmara Cível. Agravo de Instrumento nº 0054408-77.2016.8.19.0000. **Diário da Justiça do Rio de Janeiro**, Rio de Janeiro, RJ, 6 mar. 2017. Disponível em: <http://www1.tjrj.jus.br/gedcacheweb/default.aspx?UZIP=1&GEDID=000466CC373D20603D3D9576A42D25D5671BC5060C275A1C&USER=>. Acesso em: 10 jan. 2020) e "Determinação de audiência de conciliação revela-se consoante o disposto no artigo 334, do CPC/2015, sendo certo que para que não ocorra sua realização há necessidade de manifestação expressa de vontade de ambas as partes (art. 334, §4º, I), o que não se vislumbra *in casu*." (BRASIL. Tribunal de Justiça do Rio de Janeiro. 15ª Câmara Cível. Agravo de Instrumento nº 0005840-93.2017.8.19.0000. **Diário da Justiça do Rio de Janeiro**, Rio de Janeiro, RJ, 6 mar. 2017. Disponível em: <http://www1.tjrj.jus.br/gedcacheweb/default.aspx?UZIP=1&GEDID=000438645AF51770B4 603E641EC91431FFAFC50604E2D55>. Acesso em: 10 jan. 2020).

456 GABBAY, Daniela Monteiro. **Mediação e judiciário:** condições necessárias para a institucionalização dos meios autocompositivos de solução de conflitos. 2011. 274 f. Dissertação

da obrigatoriedade da mediação judicial, diferentemente do que ocorreu na Argentina, por exemplo, o qual veio mediante a implantação de um programa piloto nos tribunais[457], no Brasil, a obrigatoriedade da mediação/conciliação processual foi delineada a partir de determinação legal, sendo crucial ressaltar, de todo modo, que a obrigatoriedade não está relacionada à celebração do acordo, mas tão somente ao encaminhamento das partes à primeira reunião (a partir da qual o princípio da voluntariedade poderá ser exercido de maneira absoluta, caso uma ou ambas as partes desejem pôr fim ao procedimento).

Outra crítica que se assevera à realização obrigatória da sessão de mediação/conciliação processual é dar azo a manobras processuais protelatórias e, consequentemente, aumentar os custos do processo, pois além dos honorários do mediador/conciliador, por exemplo, a parte domiciliada em outra localidade teria custos para se deslocar e participar na reunião[458].

Em relação à questão acerca da vulnerabilidade financeira das partes, é possível requerer a gratuidade da mediação judicial, além de que, o próprio Código de Processo Civil permite que a sessão de mediação/conciliação seja realizada por meio eletrônico[459], evitando-se, portanto,

(Doutorado) – Faculdade de Direito da Universidade de São Paulo, São Paulo, 2011, p. 84.

[457] ALVARÉZ. Gladys Stella. **La medición y el acceso a justicia.** Santa Fe: Rubinzal-Culzoni Editores, 2003, pp. 227-233.

[458] Conforme alertado por GAJARDONI em artigo intitulado "Novo CPC: vale apostar na mediação/conciliação? Os riscos para a audiência inaugural "quase obrigatória", prevista no Código de Processo Civil" (Disponível em: <https://www.jota.info/paywall?redirect_to=//www.jota.info/opiniao-e-analise/artigos/novo-cpc-vale-apostar-na-conciliacaomediacao-26012015>. Acesso em: 3 set. 2019). No mesmo sentido, LAVRADOR: "(...) exigir a submissão de conflitos a outros métodos de solução pode implicar a adoção do mecanismo inadequado, resultando em um desperdício de tempo e esforços e eventualmente acordos injustos. E, no âmbito do Judiciário, exigir a realização de audiência prévia de conciliação ou mediação, até mesmo quando uma das partes não demonstrar vontade nesse sentido, configurará uma etapa desnecessária e com custos para as partes e para o próprio Judiciário." (LAVRADOR, João Guilherme Vertuan. **Mediação e acesso à justiça:** os impactos da mediação nos conflitos. 2017. Dissertação (Mestrado) – Faculdade de Direito da Universidade de São Paulo, São Paulo, 2017, pp. 78-79).

[459] De acordo com o §7º, do artigo 334, do Código de Processo Civil. Outrossim, determina o artigo 46 da Lei de Mediação: "A mediação poderá ser feita pela internet ou por outro meio de comunicação que permita a transação à distância, desde que as partes estejam de acordo". Ademais, preceitua o Enunciado nº 25 da I Jornada de Direito Processual Civil, do Conselho da Justiça Federal, realizada nos dias 24 e 25 de agosto de 2017: "As audiências de conci-

gastos com o deslocamento. Já com relação a manobras protelatórias, Rodrigues alerta para a seguinte situação:

> Ademais, seria melhor que o legislador tivesse previsto, para a manifestação do réu, contagem do prazo a partir de sua citação, e não da audiência (de forma invertida), o que prestigiaria o princípio da boa-fé processual (art. 5º), impedindo que o demandado a utilizasse como mecanismo protelatório. Num exemplo: suponha que o autor, na petição inicial, opte pela não realização da audiência. Mesmo assim – já que o ato somente não se realizará se ambas as partes manifestarem desinteresse –, o juiz cita o réu e, diante da pauta congestionada, designa audiência para dali, aproximadamente, 1 (um) ano. Observe que, neste caso, a audiência segue agendada apenas pela vontade do réu (que pode peticionar depois de 11 meses da citação dizendo que não deseja mais a audiência, ou ainda comparecer à audiência e simplesmente não fazer nenhuma proposta de acordo).[460]

Além de Rodrigues, ele próprio, sugerir uma possível solução processual a ser efetivada pelo juiz no ato citatório do réu com o intuito de impedir a manobra protelatória: instigá-lo a responder em curto prazo se há de sua parte interesse na sessão de mediação/conciliação[461], também se considera que a tentativa de protelação do processo será, enfim, avaliada pelo juiz. Quando da formação do seu juízo de valor e do momento de alocação de responsabilidades e custas entre as partes, caberá

liação ou mediação, inclusive dos juizados especiais, poderão ser realizadas por videoconferência, áudio, sistemas de troca de mensagens, conversa *online*, conversa escrita, eletrônica, telefônica e telemática ou outros mecanismos que estejam à disposição dos profissionais da autocomposição para estabelecer a comunicação entre as partes."

460 Rodrigues, Daniel Colnago. Mediação obrigatória no processo civil: reflexões à luz do direito comparado, do CPC/2015 e da Lei de Mediação (Lei 13.140/2015). In: **Revista de Processo**, vol. 285, 2018, p. 11.

461 "A questão que se coloca, nessa sede, é a seguinte: pode o juiz, em vez de esperar (por meses) o réu peticionar indicando seu eventual desinteresse na autocomposição, instigá-lo, no próprio ato citatório, a dizer, dentro de alguns dias, se quer ou não a realização da audiência? Parece-nos que sim. Embora o art. 139, VI, do CPCP (LGL\2015\1656), confira ao juiz poderes apenas para *dilatar* os prazos processuais, a incumbência que tem de velar pela duração razoável do processo (art. 139, II) parece permitir a construção de semelhante norma. Some-se a isto o prestígio dado pelo Novo Código à flexibilização procedimental." (Rodrigues, 2018, p. 11).

ao juiz avaliar o comportamento processual das partes. De mais a mais, é sempre possível que a parte que se sentir lesada se valha de manifestações de proteção à boa-fé processual, tais como: *exceptio doli, venire contra factum proprium, supressio* e *tu-quoque.*

Outrossim, entende-se que o prazo de 30 dias para agendamento da sessão de mediação/conciliação processual, nos termos do artigo 334 do Código de Processo Civil (eventualmente, um prazo mais dilatado considerando o congestionamento das audiências marcadas em determinado CEJUSC ou foro judicial), não seria danoso a ponto de superar os males causados pela espera de processos judiciais com vida longa; sobretudo quando é ressalvada a concessão de tutela de urgência, que pode ser requerida mesmo no prazo de suspensão do processo para fins de realização da mediação/conciliação judicial[462].

Outra crítica feita por RODRIGUES com relação à sessão obrigatória de mediação/conciliação processual se refere à necessidade de manifestação por todos os litisconsortes de desinteresse na realização da audiência de mediação processual[463]. Para ele, o problema surge quando há um litisconsórcio passivo, tendo em vista as normas do § 6º, do artigo 334 e do § 1º, do artigo 335, do Código de Processo Civil[464]. Assim, na hipótese de todos os litisconsortes manifestarem desinteresse pela mediação/conciliação processual, o prazo para contestação será diferente conforme cada litisconsorte apresentar o seu respectivo pedido de cancelamento da reunião:

> Isto gera uma situação no mínimo inusitada: suponha uma ação proposta contra três réus, na qual o autor já manifesta desinteresse na realização da audiência. O juiz determina a citação de todos os litisconsortes

[462] De acordo com o artigo 16, § 2º, da Lei de Mediação: "Ainda que haja processo arbitral ou judicial em curso, as partes poderão submeter-se à mediação, hipótese em que requererão ao juiz ou árbitro a suspensão do processo por prazo suficiente para a solução consensual do litígio. (...) § 2º A suspensão do processo não obsta a concessão de medidas de urgência pelo juiz ou pelo árbitro."

[463] RODRIGUES, Op. cit., p. 11.

[464] Respectivamente: "§ 6º Havendo litisconsórcio, o desinteresse na realização da audiência deve ser manifestado por todos os litisconsortes" e "§ 1º No caso de litisconsórcio passivo, ocorrendo a hipótese do art. 334, § 6º, o termo inicial previsto no inciso II será, para cada um dos réus, a data de apresentação de seu respectivo pedido de cancelamento da audiência".

> e designa audiência de conciliação ou de mediação para dali 10 (dez) meses. No segundo mês após a citação, um dos réus atravessa um pedido de cancelamento, sinalizando desinteresse na sessão oral. No quinto mês contado da citação, o segundo réu também peticiona manifestando expressamente desinteresse na audiência. Veja o "poder" que passa a ter o terceiro litisconsorte: se, no oitavo mês, ele apresenta pedido de cancelamento da audiência, perfaz-se o suporte fático da norma prevista no art. 335, § 1º (se todos os litisconsortes manifestaram desinteresse, o termo inicial do prazo para contestação será, para cada um, a data de apresentação de seu respectivo pedido de cancelamento da audiência), de modo que os dois primeiros réus acabam perdendo o prazo para contestar; se, por outro lado, o terceiro litisconsorte não manifesta desinteresse na realização da audiência, não incide a norma supramencionada, razão pela qual o prazo para todos os litisconsortes contestarem inicia-se a partir da audiência infrutífera. Naturalmente, o problema é agravado em se tratando de litisconsórcio simples.[465]

Rodrigues infere, em vista da hipótese relatada, que desconsiderar por completo a redação do artigo 335, § 1º, do Código de Processo Civil não parece ser uma solução legítima, já que, considerando o caso de não realização da audiência, o prazo para os litisconsortes contestarem se iniciaria a partir do último protocolo de pedido de cancelamento. Ele também desconsidera a hipótese de permitir que um litisconsorte já conteste e se abstenha de comparecer à mediação/conciliação, uma vez que tais atitudes desprestigiariam a lógica de fortalecimento dos MASCs. O que ele sugere, por conseguinte, é "conviver com o referido 'poder' do litisconsorte que ainda não manifestou o desinteresse", cabendo como recomendação ao litisconsorte passivo apresentar a contestação juntamente ao pedido de cancelamento e, de todo modo, comparecer à primeira reunião de mediação/conciliação processual[466].

Como se nota, o assunto acerca da obrigatoriedade da mediação/conciliação processual prévia é assaz polêmico, o que justifica um olhar sobre outras jurisdições que também procuraram (e ainda buscam) enfrentar a questão. O estudo comparativo de regimes legais europeus,

[465] Rodrigues, 2018, p. 11.

[466] Ibid., p. 11.

bem como entendimentos jurisprudenciais, que se referem à obrigatoriedade da mediação previamente ao ingresso ou continuidade da ação judicial, tem como propósito uma função hermenêutica, servindo como contexto crítico e de possível inspiração para a transposição de fundamentos e reflexões quanto à efetividade da convenção que busca afastar a determinação legal de realização da mediação/conciliação processual obrigatória e prévia.

4.5.1. Itália: país em que é obrigatória a mediação previamente ao ingresso em juízo

Itália é citada como um exemplo de país que adotou a obrigatoriedade de realização da mediação antes da instauração formal do processo. Passa-se a analisar o seu regime legal concernente ao assunto.

Como já referido, foi a partir da Diretiva 2008/52/CE que a União Europeia lançou maior luz sobre a utilização dos MASCs[467], trazendo -os formalmente para o âmbito do direito comunitário europeu com o objetivo de garantir a efetividade do acesso à justiça aos cidadãos europeus que se relacionam e transitam pelos diversos Estados-Membros[468].

[467] VIGORITI resume o contexto da crise da instituição judicial na Europa, que constituiu terreno fértil para a promoção dos MASCs: "*Com'è noto, da sempre e fino a pochi anni fa, la giustizia in Europa è stata problema d'élite, e non di massa. (...) Quel modello è stato travolto in modo irreversibile, e da anni si registra una vera e propria law explosion, nel senso dell'emergere e del riconoscimento di una moltitudine di nuovi diritti (consumatori, minoranze, diritti di genere, ecc.) fonte di un numero illimitato di controversie, di tipo radicalmente diverso da quello conosciuto. Il costo è rimasto praticamente invariato, ma la durata è diventata incontrollabile, ed è per di più utilizzata come deterrente all'accesso alla giustizia. Il numero e l'impegno dei giudicanti non può essere incrementato più di tanto, né si possono aumentare le risorse, che concorrono con quelle destinate a soddisfare altre non meno importanti esigenze.*" (VIGORITI, Vicenzo. Europa e mediazione. Problemi e soluzioni. In: **Revista de Direitos e Garantias Fundamentais**, nº 5, 2011, pp. 62-63). Em tradução simples: "Como é sabido, até alguns anos atrás, a justiça na Europa sempre foi um problema da elite, e não um problema de massa. (...) Esse modelo foi irreversivelmente oprimido, e durante anos houve uma verdadeira explosão do direito, no sentido do surgimento e reconhecimento de uma infinidade de novos direitos (direito do consumidor, de minorias, direitos de gênero, etc.), fontes de número ilimitado de disputas, de um tipo radicalmente diferente do conhecido. O custo permaneceu praticamente inalterado, mas a duração tornou-se incontrolável e, além disso, é usada como um impedimento ao acesso à justiça. Não se pode aumentar tanto o número e o empenho dos juízes, nem aumentar os recursos, que concorrem com aqueles destinados a atender a outras necessidades não menos importantes."

[468] PINHO e PAUMGARTTEN comentam sobre a relevância da diretiva por esta se tratar de um ordenamento comunitário que se origina da congregação de diversos países e que vem se

Com relação à questão da obrigatoriedade da mediação, a Diretiva 2008/52/CE determina em seu considerando nº 14 que a legislação nacional não será afetada no que se refere à previsão do recurso obrigatório à mediação ou à sujeição de incentivos ou sanções, desde que a legislação nacional não impeça as partes de exercerem o seu direito de acesso ao sistema judicial.

Em observação a Diretiva 2008/52/CE, em 18 de junho de 2009, por meio da Lei nº 69, o parlamento italiano introduziu o instituto da mediação no código de processo civil (artigo 60) e delegou poderes para o governo editar decretos legislativos referentes à mediação no âmbito civil e comercial, em consonância com a diretiva europeia. Na data de 4 de março de 2010, exercendo os poderes delegados pelo parlamento, o governo da Itália editou o Decreto Legislativo nº 28 que, dentre outras disposições, introduziu a mediação obrigatória. Isto é, em matérias específicas de direito civil e comercial, autor e réu passariam a ser obrigados a tentar uma mediação antes de se iniciar o processo.

No entanto, órgãos ligados à classe de advogados reagiram contrariamente ao Decreto Legislativo nº 28 e à previsão da mediação obrigatória[469], questionando a legitimidade do decreto perante o Tribunal

mostrando mais aberto e sensível a detecção das expectativas do cidadão moderno em termos de um direito processual mais ágil e que responda adequadamente à legítima expectativa do que se se considerar os Estados-Membros individualmente (Cf. Pinho; Paumgartten, 2011, p. 451).

[469] Embora se ressalte que, conforme explanado por Beer e Caruso, a mediação obrigatória na Itália já havia sido experimentada em demandas envolvendo consumidores e operadores de telecomunicações: "Tal imposição, inserida por meio de uma deliberação da Autorità per le Garanzie nelle Comunicazioni, em 2002, gerou um fluxo significativo de solicitações de mediação, inclusive de valores muito baixos, perante os serviços da Camera Arbitrale di Milano e outros centros italianos análogos. Isso significou uma multiplicação muito rápida do número de procedimentos, além de muitos pontos de reflexão. Naquela época, foi possível detectar que embora a mediação tenha sido eficaz, pois, na grande maioria dos casos, o acordo foi alcançado com satisfação recíproca das partes, em muitos casos, provavelmente, a controvérsia poderia ter sido resolvida por meio de um bom serviço de atendimento ao cliente da empresa de telecomunicações. Contudo, todos esses passos foram úteis para que a mediação fosse divulgada e, dessa forma, as pessoas tivessem a oportunidade de conhecê-la, vivenciá-la, experimentá-la, de modo que fossem compreendidas assuas vantagens para que ela se tornasse familiar a tal ponto que representasse uma escolha consciente das partes nos casos em que realmente fosse o instrumento mais indicado para resolução do conflito." (Beer, Veronica; Caruso, Silvia. A nova legislação italiana em matéria de mediação civil e comercial. **Revista de Arbitragem e Mediação**, São Paulo, ano 6, v. 25, jan/mar 2010, p. 180).

Administrativo da região do Lazio. O questionamento foi levado à Corte Constitucional e, conforme o julgamento nº 272, de 6 de dezembro de 2012, diversos dispositivos do Decreto Legislativo nº 28 foram declarados inconstitucionais, especialmente "*articolo*" 5, "*comma*" 1 que definiam a mediação obrigatória como "*condizione di procedibilità*" da ação judicial.

Porém, nova reviravolta legislativa ocorreu na Itália. Após a entrada em vigor da Lei nº 98, de 9 de agosto de 2013, foi editado o denominado *decreto del fare* (Decreto Lei nº 69 de 2013) que apresentou diversas medidas urgentes para o desenvolvimento econômico do país, dentre elas, modificações no Decreto Legislativo nº 28[470]. Exemplificam-se: (i) reintrodução da mediação obrigatória como "*condizione di procedibilità*" da ação judicial em matéria cível e comercial, excluindo as matérias de responsabilidade civil decorrente de acidentes terrestres e de navegação; (ii) nova definição de mediação, buscando favorecer o método de mediação facilitativa como uma abordagem facultativa e não obrigatória; (iii) assistência obrigatória de advogado na mediação e no momento de assinatura do termo de acordo (se este for assinado pelos advogados das partes, não haverá necessidade de requerer a sua homologação para fins de força executória); (iv) estipulação da "primeira reunião" de mediação entre as partes e o mediador, de natureza introdutória e sem custos para as partes; e (v) determinação do poder do juiz para ordenar (e não somente convidar, como era determinado pela versão anterior do decreto) as partes a tentarem a mediação no curso do processo.

Uma vez que a nova redação do Decreto Legislativo nº 28 tornou expressa a obrigatoriedade da assistência legal das partes na mediação, ficou claro que a reforma tinha a intenção de afastar as impressões iniciais negativas da classe de advogados, sobretudo com relação à obrigatoriedade do procedimento[471].

Em 12 de setembro de 2014, outro Decreto Legislativo, de número 132, alterado pela Lei nº 162 de 2014, foi aprovado pelo parlamento italiano. Seu objetivo era a introdução de medidas urgentes de desjudi-

[470] BIARELLA, Laura. **Mediazione civile dopo il decreto del fare: i chiarimenti del Ministero.** Disponível em: <https://www.altalex.com/documents/leggi/2013/12/04/mediazione-civile-dopo-il-decreto-del-fare-i-chiarimenti-del-ministero>. Acesso em: 22 nov. 2019.

[471] MASTELLONE, Carlo; RISTORI, Laura. Chapter 17: Italy. In: ALEXANDER, Nadja; WALSH, Sabine e SVATOS, Martin (Orgs.). **EU Mediation law handbook – regulatory robustness ratings for mediation regimes.** Holanda: Kluwer Law International BV, 2017, p. 471.

cialização para reduzir o número de processos civis, sendo uma delas o encorajamento à utilização de medidas alternativas antes da instauração do processo ou enquanto pendente o procedimento judicial, o que inclui: (i) o encaminhamento de casos pendentes em matéria cível para arbitragem, mediante requerimento de ambas as partes; e (ii) a previsão da negociação assistida por advogados em três modalidades: voluntária, obrigatória ou aceita consensualmente em casos relacionados à separação e divórcio[472].

Por fim, para completar o histórico legislativo da mediação na Itália, resta indicar que, em 18 de abril de 2019, mediante a sentença nº 97, a Corte Constitucional declarou a legítima constitucionalidade do Decreto Lei nº 69/2013[473], por meio do qual foi reafirmada a natureza obrigatória da mediação previamente ao ingresso da ação judicial e foram estabelecidas a assistência legal obrigatória na mediação e a gratuidade da primeira reunião.

Na Itália, tendo em vista o Decreto Legislativo nº 28, há quatro tipos de mediação: (i) obrigatória *ex lege* ("*articolo*" 5, "*comma*" 1), com relação a matérias de condomínio, direitos de propriedade, sucessão hereditária, pactos familiares, locação, comodato, arrendamento rural, responsabilidade médica, difamação mediante publicação em veículo midiático, contratos de seguro, bancários e financeiros; (ii) voluntária e requerida ao órgão judiciário para resolver controvérsias envolvendo direitos disponíveis ("*articolo*" 2); (iii) ordenada pelo juiz em qualquer momento do processo, exceto após as manifestações finais das partes, mesmo que a matéria discutida não seja objeto da mediação obrigatória e ainda que a mediação obrigatória já tenha ocorrido anteriormente ("*articolo*" 5, "*comma*" 2); e (iv) convencionada contratualmente ou por instrumento estatutário de empresas ("*articolo*" 5, "*comma*" 5).[474]

[472] Ibid., pp. 471-472.

[473] Conforme noticiado no portal "Mondo ADR" em 28 de abril de 2019 (Disponível em: <https://www.mondoadr.it/articoli/la-consulta-dichiara-la-legittimita-costituzionale-dellobbligatorieta-del-tentativo-di-mediazione.html>. Acesso em: 30 set. 2019).

[474] Independentemente do tipo de mediação, uma vez que a parte contrária receber a comunicação relativa ao requerimento de mediação, os prazos prescricional e decadencial serão interrompidos (aquele, uma única vez), sendo que "[*i*]*f the mediation fails, court proceedings must be instituted within the same forfeiture term (termine di decadenza), starting from the date of the deposit of the minutes (processo verbale) stating that the mediation process failed or containing the mediator's proposal, if this has been the case, that the parties have not accepted.*" (Mastellone;

A mediação obrigatória prévia ao processamento da ação judicial referente às matérias apontadas acima é tida, em vista dos termos do "*articolo*" 5 do Decreto Legislativo nº 28, como uma "*condizione di procedibilità*", cuja consequência é a suspensão do processo, o adiamento da próxima audiência judicial para que a mediação seja iniciada no prazo máximo de 15 dias (podendo durar até no máximo três meses)[475]. A condição de prosseguimento do processo será considerada satisfeita tão somente com a primeira reunião com o mediador (como dito, o propósito dessa reunião é informativo e preparatório), ainda que não haja um acordo entre as partes[476]. Considerando a última hipótese, não serão devidos os custos com os serviços prestados pelo mediador e pelo

Ristori, 2017, p. 490). Em tradução livre: "[s]e a mediação falhar, o processo judicial deve ser instaurado no mesmo prazo decadencial (*termine di decadenza*), contado a partir da data do depósito da ata (*processo verbale*) informando que o processo de mediação restou frustrado ou contendo a proposta do mediador, se este tiver sido o caso, que as partes não aceitaram."

[475] "*(...) per le materie obbligatorie di cui all'art. 5 del D.Lgs. 28/2010, la mediazione rappresenta* ***condizione di procedibilità, e non di proponibilità, della domanda giudiziale****. Con la conseguenza che qualora la mediazione sia stata avviata, ma non sia conclusa ovvero non sia stata esperita, il Giudice dovrà assegnare un termine per l'avvio e/o il completamento della procedura e rinviare la causa alla successiva udienza, rimanendo ferme le eventuali decadenze e preclusioni già verificatesi. Il giudizio, pertanto, rimarrà pendente ed efficace, mentre l'attività processuale subirà solo un differimento in attesa che si concluda la procedura di mediazione. L'udienza normalmente è rinviata dopo la scadenza del termine previsto dall'art. 6 D.Lgs 28/10 (3 mesi circa).*" (Sara, Giuggioli. **Mediazione quale condizione di procedibilità della domanda**. Disponível em: < https://www.diritto.it/mediazione-quale-condizione-procedibilita-della-domanda/>. Acesso em: 22 nov. 2019, destaques originais). Em tradução simples: "(...) para as disciplinas obrigatórias a que se refere o art. 5 do D.Lgs. 28/2010, a mediação representa uma condição de procedibilidade, e não de admissibilidade, do pedido judicial. Com a consequência de que caso a mediação tenha sido iniciada, mas não tenha sido concluída ou não tenha sido realizada, o Juiz terá que atribuir um prazo para o início e /ou conclusão do procedimento e adiar o processo para a próxima audiência, sem prejuízo de quaisquer perdas e preclusões já ocorridas. A sentença, portanto, permanecerá pendente e eficaz, enquanto a atividade processual somente será adiada enquanto se aguarda a conclusão do procedimento de mediação. A audiência é geralmente adiada após o decurso do prazo previsto no art. 6 D.Lgs 28/10 (cerca de 3 meses)."

[476] Conforme "*articolo*" 5º, "*comma*" 2-bis, do Decreto Legislativo nº 28/2010: "*Quando l'esperimento del procedimento di mediazione è condizione di procedibilità della domanda giudiziale la condizione si considera avverata se il primo incontro dinanzi al mediatore si conclude senza l'accordo.*". Em tradução simples: "Quando a experiência do procedimento de mediação é condição de procedibilidade da ação judicial, a condição é considerada preenchida se a primeira reunião com o mediador terminar sem acordo."

"*organismo di mediazione*"[477] e será atestado formalmente em um certificado que a tentativa de mediação restou infrutífera, de modo que seja permitido o prosseguimento do processo[478].

Ressalta-se, ainda, que a participação apenas da parte requerente na primeira reunião será considerada como atendimento à condição de prosseguimento da ação judicial. Neste caso, o "*organismo di mediazione*" emitirá um certificado atestando que a mediação foi iniciada com a presença do requerente e finalizada por conta da ausência da outra parte[479]. Esse certificado importa em razão das consequências legais da recusa de participação na mediação. De acordo com "*articolo*" 8, "*comma*"4-bis, do Decreto Legislativo nº 28, diante da ausência injustificada de uma das partes na mediação ordenada pelo juiz ou obrigatória, o juiz poderá inferir argumentos de prova ("*desumere argomenti di prova*") em sua sentença, conforme os termos do "*articolo*" 116 do *codice di procedura civile*[480].

Ademais, somente na hipótese de mediação obrigatória, o juiz poderá condenar a parte ausente sem motivo justificado a pagar ao Estado ("*entrata del bilancio dello Stato*") uma quantia adicional de custas processuais ("*contributo unificato*")[481]. Se o mediador tiver apresentado

[477] O qual, de acordo com "*articolo*" 1(d), do Decreto Legislativo nº 28/2010, pode ser um ente público ou privado ("*organismo: l'ente pubblico o privato, presso il quale puo' svolgersi il procedimento di mediazione ai sensi del presente decreto*", em tradução livre: "órgão: o ente público ou privado, em que o procedimento de mediação pode ser realizado nos termos deste decreto").

[478] Tais custos tidos como adicionais, já que para iniciar o procedimento de mediação um pequeno valor de custa administrativa é cobrado da parte requerente: 40 euros para causas com valores abaixo de 250,000 euros e 80 euros para causas com valores acima de 250,000 euros (Cf. D'Urso, Leonardo. Italy's 'Required Initial Mediation Session': Bridging the gap between mandatory and voluntary mediation. In: **Alternatives** – The Newsletter of the International Institute for Conflict Prevention & Resolution, vol. 36, 2018, p. 2).

[479] Mastellone; Ristori, 2017, p. 484.

[480] "Art. 116. (*Valutazione delle prove) Il giudice deve valutare le prove secondo il suo prudente apprezzamento, salvo che la legge disponga altrimenti. Il giudice può desumere argomenti di prova dalle risposte che le parti gli danno a norma dell'articolo seguente, dal loro rifiuto ingiustificato a consentire le ispezioni che egli ha ordinate e, in generale, dal contegno delle parti stesse nel processo.*" Em tradução simples: "Art. 116. (Valoração das provas) O juiz deve avaliar as evidências de acordo com seu julgamento prudente, a menos que a lei determine o contrário. O juiz pode extrair argumentos de prova das respostas que as partes lhe dão nos termos do artigo seguinte, da recusa injustificada de permitir as fiscalizações que ordenou e, em geral, do comportamento das próprias partes no processo."

[481] De acordo com "*articolo*" 8, "*comma*" 5, do Decreto Legislativo nº 28/2010: "*Dalla mancata partecipazione senza giustificato motivo al procedimento di mediazione il giudice può desumere argo-*

uma proposta e esta fora recusada, mas corresponder totalmente com a decisão posterior do juiz, este recusará conceder a parcela das custas judiciais relativas ao período após a apresentação da proposta pelo mediador e a recusa da parte bem-sucedida na ação judicial. Em vista do comportamento processual, o juiz também poderá determinar o pagamento pela parte vencedora de custas e honorários à parte vencida[482].

Conforme "*articolo*" 4 do Decreto Legislativo nº 28 e, de acordo com o seu código de conduta, os advogados possuem um dever de informar os seus clientes sobre a mediação, a eventual obrigatoriedade de sua realização como condição de prosseguimento do processo e as consequências e benefícios do procedimento de modo claro e por escrito – o documento que contenha as instruções do advogado para o seu cliente sobre a mediação deverá ser assinado pelo cliente e anexado junto à peça processual que dará início ao processo judicial. Se esse dever não for observado pelo advogado, o seu contrato de honorários e prestação de serviços poderá ser anulado[483].

O Decreto Legislativo nº 28, por meio do seu "*articolo*" 20, evidencia um incentivo expresso e concreto à realização bem-sucedida da mediação: o recebimento de um crédito tributário igual ao valor das custas pagas pelas partes ao "*organismo di mediazione*" (no máximo de 500 euros). Na hipótese de insucesso da mediação, o crédito tributário é reduzido pela metade.

menti di prova nel successivo giudizio ai sensi dell'articolo 116, secondo comma, del codice di procedura civile. Il giudice condanna la parte costituita che, nei casi previsti dall'articolo 5, non ha partecipato al procedimento senza giustificato motivo, al versamento all'entrata del bilancio dello Stato di una somma di importo corrispondente al contributo unificato dovuto per il giudizio." Em tradução simples: "Da não participação sem motivo justificado no procedimento de mediação, o juiz pode extrair argumento de prova na sentença posterior nos termos do artigo 116, parágrafo segundo, do Código de Processo Civil. O juiz condenará a parte que, nos casos previstos no artigo 5º, não tenha participado no processo sem motivo justificado, a pagar ao Estado a quantia correspondente à contribuição unificada devida para o julgamento."

482 Sem prejuízo da aplicação dos dispositivos dos artigos 92 e 96 do código de processo civil italiano, os quais possibilitam ao juiz determinar que a parte que violou o dever processual de comportamento justo e honesto ou agiu de má-fé reembolse as despesas processuais da outra parte. A determinação judicial de pagamento de custas da parte vencida inclui os honorários do mediador e os honorários de qualquer especialista que atuou na mediação (Cf. Mastellone; Ristori, 2017, p. 480).

483 Vide também: Ibid., 2017, p. 477.

Oportuno apontar o entendimento jurisprudencial dos tribunais italianos com relação à mediação obrigatória. Conforme indicado por Mastellone e Ristori, desde a entrada em vigor do Decreto Lei nº 69/2013, a aplicação do poder de ordenar a mediação tem variado bastante[484].

Com relação à primeira reunião de mediação, os tribunais italianos proferiram decisões paradigmáticas[485], dando interpretação ao "*articolo*" 5, "*comma*" 2, do Decreto Legislativo nº 28 no sentido que a mediação ordenada pelo juiz não deve se limitar à realização da primeira reunião de mediação, mas deve ser desenvolvida pelas partes pessoalmente, exceto diante de circunstâncias extraordinárias que não permitissem que uma ou ambas as partes participassem efetivamente. Entretanto, em recente decisão da Corte de Cassação[486], foi reformado o entendimento da obrigatoriedade da presença física das partes na primeira reunião de mediação. Em vista do "*articolo*" 8, do Decreto Legislativo nº 28, permitiu-se que as partes sejam representadas por terceiros, incluindo seus advogados ("*mediante una procura avente lo specifico oggetto della partecipazione alla mediazione e il conferimento del potere di disporre dei diritti sostanziali che ne sono oggetto*"[487]). De resto, a decisão da Corte de Cassação também esclareceu que será considerada satisfeita a condição de prosseguimento da ação com a mera participação das partes (ou de uma das partes) na primeira reunião, sem necessidade de se seguir com o procedimento para a fase em que o mediador poderá solicitar às partes a apresentação ou propor diretamente uma possível solução.[488]

[484] Ibid., 2017, p. 480.

[485] *Tribunale di Firenze (Sez. II, 19 Mar. 2014, Dott.ssa Breggia); Tribunale di Palermo (Sez. I, 16 Jul. 2014, Dott Ruvolo); Tribunale di Rimini (Sez. Civile, Dott Bernardi); Tribunale di Roma (Sez. XIII, 29 Maio 2014, Dott Moriconi).*

[486] *Cassazione civile, sez. III, Sentenza 27/03/2019 nº 8473.*

[487] Em tradução livre: "por meio de procuração que tenha como objeto específico a participação na mediação e a atribuição do poder de dispor dos direitos que dela são objeto."

[488] Nesse aspecto, a decisão da Corte de Cassação não restou imune a críticas. Tendo em vista o caráter meramente informativo da primeira reunião afirmado pela Corte de Cassação, Capozzoli entende que a primeira reunião é esvaziada de conteúdo, além de haver uma relativização do dever do advogado de prestar informação sobre a mediação. Assim, a Corte de Cassação teria deixado de aproveitar a oportunidade da decisão para indicar que o papel do advogado na mediação vai muito além de uma função informativa, requer-se habilidades relacionais, comunicativas e negociais muito peculiares, resultado de treinamento específico do advogado (Cf. Capozzoli, Adriana. **Mediazione:** la Cassazione interviene sulla condi-

Em conclusão, destacam-se as considerações de MASTELLONE e RISTORI, bem como de D'URSO. Aqueles destacam que a experiência italiana de implementação da Diretiva 2008/52/CE foi resultante do desenvolvimento da legislação nacional bastante influenciada pelo cenário de crise econômica e pela necessidade de um sistema eficiente de resolução de disputas. Eles ressaltam também que a implementação da obrigatoriedade da mediação prévia foi desafiadora, haja vista a forte tradição litigiosa do país e a necessidade de estabelecer mecanismos legais que ao mesmo tempo preservassem a natureza voluntária do procedimento e convencessem os diferentes atores a tentarem o procedimento. De todo modo, MASTELLONE e RISTORI entendem que a regulação da mediação na Itália demonstra o quão valiosos princípios e procedimentos claramente estabelecidos podem ser[489].

D'URSO, por sua vez, apresenta os dados comparativos entre a mediação voluntária e convencionada contratualmente, a mediação ordenada pelo juiz e a mediação prévia estabelecida pela lei, concluindo que, naqueles dois primeiros tipos de mediação, a taxa de sucesso (em relação ao número de mediações conduzidas e o número de processos cíveis e comerciais pendentes entre 2013 e 2017) é de, respectivamente, 1% e 0,1%. Enquanto a taxa de sucesso para a mediação prévia estabelecida por lei apresentou uma taxa de sucesso de acima de 100%. Na sua opinião, o efeito positivo da reunião prévia de mediação decorre de sua condução por um mediador experiente e capacitado, de sua brevidade e geração de baixos custos para as partes, da possibilidade de as partes encerrarem-na sem qualquer sanção ou continuá-la voluntariamente, bem como da imposição de sanções aplicáveis subsequentemente no processo judicial contra a parte ausente. O autor também ressalta que a Corte Europeia de Justiça – CJEU julgou a favor e conheceu compatibilidade entre a obrigatoriedade da primeira reunião e as disposições da Diretiva 2008/52/CE, o que demonstra a importância de uma base legal e normativa que dê suporte à mediação[490].

Em duas ocasiões a CJEU lidou com a questão da obrigatoriedade da reunião prévia em vista do princípio da proteção judicial efetiva: o jul-

zione di procedibilità: un'occasione mancata! Disponível em: <https://www.altalex.com/documents/news/2019/04/01/mediazione>. Acesso em: 6 set. 2019).

489 MASTELLONE; RISTORI, 2017, p. 465.

490 D'URSO, 2018, p. 3.

gamento do caso *C317/08 para C320/08 Alassini e Outros*, datado de 18 de março de 2010 e o julgamento do caso *C75/16 Menini e Rampanelli v. Banco Popolare Società Cooperativa*, datado de 14 de junho de 2017, que diz respeito à previsão da obrigatoriedade da mediação prévia na legislação italiana. Nas duas ocasiões, a CJEU não se manifestou contrariamente à previsão legal da obrigatoriedade da tentativa da mediação previamente ao ingresso da ação judicial, não compreendeu que o requerimento legal feriria o princípio da proteção jurisdicional efetiva e outros princípios normativos a nível europeu. Com relação ao caso *Menini e Rampanelli v. Banco Popolare Società Cooperativa*, a CJEU definiu que a exigência do procedimento previamente à ação judicial não impediria o direito de acesso à justiça, desde que a mediação: (i) não resulte em uma decisão vinculante às partes; (ii) não cause um atraso substancial ao prosseguimento dos atos processuais; (iii) suspenda a prescrição; (iv) não gere despesas, ou que estas sejam de reduzida importância; (v) se for realizada por via eletrônica, que esta não seja a única via; e (vi) não impeça as partes de buscarem medidas de urgência[491].

[491] *"The CJEU has adopted two separate decisions concerning the requirement to attempt mediation in the light of the principle of effective judicial protection, namely the judgement of 18 March 2010 in cases C317/08 to C320/08 Alassini and Others and the judgement of 14 June 2017 in case C75/16 Menini and Rampanelli v. Banco Popolare Società Cooperativa. In neither one of them did the CJEU come to a conclusion that a requirement to attempt mediation infringes the principle of effective judicial protection, the principles of equivalence and effectiveness or the EU law in question. However, it is true only 'provided that that procedure does not result in a decision which is binding on the parties, that it does not cause a substantial delay for the purposes of bringing legal proceedings, that it suspends the period for the time-barring of claims and that it does not give rise to costs – or gives rise to very low costs – for the parties, and only if electronic means is not the only means by which the settlement procedure may be accessed and interim measures are possible in exceptional cases where the urgency of the situation so requires'. (...) A requirement to attend an introductory first meeting with a mediator where parties can receive first-hand information and understand the essence of the process allows parties to make an educated decision whether mediation is a suitable way to resolve their dispute."* Disponível em: <https://rm.coe.int/cepej-2019-9-en-handbook/168094ef3c>. Acesso em: 5 jul. 2019. Vide também a decisão em: <https://eur-lex-europa.eu/legal-content/PT/TEXT/PDF/?uri=CELEX:62016CJ0075&from=EN>. Acesso em: 5 jul. 2019. Em tradução simples: "A CJEU adotou duas decisões distintas relativamente à obrigação de tentativa de mediação à luz do princípio da proteção jurisdicional efetiva, a saber, a decisão de 18 de março de 2010 nos casos *C 317/08* a *C 320/08 Alassini e outros* e a decisão de 14 de junho de 2017 caso C 75/16 *Menini e Rampanelli v. Banco Popolare Società Cooperativa*. Em nenhuma delas a CJEU chegou à conclusão de que a exigência de tentativa de mediação viola o princípio da proteção jurisdicional efetiva, os princípios da equivalência e da efetividade ou o direito da UE em causa. No entanto, só é verdade

Uma vez analisado o quadro normativo e jurisprudencial relativo à implementação da mediação judicial obrigatória pela Itália, passa-se a analisar a realidade de países europeus em que inexiste previsão legal quanto à obrigatoriedade da mediação prévia ao processo judicial ou que a iniciativa de implementação da mediação judicial obrigatória ainda é limitada.

4.5.2. Inglaterra e País de Gales: países em que inexiste previsão legal quanto à obrigatoriedade da mediação previamente à ação judicial

Como contraponto de estudo, serão apresentadas considerações a respeito dos regimes legais da Inglaterra e País de Gales[492], que não pre-

'desde que esse procedimento não conduza a uma decisão vinculativa para as partes, que não provoque um atraso significativo para o prosseguimento dos procedimentos judiciais, que suspenda o prazo de prescrição e que não acarrete custos – ou acarrete custos muito baixos – para as partes, e apenas se os meios eletrônicos não forem o único meio de acesso ao procedimento de resolução e as medidas provisórias forem possíveis em casos excepcionais, em que a urgência da situação assim o exigir'. (...) A exigência de comparecer a uma primeira reunião introdutória com um mediador onde as partes podem receber informações em primeira mão e entender a essência do processo permite que as partes tomem uma decisão informada se a mediação é uma forma adequada de resolver sua disputa."

492 Conforme já ressaltado, Inglaterra e País de Gales são os países pertencentes ao Reino Unido da Grã-Bretanha que possuem uma jurisdição legal única, diferentemente da Irlanda do Norte e da Escócia. Como se observará, uma das diferenças entre a jurisdição da Escócia e a jurisdição da Inglaterra e País de Gales se dá com relação ao incentivo legal à utilização da mediação. A concepção quanto à necessidade de promoção e implementação de MASCs por meio de regras processuais nos tribunais da Escócia é algo que vem se desenvolvendo no país, porém, de maneira inconsistente e sem suporte. Em vista desse cenário, recentemente, em junho de 2019, foi publicado um relatório pela Scottish Mediation, um grupo formado por especialistas e o governo escocês, denominado "Bringing Mediation into the Mainstream in Civil Justice in Scotland", cujo objetivo geral é uniformizar o uso da mediação no sistema de justiça civil por todo o país e introduzir o uso da mediação como uma opção viável em complementação ou substituição ao litígio judicial, bem como apresentar recomendações para tanto. Dentre as recomendações, encontra-se a implementação da mediação obrigatória previamente ao prosseguimento do processo, conforme a Recomendação 1: *"A degree of compulsion should be introduced into the system to encourage the parties to consider mediation. Where mediation is appropriate, parties should be required to attend a mediation session before their court or tribunal case can proceed."* (Em tradução livre: "Um certo grau de coerção deve ser introduzido no sistema para encorajar as partes a considerarem a mediação. Quando a mediação for apropriada, as partes devem ser solicitadas a comparecer a uma sessão de mediação antes que o processo perante o tribunal possa prosseguir.") (Disponível em: <https://

veem a obrigatoriedade da mediação previamente ao processamento da ação judicial. Passa-se a analisar as particularidades com relação às formas de incentivo à mediação promovidas por esses países.

Primeiramente, é precípuo apontar que o sistema judicial, bem como o instituto da mediação possuem uma caracterização própria na jurisdição britânica. A prática e o âmbito privado figuram como elementos importantes para o sistema judicial da *common law*. É o que se nota a partir da definição de mediação, apresentada por MARSH, ODDY e O'NEILL, como um meio consensual, um processo de negociação *privada*, facilitado por uma terceira parte imparcial que foi especificamente treinada e capacitada para tanto[493], além das seguintes considerações:

> *Whereas many countries began with a legal and regulatory framework for mediation and looked for mediation practice to grow within it, mediation in England and Wales began with the practice of it, and thoughts of a regulatory framework have only come later. This was enabled because the general law already provided sufficient basis for the parties to contract privately to use mediation, without the need for additional legislation. (...) It also reflects the fact that mediation in England and Wales grew mainly out of the business environment, and not through the introduction of court reforms. In other words, it was essentially "demand-led" and not "supply-led".*[494]

www.scottishmediation.org.uk/wp-content/uploads/2019/06/Bringing-Mediation-into-the-Mainstream-in-Civl-Justice-in-Scotland.pdf>. Acesso em: 7 set. 2019).

[493] O mediador não precisa ser bacharel em direito, apesar de se notar na prática que a maioria dos mediadores são ligados ao curso de direito, como *barristers* e juízes aposentados, advogados, *solicitors* (ANDREWS, 2009, p. 111).

[494] MARSH, Bill; ODDY, Alexander; O'NEILL, Jan. Chapter 9: England and Wales. In: ALEXANDER, Nadja; WALSH, Sabine e SVATOS, Martin (Orgs.). **EU Mediation law handbook** – regulatory robustness ratings for mediation regimes. Holanda: Kluwer Law International BV, 2017, pp. 208-209. Em tradução livre: "Enquanto muitos países começaram com uma estrutura legal e regulatória para a mediação e procuraram que a prática de mediação crescesse dentro dela, a mediação na Inglaterra e no País de Gales começou com a prática, e as ideias de uma estrutura regulatória só vieram depois. Isso foi possível porque a lei geral já fornecia base suficiente para que as partes contratassem de forma privada o uso da mediação, sem a necessidade de legislação adicional. (...) Também reflete o fato de que a mediação na Inglaterra e no País de Gales cresceu principalmente a partir do ambiente de negócios, e não por meio da introdução de reformas judiciais. Em outras palavras, foi essencialmente 'conduzido pela demanda' e não 'conduzido pela oferta'."

Dessa forma, nota-se que a mediação na Inglaterra e País de Gales não é comumente percebida, nem realizada como um procedimento promovido e conduzido dentro dos tribunais judiciais, mas como um meio primariamente privado.

Ressalta-se que a presente obra foi elaborada em momento anterior à efetivação do "BREXIT" (expressão da língua inglesa que se refere à saída do Reino Unido da União Europeia). De todo modo, para fins de discussão sobre a regulação da mediação na Inglaterra e País de Gales, faz-se menção à Diretiva 2008/52/CE, promulgada no âmbito da União Europeia, que, anteriormente à efetivação do "BREXIT", era incorporada à lei britânica por meio de um instrumento referido como "Regulations"[495]. Por meio das Regulations, as disposições da Diretiva 2008/52/CE eram restringidas às mediações transfronteiriças, diferentemente de outros países europeus que escolheram incorporar a diretiva à regulação doméstica da mediação. A razão para tanto era a compreensão de que a legislação britânica existente seria suficiente para lidar com os aspectos trazidos pela Diretiva 2008/52/CE, exceto com relação à: (i) execução de acordos celebrados na mediação, (ii) confidencialidade e produção de provas, e (iii) suspensão de prazos.[496]

Outra fonte de regulação da mediação na Inglaterra e País de Gales, talvez a mais importante, são as regras do código de processo civil (*Civil Procedure Rules* – CPR). Isto porque é determinado no CPR, como um objetivo primordial das cortes, que estas lidem com os casos de maneira justa, sendo elas obrigadas a gerenciar ativamente os casos, o que inclui facilitar e encorajar as partes a fazerem uso extrajudicial dos MASCs, se estes forem considerados como apropriados[497].

[495] The Cross-Border Mediation (EU Directive) Regulations 2011, SI 2011/1133.

[496] Atualmente, com a efetivação do "BREXIT", a Cross-Border Mediation (EU Directive) Regulations 2011 foi revogada por meio da Cross-Border Mediation (EU Directive) (EU Exit) Regulations 2019, a qual definiu, todavia, que algumas previsões da Cross-Border Mediation (EU Directive) Regulations 2011 continuariam a ser aplicadas, conforme pactuado e ajustado nos termos das atuais Regulations.

[497] Andrews ressalta o aspecto da adequação dos MASCs aos tipos de conflitos ao ponderar sobre os benefícios do processo judicial: "*Despite the remarkable expansion in England of mediation, the system of court-based litigation will continue. It offers a strong form of dispute- resolution. The court process also confers many public benefits, notably opportunity for the public to attend or receive reports of open hearings and the making by judges of publicly accessible reasoned decisions (the higher courts thereby contributing to the common law system of precedent decisions).*" (Andrews, 2009,

De acordo com MARSH, ODDY e O'NEILL, a indicação de uso dos MASCs pelos advogados britânicos é a forma mais comum e efetiva de incentivo da mediação. Embora os advogados na Inglaterra e País de Gales estejam cientes quanto ao dever profissional de aconselhar os clientes sobre as possibilidades de utilização dos MASCs e que estes estão sujeitos a sanções judiciais caso se recusem injustificadamente a mediar, a divulgação de experiências positivas com a mediação tanto pelos advogados, quanto pelos clientes existe como um fator eficiente de divulgação do procedimento[498].

Em relação à sanção judicial como forma de incentivo à mediação, destaca-se que o CPR confere aos juízes um poder bastante discricionário para determinar a alocação de custas legais entre as partes, bem como de valores em termos de indenização buscados como pretensões jurídicas. Assim, ao fundamentar a alocação de custas e de valores de condenação, o juiz poderá considerar o seu juízo de valor quanto à busca pelas partes do uso dos MASCs, antes e durante o processo judicial. Na prática, portanto, existe uma verdadeira ameaça de aplicação de sanção pecuniária contra a parte que injustificadamente recusar a tentativa da mediação (ou de outros MASCs) sugerida pela outra parte ou pelo tribunal[499].[500]

p. 108). Em tradução livre: "Apesar da notável expansão da mediação na Inglaterra, o sistema de contencioso judicial continuará. Ele oferece uma forma forte de resolução de disputas. O processo judicial também confere muitos benefícios públicos, nomeadamente a oportunidade para o público assistir a ou receber relatórios de audiências abertas e a tomada de decisões por juízes cuja fundamentação é publicamente acessível (assim, os tribunais superiores contribuem para o sistema de decisões precedentes da *common law*)."

[498] MARSH; ODDY; O'NEILL, 2017, p. 220.

[499] MARSH; ODDY; O'NEILL, 2017, p. 217.

[500] Inclusive, as previsões constantes do CPR que permitem a aplicação de sanção pecuniária em vista da recusa injustificada de participação na mediação são vistas como uma forma de implementar uma "*implied compulsory mediation*" (isto é, uma mediação implicitamente obrigatória). De acordo com RANDOLPH, com o tempo, a distinção entre encorajamento robusto e obrigatoriedade acaba desaparecendo: "*A 'direction to meet and/or to discuss mediation' may amount to 'robust encouragement', but is it sufficient? If not, then there will be an inevitable temptation to ever raise levels of robustness – and the line between encouragement and compulsion will gradually erode.*" RANDOLPH, Paul. Compulsory mediation? In: **New Law Journal**, 2010, p. 500. Em tradução livre: "Uma 'orientação para encontrar e/ou discutir a mediação' pode equivaler a um 'encorajamento robusto', mas é suficiente? Se não, então haverá uma tentação inevitável de aumentar os níveis de robustez – e a linha entre o incentivo e a coerção irá gradualmente erodir."

Tal ameaça, no entanto, é balizada pela jurisprudência (*case law*), especialmente pelo caso *Halsey*. Conforme esclarece ANDREWS:

> *To reinforce the new culture, that is, the tacit requirement that mediation be contemplated as a serious option, unless there are good reasons to reject it, the courts are prepared, where appropriate, to register censure of a party's unreasonable refusal to engage in mediation. That refusal might be in response to the opponent's call for mediation or the court's own suggestion that mediation be contemplated. Two such costs sanctions have so far emerged: denial of costs in favour of a victorious party; or an order of aggravated costs (known as indemnity costs) against a defeated party.* ***In determining the unreasonableness of a party's refusal to pursue mediation, the Court of Appeal in Halsey v Milton Keynes General NHA Trust (2004) listed the following criteria: "(...) the nature of the dispute; the merits of the case; the extent to which other settlement methods have been attempted; whether the costs of the ADR would be disproportionately high; whether any delay in setting up and attending the ADR would be prejudicial; whether the ADR had a reasonable prospect of success."***[501]

Em complementação, ANDREWS destaca outras circunstâncias definidas pelas cortes britânicas em termos de aplicação de sanção à parte que se recusou a tentar a mediação. O autor reflete que, no caso *Dunnett v Railtrack plc (2002)*, embora o réu tenha se sagrado vitorioso inclusive em grau de apelação, uma vez que ele rejeitou a sugestão do juiz quanto à tentativa de mediação enquanto o recurso estava pendente de julga-

[501] ANDREWS, 2009, p. 113, destaques não originais. Em tradução livre: "Para reforçar a nova cultura, isto é, a exigência tácita de que a mediação seja considerada uma opção séria, a menos que haja boas razões para rejeitá-la, os tribunais estão preparados, quando apropriado, para registrar a censura à recusa irrazoável de uma parte em participar da mediação. Essa recusa pode ser em resposta ao pedido de mediação do oponente ou à própria sugestão do tribunal de que a mediação seja contemplada. Duas sanções pecuniárias surgiram até agora: indeferimento dos custos em favor da parte vitoriosa; ou uma ordem de *aggravated costs* (conhecidos como custos de indenização) contra uma parte derrotada. Ao determinar a irracionalidade da recusa de uma parte em buscar mediação, a *Court of Appeal* no caso *Halsey v Milton Keynes General NHA Trust (2004)* listou os seguintes critérios: "(...) a natureza da disputa; o mérito do caso; até que ponto outros métodos de resolução de conflitos foram tentados; se os custos do ADR seriam desproporcionalmente altos; se qualquer demora no início e participação no ADR seria prejudicial; se o ADR tinha uma perspectiva razoável de sucesso."

mento, a ele foi negado o reembolso de custas da apelação. Em contraposição, no caso *Ward LJ S v Chapman (2008)*, a rejeição do réu de tentar a mediação sugerida pelo autor não foi considerada irrazoável, haja vista que este não apresentou as suas pretensões de modo específico e claro. Já no caso *Nigel Witham Ltd v Smith (2008)*, Andrews ressalta o entendimento do Judge Coulson QC de que a aceitação injustificadamente tardia da proposta para realizar a mediação pode equivaler, excepcionalmente, à recusa de mediar e à consequente condenação de custas: "*(...) if it could be shown that the successful party unreasonably delayed in consenting to the mediation, that might lead to an adverse costs order*"[502]. Por último, Andrews comenta sobre a possibilidade de aplicação de sanções pecuniárias pelo juiz ao se balizar no comportamento adotado pelas partes na mediação, uma vez que, no caso *Carleton v Strutt & Parker (2008)*, o tribunal compreendeu que a posição adotada pelo requerente na mediação, ao deixar de apresentar oferta que refletisse o seu interesse genuíno, causou o insucesso do procedimento, equivalendo à conduta da parte que injustificadamente se recusa a mediar ("*(...) it is something which the court can and should take account of in the costs order in accordance with the principles considered in Halsey*"[503])[504].

Outro poder que as cortes possuem com relação à realização da mediação é o da suspensão do processo judicial. De acordo com a regra 26.4 do CPR:

> ***Stay to allow for settlement of the case***
> *26.4 (1) A party may, when filing the completed allocation questionnaire, make a written request for the proceedings to be stayed while the parties try to settle the case by alternative dispute resolution or other means.*
> *(2) Where–*
> *(a) all parties request a stay under paragraph (1); or*
> *(b) the court, of its own initiative, considers that such a stay would be appropriate,*
> *the court will direct that the proceedings be stayed for one month.*

502 Em tradução livre: "(...) se pudesse ser demonstrado que a parte bem-sucedida demorou injustificadamente para consentir com a mediação, isso poderia levar a uma ordem de custos adversos."

503 Em tradução livre: "(...) é algo que o tribunal pode e deve levar em consideração na decisão de custas, de acordo com os princípios considerados no caso *Halsey*."

504 Andrews, 2009, pp. 113-114.

> *(3) The court may extend the stay until such date or for such specified period as it considers appropriate.*
> *(4) Where the court stays the proceedings under this rule, the claimant must tell the court if a settlement is reached.*
> *(5) If the claimant does not tell the court by the end of the period of the stay that a settlement has been reached, the court will give such directions as to the management of the case as it considers appropriate.*[505]

Assim, o juiz poderá suspender o processo, inclusive por sua iniciativa, por um período máximo de um mês para as partes tentarem a mediação, ressaltando-se que a suspensão não é destinada a obrigar as partes a permanecerem no procedimento e celebrarem o acordo[506]. Na prática, as partes costumam tentar a mediação, pois, como visto, existe o risco de sua recusa ser considerada injustificada e, consequentemente, sujeita à aplicação de sanção pecuniária.

[505] Em tradução livre: "Suspensão para permitir a solução do caso. 26.4 (1) Uma parte pode, ao preencher o questionário de alocação, fazer um pedido por escrito para que o processo seja suspenso enquanto as partes tentam resolver o caso por meio de resolução alternativa de disputa ou outros meios. (2) Onde–(a) todas as partes solicitarem uma suspensão nos termos do parágrafo (1); ou (b) o tribunal, por sua própria iniciativa, considerar que tal suspensão seria adequada, o tribunal determinará que o processo seja suspenso por um mês. (3) O tribunal pode prorrogar a suspensão até a data ou pelo período especificado que considerar apropriado. (4) Se o tribunal suspender o processo ao abrigo desta regra, o requerente deve informar o tribunal se um acordo for alcançado. (5) Se o requerente não informar o tribunal, até ao final do período de suspensão, que um acordo foi alcançado, o tribunal dará as instruções sobre a gestão do caso que considere adequadas."

[506] "*An English court can direct that the proceedings be stayed for a month at a time while the parties pursue ADR or other settlement negotiations. A stay merely places the proceedings in suspense. Thereafter, proceedings can be resumed when this becomes appropriate. The stay can be issued by the court either following the parties' request, or on the initiative of the court. The stay creates, as it were, the space for mediation: it does not compel the parties actually to engage in mediation, which would be as vain an order as attempting to compel a horse to drink water.*" (ANDREWS, 2009, p. 113). Em tradução livre: "Um tribunal inglês pode determinar que o processo seja suspenso por um mês enquanto as partes buscam ADR ou outras forme de negociação de acordo. A ordem de suspensão apenas suspende o andamento do processo. Depois disso, o processo pode continuar quando for apropriado. A suspensão pode ser concedida pelo tribunal a pedido das partes ou por iniciativa do tribunal. A suspensão cria, por assim dizer, o espaço para a mediação: não obriga as partes a realmente se envolverem na mediação, o que seria uma ordem tão vã quanto tentar obrigar um cavalo a beber água."

Ainda, o CPR britânico determina que os *solicitors* devem confirmar, mediante o preenchimento de questionário a ser apresentado no tribunal, que observaram o seu dever profissional de aconselhar o cliente sobre o cabimento e benefícios de utilização dos MASCs, bem como de alertar sobre a possível sanção pecuniária determinada pelo juiz diante de uma recusa injustificada de participar da mediação.

Uma fonte original de incentivo à mediação dentro do quadro regulatório do procedimento autocompositivo na Grã-Bretanha são os chamados "*pre-action protocols*", que servem para assegurar que as partes tenham acesso à informação adequada sobre os MASCs e deem a devida atenção ao caso e à possibilidade de acordo antes de se seguir com o processo. Geralmente esses "*pre-action protocols*" são encontrados em litígios envolvendo casos de construção, negligência profissional e médica, lesão de pessoa física e difamação. Conforme indicam MARSH, ODDY e O'NEILL, é possível considerar a previsão de realização do procedimento da mediação no seguinte modelo de "*pre-action protocol*":

> *The parties should consider whether some form of alternative dispute resolution procedure would be more suitable than litigation, and if so, endeavor to agree which form to adopt. Both the Claimant and Defendant may be required by the Court to provide evidence that alternative means of resolving their dispute were considered. The Court take the view that litigation should be a last resort, and that claims should not be issued prematurely when a settlement is still actively being explored. Parties are warned that if the protocol is not followed (...) then the Court must have regard to such conduct when determining costs.*[507]

Por último, os "*court schemes*" também podem ser considerados como uma forma de regulação e incentivo da mediação na Inglaterra e País de Gales. Conforme MARSH, ODDY e O'NEILL explicam, os "*court schemes*"

[507] MARSH; ODDY; O'NEILL, 2017, p. 220. Em tradução livre: "As partes devem considerar se alguma forma de procedimento alternativo de resolução de disputas seria mais adequada do que o litígio e, em caso afirmativo, esforçarem-se para chegar a um acordo sobre a forma a ser adotada. Tanto a parte requerente como a parte requerida podem ser solicitados pelo tribunal a fornecer provas de que foram considerados meios alternativos de resolução do seu litígio. O tribunal considera que o litígio deve ser o último recurso e que os pedidos judiciais não devem ser apresentados prematuramente quando um acordo ainda está a ser explorado ativamente. As partes são advertidas de que, se o protocolo não for seguido (...), então o tribunal levará em consideração essa conduta ao determinar os custos."

se referem a um programa de mediação voluntária somente para casos internacionais que chegam a *Court of Appeal* ("*court-connected voluntary mediation*"). O programa é conduzido por uma instituição privada, fora da corte, que presta serviços de mediação e opera a partir de um valor fixo[508].

Desde 2016, como parte de uma reforma mais ampla de reestruturação das cortes cíveis na Inglaterra e País de Gales, o governo vem buscando a implementação da *Online Court*, cuja competência seria direcionada a causas de pequena monta (até no máximo de 25.000 libras esterlinas). O projeto ainda está em andamento, mas se espera que o novo sistema contará com uma fase de conciliação "discreta", durante a qual profissionais ligados ao tribunal, devidamente capacitados, auxiliarão as partes a explorarem opções de acordo por meio da mediação e negociação, com base nos materiais disponibilizados *online*[509].

Como visto, na Inglaterra e País de Gales não existe propriamente a figura da mediação judicial e, como percebido, não existe um regime legal que imponha a obrigatoriedade de realização do procedimento, ainda que extrajudicial, como uma condição de admissibilidade da ação judicial. Contudo, o incentivo quanto à realização da mediação provém especialmente do risco de aplicação de sanções pecuniárias pelas cortes.

Considerando o contexto particular do Reino Unido, RANDOLPH pondera sobre duas possíveis abordagens que auxiliariam ainda mais a promoção da mediação e, reflexamente, a diminuição de ações judiciais[510]. A primeira abordagem seria a definição pelo governo britânico da obrigatoriedade da mediação como condição que permita as partes litigarem judicialmente – o que, na opinião do autor, permitiria a mediação competir de fato com o processo judicial como uma forma de resolução de conflitos. Já a segunda abordagem, como alternativa ou em complementariedade, seria a mediação passar por um grande processo de "*marketing makeover*". Neste caso, RANDOLPH acrescenta que é necessário educar o público para que haja aceitação da mediação como um caminho igualmente efetivo para a justiça, ressaltando as qualidades e

508 Ibid., p. 220.

509 Ibid., p. 209.

510 RANDOLPH, 2011, p. 207.

benefícios do método, de modo que a mediação seja "vendida" adequadamente, mesmo que com uma denominação diferente[511].

4.5.3. França: país em que a tentativa de implementação da mediação judicial obrigatória ainda é limitada

Com relação ao regime legal da França relativo à mediação/conciliação judicial, é importante pontuar que, de acordo com o contexto histórico, esse regime se desenvolve desde a década de 1970. O Decreto nº 78-381 de 20 de março de 1978 definiu e organizou a função dos conciliadores que atuavam nos tribunais, mas a intervenção legislativa, considerando o contexto europeu, originou-se a partir da década de 90. Assim, a mediação civil foi inicialmente regulada na França por meio da Lei nº 95-125, de 8 de fevereiro de 1995, que tratava da organização jurisdicional e de procedimentos cível, criminal e administrativo[512].

Posteriormente, no âmbito da União Europeia, foi promulgada a Diretiva 2008/52/CE que, como já visto, refere-se a aspectos da mediação civil e comercial em conflitos transfronteiriços europeus. Esta foi transposta para a legislação nacional francesa mediante a Ordem nº 2011-1540, de 16 de novembro de 2011 e o Decreto nº 2012-66, de 20 de janeiro de 2012 referente à resolução amigável de disputas. Por seu turno, o legislador francês decidiu aplicar as disposições da Diretiva relativas a

[511] *"Can we, alternatively, improve upon the way mediation is 'sold'? Is a make-over or re-branding the answer? If it were, the first target might be the term 'mediation', as it may be rendering a disservice. Mediation tends to suggest a 'middle way', a 'soft and fluffy' approach, or even meditation. The government wants mediation taken up at increasingly earlier stages in disputes; yet it is precisely in those initial phases that parties want neither a middle-way compromise, nor a soft yielding attitude, but rather a crushing outright win, using the most aggressive tactics. So rather than calling in a mediator, would we feel more confident with a 'conflict resolver' or a 'conflict negotiator'?"* (Randolph, 2011, p. 207). Em tradução livre: "Podemos, alternativamente, melhorar a forma como a mediação é 'vendida'? A resposta é uma reformulação ou uma reformulação da marca? Se fosse, o primeiro alvo poderia ser o termo 'mediação', pois este pode estar prestando um desserviço. A mediação tende a sugerir um 'caminho do meio', uma abordagem 'suave e fofa' ou mesmo meditação. O governo deseja que a mediação seja adotada em estágios cada vez mais iniciais das disputas; no entanto, é precisamente nessas fases iniciais que as partes não querem nem um meio-termo, nem uma atitude de submissão suave, mas sim uma vitória absoluta esmagadora, usando as táticas mais agressivas. Então, em vez de chamar um mediador, nos sentiríamos mais confiantes com um 'solucionador de conflitos' ou um 'negociador de conflitos'?"

[512] Asfar-Cazenave, 2018, p. 16.

mediações transfronteiriças aos processos domésticos de mediação, exceto naquilo que conflitasse com a legislação francesa já existente[513].

Conforme WIETEK indica, após a transposição da Diretiva 2008/52/CE, o código de processo civil francês passou a definir a mediação como um processo estruturado por meio do qual duas ou mais partes envolvidas em uma disputa buscam chegar a um acordo com a assistência de um mediador, que será escolhido pelas partes conjuntamente ou selecionado pelo juiz da causa, desde que haja a concordância das partes[514]. Por conseguinte, após as reformas legais, o código de processo civil francês prevê duas modalidades de mediação: a mediação convencional[515] e a mediação judicial, esta resultante do encaminhamento das partes pelo juiz competente da causa e contanto que as partes aceitem participar[516]. A despeito da existência da mediação judicial e de iniciativas para seu uso, WIETEK comenta que este permanece limitado, já que a mediação judicial ainda não foi recepcionada pela maioria das regulações domésticas e depende de significativa disposição dos juízes para implementá-la[517].

513 Apesar de se considerar a definição comum entre mediação e conciliação apresentada pela Diretiva 2008/52/CE, algumas características próprias do regime francês se mantêm, como por exemplo a figura do conciliador que atua *pro bono* e constitui uma categoria profissional regulada e fiscalizada pelo judiciário. Além do mais, tendo em vista que a diretiva trata apenas da mediação em matéria civil e comercial, a legislação francesa manteve o procedimento de mediação em direito penal, conforme o artigo 41-1 do código de processo penal – a mediação em matéria de direito penal poderá ser solicitada pelo "Procureur de la République" em casos de infrações de menor gravidade (injúria, roubo simples, por exemplo).

514 WIETEK, Delphine. Chapter 12: France. In: ALEXANDER, Nadja; WALSH, Sabine e SVATOS, Martin (Orgs.). **EU Mediation law handbook – regulatory robustness ratings for mediation regimes**. Holanda: Kluwer Law International BV, 2017, p. 306.

515 De acordo com WIETEK, buscando preservar a liberdade e autonomia das partes de decidirem sobre a regulamentação do processo de mediação convencional, o código de processo civil francês apenas prevê diretrizes gerais quanto à condução do procedimento (Cf. WIETEK, 2017, p. 324).

516 De acordo com o artigo 131-1, do Code de procédure civile: "*Le juge saisi d'un litige peut, après avoir recueilli l'accord des parties, désigner une tierce personne afin d'entendre les parties et de confronter leurs points de vue pour leur permettre de trouver une solution au conflit qui les oppose.*" Em tradução livre: "O juiz a quem o litígio é submetido pode, após obter o acordo das partes, designar um terceiro para ouvir as partes e comparar os seus pontos de vista, a fim de lhes permitir encontrar uma solução para o conflito."

517 "*The Report on ADR [issued by the General Inspector of Judicial Services on the development of ADR, April 2015] describes conventional mediation as a success. It is, for instance, often used in the fields of insurance and consumer law. (...) Contrary to expectations, recourse to court-ordered mediation*

Outrossim, o código de processo civil francês estabelece a possibilidade de o juiz propor a mediação na hipótese de as partes não terem comprovado que foi tentada a resolução amigável do conflito previamente ao processo judicial[518], bem como na hipótese de a tentativa anterior ter restado frustrada[519].

remains limited. This process is not yet part of most French courts' internal policies. Court-ordered mediation requires significant personal investment on the part of the judges. (...) Many initiatives have been pursued to increase awareness of mediation, both at local and national jurisdiction level, but they suffer from a lack of coordination." (WIETEK, 2017, p. 304, em tradução livre: "O Relatório sobre ADR [emitido pelo Inspetor Geral de Serviços Judiciais sobre o desenvolvimento de ADR, abril de 2015] descreve a mediação convencional como um sucesso. Ela é frequentemente utilizada nas áreas de seguros e direito do consumidor, por exemplo. (...) Contrariamente às expectativas, a busca pela mediação judicial continua limitada. Esse processo ainda não faz parte das políticas internas da maioria dos tribunais franceses. A mediação ordenada pelo tribunal requer um investimento pessoal significativo por parte dos juízes. (...) Muitas iniciativas têm sido desenvolvidas para aumentar a consciência sobre a mediação, tanto em nível de jurisdição local quanto nacional, mas sofrem com a falta de coordenação."). Em contribuição, BLOHORN-BRENNEUR e BACQUÉ: "*Si la médiation, introduite dans notre législation depuis 1995, peine à s'implanter (seulement 1% de médiations judiciaires ordonnées par les tribunaux plus de 20 ans après l'avènement de la loi), c'est qu'elle se heurte aux mentalités: le justiciable veut que justice lui soit rendue, le juge veut sanctionner le coupable et protéger le faible et l'avocat aspire à monter un dossier juridiquement inattaquable pour faire 'gagner' son client.*" (BLOHORN-BRENNEUR, Béatrice; BACQUÉ, Myriam (Org.). **Médiation obligatoire ou volontaire – quelles réformes pour quels enjeux?** Paris: L'Hamattan, 2018, p. 13). Em tradução livre: " Se a mediação, introduzida em nossa legislação desde 1995, luta para ser implementada (apenas 1% das mediações judiciais são ordenadas pelos tribunais após mais de 20 anos do advento da lei), é porque esbarra em mentalidades: o litigante quer que a justiça seja feita a ele, o juiz quer punir os culpados e proteger os fracos e o advogado visa construir um caso legalmente inatacável para 'ganhar' o seu cliente."

[518] De acordo com o artigo 127, do Code de procédure civile: "*S'il n'est pas justifié, lors de l'introduction de l'instance et conformément aux dispositions des articles 56 et 58, des diligences entreprises en vue de parvenir à une résolution amiable de leur litige, le juge peut proposer aux parties une mesure de conciliation ou de médiation.*" Em tradução livre: "Caso não se justifiquem, no momento da instauração do processo e nos termos dos artigos 56 e 58, as diligências realizadas com vistas à resolução amigável do seu litígio, o juiz pode propor às partes um procedimento de conciliação ou mediação."

[519] "*(...) this provision is not to be understood in the sense that a failed ADR attempt by the parties would necessarily hinder the judge from proposing mediation. The judge remains able to propose mediation in such case. (...) The decision to commence mediation is not subject to recourse as it is an administrative decision of the judge.*" (WIETEK, Op. cit., p. 323, em tradução livre: "(...) esta disposição não deve ser entendida no sentido de que uma tentativa fracassada de ADR pelas partes impediria necessariamente o juiz de propor a mediação. O juiz continua apto a propor mediação em tal caso. (...) A decisão de instaurar a mediação não é passível de recurso por se

Com relação à legislação mais recente, foi publicado o Decreto nº 2015-282, de 11 de março de 2015, referente à simplificação das comunicações eletrônicas e da resolução amigável de conflitos. Nesse decreto existe previsão quanto ao dever de o advogado comprovar que houve a tentativa de resolução amigável do conflito por seu cliente antes de ingressar com a ação judicial. O objetivo da previsão, portanto, é obrigar as partes e os advogados a considerarem os MASCs, bem como impor aos advogados o dever de informar os seus clientes sobre a mediação.

A partir da Lei nº 2016-1547, de 18 de novembro de 2016 relativa à modernização da justiça do século XXI, conhecida na doutrina francesa como "Loi J21", buscou-se a implementação da conciliação judicial obrigatória em relação a casos cujo montante não supere 4.000 euros[520]. Conforme determina o artigo 4º da "Loi J21", as partes devem tentar a conciliação conduzida por um conciliador judicial, sob pena de não recebimento da ação pelo juiz, que poderá ser declarado de ofício, exceto diante das seguintes situações: (i) se pelo menos uma das partes solicitar a homologação do acordo; (ii) se as partes justificarem que outras diligências foram realizadas com vistas a alcançar uma solução amigável de sua controvérsia; e (iii) se a falta de recurso à conciliação for justificada por motivo legítimo.

Em 17 de fevereiro de 2018, foi publicado o Decreto nº 2018-101 relativo ao experimento de um procedimento obrigatório de mediação prévia em litígios da função pública e sociais, que está alinhado com o objetivo da "Loi J21". O decreto em questão prevê a realização da mediação prévia obrigatória, sob pena de inadmissibilidade do litígio na esfera administrativa, com relação a disputas acerca da situação pessoal de funcionários públicos (por exemplo, o tipo de tratamento dispensado ao

tratar de uma decisão administrativa do juiz."). Inclusive, sobre a natureza administrativa e irrecorrível da decisão judicial que propõe o uso da mediação, após o consentimento das partes, destaca-se o seguinte entendimento judicial: "***Décision ordonnant une médiation. Nature. Mesure d'administration judiciaire. Absence de voie de recours.*** *La décision d'ordonner une médiation judiciaire, qui ne peut s'exécuter qu'avec le consentement des parties, est une mesure d'administration judiciaire non susceptible d'appel ni de pourvoi en cassation.*" (Cass. Civ. 1 – 07 décembre 2005). Em tradução livre: "Decisão ordenando um procedimento de mediação. Natureza. Medida de administração judicial. Inexistência de recurso. A decisão de ordenar a mediação judicial, que só pode ser executada com o consentimento das partes, é uma medida da administração judicial não suscetível de apelação, nem de recurso de cassação."

520 Blohorn-Brenneur; Bacqué, 2018, p. 11-13.

funcionário e a sua promoção ou remoção de cargo), bem como sobre os benefícios, subsídios ou direitos concedidos em vista de assistência social, como o direito de moradia ou auxílio a trabalhadores desempregados[521]. Assim, nos termos do artigo 6º do Decreto nº 2018-101, quando um recurso contencioso for dirigido a um tribunal administrativo, porém sem ter sido precedido por um procedimento de mediação, o presidente do tribunal administrativo ou o magistrado competente deverá rejeitar o recurso e encaminhar o caso ao mediador designado para atuar. A mediação, conquanto obrigatória, é gratuita.

Nota-se, portanto, que apesar de na esfera cível e comercial a mediação contar tão somente com o incentivo legal de atendimento à formalidade de apresentação pelo advogado do autor de declaração quanto à prestação de informações sobre os MASCs para o cliente, na esfera administrativa a mediação obrigatória prévia está sendo experimentada e, com relação a casos de pequena monta, a conciliação judicial como condição de recebimento da ação foi determinada legalmente.

De todo modo, a discussão sobre a implementação da mediação obrigatória previamente à ação judicial em casos envolvendo assuntos dos âmbitos civil e comercial na França não parece ser algo superado. PIGNON e VERT são contrários à adoção legal da mediação prévia obrigatória. Para VERT, que é magistrado na França, a obrigação legal da mediação nada mais que "*imposer une pure formalité, d'inutile et improductif*"[522],

[521] Conforme explica BENARD-VINCENT: "*Concernant le champ matériel du texte, l'expérimentation porte sur deux matières: les litiges de la fonction publique et ceux liés aux prestations sociales. Le périmètre de cette expérimentation n'est évidemment pas anodin pour deux raisons. La première est liée à l'importance de ces litiges devant les tribunaux administratifs. Il s'agit de contentieux de masse. La deuxième raison est attachée à l'aspect éminemment humain de ces litiges. L'objectif est de rétablir le dialogue entre l'agent et son employeur ou entre l'usager et l'administration, selon les cas.*" (BENARD-VINCENT, Georgina. **La médiation préalable obligatoire: première analyse**. Disponível em: http://blogdroitadministratif.net/2018/03/28/la-mediation-prealable-obligatoire-premiere-analyse/. Acesso em: 2 set. 2019). Em tradução livre: "No que diz respeito ao escopo material do texto, o experimento abrange duas áreas: as disputas do serviço público e aquelas relacionadas aos benefícios sociais. A abrangência desse experimento obviamente não é trivial por duas razões. A primeira diz respeito à importância dessas disputas perante os tribunais administrativos. Estes são litígios em massa. A segunda razão está ligada ao aspecto eminentemente humano dessas disputas. O objetivo é restabelecer o diálogo entre o agente e seu empregador ou entre o usuário e a administração, conforme o caso."

[522] BLOHORN-BRENNEUR; BACQUÉ, 2018, p. 82. Em tradução livre: "impor uma pura formalidade, inútil e improdutiva."

já que o sucesso dependeria de uma política de conscientização e informação voltada aos litigantes sobre os MASCs e de uma formação adequada dos atores judiciários. Ademais, VERT entende que faria sentido sancionar o comportamento da parte que se recusar a se informar sobre os MASCs, uma vez que a informação partiria diretamente do juiz ou do convite feito pela outra parte[523].

Por sua vez, PIGNON considera que a mediação obrigatória prévia encontraria utilidade não no início do procedimento judicial, mas como resultante de uma decisão a ser dada pelo juiz ao longo do processo. Isto porque, assim como VERT, ela entende que a mediação obrigatória prévia poderia ser observada como mera formalidade, especialmente se não houver um mecanismo de sanção e tão somente a consequência processual de inadmissibilidade da ação[524]. Assim, a opinião de PIGNON é no sentido de que, havendo um conhecimento maior sobre a causa, após o juiz ter analisado o mérito, ainda que superficialmente, este poderia fazer uma melhor avaliação quanto às chances de êxito da mediação, além de que, "*sa propre [du juge] confiance dans la médiation sera le meilleur atout pour recueillir l'adhésion des parties et aboutir à la réussite de la future médiation*"[525]. A autora também reconhece que para fins de implementação da mediação obrigatória ao longo do processo também há necessidade de formação dos juízes sobre os MASCs e de uma mudança de concepção quanto à própria função do julgador (mesmo que, para tanto, deva-se partir de uma visão pragmática da mediação: compreender que é melhor evitar a redação de uma sentença e o retorno das partes com uma ação judicial)[526].

Em contrapartida, DU PONT é a favor da implementação pela legislação francesa da mediação obrigatória prévia em matérias cível e comercial. Para ele, trata-se, na verdade, de um paradoxo e da necessidade de se encontrar uma saída para o paradoxo. O conflito é tido como um paradoxo relacional e o contra paradoxo, para se sair do conflito, é justamente as partes se aproximarem para depois se separarem (o mediador

[523] Ibid., p. 83.
[524] Ibid., p. 75.
[525] BLOHORN-BRENNEUR; BACQUÉ, 2018, p. 75. Em tradução livre: "a própria confiança [do juiz] na mediação será o melhor trunfo para obter o apoio das partes e levar a futura mediação ao sucesso."
[526] Ibid., p. 77.

se encarrega de informar as partes em conflito que elas são livres para terminarem o procedimento)[527].

Ainda, Du Pont comenta sobre a tentativa de se realizar a mediação obrigatória previamente à ação judicial:

> *Parler de tentative de médiation était pourtant osé pour un puriste: la médiation étant une tentative de trouver un accord, la tentative de médiation, c'est-à-dire la tentative de tentative, n'avait a priori pas de sens. En réalité, le sens est bien là: tout comme négociation, où il faut d'abord négocier sur le processus avant de négocier sur le fond, en médiation, il faut d'abord tester, pour s'engager ensuite. Tenter une médiation, c'est-à-dire expérimenter le processus pour se convaincre de son efficacité avant de s'y engager, voilà une excellente idée. Sa traduction juridique consiste à conditionner la recevabilité d'une demande en justice à la preuve qu'une tentative de médiation a été menée. (...) Ainsi, la tentative de médiation obligatoire devient un processus impactant, bien plus que la simple information. Cet impact, grâce ai questionnement croisé qui participe à restaurer de la confiance, permet aux parties d'examiner l'opportunité "d'entrer" en médiation et les incite en ce sens.*[528]

Dessa forma, Du Pont entende que existe um benefício com a tentativa mandatória da mediação, já que esta causa um impacto significativo: permitir que as partes examinem, de fato, a possibilidade de realizarem a sua autocomposição por meio do procedimento proposto pelo mediador.

[527] Ibid., p. 72.

[528] Ibid., pp. 72-73. Em tradução livre: "Falar de tentativa de mediação era, porém, ousado para um purista: a mediação sendo uma tentativa de chegar a um acordo, a tentativa de mediação, isto é, a tentativa de tentativa, não fazia sentido *a priori*. Na realidade, o significado está lá: assim como na negociação, em que você deve primeiro negociar o processo antes de negociar a substância, na mediação, você deve primeiro testar e depois se envolver. Tentar mediar, isto é, experimentar o processo para se convencer da sua eficácia antes de se comprometer com ele, é uma excelente ideia. A sua tradução jurídica visa condicionar a admissibilidade de uma ação judicial à prova de que foi efetuada uma tentativa de mediação. (...) Assim, a tentativa de mediação compulsória torna-se um processo impactante, muito mais do que simples informação. Este impacto, graças ao questionamento cruzado que ajuda a restaurar a confiança, permite que as partes examinem a oportunidade de 'entrar' na mediação e as encoraja a fazê-lo."

4.5.4. Considerações sobre os regimes jurídicos estrangeiros e à guisa de conclusão tendo em vista a contratação de "cláusula *opt out*"

As seguintes considerações podem ser traçadas em vista dos principais pontos observados nos regimes legais da Itália, Inglaterra/País de Gales e França quanto à obrigatoriedade da mediação/conciliação prévia ao ajuizamento da ação judicial, buscando-se contribuir com o debate ao sugerir possíveis transposições para o sistema legal brasileiro quanto à temática e à possibilidade de celebração de negócio jurídico processual que rejeite a realização da mediação/conciliação processual.

Em primeiro lugar, de modo geral, o que se nota da análise dos regimes legais estrangeiros, ora eleitos para estudo sobre a mediação/conciliação obrigatória prévia ao ingresso em juízo, e do regime legal doméstico é que este se caracteriza como um dos regimes com maior grau de obrigatoriedade de realização do procedimento judicialmente. QUEK fala em "*degree of mandatoriness of any mediation program*"[529] e apresenta um diagrama relativo a "*continuum of mandatoriness*", que possui uma escala de 1 a 5. O menor grau de obrigatoriedade se refere a "*Categorical or discretionary referral (with no sanctions for refusal)*"; o segundo grau de obrigatoriedade se refere a "*Requirement to attend mediation orientation session or case conference to explore mediation*"; o terceiro grau seria o de "*'Soft' sanctions (making mediation a prerequisite for filing a case or obtaining legal aid; imposing cost sanctions for unreasonable refusal to mediate, etc.)*"; o quarto grau seria relativo a "*Opt-out scheme (compulsory discretionary or categorical mediation with provision to be exempted)*"; e o maior grau se refere a "*'No exemptions' (Categorical or discretionary referral with sanctions for non-compliance)*"[530].

[529] Isto é, um grau de obrigatoriedade de qualquer programa de mediação.

[530] QUEK, 2010, pp. 488-490. Em tradução livre, o 1º grau de obrigatoriedade se refere à "Referência categórica ou discricionária (sem sanções por recusa)"; o 2º grau se refere a "Requisito de participação em sessão de orientação sobre a mediação ou conferência sobre o caso para explorar a mediação"; o 3º grau se refere a "Sanções 'leves (fazendo da mediação um pré-requisito para iniciar uma ação ou obter uma medida judicial; impondo sanções pecuniárias por recusa injustificada para mediar, etc.)"; o 4º grau se refere à "Convenção de exclusão (*opt-out scheme*) (mediação obrigatória discricionária ou categórica com disposição para ser excluída)"; e o 5º grau se refere a "'Sem exclusões' (referência categórica ou discricionária com sanções por não conformidade)".

Conforme observado, o regime legal da Itália define a realização da mediação como condição de prosseguimento do processo judicial. A realização do procedimento é obrigatória, inexistindo previsão legal quanto à possibilidade de as partes a excetuarem de comum acordo. O regime legal italiano também prevê sanções processuais e pecuniárias à ausência injustificada de uma das partes no procedimento de mediação prévio: o juiz poderá inferir argumentos de prova em sua sentença e condenar a parte ausente sem motivo justificado a pagar ao Estado uma quantia adicional de custas processuais. Além de que, tendo em vista o comportamento adotado pela parte vencedora, o juiz poderá determinar o pagamento de custas e honorários da parte vencida na ação judicial, especialmente se a parte vencedora recusou a proposta pelo mediador que, afinal, correspondeu totalmente com a sentença judicial. Nota-se, portanto, que na escala proposta por QUEK, o regime legal italiano relativo à obrigatoriedade da mediação judicial se caracteriza como "sem exceções", no grau máximo de 5.

De modo contraposto, não há no regime francês a obrigatoriedade de realização da mediação previamente à ação judicial que envolva matérias cível e comercial, tampouco há previsão legal de sanções pecuniárias ou processuais que tornem a ação inadmissível. As exceções, contudo, referem-se à legislação francesa mais recente que prevê a tentativa de conciliação judicial para casos de pequena monta, sob pena de não recebimento da ação pelo juiz e, na esfera administrativa, ao experimento da mediação obrigatória prévia em casos relativos à função pública e matérias sociais.

Já em relação aos países da Inglaterra e País de Gales, embora o seu regime legal não preveja a realização da mediação como uma etapa processual obrigatória, os juízes possuem o poder de suspender o rito processual a fim de encaminhar as partes à mediação, bem como o de impor sanções pecuniárias, em vista dos comportamentos adotados pelas partes na mediação e no processo judicial.

Logo, em relação ao regime legal italiano, os regimes legais francês e britânico se encontram em graus menores na escala proposta por QUEK. Não obstante, tendo em conta que o regime britânico possibilita a aplicação de sanções pecuniárias às partes que dificultarem a realização da mediação, ele se caracteriza como o terceiro grau de obrigatoriedade da mediação, enquanto o regime legal francês, de modo mais geral, envolvendo matérias cível e comercial, tendo em vista a inexistência de sanções processuais ou pecuniárias diante de uma recusa injustificada para realizar a mediação, caracteriza-se pelo primeiro grau na escala de QUEK.

Como dito, em comparação com os regimes legais estrangeiros destacados, entende-se que a legislação brasileira que trata da mediação processual se caracteriza por um alto grau de obrigatoriedade de realização do procedimento. Todavia, algumas exceções são previstas na legislação processual.

Nos termos do artigo 334, §4º, do Código de Processo Civil, a sessão de mediação/conciliação processual não será realizada se a petição inicial não preencher os requisitos essenciais, se for o caso de improcedência liminar do pedido, quando a matéria em disputa não for passível de autocomposição e se ambas as partes manifestarem, expressamente, desinteresse na composição consensual. Nesse sentido, conforme GAJARDONI esclarece, a sessão de mediação/conciliação processual, nos termos da legislação brasileira, é *quase obrigatória*:

> De fato, a audiência de conciliação/mediação será *quase obrigatória*. Só não será realizada se o direito em debate não admitir autocomposição, ou se *ambas as partes*, expressamente, declinarem desinteresse (...), vedado ao magistrado "dispensar" o ato, mesmo vislumbrando a total improbabilidade do acordo.[531]

Ou seja, o regime legal brasileiro prevê exceções à obrigatoriedade da mediação processual prévia, especialmente a hipótese de desinteresse manifestado por ambas as partes, autor e réu, que decidem declinar do procedimento[532]. Destarte, de acordo com a classificação proposta

[531] GAJARDONI, Fernando da Fonseca. **Novo CPC:** Vale apostar na conciliação/mediação? Os riscos para a audiência inaugural "quase obrigatória", prevista no Código de Processo Civil. Disponível em: <https://www.jota.info/paywall?redirect_to=//www.jota.info/opiniao-e-analise/artigos/novo-cpc-vale-apostar-na-conciliacaomediacao-26012015>. Acesso em: 5 set. 2019.

[532] Conforme apontamento de MAZZOLA, a regra do artigo 334 do Código de Processo Civil prevê a mediação "induzida", porque embora sua realização seja a regra e caiba ao juiz estimular, sempre que possível, a busca do consenso, isso não significa que a mediação ocorrerá necessariamente. "É o que ocorre nos casos em que não se admite autocomposição ou quando ambas as partes manifestam desinteresse na composição consensual (art. 334, § 4º, do

por QUEK, o regime legal brasileiro seria um "*opt-out scheme*" (grau 4 na escala de obrigatoriedade).

Ainda no âmbito do regime legal brasileiro, não existem quaisquer ressalvas quanto à previsão da mediação/conciliação extrajudicial em convenção de resolução de conflitos, uma vez que esta representa a mais pura expressão da autonomia privada da vontade das partes. Entende-se também que a contratação da mediação/conciliação pré-processual em convenção de resolução de conflitos está alinhada com o princípio do autorregramento da vontade das partes. Ainda que o procedimento seja facilitado por serventuários, funcionários públicos e seja conduzido dentro dos tribunais estatais e de acordo com as regras destes ou dos CEJUSCs, não se vislumbra a impossibilidade de previsão contratual de requisitos para implementação da mediação/conciliação pré-processual, até mesmo inspirados nos requisitos legais para a mediação/conciliação extrajudicial.

Já com relação à mediação/conciliação processual obrigatória prévia, nos termos legais, indaga-se se seria válida a disposição contratual que expressamente vete a sua realização. A disposição contratual em questão é denominada de "cláusula *opt out* de mediação/conciliação"[533] e, por meio desta, as partes contratantes acordariam que, na hipótese de eventual ação judicial decorrente de controvérsia ou descumprimento do contrato, não têm interesse na realização da sessão de mediação/conciliação processual determinada pelo artigo 334 do Código de Processo Civil.

MAZZOLA compreende que a "cláusula *opt out*" revela uma eventual preocupação das partes quanto à otimização do tempo, principalmente, para se evitar atos processuais no âmbito judicial que, a princípio, poderiam ser tidos como desnecessários. O autor entende que a "cláusula *opt*

NCPC)." (MAZZOLA, Marcelo. **Qual a relação entre mediação extrajudicial, precedentes e negócios jurídicos processuais?** Disponível em: <https://www.migalhas.com.br/dePeso/16,MI239654,31047Qual+a+relacao+entre+mediacao+extrajudicial+precedentes+e+negocios> Acesso em: 15 set. 2019).

[533] Conforme explanação de MAZZOLA: "Essa cláusula de *opt out*, também conhecida como cláusula de retirada ou autoexclusão, tem inspiração nas *class actions* dos Estados Unidos, nas quais os representados têm *right to opt out*, isto é, o direito de se retirar da demanda coletiva ou de não se beneficiar dela." MAZZOLA, Marcelo. **A cláusula opt out de mediação à luz do novo CPC**. Disponível em: <http://www.migalhas.com.br/dePeso/16,MI227753,71043-A+clausula+opt+out+de+mediacao+a+luz+do+ novo+CPC>. Acesso em: 15 set. 2019.

out" é um negócio jurídico válido e em conformidade com a natureza do negócio jurídico processual, uma vez que as partes podem dispor contratualmente sobre o procedimento da ação judicial[534]. Em consonância, é a opinião de LIPIANI e SIQUEIRA, que ao citarem o Enunciado nº 19 do Fórum Permanente de Processualistas Civis[535], assinalam que as partes podem acordar a dispensa da sessão de mediação/conciliação processual, de modo a contribuir para a celeridade e otimização do processo judicial[536].

Ademais, LIPIANI e SIQUEIRA ressaltam que a própria exceção à regra, expressada no §4º, I, do artigo 334 do Código de Processo Civil, constitui a previsão de negócio jurídico típico que as partes podem celebrar[537]. As partes podem *manifestar* conjunta e *expressamente* o seu desinteresse na composição consensual[538].

Contudo, o que MAZZOLA questiona é a eficácia desse negócio jurídico processual. Ele indaga se sua eficácia não estaria limitada, uma vez que a "cláusula *opt out*" não seria observada ou aplicada automaticamente, podendo até mesmo atrasar o procedimento judicial, ao invés de agilizá-lo. Neste caso, imagina-se a situação que o magistrado tivesse qualquer dúvida sobre a abusividade da disposição contratual. Assim, ele

[534] Ibid., 2015.

[535] Conforme Enunciado nº 19: "(art. 190) São admissíveis os seguintes negócios processuais, dentre outros: (...) pacto de mediação ou conciliação extrajudicial prévia obrigatória, inclusive com a correlata previsão de exclusão da audiência de conciliação ou de mediação prevista no art. 334; pacto de exclusão contratual da audiência de conciliação ou de mediação prevista no art. 334; (...). (Grupo: Negócio Processual; redação revista no III FPPC- RIO e no V FPPC-Vitória)."

[536] LIPIANI; SIQUEIRA, 2018, p. 157.

[537] Ibid., p. 159.

[538] Inclusive, tendo em vista a situação particular de as partes já terem buscado a mediação/conciliação extrajudicial em período próximo ao ingresso da ação judicial. Sobre o assunto, indica-se o teor do Enunciado nº 50 aprovado na I Jornada de Prevenção e Solução Extrajudicial de Litígios, realizada nos dias 22 e 23 de agosto de 2016: "Caso qualquer das partes comprove a realização de mediação ou conciliação antecedente à propositura da demanda, o magistrado poderá dispensar a audiência inicial de mediação ou conciliação, desde que tenha tratado da questão objeto da ação e sido conduzida por mediador ou conciliador capacitado". Logo, tendo em vista a possibilidade de se dispensar a audiência prevista no artigo 334, do Código de Processo Civil para os casos que as partes realizaram a mediação ou a conciliação pré-processuais, conduzidas por profissionais capacitados, e nas quais o objeto da ação tenha sido discutido, eventual "cláusula *opt out*" motivada por tentativa anterior de mediação/conciliação extrajudicial demonstra conveniência e utilidade prática.

prosseguiria com a intimação do réu para se manifestar sobre a "cláusula *opt out*", em respeito ao artigo 10 do Código de Processo Civil[539], o que, por fim, acabaria por prolongar o procedimento judicial.

Ademais, MAZZOLA enumera as seguintes razões pelas quais ele considera a eficácia limitada da "cláusula *opt out*": (i) o propósito desta caminha em rota de colisão frontal com normas fundamentais do processo civil, entre elas a da obrigação do Estado e de todos os agentes do processo promoverem e estimularem, a qualquer tempo, a solução consensual dos conflitos, especialmente por meio da mediação e da conciliação; (ii) a possibilidade de os princípios da autonomia da vontade e do *pacta sunt servanda* serem relativizados; (iii) a possibilidade de reavaliação pelas partes do seu interesse de submeter a disputa à mediação/conciliação ao longo do transcurso do tempo; e (iv) a falta de prejuízo às partes caso o magistrado designe a sessão de mediação/conciliação, ainda que contrariamente à disposição contratual, já que basta nova manifestação contrária ao procedimento pelo autor e pelo réu em até dez dias antes da data designada para a mediação/conciliação.

Em contrapartida, novamente, LIPIANI e SIQUEIRA defendem que a imposição da sessão de mediação/conciliação processual "carece de utilidade prática e vai de encontro à finalidade dos institutos (a busca pela solução mais adequada e a consequente pacificação social)", ressaltando que o princípio da voluntariedade dos meios consensuais prevalece, "já que, ainda que estejam obrigadas a participar da audiência, as partes jamais poderão ser obrigadas a realizar o acordo"[540], as partes não são obrigadas a permanecerem no procedimento autocompositivo indireto[541], tampouco a celebrarem um acordo. Lembrando-se que, conforme também observado no regime italiano, a consideração quanto à obrigatoriedade da mediação se refere tão somente à realização da primeira reunião de mediação.

Outrossim, conforme LIPIANI e SIQUEIRA ressalvam, se às partes cabe o direito de dispensar consensualmente a sessão de mediação/con-

[539] "Art. 10. O juiz não pode decidir, em grau algum de jurisdição, com base em fundamento a respeito do qual não se tenha dado às partes oportunidade de se manifestar, ainda que se trate de matéria sobre a qual deva decidir de ofício."

[540] LIPIANI; SIQUEIRA, 2018, p. 161.

[541] De acordo com a redação *ipsis litteris* do § 2º, do artigo 2º, da Lei de Mediação: "Ninguém será obrigado a permanecer em procedimento de mediação".

ciliação processual, poderão, seguindo a mesma lógica, celebrar negócio jurídico processual atípico para impossibilitar que a sessão não ocorra, estabelecendo, por exemplo, mecanismos de incentivo e coerção à participação (com relação ao segundo tipo de mecanismo, as partes podem estabelecer contratualmente penalidade em vista da ausência na sessão de mediação/conciliação processual, por exemplo, uma multa a ser revertida à parte presente na mediação/conciliação)[542].

Compreende-se que a previsão de mecanismo de coerção para o comparecimento à sessão de mediação/conciliação processual seria complementar à penalidade prevista em lei. O ordenamento brasileiro determina que o não comparecimento injustificado das partes na primeira sessão de mediação/conciliação processual é considerado ato atentatório à dignidade da justiça que resulta na aplicação de multa de até dois por cento da vantagem econômica pretendida ou do valor da causa, revertida em favor da União ou do Estado (conforme artigo 334, § 8º, do Código de Processo Civil). A Lei de Mediação, inclusive, estabelece um incentivo positivo às partes com relação à realização do acordo durante o processo judicial: "solucionado o conflito pela mediação antes da citação do réu, não serão devidas custas judiciais finais"[543].

Em conclusão, tendo em vista a especificidade do regime legal brasileiro de quase obrigatoriedade da mediação/conciliação processual e a liberdade das partes para celebrarem negócios jurídicos processuais típicos e atípicos, tendo em conta o artigo 190 do Código de Processo Civil, compreende-se que não existe qualquer óbice legal à contratação da "cláusula *opt out*".

Em vista de uma conveniência e utilidade prática, vislumbra-se o direito das partes de celebrarem negócio jurídico processual que regula a dispensa de um procedimento autocompositivo a ser realizado inicialmente no âmbito da ação judicial. Situação essa que, a título comparativo com o regime legal italiano, não poderia ser vislumbrada.

[542] LIPIANI; SIQUEIRA, Op. cit., p. 162. A sugestão ora destacada está alinhada com os ditames do artigo 22, IV, da Lei de Mediação, que se referem aos requisitos da cláusula de mediação extrajudicial.

[543] Conforme o artigo 29, da Lei nº 13.140 de 26 de junho de 2015. A título comparativo, ressalta-se, conforme visto, que no regime italiano existe um incentivo à realização bem-sucedida da mediação: a disponibilização de crédito tributário igual ao valor das custas pagas pelas partes ao "*organismo di mediazione*" (no máximo de 500 euros).

Por outro lado, não se desconsidera a possibilidade de o juiz questionar a eficácia do negócio jurídico da "cláusula *opt out*", seja em termos de se aferir qualquer abusividade da disposição contratual, seja para fins de privilegiar todo um quadro de promoção dos meios consensuais, considerando, inclusive, que as partes podem se encontrar em momentos diversos – quando da celebração da "cláusula *opt out*" e do ingresso da ação judicial – que facilitem a promoção da autocomposição.

Ademais, conforme percebido nos regimes legais estrangeiros e discutido em vista do regime legal doméstico, ao juiz cabe levar em consideração o comportamento das partes e o atendimento ao dever de lealdade processual no que tange à realização ou falta de realização justificada dos meios consensuais nos âmbitos judicial e extrajudicial.

Ressalta-se também que, nos três regimes legais estrangeiros analisados, existe previsão normativa referente ao dever profissional do advogado de aconselhar os seus clientes sobre o uso dos MASCs antes da proposição de ação judicial. Na Itália, além do mais, há o risco de anulação do contrato de honorários do advogado que faltar com o seu dever de informação, conforme determinado pelo Decreto Legislativo nº 28/2010. No Brasil, o papel do advogado de conscientização do seu cliente quanto ao uso dos MASCs decorre de um dever ético[544], porém, não há previsão legal de sanção específica para o descumprimento de tal dever do advogado ou, ainda, de previsão legal quanto ao atendimento do requisito de manifestação expressa e por escrita do advogado quanto à tentativa de uso dos MASCs, previamente ao ingresso da ação judicial.

Dessa forma e, tendo por inspiração os regimes legais estrangeiros analisados, não se entenderia como uma medida frívola eventual determinação legal quanto à obrigação do advogado de declarar expressamente o atendimento ao seu dever ético de prestação de informações

[544] De acordo com os artigos 2º e 8º, do Código de Ética e Disciplina da Ordem dos Advogados do Brasil (OAB), respectivamente: "Art. 2º O advogado, indispensável à administração da Justiça, é defensor do Estado democrático de direito, da cidadania, da moralidade pública, da Justiça e da paz social, subordinando a atividade do seu Ministério Privado à elevada função pública que exerce. Parágrafo único. São deveres do advogado: (...) VI – estimular a conciliação entre os litigantes, prevenindo, sempre que possível, a instauração de litígios; VII – aconselhar o cliente a não ingressar em aventura judicial; (...)". "Art. 8º O advogado deve informar o cliente, de forma clara e inequívoca, quanto a eventuais riscos da sua pretensão, e das consequências que poderão advir da demanda."

sobre os MASCs ao seu cliente. Tal determinação seria concebida como fruto de uma escolha legislativa alinhada à Política Pública de Tratamento Adequado dos Conflitos de Interesses, resguardando inclusive a efetividade de eventual "cláusula *opt out*", já que esta seria questionada preliminarmente pelos próprios advogados das partes ao discutirem a possibilidade de se intentar novamente os meios consensuais (em possível contexto diverso daquele em que as partes acordaram a "cláusula *opt out*") ou, ao menos, ao reforçarem o papel e os benefícios dos meios consensuais como métodos adequados de resolução de conflitos.

5. A Efetividade da Convenção de Resolução Consensual de Conflitos Posta à Prova

O presente capítulo tem como objetivo avaliar a efetividade da convenção de resolução consensual de conflitos tendo em vista a preocupação que surge a partir dos próprios princípios informadores dos meios consensuais. Da tensão dos princípios da autonomia da vontade e da decisão informada decorre a dificuldade de a justiça consensual lidar com a desigualdade de poderes das partes.

A assimetria de poderes das partes se coloca como obstáculo intransponível à realização da convenção de resolução consensual de conflitos? É possível que o terceiro responsável pela condução do meio autocompositivo indireto modifique a sua forma de atuação e até mesmo o procedimento previsto expressamente na convenção de resolução consensual de conflitos como forma de lidar com a assimetria de poderes das partes? Quais são os efeitos decorrentes de tal modificação, especialmente considerando a inexistência de ciência e consentimento das partes acerca desta?

Esses são alguns dos questionamentos que por fim se apresentam como forma de testar a efetividade da convenção de resolução consensual de conflitos. Uma última circunstância prática que também se coloca neste capítulo, dentro da temática de se provar e considerar a efetividade da convenção, é a de que, em matéria de direito do consumidor, alguns tribunais brasileiros passaram a determinar a realização do meio consensual da negociação, *transformado pela tecnologia*, como requisito de admissibilidade do provimento jurisdicional, independentemente de pactuação das partes contratantes nesse sentido.

5.1. Para além do acesso à justiça ampliado: tensão entre os princípios da decisão informada e da autonomia da vontade das partes

Como visto, a percepção quanto ao juízo de adequação da tutela jurisdicional, incluindo a justiça consensual ou conciliativa, conforme defendido por GRINOVER, levou à ampliação máxima do princípio do acesso à justiça. Tal situação, contudo, não é desacompanhada do receio de que a justiça consensual (e, consequentemente, a convenção de resolução consensual de conflitos, como uma de suas formas de expressão) tenha dificuldades para lidar com o desequilíbrio entre as posições das partes em razão de questões sociais, econômicas, hierárquicas, culturais, organizacionais, de poder negocial, entre outras.

Vem a lume, destarte, discussão quanto à tensão entre os princípios da decisão informada e da autonomia da vontade das partes ao contratarem os meios consensuais e autocomporem-se, tendo em consideração a especial necessidade de efetivação daquele ante uma possível relação não isonômica entre as partes que realizam os meios consensuais[545]. Em outras palavras, num contexto de justiça consensual, compreende-se que o princípio da decisão informada e a sua relação com o *pacta sunt servanda*, princípio tão caro ao liberalismo contratual, bem como, inevitavelmente, a sua associação com o princípio-garantia da igualdade[546] ganham relevância.

[545] Os dois princípios são elencados como princípios informadores da mediação e da conciliação no artigo 166, §4º, do Código de Processo Civil: "A conciliação e a mediação são informadas pelos princípios da independência, da imparcialidade, da *autonomia da vontade*, da confidencialidade, da oralidade, da informalidade e da *decisão informada*" (destaques não originais), sendo a autonomia da vontade ressaltada novamente no § 4º: "A mediação e a conciliação serão regidas conforme a *livre autonomia dos interessados*, inclusive no que diz respeito à definição das regras procedimentais" (destaques não originais).

[546] Com relação à discussão doutrinária acerca da caracterização da isonomia como princípio ou garantia, lecionam DINAMARCO e TARTUCE, respectivamente: "Mas a tutela constitucional do processo não seria efetiva se as grandes linhas-mestras desenhadas pela Constituição (princípios) não ganhassem eficácia imperativa mediante as correspondentes *garantias*. Consistem as garantias constitucionais em preceitos dotados de *sanção*, isso significando que sua inobservância afetará de algum modo a validade ou eficácia do ato transgressor, o qual não pode prevalecer sobre os imperativos constitucionais. Por isso é que geralmente os dis-

GRINOVER afirma precisamente que a manifestação de vontade das partes em se submeterem à justiça consensual/conciliativa deve ser mais do que livre, deve ser bem informada e completamente compreendida:

> A almejada pacificação não pode ser buscada a qualquer preço, e se a Justiça conciliativa nada mais é do que um meio de acesso à justiça, não podem ser admitidas soluções injustas para a parte vulnerável. Para que a solução do conflito seja justa e adequada, a manifestação de vontade não pode ser só livre, mas também bem informada e totalmente compreendida.[547]

A manifestação de vontade das partes de modo livre e bem informado com relação aos meios consensuais se relaciona ao princípio da autonomia privada e, consequentemente, ao seu elemento caracterizador da liberdade contratual[548]. Tal relação, de todo modo, é levada à reflexão considerando-se a dificuldade e, em certos casos, a impossibilidade, de as partes ou uma das partes contratarem ou participarem livre-

positivos constitucionais reveladores dos grandes princípios são encarados como garantias, a ponto de ser usual o uso indiferente dos vocábulos *princípio* e *garantia* para designar a mesma ideia." (DINAMARCO, 2017, v. I, p. 323, destaques originais). "Como é notório, há na doutrina menções à isonomia como princípio, como direito fundamental e como garantia processual. (...) É possível, assim, cogitar-se de sua configuração nas três perspectivas sem qualquer prejuízo ou contradição porque a isonomia apresenta um aspecto político relevante e sua adoção exige o comprometimento dos agentes públicos para a efetiva concretização da proposta isonômica. Não é válido, portanto, qualquer discurso sobre sua possível limitação pelo legislador porque configuraria princípio e não garantia: ao contrário, dada a multiplicidade de contemplações no Estado de Direito, é essencial que haja esforços para sua implementação a despeito da dificuldade experimentada para tanto." (TARTUCE, Fernanda. **Igualdade e Vulnerabilidade no Processo Civil**. Rio de Janeiro: Forense, 2012, p. 60).

[547] GRINOVER, 2016, p. 70.

[548] LORENCINI explica que o traço comum e fundamental que aproxima as espécies díspares dos MASCs é a liberdade (Cf. LORENCINI, Marco Antônio Garcia Lopes. A contribuição dos meios alternativos para a solução das controvérsias. In: SALLES, Carlos Alberto de (Coord.). **As grandes transformações do processo civil brasileiro**: homenagem ao Prof. Kazuo Watanabe. São Paulo: Quartier Latin, 2009. p. 600). Pontuado de maneira análoga, LEVY indica que os MASCs apresentam diferenças lógicas ligadas às suas características adjudicatórias ou consensuais, embora se alimentem da mesma fonte: o princípio da autonomia privada (Cf. LEVY, 2013. p. 54).

mente dos meios consensuais em decorrência de um desequilíbrio de poder ou vulnerabilidade[549].

Tendo em conta a política pública brasileira de promoção dos meios autocompositivos e especialmente o espaço que a mediação judicial vem ganhando no dia a dia da população mais carente, haja vista a implantação da Política Pública de Tratamento Adequado dos Conflitos de Interesses do CNJ, é curial traçar algumas considerações sobre as dificuldades enfrentadas pelos meios consensuais, uma vez escolhidos como meios de resolução de conflitos, que são informais e não ligados estrita e necessariamente a um conjunto legal de regras processuais[550].

TARTUCE alerta sobre a necessidade de assegurar que indivíduos vulneráveis tenham condições de viabilizar a transposição de dificuldades ao acesso à jurisdição:

> É imperioso assegurar que os indivíduos serão recebidos adequadamente em seus pleitos de proteção judiciária levando-se em conta as limitações que naturalmente trazem da vida social. (...) Não basta assim, simplesmente afirmar que a jurisdição se encontra à disposição: é essencial viabilizar aos necessitados a transposição dos óbices sociais e econômicos que dificultam o acesso a ela.[551]

Dessa forma, seja em termos de justiça consensual como expressão da jurisdição ou como forma de obtenção de justiça, a preocupação se faz presente e relevante, precipuamente constituindo-se os meios consensuais métodos de resolução de conflitos informais e passíveis de serem realizados em âmbito privado, com alguma ou, a depender, nenhuma regulação normativa, bem como de serem inseridos em instrumento contratual por sugestão da parte mais poderosa.

[549] De acordo com TARTUCE: "A vulnerabilidade no processo civil foi conceituada como a suscetibilidade do litigante que o impede de praticar os atos processuais em razão de uma limitação pessoal involuntária ensejada por fatores de saúde e/ou de ordem informacional, técnica ou organizacional." (TARTUCE, 2012, p. 225).

[550] "*Mediation takes place in private. Its legitimacy as a method of dispute resolution cannot depend securely on decision-making according to law, since mediated agreements may disregard* law." ASTOR, Hilary. **Mediator neutrality:** making sense of theory and practice. Sage Publications, 2007, p. 222. Em tradução livre: "A mediação ocorre em ambiente privado. Sua legitimidade como forma de solução de controvérsias não pode depender da tomada de decisões com segurança de acordo com a lei, uma vez que acordos mediados podem desconsiderar a lei."

[551] TARTUCE, 2012, p. 81-82 e 83.

5.1.1. Desequilíbrio de poderes: fator relevante para a convenção de resolução consensual de conflitos e objeto dos próprios meios consensuais

Para MAYER, poder **é definido** como a habilidade de conseguir atender as próprias necessidades e de promover os objetivos a que se almeja, destacando que não seria possível compreender o poder de uma pessoa de modo autônomo, sem se considerar que em um conflito esse poder interage com o poder de outrem e que, afinal, no contexto do conflito, as partes busquem de certa forma um sistema de troca de poderes de modo construtivo e coerente. Portanto, a percepção quanto ao poder de uma parte ser maior ou menor se dá tão somente com relação ao poder da outra parte[552].

Enquanto as partes estão em tratativas para se chegar a uma resolução consensual ou até mesmo para se definir o mecanismo de resolução de conflitos, invariavelmente o resultado será afetado pela habilidade que cada uma possui de negociar em seu favor. Não por menos surge a preocupação que, em vista de uma diferença significativa de poder, uma das partes possa dominar o processo autocompositivo e o resultado deste, de modo que o acordo quanto ao procedimento de resolução de conflitos e/ou ao mérito da disputa reflita ampla e exclusivamente os seus interesses e necessidades, sem levar em consideração os interesses e necessidades da outra parte.

[552] "*For the purpose of understanding the dynamics of conflict, power may be defined as the ability to get one's needs met and to further one's goal. (...) We cannot understand any person's potential power independent of how that power interacts with the power of others in conflict. In many circumstances the effectiveness of one disputant's use of power is best understood by how that person's power affects others in their use of power, and vice versa. (...) The use of power involves a system of interaction, and to some extent our goals in conflict involve finding a constructive and coherent system of power exchange.*" (MAYER, Bernard. **The Dynamics of Conflict**. 2ª ed. San Francisco: Jossey-Bass, 2012, pp. 68 e 79). Em tradução livre: "Para o fim de compreender a dinâmica do conflito, o poder pode ser definido como a capacidade de fazer com que as necessidades de uma pessoa sejam satisfeitas e de facilitar o seu objetivo. (...) Não podemos entender o poder potencial de qualquer pessoa independentemente de como este interage com o poder dos outros em conflito. Em muitas circunstâncias, a eficácia do uso do poder de um litigante é mais bem compreendida pela forma como o poder deste afeta o uso de poder dos outros e vice-versa. (...) O uso do poder envolve um sistema de interação e, até certo ponto, nossos objetivos em conflito envolvem o encontro de um sistema construtivo e coerente de troca de poder."

É preciso assinalar que o poder é essencialmente dinâmico e multiforme: existem diferentes tipos[553]; sendo que, durante a autocomposição, haverá alteração na relação de poder[554]. Ainda, para TARTUCE:

> É oportuno destacar, em princípio, que a diferença de poder não necessariamente decorre de poderio econômico ou potencial de influência, mas de elementos como a legitimidade dos argumentos invocados, a formulação de ideias criativas, a determinação de não ceder ou a habilidade de invocar princípios morais; ademais, pode ainda acontecer que um indivíduo habilidoso não tenha realmente poder, mas sua autoconfiança e sua postura o conduzam a uma condição de superioridade.[555]

Seria utópico imaginar que na autocomposição não haja um desequilíbrio de poder entre as partes ou, ainda, que o equilíbrio absoluto poderia ser estabelecido[556]. TAKAHASHI salienta que o poder não é passível de ser milimetricamente mensurado e, assim, distribuído de maneira igualitária entre as partes e, que, logo, seria simplista qualquer solução

[553] Para BAYLIS e CARROLL, dentre os tipos de poder, destacam-se: poder estratégico (quando a parte aparentemente mais poderosa tem mais a perder por não chegar a um acordo ou a parte aparentemente mais fraca tem forte apoio público); poder emocional ou psicológico (inteligência, posição social, poder pessoal sobre um indivíduo); poder cultural (considerando a dominância de um ser sobre o outro por razões ligadas ao indivíduo, étnicas ou de orientação sexual); poder físico (capacidade de intimidar a outra parte ou influenciar a sua tomada de decisão com base no medo da violência ou em razão de abuso físico ou emocional prévio); poder derivado de recursos, incluindo o poder financeiro, o poder de informação, habilidades, educação, posição e familiaridade com o processo; e poder de gênero, o qual pode envolver uma mistura de poderes emocional, psicológico e derivado de recursos (Cf. BAYLIS, Claire; CARROLL, Robyn. Power issues in mediation. In: **ADR Bulletin**, vol. 7, nº 8, 2005, pp. 133-134).

[554] "*During the course of a negotiation the existence of many different types of power will be shifts in the balance of power.*" (Ibid., p. 134). Em tradução livre: "Durante o curso de uma negociação, a existência de muitos tipos diferentes de poder causará mudanças no equilíbrio de poder."

[555] TARTUCE, 2012, pp. 310-311.

[556] TARTUCE, sob a perspectiva constitucional de análise da igualdade como valor jurídico no Estado democrático de Direito, alerta para a inexistência de igualdade jurídica absoluta e para a busca, na medida do possível, de um equilíbrio: "Como não há igualdade jurídica absoluta – porque sempre haverá uma razoável desigualdade –, busca-se, na medida do possível, neutralizar as disparidades promovendo nivelação e equilíbrio." (Ibid., p. 55). Traça-se, portanto, um paralelo entre o reconhecimento da impossibilidade de garantia absoluta de uma isonomia jurídica, formal ou material, e da impossibilidade de equilíbrio absoluto entre os poderes das partes em autocomposição direta ou com a intervenção de terceiros.

que proponha um nivelamento de poder, já que tal equiparação, em última instância, seria impossível[557].

Nesse sentido, dentre as críticas reverberadas por Fiss com relação **à cultura de incentivo à realização d**os MASCs, vem **à baila** aquela relacionada à suposição errônea dos defensores dos MASCs acerca da inexistência de um desequilíbrio de poderes entre as partes[558]. Ele considera que o acordo é tratado pelos defensores dos MASCs como mera antecipação do julgamento e que, como tal, acaba por pressionar a celebração do acordo, além de ser considerado mais como uma trégua do que uma verdadeira reconciliação. Ao sinalizar a existência do desequilíbrio de poderes quando questões são submetidas aos MASCs, Fiss argumenta que o resultado da autocomposição também se dá em função da diferença de poder financeiro das partes e de quanto cada uma dispõe para financiar a litigância, uma vez que esses recursos quase sempre não são distribuídos equitativamente[559].

Assim, FISS aponta três formas que a discrepância de recursos financeiros poderia influenciar a resolução consensual: (i) a parte mais pobre pode ter maiores dificuldades para acumular e analisar as informações necessárias para prever o resultado da disputa, estando em desvantagem no processo de barganha negocial; (ii) uma das partes pode precisar imediatamente dos valores buscados como ressarcimento de danos, sendo induzida a fazer o acordo como forma de antecipar o pagamento, embora saiba que o valor acordado seja menor do que o valor de eventual condenação; e (iii) a parte mais pobre pode ser compelida a

[557] Takahashi, Bruno. **O papel do terceiro facilitador na conciliação de conflitos previdenciários.** 2015. 236 f. Dissertação (Mestrado) – Faculdade de Direito da Universidade de São Paulo, São Paulo, 2015, p. 98. Ainda, de acordo com Baylis e Carroll: "*(...) an imbalance of power is not something that can be 'balanced' by a mediator by simply giving more power to one party.*" (Baylis, 2005, p. 134). Em tradução livre: "(...) um desequilíbrio de poder não é algo que pode ser 'equilibrado' por um mediador simplesmente dando mais poder a uma das partes."

[558] As outras críticas apontadas pelo autor são: (i) a ausência de consentimento autorizado de quem é o representante na autocomposição; (ii) a falta de fundamento para o envolvimento judicial contínuo, já que a solução consensual não contaria com o envolvimento judicial no seu cumprimento; e (iii) a impossibilidade de haver uma interpretação oficial da lei e do Direito por meio dos MASCs (Cf. Fiss, Owen M. Against Settlement. In: **The Yale Law Journal**. New Haven, vol. 93, n. 6, 1984, pp. 1073-1089).

[559] Ibid., pp. 1075-1076.

celebrar o acordo porque ela não possui condições financeiras para arcar com os custos da litigância. Neste caso, ainda que o acordo pareça favorecer o autor na medida em que o permite economizar custos com a proposição da demanda, na realidade, o réu pode calcular antecipadamente os custos com o processo e deduzi-los da proposta de acordo. Para FISS, portanto, o autor pobre acaba prejudicado com relação aos custos da litigância ainda que ele celebre o acordo[560].

No mesmo sentido, TARTUCE indica que:

> (...) a vulnerabilidade do litigante pode ser aferida no momento da promoção da autocomposição e, caso não seja devidamente enfrentada, pode ensejar efeitos nocivos na transação porventura entabulada. Como o jurisdicionado mais fraco suporta o tempo do processo com grandes prejuízos, sua precária situação pode acabar induzindo-o a transacionar para receber qualquer valor (ainda que ínfimo), o que estimula o uso da autocomposição de má-fé pelo devedor que pretende continuar violando obrigações, pagar menos do que o devido ou simplesmente ganhar tempo.[561]

BERGAMASCHI, tratando da resolução de conflitos por meio de mecanismos consensuais envolvendo a Administração Pública, ressalta aspectos importantes com relação ao modo de se enfrentar a falta de isonomia, especialmente considerando a figura da Administração Pública como "litigante repetitivo"[562]:

> As críticas formuladas procedem e devem ser levadas em consideração sempre que houver a opção pelo uso do meio consensual: se há desnível de poder entre as partes e, ainda, se uma das partes é litigante repeti-

[560] FISS, 1984, p. 1076.

[561] TARTUCE, 2012, p. 308-309.

[562] GALANTER pontua quais seriam as principais características do litigante repetitivo ("*repeat player*") que o colocam em situação de vantagem em comparação com o litigante eventual ("*one shotter*"). Como litigante habitual, o "*repeat player*": (i) possui conhecimento acumulado acerca da estruturação de transações; (ii) consegue aproveitar de uma economia de escala: pronto acesso a especialistas e um baixo custo para iniciar processos; (iii) tem oportunidades de facilitar relações informais com membros de instituições; (iv) possui e busca zelar por sua reputação de negociador por barganha; e (v) não tem problema de arriscar com as probabilidades (Cf. GALANTER, Marc. Why the "haves" come out ahead: speculations on the limits of legal change. In: **Law and society review**, vol. 9, 1974, p. 98-99).

> tivo, isso deve refletir tanto no desenho institucional de um programa de solução consensual que envolva os entes públicos quanto na atuação individual de cada conciliador e mediador.[563]

Transpondo as considerações de Bergamaschi para um panorama mais amplo, com litigantes que não somente a Administração Pública, entende-se que a desigualdade de poderes entre as partes que escolhem e realizam os meios consensuais implica uma reflexão quanto a duas questões: (i) o desenho institucional do processo de resolução de conflitos e (ii) a forma de atuação do terceiro.

Com relação à primeira questão, um dos aspectos relevantes ligados à realização dos meios consensuais é a flexibilidade. Embora esta esteja relacionada à concepção de informalidade, isto não quer dizer que inexistam objetivos definidos nos processos consensuais e uma estrutura procedimental, ainda que estabelecida pela prática e não somente por ditames legais.

Ademais, a caracterização dos meios consensuais é informal na medida em que é flexível o suficiente para levar em consideração a complexidade dos conflitos e a individualidade das partes[564]. Os representantes das partes, seus advogados, as próprias partes, o terceiro participante do meio consensual, se houver, quando em condição de perceber a falta de equilíbrio de poderes poderão sugerir a mudança de regras procedimentais e/ou a adaptação do desenho institucional do MASC e, querendo, determiná-las na convenção de resolução de conflitos.

Por exemplo, a fim de se dissipar eventual pressão aplicada na negociação e na apresentação de eventual contraproposta, é possível sugerir que a parte mais vulnerável disponha de um prazo dilatado para analisar a proposta apresentada pela outra parte. Conforme as lições de Fisher, Ury e Patton[565], as próprias partes em conflito podem se valer de técnicas de negociação que buscam o reequilíbrio de poder[566].

[563] Bergamaschi, André Luís. **A resolução dos conflitos envolvendo a Administração Pública por meio de mecanismos consensuais**. 2015. 290 f. Dissertação (Mestrado) – Faculdade de Direito da Universidade de São Paulo, São Paulo 2015, p. 199.

[564] Levy, 2013, p. 100.

[565] Fisher; Ury; Patton, 1991, p. 97-106.

[566] A capacidade de identificação e uso da melhor alternativa à falta de acordo, denominada pelos autores como Batna, em inglês, "*best alternative to a negotiated agreement*" (traduzido

Pode-se, também, determinar que certo aspecto do litígio contará com a opinião de um especialista, com o intuito de auxiliar uma ou ambas as partes no procedimento consensual e, consequentemente, afastar eventual assimetria por falta de conhecimento técnico. Ou, ainda, pode-se definir que as partes serão necessariamente acompanhadas de advogados ao longo do processo autocompositivo[567].

Nota-se, portanto, que os meios autocompositivos possuem ferramentas e podem ter suas regras de condução procedimental adaptadas com o propósito de lidar com o desequilíbrio de poderes entre as partes, em clara expressão do autorregramento da vontade. Ademais, nesse contexto, o desequilíbrio de poderes, juntamente com o conflito em si, torna-se objeto dos meios consensuais de resolução de conflitos.

livremente: melhor alternativa sem acordo, expressão também referida como MASA, no idioma português) auxilia a parte como um parâmetro de avaliação da proposta de acordo. Assim, a MASA, ao mesmo tempo, protege a parte de aceitar termos que são desfavoráveis ou de rejeitar termos que são do seu interesse. Tendo conhecimento da sua MASA, a parte pode tomar com maior segurança a decisão de continuar ou não com a negociação, assim como de não se subjugar ao poder do outro. Outra técnica negocial ensinada por FISHER, URY e PATTON URY se refere ao uso de informações, tais como: dados, entendimentos consolidados judicialmente ou na prática de mercado e argumentos de autoridade que permitam que a parte, que esteja fazendo uso abusivo de um poder, coloque-o em perspectiva diante da objetividade da informação. Nesse sentido, URY comenta sobre o uso de perguntas do tipo "teste de realidade" como forma de auxiliar na dissipação de um poder enganoso, por exemplo: "você considerou a seriedade das consequências para ambas as partes se não houver um acordo?" ou "o que você provavelmente fará na ausência de um acordo?" (Cf. FISHER; URY; PATTON, 1991, p. 82-94 e URY, William. **Getting past no.** Negotiating with difficult people. Londres: Century Business, 1992, p. 113-117).

[567] Note-se que, em matéria de mediação extrajudicial, preocupado com o aspecto da desigualdade das partes, o legislador determinou no artigo 10, parágrafo único, da Lei de Mediação que: "As partes poderão ser assistidas por advogados ou defensores públicos. Parágrafo único. Comparecendo uma das partes acompanhada de advogado ou defensor público, o mediador suspenderá o procedimento, até que todas estejam devidamente assistidas". Já em termos de mediação judicial, o artigo 26, da Lei de Mediação determina a obrigatoriedade da assistência por advogados ou defensores públicos, exceto nas hipóteses determinadas por lei. BERGAMASCHI ao ponderar sobre a importância da assessoria jurídica ao litigante individual ou aquele com menor poder negocial ressalta que, embora a Resolução nº 125 de 2010 do CNJ não preveja expressamente um mecanismo para que um interessado obtenha assessoria jurídica na mediação ou na conciliação, conforme o artigo 8º da Resolução nº 125, é previsto o dever dos CEJUSCs de prestação de serviços de atendimento e orientação aos cidadãos (Cf. BERGAMASCHI, 2015, p. 201).

Os meios consensuais (especialmente a mediação[568]) são constituídos de técnicas aptas a lidarem com o desequilíbrio de poder que se revela com a disputa entre as partes.

Ainda com relação **à segunda questão apontada** por BERGAMASCHI, isto é, a reflexão quanto à forma de atuação do terceiro diante de um desnível de poderes das partes que escolheram os meios consensuais, faz-se pertinente apresentar as seguintes ponderações adicionais, haja vista o procedimento contratado pelas partes.

5.1.1.1. *Mudança na forma de atuação do terceiro para lidar com o desequilíbrio de poderes das partes, em vista da previsão do meio consensual em convenção de resolução de conflitos*

TARTUCE aponta que, ao se examinar o processo civil sob a égide da isonomia, o modelo processual cooperativo foi preferido, de modo que, se uma fragilidade comprometedora não causada voluntariamente pelo litigante for constatada pelo juiz, este poderá agir de forma diferenciada

[568] Para SALEM e DAVIS, a mediação, talvez mais do que qualquer outro meio de resolução de disputas, é o procedimento mais bem equipado para lidar com o desequilíbrio de poderes. Os autores sugerem 11 formas de o mediador lidar com o desequilíbrio de poderes entre as partes: (i) não faça suposições desnecessárias sobre os poderes no relacionamento das partes; (ii) faça uso do processo de mediação, uma vez que é da natureza do processo o empoderamento das partes – o primeiro impacto que o processo de mediação causa nas partes é a necessidade de ambas seguirem as mesmas regras básicas a fim de negociar um acordo; (iii) encoraje as partes a dividirem informação e conhecimento – informação é poder e elemento básico para a criação de valor na negociação; (iv) use o desejo das partes de chegarem ao acordo como forma de dissuadir a parte que está abusando do poder; (v) auxilie a parte mais fraca a identificar os seus interesses e receios, mantendo a sua postura de terceiro imparcial – ainda que o mediador tenha que explicar que não está escolhendo um lado, mas tão somente auxiliando na construção de um acordo que seja satisfatório e exequível para cada uma das partes; (vi) interrompa padrões de comportamento intimidador e de dominância na negociação, relembrando as partes que elas estão negociando de boa-fé; (vii) busque soluções para lidar com a diferença de idiomas – escolha de um mediador bilíngue ou auxílio de um tradutor, por exemplo; (viii) respeite as necessidades daqueles mais jovens e não os trate como se não fossem capazes de compreender e expressar o próprio poder; (xi) atente-se para a situação de uma parte não desejar celebrar o acordo por medo de violência ou retaliação; (x) conduza a mediação num contexto que ofereça informação e suporte para ambas as partes; (xi) não se apresse para fechar o acordo, ceder a esse tipo de pressão faz com que o mediador ignore o desequilíbrio de poderes (Cf. DAVIS, Albie M.; SALEM, Richard. Dealing with Power Imbalance in the Mediation of Interpersonal Disputes. In: **Mediation Quarterly**, no. 6, San Francisco: Jossey-Bass, 1984, p. 18-23 e 25).

em prol das garantias de acesso à justiça e igualdade[569]. Entende-se que tal postura deve ser esperada também do terceiro imparcial que atua em um procedimento consensual[570], uma vez que a vulnerabilidade pode insurgir no momento da promoção da autocomposição e, se não for devidamente enfrentada, poderá ensejar efeitos prejudiciais à resolução do conflito e à composição das partes.

Outrossim, a flexibilização, apontada como um dos princípios norteadores dos meios consensuais, também é percebida como característica da própria conduta do terceiro facilitador[571]. Porém, é preciso se atentar para a ponderação que se coloca quando o terceiro, ao buscar lidar com a dificuldade concreta de desequilíbrio de poderes, flexibiliza a sua forma de atuação.

Considerando-se os meios consensuais ora eleitos para estudo, poderia o terceiro, sem poder jurisdicional, mudar a sua forma de atuação, de um mediador para um conciliador, apesar de a convenção de resolução de conflitos indicar a escolha das partes quanto a um determinado meio consensual?

Para responder a esse questionamento, é preciso, primeiramente, avaliar se existe uma distinção e, mais importante, se é relevante distinguir a mediação da conciliação, enquanto formas de resolução de conflitos.

5.1.1.1.1. *Superada a distinção entre mediação e conciliação?*

O debate em questão, se por um lado, poderia ser considerado superado, uma vez que, desde o desenvolvimento do estudo mais aprofundado

[569] Tartuce, 2012, p. 225.

[570] Como bem assinalado por Coutinho, na mediação, há também a dimensão de poder do terceiro facilitador. Embora o poder do mediador seja limitado, posto que a ele não cabe impor uma decisão às partes, ele é relevante o suficiente para influenciar a condução do procedimento autocompositivo (Cf. Coutinho, Eutália Maciel. Configurações de Poder em Mediação. In: Rodas, João Grandino; et al (Cord.). **Visão Multidisciplinar das Soluções de Conflitos no Brasil**. Curitiba: Editora Prismas, 2018, p. 190).

[571] Dentre os princípios informadores da mediação, o Manual de Mediação Judicial do Conselho Nacional de Justiça ressalta a flexibilidade procedimental, indicando que: "A mediação é composta por um conjunto de atos coordenados lógica e cronologicamente. Apesar de ser útil ter uma estrutura a seguir, *o mediador possui a liberdade de, em casos que demandem abordagens específicas, flexibilizar o procedimento conforme o progresso das partes ou a sua forma de atuar. A partir de determinadas referências técnicas cada mediador deve desenvolver seu próprio estilo.*" Disponível em: <http://www.cnj.jus.br/files/conteudo/arquivo/2016/07/f247f5ce60df2774c59d6e2dddbfec54.pdf>. Acesso em: 24 ago. 2019, destaques não originais.

dos MASCs no Brasil, o tema foi amplamente discutido; por outro lado, ainda motiva reflexões, visto que: (i) ainda há desconhecimento sobre o tema[572]; (ii) os instrumentos normativos que regulam a mediação e a conciliação ora os diferenciam, ora os aproximam[573]; e (iii) é preciso considerar se a mudança na forma de atuação do terceiro, em contraposição ao meio consensual eleito pelas partes em convenção de resolução consensual de conflitos, traria alguma consequência jurídica.

Luchiari assinala que a caracterização dos procedimentos por diversos atores públicos e privados de acordo com as técnicas aplicadas indistintamente e com modelos existentes em outros países, porém sem coerência e um estudo apropriado, dificulta a distinção precisa entre

[572] A questão quanto à distinção dos dois métodos é destacada na cartilha do CNJ com perguntas e respostas sobre a mediação e a conciliação, indicando-se que "[n]o Brasil, conciliação e mediação são vistos como meios distintos de solução de conflitos. Essa visão decorre, em grande parte, da evolução histórica desses instrumentos entre nós." Disponível em: <http://www.cnj.jus.br/files/conteudo/arquivo/2017/11/792a36b2facd828e3b0a2cd36adf3907.pdf>. Acesso em 5 set. 2019. Conforme apontado pela pesquisa empírica constante no Relatório Analítico Propositivo, a qual alcançou os anos de 2013 a 2017: "Os entrevistados (juízes, conciliadores e estagiários) não fazem muita diferenciação entre mediação e conciliação. Os conciliadores afirmam que aplicam as técnicas de maneira distinta, a depender do caso a ser tratado ou do ânimo com que as partes chegam. Pode-se perceber que, quem fez o curso, conhece a diferença entre ambas, mas quem não fez raramente sabe distinguir uma e outra". Ademais, quando perguntado aos advogados se as audiências de conciliação e mediação são conduzidas de formas distintas, o que se obteve de resultado foi que um terço dos advogados entrevistados preferiu não avaliar, o que, conforme ponderado na pesquisa, se dê possivelmente em razão do desconhecimento a respeito do tema. Assim, a partir da pesquisa empírica, o Relatório Analítico Propositivo recomenda que haja a divulgação maior dos MASCs e suas opções, sendo que os dados obtidos "parecem apontar para a importância de que os usuários do Direito realizem o curso de mediação/conciliação para que o instituto possa ser aplicado de maneira mais adequada." Disponível em: <http://www.cnj.jus.br/files/publicacoes/arquivo/d87ecfa91fdcada3c1795f522be42dcc_7772666f491fd94a642e05b394cff84a.pdf>. Acesso em: 26 ago. 2019, p. 131-132 e 135.

[573] A despeito de o Código de Processo Civil estabelecer definições distintas para a mediação e a conciliação judiciais, em diversos de seus dispositivos há estipulação de normas aplicáveis a ambos os procedimentos. A Resolução nº 125 do CNJ também prevê diversas diretrizes que aproveitam concomitantemente à mediação e à conciliação, incluindo as disposições do Código de Ética de Conciliadores e Mediadores Judiciais e os princípios fundamentais que regem a atuação dos conciliadores e mediadores judiciais, ressalvando, de todo modo, os seus aspectos distintivos. Além de que, a Lei de Mediação também traz disposições que, sem prejuízo à caracterização dos institutos, podem ser aplicadas à conciliação extrajudicial e conciliação judicial.

mediação e conciliação. Outra dificuldade que a autora reconhece é a semelhança das técnicas utilizadas em ambos os procedimentos[574].

Tendo em vista a advertência feita por LUCHIARI, ressalta-se que, em geral, em países de tradição *common law* não há uma mesma preocupação em diferenciar a mediação e a conciliação, tal qual ocorre em países de língua latina[575].

SALLES indica que, nos Estados Unidos, a mediação ocorre quando um terceiro neutro levanta e examina os interesses das partes em disputa, auxiliando no planejamento da negociação e no alcance do acordo, sem decidir sobre os interesses das partes. Já a conciliação seria próxima à mediação e utilizada de maneira intercambiável, embora se apresente como um procedimento menos formal, em que o conciliador atua como um mero interlocutor das partes[576].

Na Argentina, por exemplo, com a promulgação da Lei nº 24.573, de 1995, que instituiu a mediação obrigatória previamente à instauração do processo judicial, introduziu-se o artigo 360 *bis* no Código de Procedimientos Civil y Comercial de la Nación. Esse artigo se refere à conciliação processual no momento de realização da audiência de instrução,

[574] LUCHIARI, 2012, p. 37.

[575] Nesse sentido, GABBAY indica que a diferença entre medição e conciliação "(...) está mais presente em países de língua latina, não se observando a mesma preocupação em distinguir estas técnicas autocompositivas nos países de *common law*, muito embora as diferenças entre os tipos de mediação e postura do mediador (transformativa, avaliativa e facilitativa) reflitam preocupações semelhantes às que estão subjacentes à distinção entre mediação e conciliação. Importante destacar que muitos programas denominados nos EUA de mediação seriam tidos no Brasil como programas de conciliação." (GABBAY, Daniela Monteiro. **Mediação & Judiciário no Brasil e nos EUA.** Condições, desafios e limites para a institucionalização da mediação no Judiciário. Brasília: Gazeta Jurídica, 2013, p. 49). No mesmo sentido, LACK indica que: "*Many civil law countries provide a clear choice between conciliation (where lay magistrates may also act as 'conciliators'), and mediation (which is usually handled by a person without any judicial authority). This distinction between mediation and conciliation is relatively uncommon in most common law countries.*" Disponível em: <https://www.linkedin.com/pulse/should-we-distinguishing-between-conciliation-mediation-jeremy-lack/>. Acesso em: 27 set. 2018. Em tradução livre: "Muitos países de tradição *civil law* oferecem uma escolha clara entre a conciliação (onde magistrados leigos também podem atuar como 'conciliadores') e a mediação (que geralmente é conduzida por uma pessoa sem qualquer autoridade judicial). Essa distinção entre mediação e conciliação é relativamente incomum na maioria dos países de tradição *common law*."

[576] SALLES, 2006, p. 790.

ressaltando como diferença entre a mediação e a conciliação que, neste último procedimento, é permito ao juiz propor soluções conciliatórias[577].

Destaca-se também o caso francês, como um exemplo de regulamentação e recepção de normativa da União Europeia acerca da mediação transfronteiriça, que, entre outros aspectos, afetou a distinção entre a mediação e a conciliação na legislação do país. Por razões históricas e políticas que remontam à Revolução Francesa, os profissionais conciliadores possuem uma função diversa dos mediadores. Os conciliadores prestam os seus serviços *pro bono*, já que a conciliação é entendida como um procedimento gratuito, e fazem parte de uma categoria profissional regulada e sujeita ao controle do sistema judicial francês[578]. Os conciliadores são selecionados e supervisionados pela *Cour d'Appel* e, em sua maioria, são juízes aposentados com uma idade média de 66 a 70 anos. A mediação, em contrapartida, não se refere a uma profissão regulamentada e geralmente é remunerada. O juiz francês pode sugerir que as partes busquem o auxílio de um mediador a qualquer momento do processo e em qualquer grau da jurisdição, diferentemente do caso da conciliação, em que o juiz somente poderá encaminhar as partes ao conciliador se a lei permitir.

No entanto, após a implementação da Diretiva 2008/52/CE, surgiu no âmbito da União Europeia a compreensão de uma definição comum da mediação e da conciliação, bem como de aplicação do regulamento da mediação transfronteiriça à conciliação transfronteiriça[579]. No Relatório do Presidente da França referente ao Despacho que implementou a Diretiva 2008/52/CE, de 17 de novembro de 2011, JORF nº 0266, indica-se que a legislação francesa passaria a adotar a visão extensiva da definição de mediação trazida pela Diretiva, abarcando, inclusive,

[577] Alvaréz, 2003, p. 244.

[578] A gratuidade da conciliação é apontada como o principal fator de sucesso e difusão da utilização do meio na França. O papel do conciliador foi trazido inicialmente pelo Decreto nº 78-381 de 20 de março de 1978 e, após a reforma desse decreto, os conciliadores formaram uma categoria regulada de profissionais sujeitos à capacitação jurídica obrigatória (Cf. Wietek, 2017, pp. 308-313).

[579] Conforme mencionado, a Diretiva 2008/52/CE estabelece que o seu âmbito de aplicação se refere a "litígios transfronteiriços", de acordo com o seu Artigo 2º (1). Assim, a mediação e a conciliação transfronteiriças possuem como objeto os litígios transfronteiriços.

a conciliação, exceto naquilo que não conflitasse com as regras próprias do instituto[580].

A definição proposta pela Diretiva europeia é suficientemente ampla para caracterizar tanto o procedimento da mediação quanto o da conciliação. O artigo 3(a) da Diretiva se refere à definição de um processo estruturado, que, na essência, se aplica indistintamente aos dois procedimentos[581].

[580] Segundo o Rapport au Président de la République relatif à l'ordonnance nº 2011-1540 du 16 novembre 2011 portant transposition de la directive 2008/52/CE du Parlement européen et du Conseil du 21 mai 2008 sur certains aspects de la médiation en matière civile et commerciale, JORF nº 0266 du 17 novembre 2011 page 19283, texte nº 9: "*La directive du 21 mai 2008 régit l'ensemble des médiations transfrontalières portant sur des matières de nature civile ou commerciale, que ces médiations soient judiciaires ou conventionnelles. Cette vision extensive du champ de la médiation se retrouve dans la définition que la directive donne dans son article 3(a) à la notion de 'médiation', dont le caractère très vaste recouvre ainsi non seulement la médiation conventionnelle et judiciaire au sens du droit français, mais également les conciliations menées par les conciliateurs de justice, ainsi que tout processus qui répondrait à la définition de la directive, sans pour autant employer l'appellation de 'médiation' ou de 'médiateur' (...) En effet, au sens de la directive, la notion de 'médiateur' ne doit pas être comprise de façon restrictive. Ainsi, cette disposition permet de réserver le cas des réglementations particulières, à l'instar de celles résultant du décret nº 78-381 du 20 mars 1978 relatif aux conciliateurs de justice.*" Em tradução livre: "A diretiva de 21 de maio de 2008 rege todas as mediações transfronteiriças relativas a questões de natureza civil ou comercial, sejam essas mediações judiciais ou convencionais. Essa visão ampla do escopo da mediação encontra-se na definição que a diretiva dá, no seu artigo 3(a), ao conceito de 'mediação', cuja natureza muito ampla abrange, portanto, não apenas a mediação convencional e judicial na concepção de direito francês, mas também as conciliações levadas a cabo pelos conciliadores de justiça, bem como qualquer processo que se enquadre na definição da diretiva, sem utilizar a designação de 'mediação' ou de 'mediador' (...) De fato, na concepção da diretiva, o conceito de 'mediador' não deve ser entendido de forma restritiva. Assim, esse dispositivo permite reservar as definições em caso de regulamentos específicos, como as decorrentes do decreto nº 78-381, de 20 de março de 1978, relativo aos conciliadores de justiça." Citam-se como exemplos de circunstâncias e características próprias dos conciliadores em comparação com os mediadores na França: os conciliadores não podem ser advogados, funcionários dos tribunais ou peritos judiciais, além de que os conciliadores franceses prestam juramento formal em termos de honra, dignidade e delicadeza." (Cf. Wietek, 2017, p. 312).

[581] Conforme o artigo 3(a) da Diretiva 2008/52/CE, a mediação é "um processo estruturado, *independentemente da sua designação ou do modo como lhe é feita referência, através do qual duas ou mais partes em litígio procuram voluntariamente alcançar um acordo sobre a resolução do seu litígio com a assistência de um mediador.* Este processo pode ser iniciado pelas partes, sugerido ou ordenado por um tribunal, ou imposto pelo direito de um Estado-Membro." (destaques não originais)

Aliás, a perspectiva ampla adotada pela Diretiva 2008/52/CE para caracterizar tanto a mediação quanto a conciliação também é percebida na Lei Modelo da UNCITRAL "*on International Commercial Mediation and International Settlement Agreements Resulting from Mediation*" que, no item 3 de suas disposições gerais, esclarece que:

> *For the purposes of this Law, "mediation" means a process, whether referred to by the expression mediation, conciliation or an expression of similar import, whereby parties request a third person or persons ("the mediator") to assist them in their attempt to reach an amicable settlement of their dispute arising out of or relating to a contractual or other legal relationship. The mediator does not have the authority to impose upon the parties a solution to the dispute.*[582]

Voltando-se à discussão doutrinária e ao ordenamento pátrios, destaca-se que, na opinião de LEVY, ainda que as escolas de negociação com as suas nuances de abordagem sejam consideradas, a preocupação em distinguir os métodos da mediação e da conciliação atenderia aos fins de conscientização da sociedade acerca dos MASCs[583].[584] Observa-se que alguns critérios são comumente utilizados pela doutrina especializada para distinguir a mediação da conciliação.

[582] Em tradução livre: "Para os fins desta Lei, 'mediação' significa um processo, seja referido pela expressão mediação, conciliação ou expressão de significado semelhante, por meio do qual as partes solicitam a uma terceira pessoa ou terceiras pessoas ('a/o(s) mediador(a)(es)') que as auxiliem em sua tentativa de chegar a uma solução amigável de sua disputa decorrente de ou relacionada a uma relação contratual ou outra relação jurídica. O mediador não tem autoridade para impor às partes uma solução para a disputa." O mesmo tipo de conceituação ampla da mediação é encontrado na Convenção de Cingapura sobre Mediação, em seu artigo 2(3): "'Mediation' means a process, irrespective of the expression used or the basis upon which the process is carried out, whereby parties attempt to reach an amicable settlement of their dispute with the assistance of a third person or persons ('the mediator') lacking the authority to impose a solution upon the parties to the dispute." (Em tradução livre: "'Mediação' significa, independentemente da expressão utilizada ou a base sobre a qual o procedimento é realizado, um processo pelo qual as partes tentam chegar a uma solução amigável de sua controvérsia com a ajuda de uma terceira pessoa ou pessoas ('o mediador') que não possui autoridade para impor uma solução às partes em disputa.").

[583] LEVY, 2013, p. 78.

[584] Inclusive, na opinião de WATANABE, com a prática, a distinção entre a mediação e a conciliação ficará cada vez mais nítida, uma vez que haverá a especialização dos profissionais em cada uma das técnicas de solução consensual de conflitos (Cf. WATANABE, 2014, p. 35).

Do ponto de vista do tipo de relacionamento entre as partes, há quem diferencie os métodos da mediação e conciliação indicando que, na hipótese de existir um relacionamento duradouro entre as partes, a utilização da mediação é preferível. Ao passo que, se o relacionamento entre as partes for circunstancial, as partes não desejam manter uma relação duradoura entre elas, seria aconselhável a utilização da conciliação[585].

Em termos de abrangência do conflito e de suas características mais subjetivas ou objetivas, o mediador teria como objetivo auxiliar na resolução da lide sociológica[586]. Na mediação, busca-se ultrapassar a lide aparente e encontrar os reais interesses e motivações das partes, aproximando-as. O conciliador, por sua vez, não estaria incumbido de realizar uma investigação tão profunda, podendo-se ater aos pontos elementares e superficiais do conflito[587]. Na prática, porém, observa-se que é possível haver uma preponderância maior de aspectos subjetivos ou objetivos dos conflitos do que simplesmente a identificação de um conflito puramente objetivo, e, portanto, destinado à conciliação.

Um terceiro critério comumente utilizado para diferenciar os métodos consensuais relaciona-se ao grau de interferência do terceiro. Para Calmon, ao conciliador incumbe manifestar a sua opinião sobre "a solução justa para o conflito" e propor os termos do acordo, enquanto ao mediador cabe atuar conforme "um método estruturado em etapas sequenciais, conduzindo a negociação entre as partes, dirigindo o 'procedimento', mas abstendo-se de assessorar, aconselhar, emitir opinião e de propor fórmulas de acordo"[588].

585 Demarchi, Juliana. **Mediação: proposta de implementação no processo civil brasileiro**. 2007. 317 f. Dissertação (Doutorado) – Faculdade de Direito da Universidade de São Paulo, São Paulo, 2007, p. 99-101. Vezzulla, Juan Carlos. **Mediação:** Teoria e Prática e Guia para Utilizadores e Profissionais. Lisboa: Agora Publicações Ltda. 2001, p. 83.

586 Caracterizada pelo objetivo da pacificação social e em contraposição à lide processual, objeto do meio tradicional adjudicatório (Cf. Bacellar, Roberto Portugal. A mediação no contexto dos modelos consensuais de resolução de conflitos. In: **Revista de Processo**, vol. 95, 1999, p. 128).

587 Neste sentido, destaca-se a redação do artigo 6º, VIII, da Resolução nº 125, que prevê a atuação do CNJ junto aos entes públicos de modo a estimular a conciliação "em especial nas demandas que envolvam matérias sedimentadas pela jurisprudência". Dessa forma, a normativa compreende a conciliação sob um enfoque mais objetivo em relação ao conhecimento e abrangência do conflito.

588 Calmon, 2008, p. 144.

Cabe ainda destacar a distinção feita por Tartuce:

> O mediador não induz propriamente as pessoas a um acordo, mas contribui para o restabelecimento da comunicação, de modo que elas gerem novas formas de relacionamento e equacionamento de controvérsias. Sua atuação ocorre no sentido de provocar a reflexão para que os próprios indivíduos encontrem saídas para o conflito. Já o conciliador, de forma mais pontual, busca a obtenção de acordos, inclusive sugerindo maneiras de alcançá-lo e extinguir o litígio porventura já instalado, formulando possíveis propostas de composição.[589]

Dessa forma, o mediador atuaria no sentido de promover o protagonismo das partes, a sua maior participação na realização do procedimento e na busca pela solução dos conflitos. Quanto ao conciliador, seria esperado uma maior intervenção de sua parte na condução do processo e na resolução do conflito, por meio de sugestões de acordo.

Takahashi coloca a questão da diferenciação de um modo particular e interessante. Para ele, o critério distintivo não seria a obrigatoriedade de proposições a serem apresentadas pelo conciliador, *mas a potencialidade de assim agir* é que permitiria distinguir a conciliação da mediação[590].

Entretanto, há quem defenda inexistir uma plena distinção entre a mediação e a conciliação. Luchiari, embora reconheça que seja possível diferenciar os métodos com base nos critérios usualmente apontados pela doutrina, ressalta que "(...) a conciliação e a mediação não

[589] Tartuce, 2016, p. 47.

[590] "Embora a ênfase na expressão 'pode apresentar' e não na 'deve apresentar' possa parecer um tecnicismo desnecessário, reitera-se que a consideração de um poder como dever é capaz de levar a desdobramentos indevidos, como aquele que transforma conciliação e mediação em técnicas a serem adotadas por um único terceiro facilitador que dentre elas opta de acordo com a apresentação ou não de sugestões ao caso concreto. Nada obstante, técnicas de mediação como de conciliação possam ser úteis tanto ao conciliador como ao mediador, é importante ter em mente que a mediação e a conciliação não são técnicas em si. São mecanismos, com diferentes bases conceituais, que permitem o uso de estratégias variadas. Em outros termos, ainda que não apresente propostas no caso concreto, um conciliador não deixa de ser conciliador. É a potencialidade de apresentar que delineia o instituto da conciliação, permitindo uma conduta mais interventiva e gerando um comportamento diverso das partes." (Takahashi, Bruno. **O papel do terceiro facilitador na conciliação de conflitos previdenciários**. 2015. 236 f. Dissertação (Mestrado) – Faculdade de Direito da Universidade de São Paulo, São Paulo, 2015, p. 47).

podem ser rigorosamente definidas, pois suas técnicas são praticamente as mesmas e seus conceitos se inter-relacionam"[591].

Nesse sentido, MUSZKAT também considera que, na prática, não haveria uma distinção absoluta entre mediação e conciliação, pois aquela consistiria em um método mais amplo de solução de conflitos, que utiliza técnicas e instrumentos de outros métodos, sendo que, a conciliação poderia representar uma parcela do processo desenvolvido na mediação. Por se valer dos instrumentais e metodologias de outros métodos de resolução de conflitos, a mediação deve levar em conta o contexto em que o conflito se apresenta a fim de escolher o instrumental e a metodologia a serem aplicados[592].

BARBOSA defende que, apesar de usualmente serem estabelecidas diferenças entre mediação e conciliação em relação ao grau de interferência do terceiro, ao enfoque na celebração do acordo e à complexidade da relação entre as partes, em realidade, as diferenças das técnicas de intervenção são determinadas pelo próprio conflito. Na sua opinião, deve-se levar em conta uma pluralidade de ferramentas para lidar com uma infinidade de tipos de conflitos[593]. O profissional poderia, dessa forma, valendo-se de sua "caixa de ferramentas", fazer uso das diversas técnicas, modelos e tipos de métodos de composição com flexibilidade[594].

Ainda, na opinião de DINAMARCO, levando em consideração as conceituações no Código de Processo Civil das funções do mediador e do conciliador[595], a diferença entre os métodos autocompositivos é muito sutil:

[591] LUCHIARI, 2012, p. 42.

[592] MUSZKAT, Malvina Ester. **Guia Prático de Mediação de Conflitos em famílias e organizações.** São Paulo: Summus, 2ª ed., 2008, pp. 70-71.

[593] SILVA, 2012, p. 175.

[594] A figura de linguagem remete à ideia de agrupar as técnicas utilizadas pelos diferentes modelos e procedimentos e colocá-las em uma "caixa de ferramentas" de forma que o profissional capacitado poderia utilizá-las de acordo com a situação de conflito, as circunstâncias de cada caso, o perfil das partes, etc.

[595] Conforme os §§ 2º e 3º do artigo 165 do Código de Processo Civil: "§ 2º O conciliador, que atuará preferencialmente nos casos em que não houver vínculo anterior entre as partes, poderá sugerir soluções para o litígio, sendo vedada a utilização de qualquer tipo de constrangimento ou intimidação para que as partes conciliem." e "§ 3º O mediador, que atuará preferencialmente nos casos em que houver vínculo anterior entre as partes, auxiliará aos interessados a compreender as questões e os interesses em conflito, de modo que eles

De todo modo, o emprego do advérbio preferencialmente nesses dois parágrafos do art. 165 mostra que o legislador não pretendeu radicalizar a diferença entre a mediação e a conciliação, deixando uma margem de flexibilização a ser exercida pelos litigantes para que possam optar por uma ou por outra segundo sua livre vontade. Essa disposição a flexibilizar é reflexo das *incertezas conceituais* referentes à distinção entre conciliação e mediação, a qual é muito tênue e não conta com o apoio de elementos de real e profunda separação entre os dois institutos. Não haveria mal algum em fundi-los em um instituto só.[596]

Grinover, por sua vez, sugere que, após o conciliador ou o mediador se dar conta de qual é a técnica melhor a ser utilizada, se possível, deveria convocar o outro especialista para seguir com a condução do processo consensual[597].

Contribuindo para o debate, indicam-se as ponderações apresentadas por Lack quando da realização de pesquisa à época da Conferência Global Pound Series 2016-2017. A partir da seguinte questão: "deveríamos distinguir mediação e conciliação?", Lack traz as seguintes provocações considerando os estilos mais avaliativo ou mais facilitativo do meio consensual:

> *From an ADR practitioner's perspective (especially in common law jurisdictions) it appears that many ADR neutrals prefer the flexibility of using their own judgment about when to be evaluative as opposed to non-evaluative. Many advisors may also prefer this, as robust "reality testing" can be a highly effective technique in evaluative mediations. Thus, from a provider's perspective (and possibly some advisors) it seems preferable for "mediators" to be able to use both evaluative and non-evaluative techniques to help the parties reach consensual outcomes as they deem appropriate. From a user perspective, however, (and for several other stake-*

possam, pelo restabelecimento da comunicação, identificar, por si próprios, soluções consensuais que gerem benefícios mútuos."

596 Dinamarco, 2017, v. I, pp. 496-497.

597 "Todavia, se assim se podem distinguir teoricamente e pelo Novo Código de Processo Civil (art.165, §§ 2º e 3º) os dois métodos, na prática muitas vezes eles se confundem e o que poderia aparecer, numa triagem prévia, mais adequado para a conciliação, acaba sendo melhor resolvido pela mediação, e vice-versa. De modo que conciliador e mediador devem dar-se conta, no caso concreto, de qual a técnica melhor a ser utilizada e, se possível, convocar o outro especialista para dar seguimento ao processo consensual." (Grinover, 2016a, p. 19).

> *holders) "mediation" is still a relatively unknown and confusing word. The distinction between "non-evaluative mediation" versus "evaluative mediation", or "mediation" versus "conciliation", is not understood or clear. Which of these forms of consensual outcome processes to use, however, seems to have an impact on group behaviour and social plasticity -- e.g., triggering "out of group" vs. "in group" responses, and generating potentially more adversarial or competitive behaviour, if a mediator is seen to become evaluative and the disputants start to feel the need to build coalitions with that neutral accordingly.* ***Understanding the consequences of having an "evaluative" vs. a "non-evaluative" neutral would thus seem to be an important consideration for disputants to be able to give informed consent when embarking on a relatively unknown process. It is proposed that using two different words (i.e., "mediation" and "conciliation") will help disputants conceptually to better understand their procedural choices, distinguish between these two options more clearly at the outset, and help the to think in advance of the possible impacts of their choices on relationships and group dynamics.***[598]

[598] Disponível em: <https://www.linkedin.com/pulse/should-we-distinguishing-between-conciliation-mediation-jeremy-lack/>. Acesso em: 27 set. 2018, destaques não originais. Em tradução livre: "Do ponto de vista de um praticante de ADR (especialmente em jurisdições de *common law*), parece que muitos ADR neutros preferem a flexibilidade de usar seu próprio julgamento sobre quando ser ou não avaliativo. Muitos consultores também podem preferir isso, pois um 'teste de realidade' robusto pode ser uma técnica altamente eficaz em mediações avaliativas. Assim, da perspectiva de um provedor (e possivelmente de alguns consultores), parece preferível que os 'mediadores' sejam capazes de usar técnicas avaliativas e não avaliativas para ajudar as partes a alcançar resultados consensuais conforme considerem apropriado. Do ponto de vista do usuário, no entanto, (e para várias outras partes interessadas) 'mediação' ainda é uma palavra relativamente desconhecida e confusa. A distinção entre 'mediação não avaliativa' *versus* 'mediação avaliativa' ou 'mediação' *versus* 'conciliação' não é compreendida ou clara. Qual dessas formas de processos consensuais deve ser usada, no entanto, parece ter um impacto no comportamento do grupo e na plasticidade social – por exemplo, desencadeando respostas 'fora do grupo' vs. 'dentro do grupo' e gerando comportamento potencialmente mais adversário ou competitivo, se um mediador for visto como avaliador e, dessa forma, os litigantes começarem a sentir a necessidade de construir coalizões com aquele neutro.". Com relação ao resultado da pesquisa, especificamente sobre a questão "seria útil distinguir a mediação avaliativa ('conciliação') da mediação não-avaliativa ('mediação')?": 65,71% dos respondentes concordaram que seria útil, 24,29% discordaram e 10% permaneceram neutros ou não tinham uma opinião. Importa ressaltar que 42,31% dos respondentes eram pessoas ligadas aos serviços de mediação/conciliação (por exemplo, mediadores, conciliadores ou administradores de serviços consensuais), conforme resposta ao segundo questionamento da pesquisa. Esse dado é relevante para se considerar

Portanto, de acordo com a opinião de Lack, embasada nos resultados da pesquisa conduzida à época, a distinção entre os conceitos de mediação e de conciliação, tendo em vista uma atuação menos ou mais avaliativa, respectivamente, é importante para auxiliar no entendimento das partes quanto às suas escolhas de procedimentos de resolução de conflitos.

Ainda com relação à flexibilização do tipo de atuação do mediador/conciliador em vista da aplicação de diferentes técnicas e ferramentas, Riskin elaborou um modelo teórico e graduado de estilos que o terceiro que auxilia as partes na resolução de conflitos poderia adotar. Trata-se o modelo de um gráfico cartesiano: um eixo de definição do conflito e o outro, do tipo de atuação do terceiro, se mais avaliativo ou facilitativo. Em relação à amplitude de definição do conflito, Riskin parte de uma perspectiva restrita para uma perspectiva ampla, sequencialmente, considerando: o objeto em litígio, os interesses comerciais e pessoais, profissionais ou relacionais das partes e os interesses comunitários. Já em relação ao eixo do papel do terceiro, passa-se de um tipo de atuação de um mero facilitador que não pode sugerir propostas de acordo, por uma etapa intermediária e até o ponto oposto, relacionado às técnicas avaliativas, por meio das quais o terceiro pode dar sugestões, exprimir a sua opinião e até mesmo pressionar as partes para chegarem ao acordo[599].

Veja-se a representação dos eixos:

que a maioria dos respondentes eram pessoas que presumidamente, possuíam conhecimento técnico sobre o tema, o que poderia influenciar no momento de se posicionar sobre a questão da diferenciação da mediação e da conciliação (Cf. dados coletados e disponibilizados em: <https://www.surveymonkey.net/results/SM-WVQD6T9J/>. Acesso em: 27 set. 2018).

[599] Riskin, Leonard L. Understanding mediators' orientations, strategies and techniques: a grid for the perplexed. In: **Harvard Negotiation Law Review**, 1996, p. 25-35.

Figura 1: Representação em eixos do modelo graduado de Riskin

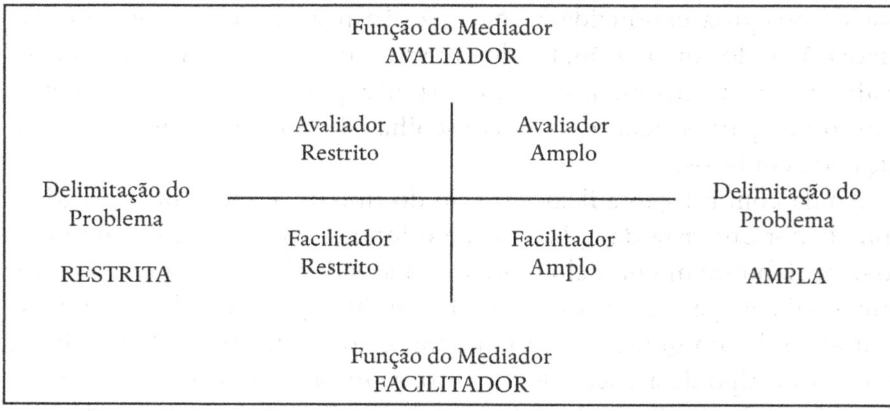

Fonte: elaboração própria com base em Riskin, Leonard L. Understanding mediators' orientations, strategies and techniques: a grid for the perplexed. In: **Harvard Negotiation Law Review**, vol. 1996, p. 25.

De acordo com o sistema legal norte-americano, de tradição *common law*, indica-se novamente que não existe uma distinção total entre os métodos da mediação e da conciliação, mas entre técnicas mais avaliativas ou mais facilitativas, conforme ilustrado pelo modelo de Riskin.

Inobstante, nem mesmo o modelo teórico e graduado de Riskin restou imune a críticas pela própria doutrina norte-americana. Kovach e Love discordam da abordagem proposta por Riskin, posto que mecanismos avaliativos não poderiam ser confundidos com a mediação. A despeito de os mecanismos avaliativos serem úteis em determinadas circunstâncias ou quando empregados em conjunto com outros métodos ou fundamentos destes, como na avaliação prévia de terceiro neutro, as autoras defendem que deve haver um cuidado para que eles não sejam considerados como vertentes da mediação. Isto porque a sugestão de acordos ou a avaliação do caso apresentada pelo mediador poderia comprometer o processo criativo das partes ou contribuir para a adoção pelas partes de uma postura adversarial no lugar de uma postura colaborativa[600].

600 Kovach, Kimberlee K.; Love, Lela P. Mapeando a mediação: os riscos do gráfico de Riskin. In: Azevedo, André Gomma de (Org.). **Estudos em arbitragem, mediação e negociação**. Brasília: Grupos de pesquisa, vol. 3, 2004, pp.124-136 e 150.

Como se percebe, a questão colocada no início deste subitem ainda suscita um debate polêmico. De um ponto de vista, tem-se uma busca pela uniformização de conceitos, como indicam os exemplos das normativas nos âmbitos internacional e da União Europeia ou de um modelo teórico que observa a flexibilidade da atuação do profissional com base em técnicas passíveis de serem utilizadas por mediadores e conciliadores. De outro ponto de vista, tem-se uma aspiração pela significação própria dos métodos, considerando-se, inclusive, o tipo de postura esperado do terceiro e das partes quando contratam ou participam da mediação ou da conciliação.

Assim, passa-se a discutir, dentro da perspectiva de possibilidade de mudança de postura do terceiro com o objetivo de lidar com o desequilíbrio de poderes, as possíveis consequências jurídicas, haja vista a previsão expressa de realização de um determinado meio consensual.

5.1.1.2. *Conceituação legal da mediação e da conciliação e consequências jurídicas da não observação da convenção de resolução consensual de conflitos*

Apesar de o debate ilustrado acima se manter relevante, especialmente, em termos de um estudo crítico quanto às técnicas de mediação e conciliação, é preciso considerar a conceituação trazida com rigor técnico pelo nosso ordenamento jurídico e as possíveis implicações jurídicas da desconsideração dos termos da convenção de resolução de conflitos que preveja determinado meio consensual, ainda que em prol do reestabelecimento do equilíbrio de poderes das partes.

Quando da promulgação do Código de Processo Civil de 2015, contatou-se que o legislador levou em conta a preocupação de diferenciar a mediação e a conciliação ao estabelecer termos processuais expressos quanto aos papéis do conciliador e do mediador judiciais, contrapondo os aspectos que os diferenciam:

> Art. 165. Os tribunais criarão centros judiciários de solução consensual de conflitos, responsáveis pela realização de sessões e audiências de conciliação e mediação e pelo desenvolvimento de programas destinados a auxiliar, orientar e estimular a autocomposição.
>
> (...)
>
> § 2º O conciliador, que atuará preferencialmente nos casos em que não houver vínculo anterior entre as partes, poderá sugerir soluções para o

> litígio, sendo vedada a utilização de qualquer tipo de constrangimento ou intimidação para que as partes conciliem.
> § 3º O mediador, que atuará preferencialmente nos casos em que houver vínculo anterior entre as partes, auxiliará aos interessados a compreender as questões e os interesses em conflito, de modo que eles possam, pelo restabelecimento da comunicação, identificar, por si próprios, soluções consensuais que gerem benefícios mútuos.

A Lei nº 13.140/2015 também conceitua o procedimento da mediação, mesclando-o com a própria definição do papel do mediador e, assim, aproximando-se dos termos estabelecidos pelo *Codex* processual:

> Art. 1º Esta Lei dispõe sobre a mediação como meio de solução de controvérsias entre particulares e sobre a autocomposição de conflitos no âmbito da administração pública.
> Parágrafo único. Considera-se mediação a atividade técnica exercida por terceiro imparcial sem poder decisório, que, escolhido ou aceito pelas partes, as auxilia e estimula a identificar ou desenvolver soluções consensuais para a controvérsia.

O que se entende, portanto, é que o legislador se atentou para a definição de parâmetros legais, de termos processuais fixos, buscando um efeito pedagógico, com a uniformização de conceitos para que os usuários possam se valer de uma mesma linguagem, sem a quebra de expectativas quanto à atuação dos profissionais e, ainda, quanto aos procedimentos em si da mediação e da conciliação.

Dessa forma, ao contratarem um conciliador, as partes esperam que este profissional siga o tipo de atuação determinado por lei. Elas esperam que ele sugira soluções para o conflito, apresentando um comportamento condizente com essa expectativa, conforme apontado por TAKAHASHI[601].

Também é compreensível o grau de previsibilidade que as legislações almejam com o estabelecimento de termos processuais com significação

[601] "De fato, ao saber que o terceiro pode apresentar sugestões, é crível que as partes em conflito passem mais insistentemente a tentar convencer esse terceiro na busca de um parecer que reputam favorável. Elas podem mesmo preferir não se manifestarem demasiadamente, aguardando pela sugestão." (TAKAHASHI, 2015, p. 46).

própria, haja vista a situação de conflito ulterior que as partes poderiam se encontrar quando não mais houvesse entendimento convergente quanto ao método e forma escolhidos de resolução consensual de controvérsias. Seria o próprio fim de qualquer convenção de resolução de controvérsias evitar discussão prescindível com relação aos seus termos processuais no momento de tensão entre as partes. Assim, a linguagem processual empregada na convenção de resolução consensual de conflitos serve como um fator de tranquilização e harmonia, atendendo ao propósito do pacto contratual (como se nota, tais aspectos se relacionam à questão da importância da redação clara e expressa da convenção, conforme discutido acima no Capítulo 4).

Nesse sentido, pondera-se que um tipo de atuação mutável e flexível do mediador/conciliador, que faz uso das diversas técnicas encontradas em sua "caixa de ferramentas" em busca do reequilíbrio de poderes entre as partes, deveria considerar a necessidade de sinalizar a estas quais os tipos de técnicas estariam sendo empregadas, se mais avaliativa ou mais facilitativa, e, especialmente, qual outro meio consensual passaria a ser utilizado. O terceiro deve buscar o *consentimento* de ambas as partes com relação à adaptação do procedimento ou mudança do método de resolução de conflitos[602].

Isso porque, como visto, a convenção de resolução consensual de conflitos possui a natureza de um negócio jurídico processual, consistindo em fato jurídico qualificado pela declaração de vontade dos contratantes voltada à estipulação de situações processuais. Se houver modificação das características próprias e procedimentais do meio consensual previamente elegido pelas partes como forma de resolução de conflitos, sem o consentimento destas, a convenção de resolução consensual de conflitos deixa de ser observada e o terceiro passa a aplicar um meio sem respaldo no acordo de vontades.

[602] Novamente, conforme lições de Grinover, a depender do caso concreto e havendo necessidade de mudar o método de resolução de conflitos, o terceiro poderá convocar outro especialista para dar seguimento a outro procedimento consensual (Cf. Grinover, 2016a, p. 19). Entende-se que, na hipótese de impossibilidade de obtenção do consentimento das partes quanto à mudança na forma de atuação ou do próprio meio consensual, atentando-se para o desequilíbrio de poderes, o terceiro deverá finalizar o procedimento se, no limite, o desequilíbrio não puder ser superado.

Ausente a manifestação de vontade, inexistente o negócio jurídico processual[603]. Dessa forma, o procedimento conduzido por terceiro, em adaptação à convenção expressa quanto ao meio consensual escolhido pelas partes e *sem o consentimento destas*, fica impossibilitado de produzir quaisquer efeitos reconhecidos em termos de uma convenção de resolução consensual de conflitos. Assim, diante de tal circunstância e em vista de convenção de resolução consensual de conflitos, qualquer uma das partes poderia buscar decisão judicial/arbitral que declare a inexistência de convenção quanto ao meio consensual realizado em adaptação e do procedimento conduzido pelo terceiro, retornando as partes *ao status quo ante*, ou seja, determinando-se nova tentativa de realização do meio consensual.

Portanto, a fim de se afastar qualquer discussão quanto à inexistência do negócio jurídico processual adaptado, é mister que o terceiro busque o consentimento expresso das partes. Haverá resguardo do procedimento realizado pelo terceiro para fins de reequilíbrio de poderes das partes, desde que estas estejam cientes e de acordo com o emprego de técnicas e de método diversos daqueles que decorrem de sua expectativa respaldada nos termos legais e contratuais.

5.2. Insuficiência econômica e desinformação pessoal: especial tensão entre os princípios da decisão informada e da autonomia da vontade das partes expressada em convenção de resolução de conflitos

Dentre as principais manifestações de desigualdade de poderes, destacam-se aquelas que se referem à vulnerabilidade econômica e à vulnerabilidade de informação. Coloca-se para exame a situação hipotética de uma das partes não possuir recursos financeiros para iniciar o procedimento consensual, especialmente aquele acordado como etapa prévia a um método de jurisdição heterocompositiva em cláusula escalonada.

Conforme estudado no Capítulo 4 acima, a convenção de resolução consensual de conflitos tem como efeito processual o afastamento

[603] "Se falta a manifestação da vontade, o negócio jurídico é *nenhum*. (...) A exteriorização 'consciente' de vontade negocial é essencial à existência do negócio jurídico. Assim, tanto a falta de vontade de negócio, quanto a sua inconsciência implicam inexistência do negócio jurídico, não sua invalidade." (Miranda, 2012, pp. 59-60, destaque original).

temporário da tutela jurisdicional adjudicatória. Neste subcapítulo, adicionalmente, tendo em conta tal efeito processual, serão analisadas as eventuais consequências jurídicas decorrentes de uma parte restar impossibilitada de realizar a mediação/conciliação por falta de condições financeiras e/ou em vista de desinformação quanto às implicações da convenção de resolução consensual de conflitos.

Conforme já estudado, as partes são livres para contratar e fazem uso de sua autonomia da vontade para tanto, não somente com relação a situações do cotidiano, que implicam a disposição de direitos e posições jurídicas relativas a bens, tal como ao celebrar um contrato de compra e venda, mas também a contratações acerca da forma de resolução de conflitos. Assim, também conforme já discutido, as partes podem negociar e acordar cláusula escalonada que preveja a utilização obrigatória da mediação/conciliação previamente à arbitragem/processo judicial, sendo que, apenas na hipótese de a autocomposição indireta restar frustrada, as partes poderão se socorrer ao tribunal arbitral/judiciário.

Considerando a primeira situação hipotética sob exame, a dificuldade que se impõe é que a parte autora não possui (ou deixou de possuir posteriormente à celebração da cláusula escalonada) recursos financeiros suficientes para custear as verbas relativas aos honorários do terceiro facilitador (mediador ou conciliador) – ou, ainda, para pagar as custas relativas à instituição que cuidará do encaminhamento do procedimento, se, por exemplo, a convenção de resolução de conflitos eleja o regramento de uma câmara de arbitragem e mediação/conciliação.

Destarte, ficaria a parte autora economicamente hipossuficiente impedida de buscar a resolução de sua demanda mediante decisão adjudicatória, enquanto o meio consensual não for realizado/intentado? A falta de poder econômico seria, por conseguinte, uma barreira para a realização das justiças consensual e estatal/arbitral?

A mediação/conciliação extrajudicial se encontra totalmente inserida na esfera do direito privado, da primazia dos contratos (*pacta sunt servanda*), na qual o princípio da boa-fé contratual[604] é dever imposto às partes contratantes. Desse modo, afastando-se a hipótese de vícios do consentimento (erro, dolo ou coação) ou outros defeitos que maculem a validade e levem à anulação da disposição contratual que institua o

[604] Boa-fé compreendida na sua dimensão objetiva, consoante os artigos 113, 187 e 442 do Código Civil.

procedimento de resolução de conflitos, bem como a hipótese de acordo (ainda que tácito) quanto à revogação da cláusula de mediação/conciliação extrajudicial, esta será exequível e imposta às partes, perpetrando-se o efeito negativo (postergado) quanto à realização do processo judicial ou da arbitragem.

Quer dizer-se, conforme já analisado no Capítulo 4, as partes são obrigadas a intentarem o meio consensual, conforme estabelecido na convenção de resolução consensual de conflitos e, na hipótese de a parte economicamente hipossuficiente deixar de convidar a parte contrária para participar do meio consensual, ingressando diretamente com a ação judicial ou iniciando o procedimento arbitral, ao indicar em sua petição inicial que não intentou o meio consensual (ou indicando o contrário ou nada mencionar, a parte contrária se opuser, ressaltando a falta de tentativa prévia do meio consensual), entende-se que o juiz/árbitro suspenderá o processo e encaminhará as partes à primeira reunião do meio consensual. Insistindo a parte economicamente insuficiente em permanecer inerte quanto ao convite à parte contrária e a participar da primeira reunião do meio consensual, defende-se que o juiz/árbitro determinará a extinção da ação/arbitragem, sem resolução do mérito.

Soares salienta que a vulnerabilidade material não se confunde com a vulnerabilidade processual, embora aquela possa indicar qualquer indício de vulnerabilidade no processo, não o gera na celebração de negócios jurídicos processuais. De acordo com a autora, o vulnerável em termos materiais não é, necessariamente, vulnerável para convencionar um negócio jurídico processual. Não pode a vulnerabilidade material ser considerada como uma presunção de vulnerabilidade negocial que gera a negativa de aplicação do negócio jurídico processual. Enquanto na relação de direito material, a insuficiência financeira pode ser suficiente para a presunção de vulnerabilidade, tal qual em matéria de direito do consumidor, para fins de inversão do ônus da prova, de acordo com o artigo 6º, VIII, do Código de Defesa do Consumidor, no âmbito do direito processual e do negócio jurídico processual, fala-se em um indício de vulnerabilidade que norteia a análise da situação em concreto, porém, não em um fator conclusivo, que automaticamente afasta a aplicação do negócio jurídico processual[605].

[605] Soares, 2017, p. 286-288. Nesse sentido, Menezes: "Assim, apesar de ser possível estar diante de uma parte que goze de presunção material de vulnerabilidade, pode ser o caso de

Diante disso e considerando que o ordenamento jurídico prima pela força executória dos contratos, o desequilíbrio de poder resultante de insuficiência econômica permanece e, invariavelmente, afeta a garantia de acesso à justiça da parte autora. Nada obstante, vislumbram-se alguns possíveis remédios à parte financeiramente vulnerável.

Uma possível prática a se considerar, tal qual a adotada em matéria de arbitragem, seria a alternativa de financiamento por um terceiro da demanda da parte economicamente hipossuficiente. Essa prática se refere à escolha de um terceiro não participante da relação contratual e processual entre as partes e entre o terceiro facilitador (mediador/conciliador) para financiar a participação do autor vulnerável em troca da assunção de direitos creditórios deste sobre a parte ou a totalidade do montante eventualmente obtido com a celebração do acordo. Presume-se que este tipo de remédio não se desenvolveria com tanta predisposição como acontece na arbitragem, visto que, em geral, os valores discutidos em mediação/conciliação não atingem montantes assaz relevantes a fim de compensar um investimento com os seus riscos. De todo modo, não seria demasiadamente descolado da realidade, imaginar uma pessoa jurídica que tivesse fôlego e ímpeto empreendedores para financiar a participação de muitas partes em meios consensuais, como uma forma de investimento com ganho de economia de escala.

Um segundo possível remédio a ser considerado seria a negociação diretamente com a instituição prestadora de serviços de resolução de conflitos e/ou com o terceiro facilitador quanto ao custo de eventual taxa institucional e de realização da primeira reunião de mediação/conciliação.

Como já discutido, a execução da obrigação de realizar o meio consensual se refere tão somente à participação das partes na primeira reunião com o terceiro facilitador (a qual, inclusive, pode ser realizada à distância, por meio eletrônico[606]). Os meios consensuais são regidos

não existir, de fato, a desigualdade. (...) A vulnerabilidade típica do sujeito consumidor é indício de desigualdade, mas não funciona como presunção absoluta no sistema processual." (Menezes, 2017, p. 602).

[606] Hipótese em consonância com os artigos 46 da Lei de Mediação e 334, § 7º, do Código de Processo Civil. Respectivamente: "A mediação poderá ser feita pela internet ou por outro meio de comunicação que permita a transação à distância, desde que as partes estejam de acordo" e "A audiência de conciliação ou de mediação pode realizar-se por meio eletrônico, nos termos da lei".

pelo princípio da voluntariedade, as partes não poderão ser obrigadas a permanecer na mediação/conciliação e a firmar um acordo. Assim, uma plausível saída, que, aliás, acaba sendo a praxe dos mediadores e conciliadores que atuam independentemente de instituições, tais como as câmaras de arbitragem, mediação/conciliação[607], seria o terceiro ofertar gratuitamente a primeira reunião com as partes[608]. Ocorrida a primeira reunião com o mediador, como circunstância processual suficiente para atender ao requisito de admissibilidade do julgamento do mérito que decorre da convenção de resolução consensual de conflitos, e não sendo a hipótese de celebração de acordo e encerramento da demanda, esta poderá finalmente ser apresentada para o juízo adjudicatório pela parte autora hipossuficiente financeiramente.

Outrossim, o regulamento da Câmara de Mediação e Arbitragem Empresarial – Brasil (CAMARB) permite que qualquer uma das partes realize o pagamento da taxa de administração e dos honorários do mediador, assim a parte convidada a participar da mediação poderá custear os valores que permitam o início do procedimento[609].

Contudo, nem todas as instituições permitem que o procedimento de mediação/conciliação seja iniciado sem o pagamento de taxa administrativa[610]. Assim, ainda que o princípio da boa-fé objetiva em termos

[607] Embora não seria disparatado considerar que as pessoas jurídicas responsáveis por conduzir arbitragens, mediações e conciliações institucionais pudessem estabelecer nos seus regulamentos que, a depender da comprovação da condição financeira da parte autora que alegar hipossuficiência financeira, as custas para instauração do procedimento seriam excetuadas.

[608] Ainda, vislumbram-se outras possíveis formas de contratação de honorários que o terceiro facilitador poderia considerar: (i) pagamento dos honorários feito ao final do procedimento, na hipótese deste se seguir após a primeira reunião, constatado ou não o sucesso do procedimento ou do valor correspondente à primeira reunião após certo prazo e/ou de forma parcelada; ou (ii) pagamento dos honorários feito com parcela do montante financeiro auferido pela parte autora a partir da celebração do acordo.

[609] Conforme os termos do artigo 8.3, do Regulamento de Mediação Empresarial da CAMARB: "No caso do não pagamento, por qualquer das partes, da Taxa de Administração e/ou dos Honorários de Mediador, no tempo e nos valores estipulados na Tabela de Despesas, poderá a outra parte recolher o respectivo valor, por conta da parte inadimplente, de modo a permitir a realização da mediação. Caso não haja o adiantamento integral da Taxa de Administração e/ou dos honorários no prazo de 15 (quinze) dias, a mediação será suspensa, podendo ser retomada após a efetivação do referido pagamento".

[610] Como é o caso da CCI e do Centro de Arbitragem e Mediação da Câmara de Comércio Brasil-Canadá – CAM-CCBC (vide artigos 6º e 9º, de seus regulamentos de mediação

de vinculação das partes às suas declarações de vontade se faça relevante, a depender do estado de vulnerabilidade econômica da parte e da constatação de onerosidade excessiva superveniente à elaboração do negócio jurídico processual, esta poderia buscar a resolução ou revisão da convenção de resolução consensual de conflitos, conforme os artigos 478 e 479 do Código Civil[611].

A situação ganha contornos diversos se a vulnerabilidade econômica está atrelada à vulnerabilidade informacional, técnico-jurídica. Conforme SOARES ressalta, "é a vulnerabildidade técnico-jurídica a que possui relevância para o negócio jurídico processual. (...) É preciso, então, que o sujeito tenha conhecimento sobre o aspecto processual tratado no negócio jurídico para poder celebrá-lo"[612].

Tal hipótese se encaixa bem em situações que envolvam contratos de adesão, nos quais o oblato (a parte aderente) não pode discutir ou modificar o conteúdo contratual ou, se tiver o poder para tanto, este poderá ser exercido de forma bastante limitada[613]. Nessa circunstância,

respectivamente: <https://iccwbo.org/content/uploads/sites/3/2017/02/ICC-2017-Arbitration-and-2014-Mediation-Rules-portuguese-version.pdf> e <https://ccbc.org.br/cam-ccbc-centro-arbitragem-mediacao/resolucao-de-disputas/mediacao/regulamento-2016/>. Acesso em: 28 nov. 2019)

611 "As regras [dos artigos 478 e 479, do Código Civil] servem às convenções processuais – sobretudo àquelas celebradas antes da instauração do processo." (DIDIER JÚNIOR, 2017, p. 180).

612 SOARES, 2017, p. 288. Nesse sentido: "A vulnerabilidade das partes, por sua vez, é um conceito material, da situação extraprocessual, cuja consequência pode vir a ser o desequilíbrio na paridade em seu sentido processual." (MENEZES, 2017, pp. 592-593).

613 De acordo com o artigo 54 do Código de Defesa do Consumidor: "Contrato de adesão é aquele cujas cláusulas tenham sido aprovadas pela autoridade competente ou estabelecidas unilateralmente pelo fornecedor de produtos ou serviços, sem que o consumidor possa discutir ou modificar substancialmente seu conteúdo". Todavia, ressalta-se que nem todo contrato de adesão é um contrato que regula relação de consumo: "O que caracteriza o contrato de adesão propriamente dito é a circunstância de que aquele a quem é proposto não pode deixar de contratar, porque tem necessidade de satisfazer a um interesse que, por outro modo, não pode ser atendido." (GOMES, Orlando. **Contratos.** 10ª ed. Rio de Janeiro: Forense, 1984, p. 131). Ainda, conforme entendimento do TJSP: "Ação de rescisão contratual cumulada com restituição de quantias pagas. Sentença de procedência. Inconformismo da ré. Não acolhimento. Rescisão contratual mantida. 1. *Ainda que inaplicável a legislação consumerista, o contrato de adesão deve ser interpretado conforme as peculiaridades de seu regime jurídico.* Assimetria contratual verificada em concreto. Comprovada boa-fé da apelada na execução das obrigações. (...) Apelante deu causa ao processo com a resistência à extinção extrajudi-

a dimensão subjetiva da boa-fé contratual ganha espaço na discussão. A parte aderente poderia alegar desconhecimento de situação adversa que ela contratou ao simplesmente aderir ao contrato[614], por exemplo: a mediação extrajudicial e institucional contratada deverá ser realizada em país estrangeiro, mediante o recolhimento de custas iniciais para iniciar o procedimento consensual que, de resto, ainda superam o valor do montante em discussão.

Como será estudado a seguir com mais detalhes, em matéria consumerista (âmbito em que a contratação por adesão é costumeira), os fornecedores vêm se preparando para lidar com demandas de massa por meio de disponibilização de canais de comunicação ou plataformas eletrônicas que busquem resolver conflitos sem custos para o consumidor. De todo modo, em termos de restrição do direito de ação do consumidor, existe uma preocupação aqui e alhures, conforme visto acima no Capítulo 3, com relação à Diretiva 2013/11/EU, quanto ao resguardo do consumidor que celebrar um contrato com um fornecedor com cláusula que preveja a resolução de disputas por MASCs.

Em vista de acórdão do TJSP e de outros precedentes destacados em seu texto[615], bem como de acórdão do TJDF[616], nota-se entendimento

cial do contrato. Recurso não provido." (BRASIL. Tribunal de Justiça de São Paulo. 9ª Câmara de Direito Privado. 1011849-60.2016.8.26.0011. **Diário da Justiça Eletrônico**, São Paulo, SP, 11 dez. 2018. Disponível em: <https://esaj.tjsp.jus.br/pastadigital/abrirPastaProcessoDigital.do?origemDocumento=P&nuProcesso=1011849-60.2016.8.26.0011>. Acesso em: 10 jan. 2020).

[614] Lembrando-se também que a norma do artigo 423 do Código Civil deverá ser observada em termos de interpretação de cláusulas ambíguas ou contraditórias no contrato de adesão. Nesse diapasão, a interpretação mais favorável ao aderente com relação ao negócio jurídico processual em contrato de adesão deve prevalecer.

[615] "Ultrapassada essa primeira questão, e com relação a alegação de falta de interesse de agir do demandante, ora recorrido, é de se dizer que deve prevalecer o posicionamento adotado em 1º Grau de Jurisdição, pois conforme se verifica por meio do todo processado, *resultou plenamente demonstrado o interesse processual do autor em buscar a indenização pretendida junto ao Poder Judiciário, sendo importante anotar que se revela abusiva a existência de previsão para mediação compulsória, conforme estabelecida em contrato de adesão, notadamente diante da relação de consumo travada entre as partes contratantes, daí porque não se possa falar em falta de interesse processual do demandante, tampouco em suspensão, ainda que eventual do feito, para que se atinja solução extrajudicial da questão,* aspecto que permite se dê por sepultada a preliminar arguida pela ocupante do polo passivo, permitindo assim que sejam apreciadas as questões de mérito como apresentadas pelas partes litigantes." (BRASIL. Tribunal de Justiça de São Paulo. 16ª Câmara de Direito Privado. 1049844-66.2018.8.26.0002. **Diário da Justiça Eletrônico**, São Paulo,

SP, 9 set. 2019. Disponível em: <https://esaj.tjsp.jus.br/pastadigital/abrirPastaProcessoDigital.do?origemDocumento= P&nuProcesso=10498 44-66.2018.8.26.0002>. Acesso em: 10 jan. 2020, destaques não originais). “AÇÃO DE INDENIZAÇÃO POR DANOS MORAIS-TRANSPORTE AÉREO DE PASSAGEIROS VOO INTERNACIONAL. Cancelamento de voo Condições climáticas desfavoráveis para o voo – Longa espera e ausência de suporte ao passageiro por parte da empresa aérea. Indenização por danos morais fixada na sentença em R$10.000,00 para cada autor Pretensão da ré de afastamento da condenação ao pagamento de indenização ou de redução do seu valor. (...) *CARÊNCIA DA AÇÃO FALTA DE INTERESSE PROCESSUAL Alegação deque os autores ajuizaram a ação sem antes ter buscado composição extrajudicial por meio de mediação privada, conforme informação constante do site da ré. Subsidiariamente, pede a suspensão do processo até que a mediação seja instaurada e concluída. NÃO OCORRÊNCIA: A comprovação de tentativa de composição extrajudicial por meio de mediação privada não é requisito e nem pressuposto para o ajuizamento da presente ação indenizatória. Possibilidade dos autores buscarem em Juízo a sua pretensão. Evidente o interesse de agir, composto pelo binômio necessidade-adequação. Preliminar rejeitada.* PRELIMINAR REJEITADA E RECURSO DESPROVIDO.” (BRASIL. Tribunal de Justiça de São Paulo. 37ª Câmara de Direito Privado. Apelação Cível nº 1033768-64.2018.8.26.0002. **Diário da Justiça Eletrônico**, São Paulo, SP, 28 fev. 2019. Disponível em: <https://esaj.tjsp.jus.br/pastadigital/abrirPastaProcessoDigital.do? origem Documento=P&nuProcesso=1033768-64.2018.8.26.0002>. Acesso em: 10 jan. 2020, destaques não originais). “TRANSPORTE AÉREO – Atrasos de voos. *Preliminar de falta de interesse processual do autor, em virtude da ausência de realização de mediação Exigência de prévia adoção de método alternativo de solução de controvérsia aposta em contrato de adesão que se revela abusiva, máxime tendo em vista o caráter consumerista da relação entabulada Inteligência do art. 5º XXXV da Constituição Federal e do art. 52 [sic], VII, do Código de Defesa do Consumidor Precedentes do E. TJSP* – PRELIMINAR AFASTADA. (...) RECURSONÃO PROVIDO.” (BRASIL. Tribunal de Justiça de São Paulo. 11ª Câmara de Direito Privado. Apelação Cível nº 1008298-28.2018.8.26.0003. **Diário da Justiça Eletrônico**, São Paulo, SP, 5 fev. 2019. Disponível em: <https://esaj.tjsp.jus.br/pastadigital/abrirPastaProcessoDigital.do? origemDocumento=P&nuProcesso=1008298-28.2018.8.26.0003>. Acesso em: 10 jan. 2020, destaques não originais).

616 “DIREITO DO CONSUMIDOR. CONTRATO DE TRANSPORTE AÉREO. AÇÃO DE INDENIZAÇÃO. EXTRAVIO DE BAGAGEM. DANO MATERIAL. PREVALÊNCIA DOS TRATADOS INTERNACIONAIS EM RELAÇÃO AO CÓDIGO DE DEFESA DO CONSUMIDOR. CONVENÇÃO DE VARSÓVIA DE MONTREAL. LIMITE. *OVERBOOKING*. DANO MORAL. APLICABILIDADE DO CÓDIGO DE DEFESA DO CONSUMIDOR. AUSÊNCIA DE INTERESSE PROCESSUAL. REJEITADA. MEDIAÇÃO. INCABÍVEL. FALHA NA PRESTAÇÃO DO SERVIÇO. TEORIA DA RESPONSABILIDADE OBJETIVA. RISCO DA ATIVIDADE. CADEIA DE FORNECIMENTO. SOLIDARIEDADE VERIFICADA. DANOS MORAIS. FIXAÇÃO DO *QUANTUM* DEVIDO. RAZOÁVEL E PROPORCIONAL. 1. As empresas de transporte aéreo de passageiros respondem objetivamente pelos danos decorrentes de eventual falha na prestação dos serviços. 2. Demonstrado o nexo causal entre o defeito na prestação de serviços e os danos morais sofridos, torna-se necessária a devida compensação. (...) 6. *Cláusula de Contrato de transporte aéreo onde consta a informação da obrigatoriedade das partes se submeterem à pretensão ao procedimento de mediação é nula. Deve-*

quanto à abusividade de previsão de cláusula de mediação compulsória em contrato de adesão, considerando-a nula de pleno direito, tendo em conta a aplicação do artigo 51, VII, do Código de Defesa do Consumidor que, diga-se de passagem, se refere à cláusula compromissória[617] ou a compreensão de inexistência de "imposição pela norma que obrigue" a composição extrajudicial. Além disso, nota-se o entendimento do TJSP de que a comprovação de tentativa de realização da mediação conforme cláusula de mediação prevista em contrato de adesão "não é requisito e nem pressuposto para o ajuizamento" da ação indenizatória.

Em contrapartida, além das considerações apresentadas e defendidas acima no Capítulo 4, destacam-se as ponderações de DIAS:

> (...) em um contrato de adesão com cláusula de mediação, o contratante não está renunciando aos seus direitos como consumidor, tampouco renunciando ao direito de recorrer ao Judiciário. *Ao firmar o contrato de adesão com cláusula de mediação, o consumidor tão somente se compromete a tentar a composição por meio da mediação antes de ingressar com uma ação.* E a qualquer tempo ele pode desistir do procedimento de mediação, ainda durante a primeira reunião de mediação ou ao longo do procedimento, e assim poderá livremente recorrer ao Judiciário. Esse aspecto elementar da mediação constitui-se em uma das principais diferenças entre os institutos da mediação e da arbitragem. Na arbitragem, a partir do momento em que é instituído o procedimento, as partes necessariamente ficam vinculadas ao procedimento e devem permanecer nele até o final aguardando a sentença arbitral, exceto quando chegam a um acordo amigável. *Por outro lado, quando o consumidor assina um contrato de adesão com cláusula*

-se reconhecer a nulidade da cláusula que exclui a possibilidade do consumidor de procurar o Judiciário, a fim de postular uma reparação de danos, não havendo imposição pela norma que o obrigue a compor extrajudicialmente. (...) 15. Apelações desprovidas." (BRASIL. Tribunal de Justiça do Distrito Federal e Territórios. 1ª Turma Cível. Apelação nº 0706696-12.2018.8.07.0001. **Diário da Justiça Eletrônico**, Brasília, DF, 27 fev. 2019. Disponível em: <https://pje2i.tjdft.jus.br/pje/ConsultaPublica/DetalheProcessoConsultaPublica/listView.seam?ca=0df62bd3faa6c32f254e6c36ed355c6858ff75beac85adc1>. Acesso em: 10 jan. 2020, destaques não originais).

617 "Art. 51. São nulas de pleno direito, entre outras, as cláusulas contratuais relativas ao fornecimento de produtos e serviços que: (...) VII – determinem a utilização compulsória de arbitragem."

de mediação, pode a qualquer tempo recorrer ao Judiciário e defender os seus interesses, bastando apenas que compareça a uma sessão de mediação.[618]

De todo modo, considerando-se o cenário imaginado de legítima vulnerabilidade informacional, de desconhecimento da parte autora sobre as implicações, inclusive financeiras, da disposição contratual quanto à resolução consensual de conflitos obrigatória e previamente ao meio adjudicatório, entende-se que a parte autora poderia se valer dos ditames do parágrafo único, do artigo 190 do Código de Processo Civil para buscar o questionamento da cláusula aderida sem consentimento informado[619].

Levando-se em consideração o parágrafo único, do artigo 190 do Código de Processo Civil, particularmente: "[d]e ofício ou a requerimento, o juiz controlará a validade das convenções previstas neste artigo, recusando-lhes aplicação somente nos casos (...) que alguma parte se encontre em manifesta situação de vulnerabilidade", vislumbra-se a vulnerabilidade técnico-jurídica como indício de vulnerabilidade para negociar, o que permite ao juiz analisar casuisticamente se se trata de excepcional hipótese de invalidade do negócio jurídico processual[620].

No entanto, na opinião de Soares, para que haja a invalidade do negócio jurídico processual em razão de manifesta situação de vulnerabilidade informacional, é preciso que exista um prejuízo efetivo ou risco evidente de prejuízo à parte vulnerável, considerando-se, todavia, que "é

[618] Dias, Eduardo Machado. A cláusula de mediação nos contratos de adesão em relações de consumo. In: **Revista dos Tribunais**, vol. 979, 2017, destaques não originais.

[619] "Cabe garantir a igualdade entre as partes integrantes do negócio jurídico processual, a fim de que este possa ser consoante com a ordem jurídica. É indispensável assegurar aos litigantes a possibilidade de gozo de seus direitos fundamentais processuais para que, em respeito às normas constitucionais que os definem, não haja riscos de invalidação do negócio celebrado." (Menezes, 2017, p. 593). Em consonância: "(...) ademais, a jurisdição, na pessoa do Estado-juiz, terá sempre o monopólio sobre a aplicação ou não de determinado negócio jurídico de índole processual. Isso porque, 'nos casos de nulidade ou de inserção abusiva em contrato de adesão ou em que alguma parte se encontre em manifesta situação de vulnerabilidade', o Estado-juiz poderá, melhor dizendo, deverá, por força de seu monopólio, recusar a aplicação em concreto de determinado negócio jurídico de índole processual. Desse modo, em exercendo esse dever inerente ao monopólio que detém, o Estado-juiz, mesmo em se tratando de negócio jurídico processual do artigo 190 do CPC/2015, terá sempre o poder-dever de conhecer de toda e qualquer lesão ou ameaça a direito (...)." (Câmara, 2018, p. 99).

[620] "Assim, a vulnerabilidade no processo é aferida casuisticamente, como meio de oportunizar às partes maior liberdade para a flexibilização procedimental." Menezes, 2017, p. 602.

admissível que o negócio jurídico processual gere uma situação desfavorável ao celebrante, o que é possível e precisa ser respeitado", exceto se a circunstância ensejadora da vulnerabilidade exista quando da convenção processual[621].

Ainda, nesse sentido, SOARES indica o Enunciado nº 16 do Fórum Permanente de Processualistas Civis que determina que "[o] controle dos requisitos objetivos e subjetivos de validade da convenção de procedimento deve ser conjugado com a regra segundo a qual *não há invalidade do ato sem prejuízo*"[622], concluindo que "se o negócio jurídico processual não causar prejuízo à parte celebrante, supostamente vulnerável, não deve o magistrado impedir a aplicação da convenção processual"[623].

Em complementação, MENEZES alerta para a possibilidade de convalidação do negócio jurídico processual: "[o]ra, provocando a vulnerabilidade o enfraquecimento do contraditório, a promoção judicial deste, através do reequilíbrio de armas, enseja mesmo a conservação do negócio, dispensando-se, pois, a invalidação do acordo processual"[624].

Portanto, em termos de vulnerabilidade econômica, desde que relacionada à vulnerabilidade informacional, como circunstância legalmente prevista que atinge à validade do negócio jurídico processual, a parte vulnerável precisa comprovar efetivos prejuízos com e decorrentes da celebração de convenção de resolução consensual de conflitos, a fim de que esta seja invalidada e o caminho para a resolução adjudicatória seja desimpedido de pronto, sem a necessidade de realização prévia do meio consensual. A tensão entre os princípios da decisão informada e da autonomia da vontade, por conseguinte, depende do ônus da alegação e da máxima "*pas de nulité sans grief*".

621 SOARES, 2017, p. 290.

622 Disponível em: <http://civileimobiliario.web971.uni5.net/wp-content/uploads/2017/07/Carta-de-Florian%C3%B3polis.pdf>. Acesso em: 29 nov. 2019, destaques não originais.

623 SOARES, Op. cit., p. 294-295. A conclusão da autora é refletida nos termos do artigo 282, §1º, do Código de Processo Civil: "Art. 282. Ao pronunciar a nulidade, o juiz declarará que atos são atingidos e ordenará as providências necessárias a fim de que sejam repetidos ou retificados. § 1º O ato não será repetido nem sua falta será suprida quando não prejudicar a parte."

624 MENEZES, 2017, p. 603.

5.3. Papel transformador da ODR em matéria de direito do consumidor: negociação *online* como requisito de admissibilidade, independentemente de convenção de resolução consensual de conflitos

A Política Nacional das Relações de Consumo preconizada pelo Código de Defesa do Consumidor tem como princípios a "educação e informação de fornecedores e consumidores, quanto aos seus direitos e deveres, com vistas à melhoria do mercado de consumo"[625] e o "incentivo à criação pelos fornecedores de meios eficientes de controle de qualidade e segurança de produtos e serviços, assim como de *mecanismos alternativos de solução de conflitos de consumo*"[626]. Percebe-se, portanto, que no âmbito doméstico existe uma orientação para a desjudicialização de demandas consumeristas.

Os "princípios-deveres" ora destacados, haja vista a sua natureza de diretrizes, encontram-se concretizados a partir da disponibilização pelos fornecedores de canais de atendimento ao consumidor, tais como os famigerados "SACs" e, mais recentemente, de plataformas tecnológicas de informação com o objetivo de resolver problemas havidos durante ou após a compra por meio eletrônico. Dentre estes, destacam-se, por exemplo, a plataforma "consumidor.gov.br" disponibilizada pelo governo federal e monitorada pelos Procons (Programa de Proteção e Defesa do Consumidor) e pela Secretaria Nacional do Consumidor do Ministério da Justiça (SENACON) para que consumidores e fornecedores negociem diretamente a resolução de disputas envolvendo matérias consumeristas[627], bem como as plataformas de resolução de conflitos oferecidas pelas empresas *Mercado Livre*[628] e *eBay*[629].

[625] De acordo com o artigo 4º, inciso IV, da Lei Federal nº 8.078 de 1990.

[626] De acordo com o artigo 4º, inciso V, da Lei Federal nº 8.078 de 1990, destaques não originais.

[627] Na prática, consumidores de todo o país podem fazer uso deste serviço público gratuito ao inserirem na plataforma as suas reclamações, que são imediatamente dirigidas aos fornecedores cadastrados. Estes possuem um prazo de até 10 dias para analisar e responder às reclamações e os consumidores possuem até 20 dias para avaliar a resposta recebida e classificá-la como "resolvida" ou "não resolvida", além de avaliar o atendimento prestado pelo fornecedor (os indicadores de satisfação e desempenho dos fornecedores podem ser consultados publicamente na plataforma) (Cf. informações disponibilizadas em: <https://www.consumidor.gov.br/pages/principal/?1572745705142>. Acesso em: 11 set. 2019). O sucesso da plataforma do governo federal levou à assinatura de acordo entre Brasil e Argentina para

transferência da tecnologia do "consumidor.gov.br" para uso pelo país vizinho. Conforme notícia publicada na página eletrônica do Ministério da Justiça e Segurança Pública: "Este é o primeiro acordo internacional bilateral para compartilhamento do conhecimento e tecnologia. A plataforma foi desenvolvida pela Secretaria Nacional do Consumidor (Senacon) e institucionalizada a partir do Decreto nº 8.573/2015. Em meio digital, é possível a interação entre consumidores e fornecedores na redução de conflitos de consumo, propondo uma intermediação ágil e eficiente para os envolvidos. Após a transferência do conhecimento e da tecnologia para a Argentina a cooperação também será estendida para Paraguai e Uruguai. 'Especificamente hoje estamos assinando com a Argentina, que é um importante parceiro comercial do Brasil. Entendemos que a globalização econômica promoveu empresas com atuação em todo o nosso mercado e precisávamos de uma ferramenta de resolução de problemas que também fosse global no nosso mercado', afirmou o secretário Nacional do Consumidor, Luciano Timm. O Memorando de Entendimento foi assinado na abertura da Reunião do Comitê Técnico de Defesa do Consumidor do Mercosul (CT-7)." (Disponível em: <https://www.justica.gov.br/news/collective-nitf-content-1568127030.18>. Acesso em: 11 set. 2019). Ademais, o sucesso do "consumidor.gov.br" é mensurado com a sua definição como plataforma digital oficial da administração pública federal direta, autárquica e funcional para a autocomposição nas controvérsias de consumo, conforme determinado pelo Decreto Federal nº 10.197, de 2 de janeiro de 2020.

[628] De acordo com os termos e condições gerais de uso do site do Mercado Livre: "O Mercado Livre firmou convênios e parcerias com diversas autoridades com o objetivo de promover e incentivar a solução amigável de controvérsias e evitar a judicialização de questões que podem ser resolvidas administrativamente, razão pela qual, os usuários aceitam e se comprometem a utilizar as ferramentas da plataforma (reclamação/mediação) como primeiro meio para a solução de controvérsias decorrentes das compras e vendas realizadas no site Mercado Livre. Os usuários também poderão buscar a solução de controvérsias de consumo por meio do serviço www.consumidor.gov.br, mantido pela Secretaria Nacional do Consumidor (SENACON) do Ministério da Justiça e Segurança Pública, que é disponibilizado gratuitamente aos consumidores de todo o país." Disponível em: <https://www.mercadolivre.com.br/ajuda/Termos-e-condicoes-gerais-de-uso_1409>. Acesso em: 8 set. 2019.

[629] Conforme indicado na página eletrônica da empresa: "*The Resolution Center is the easiest, most secure way for sellers and buyers to communicate when either has a problem with a transaction. How it works? 1. The request starts – Open a request through the Resolution Center if you were unpaid or need to cancel a transaction. Your buyer may start a request there for an item they never received or believe is not as described. 2. Use the tools – The Resolution Center has all you need to need to respond and communication. Respond to buyer questions within three business days. 3. Stay up to date – Keep an eye out for messages from your buyers and respond promptly. Sellers and buyers can escalate the request for eBay to review if parties cannot solve the issue together. Read our seller updates for updates on changes to the resolution process and after-sale experience.*" Disponível em: <https://pages.ebay.com/seller-center/service-and-payments/case-resolution.html>. Acesso em: 19 out. 2019. Em tradução livre: "O Centro de Resolução é a maneira mais fácil e segura de vendedores e compradores se comunicarem quando um deles tem um problema com uma transação. Como funciona? 1. A solicitação é iniciada – Abra uma solicitação por meio do Centro de

Percebe-se que tais plataformas *online* disponibilizadas pelo governo brasileiro ou por empresas privadas atendem também a um terceiro "princípio-dever" da Política Nacional das Relações de Consumo, conforme os termos do artigo 4º, inciso III, da Lei Federal nº 8.078 de 1990:

> A Política Nacional das Relações de Consumo tem por objetivo o atendimento das necessidades dos consumidores, o respeito à sua dignidade, saúde e segurança, a proteção de seus interesses econômicos, a melhoria da sua qualidade de vida, bem como a transparência e harmonia das relações de consumo, atendidos os seguintes princípios: (...) III – harmonização dos interesses dos participantes das relações de consumo e *compatibilização da proteção do consumidor com a necessidade de desenvolvimento econômico e tecnológico*, de modo a viabilizar os princípios nos quais se funda a ordem econômica, sempre com base na boa-fé e equilíbrio nas relações entre consumidores e fornecedores.[630]

Ademais, as plataformas de resolução de conflitos estão alinhadas com o Plano Nacional de Consumo e Cidadania instituído pelo Decreto Federal nº 7.962 de 2013, que regulamenta o Código de Defesa do Consumidor e dispõe sobre a contratação no comércio eletrônico. O Decreto Federal tem como um dos seus objetivos principais o estabelecimento de atendimento facilitado ao consumidor após contratações feitas eletronicamente, determinando, ao longo dos seus artigos 2º a 6º, regras procedimentais a serem observadas pelos fornecedores[631]. Especificamente, destaca-se a regra do artigo 4º, inciso V:

Resolução se você não recebeu o pagamento ou precisa cancelar uma transação. O comprador pode iniciar uma solicitação de um item que nunca recebeu ou ele acredita que o item recebido não é conforme o descrito. 2. Use as ferramentas – O Centro de Resolução tem tudo de que você precisa para responder e se comunicar. Responda às perguntas do comprador em três dias úteis. 3. Mantenha-se atualizado – Fique atento às mensagens de seus compradores e responda prontamente. Vendedores e compradores podem escalar a solicitação para que ela seja analisada pelo eBay, caso as partes não possam resolver o problema juntas. Vendedores, leiam as atualizações para obter informações sobre as mudanças no processo de resolução e na experiência pós-venda."

[630] Destaques não originais.

[631] Nesse sentido, são as ponderações de GONÇALVES e MARQUES: "No âmbito internacional, as Diretrizes sobre Proteção dos Consumidores da Organização das Nações Unidas (*UN Guidelines for Consumer Protection*) determinam que, dentre as necessidades legítimas dos consumidores, deverá ser garantida a disponibilidade de um efetivo sistema de resolução de

> Art. 4º Para garantir o atendimento facilitado ao consumidor no comércio eletrônico, o fornecedor deverá:
> (...)
> V – manter serviço adequado e eficaz de atendimento em meio eletrônico, que possibilite ao consumidor a resolução de demandas referentes a informação, dúvida, reclamação, suspensão ou cancelamento do contrato;

Destarte, a plataforma "consumidor.gov.br", bem como quaisquer outras formas de resolução de conflitos *online* disponibilizadas por fornecedores estão alinhadas com o fito dos decretos federais que regulam as relações de consumo[632].

disputas de consumo e reparação de danos. Dentre os princípios relativos às boas práticas de negócios, os fornecedores (*online* e *offline*) devem garantir mecanismos de endereçamento de reclamações que disponibilizem aos consumidores meios céleres, justos, transparentes, baratos, acessíveis, ágeis e eficientes de resolução de disputas sem custos ou encargos desnecessários, observando-se padrões nacionais e internacionais. (...) Desta feita, tem-se que a implementação de medidas que endereçam a reclamação do consumidor de forma diligente, transparente, em curto espaço de tempo e evitam custos financeiros, impactos ambientais, temporais e psicológicos ao consumidor – como é o caso das ODR – são, certamente, exemplos de boas práticas no mercado de consumo. Tais medidas fortalecem a confiança do consumidor e valorizam o seu tempo e a sua dignidade, em especial em um país como o Brasil." (GONÇALVES, Caroline Visentini Ferreira; MARQUES, Ricardo Dalmaso. **Acesso à ordem jurídica justa nas relações de consumo e a tecnologia**. Disponível em: <https://www.jota.info/paywall?redirect_to=//www.jota.info/opiniao-e-analise/artigos/acesso-a-ordem-juridica-justa-nas-relacoes-de-consumo-e-a-tecnologia-15032019>. Acesso em: 20 mar. 2019).

632 Inclusive, o CNJ lançou um projeto piloto direcionado apenas para processos dos juizados especiais do TRF1 e TJDFT, que envolvam questões de consumo relativas ao segmento bancário, de integração entre as plataformas do Processo Judicial Eletrônico (PJe) e do "consumidor.gov.br", cujo objetivo é oferecer a negociação direta entre as partes como uma opção para o autor de ações via PJe. Na hipótese de a solução negociada não ser obtida na plataforma digital, com o retorno ao PJe, já ocorrerá a citação eletrônica, num fluxo automatizado que facilita o trâmite processual (Conforme informações disponibilizadas em: <https://www.cnj.jus.br/projeto-piloto-marca-integracao-entre-pje-e-consumidor-gov-br/>. Acesso em: 9 out. 2019). Vale mencionar também recente resolução do CNJ (Resolução nº 358, de 2 de dezembro de 2020), que regulamenta a criação de soluções tecnológicas para a resolução de conflitos pelo Poder Judiciário por meio de conciliação e mediação, envolvendo matérias que não somente consumeristas (Disponível em: <https://atos.cnj.jus.br/files/original173332202012035fc9216c20041.pdf>. Acesso em: 18 dez. 2020). A resolução em questão determina que os Tribunais do país devem disponibilizar um sistema informatizado para a resolução de conflitos por meio da conciliação e mediação, denominado de SIREC, o qual deve ocorrer de forma colaborativa com os termos preconizados pela Plataforma Digital do Poder Judiciário Brasileiro (PDPJ-Br), instituída, por sua vez, pela

A propósito, "*Online Dispute Resolution*" ou ODR é um campo que se encontra na intersecção da resolução de disputas e da tecnologia e surgiu como um meio para lidar com disputas que emergiam no âmbito da rede mundial de computadores: disputas entre partes localizadas em diferentes países e que não poderiam ficar frente a frente ou disputas cuja judicialização fosse inviável em razão de custos relacionados ao processo (por exemplo, custos com a contratação de representação jurídica de outra jurisdição e deslocamento para comparecer ao tribunal em outro país, bem como em virtude de desconhecimento da lei local)[633].

A Internet é apontada como uma fonte causadora de disputas, já que por meio dela são realizadas atividades *online*, tais como transações comerciais, comunicação e trocas de informações, a partir das quais podem surgir conflitos. De outra forma, compreendida sob a perspectiva da ODR, a Internet pode oferecer o meio, o espaço de solução de disputas.

O sucesso obtido na resolução de disputas *online* levou ao uso da ODR em disputas tradicionais, "*offline*": a ODR passou a ser utilizada para auxiliar um mediador ou árbitro e, às vezes, para substituir o terceiro completamente[634]. O fenômeno da ODR está evoluindo de forma a se integrar completamente com as formas de resolução de conflitos tradicionais e está gerando novas maneiras de lidar com a resolução e a prevenção de conflitos que vão além das possibilidades do mundo "cara -a-cara"[635].

Com relação à definição da ODR como instrumento de facilitação ou assistência dos MASCs por meio da tecnologia ou como meio de resolução de conflitos *per se*, ARBIX defende que a "ODR não é a ADR vista

Resolução nº 355, de 29 de setembro de 2020, do CNJ (Disponível em: <https://atos.cnj.jus.br/files/original193745202009305f74de891a3ae.pdf>. Acesso em: 18 de dez. 2020).

633 WAHAB, Mohamed S. Abdel; KATSH, Ethan; e RAINEY, Daniel. **Online Dispute Resolution:** Theory and Practice. A Treatise on Technology and Dispute Resolution. Disponível em: <http://www.ombuds.org/odrbook/Table_of_Contents.htm>. Acesso em: 21 maio 2018, p. 15.

634 WAHAB; KATSH; e RAINEY, 2012, p. 15.

635 "*ODR draws many themes and concepts from dispute resolution processes such as negotiation, mediation, and arbitration.*" (KATSH, Ethan. Online Dispute Resolution. In: Moffitt, Michael L.; BORDONE, Robert C. (Edit.) **The Handbook of dispute resolution**. 1ª ed., São Francisco: Jossey-Bass, 2005, p. 425). Em tradução livre: "ODR extrai muitos temas e conceitos de processos de resolução de disputas, como a negociação, a mediação e a arbitragem."

através do espelho da tecnologia"[636], uma vez que a ODR é uma forma de resolução de conflitos em que as tecnologias de informação e comunicação não servem somente ao propósito de substituir formas tradicionais, "mas agem como vetores para oferecer às partes ambientes e procedimentos ausentes em mecanismos convencionais de dirimir conflitos", sendo que a ODR constitui uma "porta a mais" para a resolução de controvérsias e não somente um caminho novo para se chegar a uma porta já existente[637].

De todo modo, independentemente do ponto de vista que considera a ODR como um instrumento que se integra tecnologicamente a outros MASCs ou que a observa como ambiente e procedimento que são modificados pela tecnologia e são empregados para dirimir controvérsias[638], entende-se que a ODR se insere na esfera de realização dos meios consensuais e que estes, sobretudo a negociação, estão sendo transformados pela tecnologia e suas ferramentas.

[636] Arbix ressalta ainda que os próprios juristas que foram os primeiros a se debruçar sobre o tema deixaram de se referir a ODR como "*online*" ADR, não mais delimitando o alcance do termo ODR (Cf. Arbix, Daniel do Amaral. **Resolução online de controvérsias**. São Paulo: Ed. Intelecto, 2017, p. 59-60).

[637] Arbix, 2017, p. 58-59. Os autores Wahab, Katsh e Rainey explicam que o uso da metáfora da "Quarta Parte" para explicar a ODR serve para agrupar todas as caracterizações do uso da tecnologia na resolução de disputas, sendo uma expressão que indica que "*ODR makes technology a presence, sometimes minor and sometimes major, in dispute resolution processes.*" Wahab; Katsh; Ney, Op. cit., p. 15. Em tradução livre: "ODR torna a tecnologia uma presença, às vezes menor e às vezes maior, nos processos de resolução de disputas". A metáfora da "Quarta Parte" também se relaciona com a ideia de a tecnologia estar a favor e à disposição do mediador, do árbitro, do juiz, do facilitador. Trata-se de uma aliada que permite o processamento e organização de informações que podem facilitar o processo de resolução de disputas. Arbix ainda aponta outras funções da "Quarta Parte": debater, armazenar, agendar, avaliar, estimar, minutar e implementar, ressaltando que o tipo de interferência causada pela ODR é mais flexível do que a encabeçada por neutros em MASCs tradicionais, uma vez que a "Quarta Parte" é imune à dinâmica emocional dos conflitos (Cf. Arbix, Op. cit., pp. 64-65).

[638] Assim, é possível imaginar a realização do procedimento de arbitragem *online*, como uma ODR, por meio de uma plataforma digital que permita, por exemplo, o envio de manifestações ao depositório em nuvem para acesso do tribunal arbitral e das partes e a realização da audiência de instrução por vídeo conferência dentro da plataforma, como também é possível vislumbrar a ODR como um mecanismo que se vale de tecnologias interativas, de inteligência artificial que propiciem ambientes e procedimentos impossíveis para os mecanismos tradicionais (ou "*offline*") de resolução de disputas – a exemplo da tão citada plataforma do "consumidor.gov.br".

Conforme será observado, em matéria de direito do consumidor, está se firmando o reconhecimento que o Poder Judiciário não deve ser visto como forma única e primária de resolução de conflitos, sendo adequada a desjudicialização a partir da realização da ODR. Em especial, o procedimento de negociação envolvendo demandas consumeristas, com a "roupagem" da ODR, parece ser percebido sob um novo olhar, particularmente com relação aos seus efeitos processuais.

Alguns magistrados brasileiros estão adotando uma postura que procura evitar a judicialização prematura das demandas consumeristas, determinando-se que seja intentada autocomposição direta em meio eletrônico da plataforma do "consumidor.gov.br", sob pena de restar caracterizado o desinteresse do consumidor na sessão de mediação/conciliação processual prescrita pelo artigo 334, do Código de Processo Civil. Além disso, que o consumidor busque obrigatoriamente a resolução de conflitos pela ODR para fins de admissibilidade da ação judicial, independentemente de as partes terem determinado o uso obrigatório da ODR.

Quanto à realização da sessão de mediação/conciliação processual de acordo com o artigo 334 do Código de Processo Civil, salienta-se decisão judicial a favor da realização desta, com a suspensão do processo para tanto, porém, tendo em vista que a matéria controvertida se relaciona com o direito do consumidor, o juiz da comarca de Joinville determinou que a tentativa autocompositiva deveria ser intentada de modo direto, por meio da plataforma "consumidor.gov.br":

> O novo Código de Processo Civil, em seu artigo 334 apresenta uma grande novidade que vem a ser a audiência de conciliação antes da apresentação de defesa pela parte ré, tendo como escopo principal a economia e a celeridade processual, valendo salientar que "verificando, desde logo, a inadmissibilidade da autocomposição (por ser o direito controvertido indisponível, por exemplo), poderá o juiz dispensar a designação de audiência e determinar a citação do réu para apresentar contestação. **Trata-se, contudo, de exceção à regra geral, que é a de designação de audiência.** ***E veja-se que a dispensa da audiência de conciliação deve se dar estritamente pela natureza da causa,*** **descabendo razões de conveniência do serviço judiciário.**" (AMARAL. Guilherme Rizzo. Comentários às alterações do novo CPC. São Paulo: Editora RT, 2015, nota ao

art. 334, p. 452/453) (Grifei e sublinhei). Em tempos de mudança de rumos, de novos pensamentos e formação de jurisprudência, entendo que a natureza desta causa se insere dentro das possibilidades já descortinadas pela doutrina no sentido de prescindir da audiência preliminar de conciliação. (...) Vivemos num mundo com custos elevados e recursos escassos e cada dia mais isso se torna evidente, assim, precisamos superar o singelo discurso constitucionalizado da defesa do direito de ação de forma ilimitada e do princípio da inafastabilidade da jurisdição (CF, art. 5º., XXXV), reconhecendo os inegáveis efeitos degenerantes provocados pela ausência de barreiras ao acesso indiscriminado ao Poder Judiciário. O dilema atual que necessita ser enfrentado é garantir o acesso à justiça de forma mais ampla possível, em especial, para reconhecimento, garantia e efetivação dos direitos fundamentais. Mas para isso ocorrer de forma verdadeira e autêntica não basta discursos e citações de mantras constitucionais sagrados, é preciso concretizar essas aspirações, o que só irá ocorrer com a redução do número de ações e a atenção a significativa abusividade na utilização da via judicial. Se isso tudo não é verdade, qual o motivo de não ter sido utilizado ou se resistir a métodos não adversariais de conflito, como o CEJUSC (ainda não existente na comarca de Joinville e quando for instalado dificilmente dará conta da gigantesca demanda), ou a ferramenta proposta nessa decisão? Se queremos criar a cultura da conciliação, presente no novo Código de Processo Civil e tão bem defendida pelo CNJ (http://www.cnj.jus.br/programas-e-acoes/conciliacao-mediação), e por todos os Tribunais Estaduais, o que justifica a resistência as novas formas de composição extrajudicial e ausência de incentivo aos consumidores que a adotem? Os sistemas são simples, ágeis, gratuitos e atendem aos hipossuficientes em várias necessidades. Não estamos diante de uma ação de proteção a algum direito fundamental (vida ou moradia), mas apenas e tão somente diante de uma ação em que um consumidor adquiriu um bem móvel e agora pretende reformular o pacto original e, eventualmente, evitar a perda do bem cujas parcelas do financiamento já deixou de honrar. No site da ferramenta "consumidor.gov" se encontram as empresas participantes, o ranking de sua atuação e a facilidade de se cadastrar uma reclamação. A empresa reclamada tem apenas 10 dias para responder. A média de resposta é de 7,5 dias. O índice de solução é de aproximadamente 80%. A média da nota de avaliação é 3,2 (de 5). Ou seja, de cada DEZ CONFLITOS, poten-

> cialmente apenas DOIS iriam ser analisados pelo Judiciário (isso considerando que o consumidor não teria ficado satisfeito com a resposta apresentada e ainda julgasse conveniente "investir" numa lide apesar do custo-benefício que isso deveria implicar). (...) Diante de todo exposto, *atento a inteligência do art. 334, §7º, do CPC, SUSPENDO O PROCESSO, por 30 dias, a fim de que a parte autora (...) promova a exposição dos fatos narrados na inicial e o registro de seus pedidos em relação a parte ré (...) através da ferramenta gratuita presente no site do TJSC denominada "consumidor.gov.br", sob pena de se considerar como desinteresse na composição consensual e desistência de designação de futura audiência conciliatória (CPC, 334, § 4º, I)*.[639]

No caso em questão e levando-se em consideração a matéria consumerista, o juiz determinou que se o autor não intentasse a negociação *online* pela ferramenta do "consumidor.gov.br", tal comportamento seria compreendido como manifestação de desinteresse pela composição consensual e desistência de designação de futura "audiência" conciliatória, conforme prevista no artigo 334, do Código de Processo Civil.

Em que pese o valoroso entendimento judicial quanto ao juízo de adequação entre o tipo de conflito e o mecanismo *online* de resolução de disputas destinado a colocar em contato fornecedores e consumidores, entende-se que eventual recusa de iniciar a negociação *online* com o fornecedor não significa que o consumidor teria desistido da designação de futura audiência conciliatória. Isso porque são procedimentos distintos: negociação e conciliação/mediação são meios autocompositivos direto e indiretos, respectivamente.

A despeito da utilidade e do benefício percebidos com a utilização da plataforma "consumidor.gov.br" que possibilita a negociação direta entre as partes, nela não se encontra a prestação de serviços de um mediador ou conciliador, profissionais que conduzem um procedimento

[639] SANTA CATARINA. Comarca de Joinville. 1ª Vara de Direito Bancário. Procedimento comum nº 0326423-34.2018.8.24.0038. **Diário da Justiça do Estado de Santa Catarina**, Joinville, SC, 24 abr. 2019. Disponível em: <https://esaj.tjsc.jus.br/cpopg/show.do;jsessionid=C209AB19645B96152EEE0956A F73221E.cpopg3?conversationId=&cbPesquisa=NUMPROC&numeroDigitoAnoUnificado=032642334.2018&foroNumeroUnificado=0038&dadosConsulta.valorConsultaNuUnificado=03264233420188240038&dadosConsulta.valorConsultaNuUnificado=UNIFICADO&dadosConsulta.valorConsulta=XlzVi7niAjz5xA4BBKEab2DmK7vkEw898jA4DyKewbZ4xkg0s2NgdeZx7VbIgjPUg8pOLLmoC6EIREw&processo.codigo=12005FAK70000r>. Acesso em: 10 jan. 2020, destaques em itálico não originais.

que também visa à facilitação da comunicação entre as partes, mas com um elemento distintivo fundamental: a presença (ainda que virtual) do terceiro. Como já discutido, o terceiro, por meio de técnicas e conhecimento específico voltado a uma percepção de criação de valor, tem por função auxiliar as partes na negociação. Ou seja, com a presença do mediador/conciliador, há uma mudança na dinâmica da negociação, sendo seguro dizer que, no mínimo, a presença do terceiro auxilia na apresentação de uma perspectiva diversa daquela que as partes engajadas no conflito possuem sobre suas posições.

Ademais, as partes vivenciam experiências diferentes em cada um dos momentos e não seria inimaginável que as partes saiam transformadas da negociação, com uma nova visão sobre a controvérsia, a ponto de em uma segunda negociação, esta facilitada e contando com a participação do mediador/conciliador judicial[640], finalmente ocorrer a resolução consensual da demanda[641].

Compreende-se, destarte, que a decisão judicial ora destacada, além de demonstrar que a negociação transformada pela tecnologia ganha maior relevância no âmbito do direito do consumidor, é exemplar ao considerar a racionalidade da adequação dos MASCs como forma de efetivação do acesso à justiça, merecendo crítica, todavia, quanto à inferência de que, na hipótese de a negociação *online* restar infrutífera, o consumidor não teria interesse de realizar um futuro e diferente meio consensual, independentemente da confirmação do fornecedor no mesmo sentido de desnecessidade da "audiência" conciliatória, em contrariedade com as disposições do artigo 334, parágrafo 4º, inciso I, do Código de Processo Civil.

Nesse sentido, pondera-se também que alguns entendimentos judiciais estão considerando a realização da negociação em ambiente e conforme procedimento propiciados pela ODR como requisito de admissibilidade do julgamento do mérito, independentemente de previsão

[640] Ressalta-se, inclusive, que é possível considerar que o próprio ambiente judicial ou o local a este conectado, físico ou virtual, também cause algum efeito nas partes que, então, passariam a negociar com o auxílio do mediador ou conciliador.

[641] Aliás, é preciso relembrar que o artigo 359, do Código de Processo Civil estimula nova tentativa de composição consensual das partes durante o processo, independentemente do emprego anterior dos métodos consensuais de resolução de conflitos.

contratual e, em alguns casos, a fim de se comprovar efetiva resistência à pretensão do consumidor.

Ressaltam-se, a título exemplificativo, acórdão do tribunal do Rio Grande do Sul[642], decisões, em primeiro grau, de magistrados de Santa Catarina[643] e Maranhão[644] e duas decisões do Juizado Especial Cível da Comarca de Belo Horizonte[645], que demonstram sintonia com a proposta de desjudicialização de demandas de consumo.

Em ambos os julgados sulistas, juíza e desembargadores ressaltaram que a utilização da ferramenta "consumidor.gov.br" e a participação no programa "Solução Direta Consumidor"[646] constituem uma forma eficaz

[642] BRASIL. Tribunal de Justiça do Rio Grande do Sul. 9ª Câmara Cível. Apelação nº 0306566-86.2017.8.21.7000. **Diário da Justiça do Estado do Rio Grande do Sul**, Porto Alegre, RS, 28 fev. 2018. Disponível em: <https://www.tjrs.jus.br/busca/?tb=procr>. Acesso em: 10 jan. 2020.

[643] SANTA CATARINA. Comarca de Araquari. 1ª Vara. Procedimento comum nº 0301352-63.2017.8.24.0103. **Diário da Justiça do Estado de Santa Catarina**, Araquari, SC, 5 jan. 2019. Disponível em: <https://esaj.tjsc.jus.br/cpopg/show.do;jsessionid=C209AB19645B96152EEE0956AF73221E.cpopg3?conversationId=&cbPesquisa=NUMPROC&numeroDigitoAnoUnificado=032642334.2018&foroNumeroUnificado=0038&dadosConsulta.valorConsultaNuUnificado=03264233420188240038&dadosConsulta.valorConsultaNuUnificado=UNIFICADO&dadosConsulta.valorConsulta=XlzVi7niAjz5xA4BBKEab2DmK7vkEw898jA4DyKewbZ4xkg0s2NgdeZx7VbIgjPUg8pOLLmoC6EIREw&processo.codigo=12005FAK70000r>. Acesso em: 10 jan. 2020

[644] MARANHÃO. Fórum da Capital. 15ª Vara Cível de São Luís. Procedimento comum nº 0862859-07.2016.8.10.0001. **Diário da Justiça do Estado do Maranhão**, São Luís, MA, 26 nov. 2016. Disponível em: <https://pje.tjma.jus.br/pje/ConsultaPublica/DetalheProcessoConsultaPublica/documentoSemLoginHTML.seam?ca=3b0d63e31f079ad6283ebfc8bd91b39e24fa69f00467ff2682ea03cc6f47b7e4fec518c029a60bf11ceee3590d310e0233d9618c104f42f1&idProcessoDoc=6527912>. Acesso em: 10 jan. 2020.

[645] MINAS GERAIS. Juizado Especial Cível, Criminal e da Fazenda Pública. 11ª Unidade Jurisdicional Cível. Procedimento comum nº 9050444.08.2019.813.0024. **Diário da Justiça do Estado de Minas Gerais**, Belo Horizonte, MG, 5 set. 2019. Disponível em: <https://www.tjmg.jus.br/data/files/DE/14/62/70/68F3D610796871D6A04E08A8/Sentenca%20Jesp.pdf>. Acesso em: 10 jan. 2020 e MINAS GERAIS. Juizado Especial Cível, Criminal e da Fazenda Pública. 11ª Unidade Jurisdicional Cível. Procedimento comum nº 9050126.25.2019.813.0024. **Diário da Justiça do Estado de Minas Gerais**, Belo Horizonte, MG, 5 set. 2019. Disponível em: <https://www.tjmg.jus.br/data/files/DE/14/62/70/68F3D610796871D6A04E08A8/Sentenca%20Jesp.pdf>. Acesso em: 10 jan. 2020.

[646] Conforme descrição constante no site do Tribunal de Justiça do Estado do Rio Grande do Sul – TJRS: "O Projeto 'Solução Direta Consumidor' é uma parceria realizada entre o Poder Judiciário Gaúcho e a Secretaria Nacional do Consumidor do Ministério da Justiça, objetivando a solução alternativa de conflitos de consumo, no intuito de, com isso, evitar o

e adequada de resolução de conflitos que estaria em consonância com o conceito ampliado de acesso à justiça.

A decisão proferida pela juíza catarinense considerou que o uso da plataforma "consumidor.gov.br" representaria uma condição da ação para que a parte autora ingressasse com a ação judicial. Conforme se percebe, o fato de a parte autora não ter comprovado a tentativa de negociação em plataforma *online* resultou na extinção do processo sem resolução de mérito:

> *In casu,* embora tenha sido oportunizado à parte autora a comprovação da citada condição da ação por meio do uso da ferramenta Consumidor.gov, sob pena de extinção do processo, como assinalado nos despachos proferidos nesta *actio,* a parte demandante se negou a cumprir a determinação. Portanto, não comprovado o interesse processual, deve o feito ser extinto com fundamento no que dispõe o art. 85, inciso VI, do NCPC, art. 485, VI.

Conforme fundamentação da decisão:

> (...) atenta ao cenário do Judiciário e às mudanças da sociedade brasileira, esta Julgadora, inspirada por alguns outros juízes, pioneiros nessa prática, tem, desde junho do ano de 2017, adotado prática de condicionar o recebimento da inicial de demanda consumerista ao prévio cadastro do pedido na ferramenta Consumidor.Gov, como forma de comprovação do interesse de agir, condição da ação.

Por sua vez, o acórdão do TJRS, relativo a recurso de apelação contra sentença terminativa, manteve a decisão de primeiro grau no que se refere à extinção do processo, sem resolução do mérito, haja vista que o

ajuizamento de um processo judicial. A plataforma tecnológica disponibilizada permitirá ao consumidor fazer sua reclamação de forma direta e focada em uma solução rápida e sem qualquer custo. Em caso de insucesso na composição, o histórico da tentativa de solução poderá ser extremamente útil na hipótese do ajuizamento de uma demanda judicial, como indicativo de demonstrar a pretensão resistida por parte do fornecedor. Para registrar sua reclamação clique na imagem abaixo: [logo da plataforma consumidor.gov.br]." (Conforme informações disponíveis em: <https://www.tjrs.jus.br/site/processos/conciliacao/consumidor.html>. Acesso em: 12 set. 2019). Como se observa, o programa "Solução Direta Consumidor" se utiliza da plataforma digital do "consumidor.gov.br".

autor não buscou resolver a controvérsia com o ingresso no programa "Solução Direta Consumidor" durante o período suspensivo determinado pelo juiz, ressaltando que o entendimento não destoa da orientação da Corte exemplificada em diversos julgados que determinaram a suspensão do processo e intimação da parte autora para demonstrar que tentou dirimir a questão consumerista mediante o referido programa.

Com relação à decisão emanada pelo magistrado titular da 15ª Vara Cível da Comarca de São Luiz, Maranhão, após a suspensão do processo, foi-se determinada a extinção do processo sem apreciação do mérito em razão da inércia da parte autora de utilizar a plataforma do "consumidor.gov.br" para fins de se demonstrar a ocorrência de pretensão resistida pelo banco, réu no processo[647]. O magistrado indicou que o uso da plataforma constituiria condição de admissibilidade da ação, citando, dentre outros fundamentos, a resolução RESOL-GP nº 432017 do Tribunal de Justiça do Maranhão – TJMA, por meio da qual se recomenda o encaminhamento de demandas judiciais para o procedimento de negociação em plataformas digitais quando o autor não comprova a tentativa de resolução extrajudicial do conflito[648].

[647] "*Determinado por este juízo a suspensão do processo (ID 6527912) para que a parte demonstrasse a ocorrência da pretensão resistida, condição de admissibilidade da ação, sugerindo o uso da plataforma digital do Ministério da Justiça consumidor.gov como ferramenta eficiente para tal providência, a parte autora permaneceu inerte* nos termos da certidão ID 9040585. Essa é, resumidamente, a questão que merece ser enfrentada nessa oportunidade. *A presente insurreição é uma oportunidade apropriada para, como maior campo de debate, se expor para a parte, diretamente, e para sociedade, por via extensiva, as razões que motivam a Política Judiciária de tratamento adequado de conflitos em valorizar a necessidade de a prestação jurisdicional e compreender a exata dimensão do inc. XXV, art. 5º, da CF/88.* (...) Pelos argumentos aqui expostos, declaro extinta a presente demanda, nos termos do art. 485, inciso VI do CPC, por reconhecer não preenchido as condições formais para seguimento do feito." (MARANHÃO. Fórum da Capital. 15ª Vara Cível de São Luís. Procedimento comum nº 0862859-07.2016.8.10.0001. **Diário da Justiça do Estado do Maranhão**, São Luís, MA, 26 nov. 2016. Disponível em: <https://pje.tjma.jus.br/pje/ConsultaPublica/DetalheProcessoConsultaPublica/documentoSemLoginHTML.seam?ca=3b0d63e31f079ad6283ebfc8bd91b39e24fa69f00467ff2682ea03cc6f47b7e4fec518c029a60bf11ceee3590d310e0233d9618c104f42f1&idProcessoDoc=6527912>. Acesso em: 10 jan. 2020, destaques não originais).

[648] "Conforme se nota da Resolução 432017 do Tribunal de Justiça do Maranhão referido provimento, o que se prestigia é a oportunidade da demonstração de uma pretensão resistida, ou seja, que se aponte uma tentativa de solução do conflito antes da propositura da demanda, até para que se ponha em atividade a máquina estatal de solução de conflitos. O reconhecimento de aplicação de um mecanismo eficiente para solução mais célere e eco-

Ademais, com relação às duas decisões no âmbito do Juizado Especial Cível de Belo Horizonte, a mesma magistrada competente para decidir sobre os pedidos de tutela de urgência anotou que as partes autoras não postularam "requerimento na via administrativa/extrajudicial para solução do conflito pela plataforma www.consumidor.gov.br". A magistrada considerou que somente com a apresentação de resposta do fornecedor pela plataforma ou o seu silêncio por mais de dez dias, além da devida apresentação de documentação, é que seria possível identificar a probabilidade do direito a autorizar a concessão da tutela de urgência. Haja vista também a repercussão geral do Supremo Tribunal Federal, no julgamento do Recurso Extraordinário nº 631.240[649], a magistrada entendeu que sem requerimento anterior na "via administrativa/extrajudicial", não restou demonstrada lesão ou ameaça a direito e sequer pretensão resistida. Assim, as duas tutelas de urgência pleiteadas nos processos do Juizado Especial Cível mineiro foram, de início, indeferidas e a magistrada determinou prazo de 15 dias para que as partes autoras apresentassem o pedido na plataforma digital do governo federal, sob pena de extinção do feito.

Como se observa nas decisões destacadas, a utilização da plataforma "consumidor.gov.br" ou a participação no programa "Solução Direta

nômica das demandas importou na aprovação pelo Plenário do TJMA do DPA 532017, de 27.02.2017, que implantou o Programa de Estímulo ao Uso dos Meios Virtuais de Soluções de Conflitos. A Resolução 432017 é proveniente da implantação de uma Política Nacional do Judiciário para o tratamento adequado de conflitos, idealizada pelos Pactos firmados pelos Poderes da República, e consolidada pelo Conselho Nacional de Justiça através da Resolução 125, de 29.11.2010, alterada pela Emenda n. 2/2016, que estabeleceu a possibilidade de uso de sistema de mediação e conciliação digital para tratamento pré-processual de conflitos ou demandas em curso (art. 4º, 5º, e 6º, inc. X), o que está em consonância com o § 7º, do art. 334 do Código de Processo Civil de 2015." (MARANHÃO. Fórum da Capital. 15ª Vara Cível de São Luís. Procedimento comum nº 0862859-07.2016.8.10.0001. **Diário da Justiça do Estado do Maranhão**, São Luís, MA, 26 nov. 2016. Disponível em: <https://pje.tjma.jus.br/pje/ConsultaPublica/DetalheProcessoConsultaPublica/documentoSemLoginHTML.seam?ca=3b0d63e31f079ad6283ebfc8bd91b39e24fa69f00467ff2682ea03cc6f47b7e4fec518c029a60bf11ceee3590d310e0233d9618c104f42f1&idProcessoDoc=6527912>. Acesso em: 10 jan. 2020).

[649] Já mencionado neste trabalho: BRASIL. Superior Tribunal Federal. Plenário. RE nº 631240/MG. **Diário da Justiça**, Brasília, DF, 10 nov. 2014. Disponível em: <http://redir.stf.jus.br/paginadorpub/paginador.jsp?docTP=TP&docID=7168938 4>. Acesso em: 10 jan. 2020.

Consumidor", o qual, afinal, faz uso daquela plataforma, foi imposta às partes autoras como requisito de admissibilidade do julgamento do mérito, suspendendo-se o processo para tentativa da ODR, sob pena de extinção da ação, sem resolução do mérito. Ressalta-se que, no caso da Comarca de São Luiz e do Juizado Especial Cível da comarca de Belo Horizonte, discutiu-se também a inexistência da própria lide (ante, respectivamente, a falta de comprovação de comunicação sobre a disputa ao réu e a ausência de tentativa prévia da via "administrativa/extrajudicial" (isto é, da plataforma do governo federal), da qual poderia se originar resistência ou não à pretensão do autor).

Dessa forma, têm-se exemplos de entendimentos judiciais, na esfera do direito do consumidor, que compreendem que a etapa de resolução consensual de disputas gera um efeito processual negativo postergado em relação à ação judicial, uma vez que às partes autoras foi dada a oportunidade de se tentar a realização do meio consensual durante o período suspensivo do processo, a fim de se comprovar o interesse processual e de se evitar a sentença terminativa. O que é crucial observar a partir dos entendimentos judiciais destacados, no entanto, é que a aferição do requisito de admissibilidade do julgamento do mérito se deu em favor da ODR, *independentemente de as partes terem convencionado a sua utilização* (ainda que em termos de contratação por adesão).

Dessa observação decorrem duas considerações. A primeira se refere à inferência quanto ao efeito transformador da ODR, já que o método de resolução de conflitos levado a cabo na plataforma digital nada mais é que a negociação direta entre as partes.

Enquanto se discutem a vinculabilidade e a obrigatoriedade do procedimento consensual previsto em cláusula ou compromisso contratual – especialmente daquele determinado em cláusula de contrato de adesão[650] –, no caso da "negociação-ODR", esta foi imposta pelos magistrados, independentemente de pactuação das partes, como um requisito de admissibilidade do julgamento do mérito que precisa ser alcançado para dar-se seguimento à demanda judicial.

650 Cita-se novamente o entendimento do Tribunal de Justiça do Estado de São Paulo: BRASIL. Tribunal de Justiça de São Paulo. 16ª Câmara de Direito Privado. 1049844-66.2018.8.26.0002. **Diário da Justiça Eletrônico**, São Paulo, SP, 9 set. 2019. Disponível em: <https://esaj.tjsp.jus.br/pastadigital/abrirPastaProcessoDigital.do?origemDocumento=P&nuProcesso=1049844-66.2018.8.26.0002>. Acesso em: 10 jan. 2020.

A segunda e consequente consideração se refere à efetivação ampliada da postura dos magistrados, ora exemplificada, de imposição de requisito de admissibilidade do julgamento do mérito em razão da ODR.

Conforme ponderação de MARQUES:

> Entendemos, porém, que não se possa ainda condicionar ao uso de apenas uma plataforma – no caso, a do Consumidor.Gov.Br – para fins de atendimento à condição de interesse de agir, uma vez que se estaria agindo além do que a lei processual hoje prevê. Mais adequado – ao menos até que haja alguma inovação legislativa – que se exija que o autor tenha feito algum tipo de contato com o réu, qualquer que seja ele (...)[651]

MARQUES ressalta fato relevante com relação à propositura de demandas consumeristas: é comum que os consumidores ingressem com ações judiciais sem sequer terem comunicado previamente os fornecedores sobre a controvérsia ou problema que lhes afligem[652]. Assim, a partir da ponderação do autor, compreende-se que para se aferir se a pretensão é resistida e informada[653], "algum tipo de contato com o

[651] MARQUES, Ricardo Dalmaso. A Resolução de disputas on-line (ODR): do comércio eletrônico (e seus meios de pagamento) ao seu efeito transformador sobre o conceito e a prática do acesso à justiça. In: ANDREASSA JÚNIOR, Gilberto; DE OLIVEIRA, Andressa Jarletti Gonçalves (Orgs.). **Novos Estudos de Direito Bancário**, Paraná: Editora Íthala, 2019, pp. 148-149.

[652] CHIESI FILHO também comenta sobre a frequente existência de processos judiciais sem lide, sem um conflito de interesses no qual haja uma pretensão de um dos interessados resistida pelo outro. Muitas ações são, portanto, iniciadas sem que haja uma pretensão resistida, visto que o autor não informa o réu sobre a questão problemática antes de judicializá-la. O autor critica que, em razão da facilitação da defesa do consumidor em juízo (a exemplo da possibilidade de inversão do ônus da prova), os pedidos indevidamente ajuizados, posto que não há necessidade (em termos de interesse de agir e tampouco o direito de se exigir a tutela do Estado), acabam sendo acolhidos pelo judiciário. Uma razão para tanto, na opinião de CHIESI FILHO, consiste no argumento de economia processual com a análise do mérito mesmo quando não haja interesse-necessidade ante a inexistência da lide. Preza-se pelo já ocorrido movimento da máquina judiciária e pelo fato de que a pretensão está delineada (ainda que unilateralmente, sem manifestação do réu e tão somente pela petição inicial), dando-se seguimento ao feito em respeito ao princípio da economia processual e da primazia da resolução do mérito. Ou seja, ataca-se a consequência da cultura de sentença e da crise numérica de processos, mas se ignora a causa destes mesmos problemas (Cf. CHIESI FILHO, 2019, pp. 86, 124-125 e 129-130).

[653] O que, afinal, constitui uma postura salutar e condizente com o acesso à ordem jurídica justa (Cf. WATANABE, 2019, p. 10).

réu, qualquer que seja ele" [654] serviria ao propósito. Dessa forma, compreende-se como irrazoável a necessidade de comprovação pelo consumidor da pretensão resistida exclusivamente mediante o ingresso na plataforma do "consumidor.gov.br", conforme se observou em algumas das decisões destacadas acima. Para fins de comprovação de seu dever de informação e cooperação, bem como de existência de pretensão resistida, o consumidor poderia demonstrar qualquer tipo de comunicação com o fornecedor que restou infrutífera com relação à resolução consensual[655].

Entende-se que, conforme debatido no Capítulo 4 acima, é legítima a aplicação de regras processuais já estabelecidas legalmente para se buscar a aferição de interesse de agir fundamentado na efetiva necessidade da prestação jurisdicional e na adequação do procedimento para buscá-la, principalmente se o interesse de agir estiver condicionado à realização prévia de um MASC, conforme estabelecido contratualmente.

[654] Cf. MARQUES, 2019, p. 149.

[655] Ainda mais ao se considerar um contexto de vulnerabilidade e de exclusão digital da população brasileira por diferenças de renda, gênero, etnia e regiões ("Conforme o estudo [pesquisa TIC Domicílios 2019, realizada pelo Centro Regional para o Desenvolvimento de Estudos sobre a Sociedade da Informação, vinculado ao Comitê Gestor da Internet no Brasil], 74% dos brasileiros acessaram a internet pelo menos uma vez nos últimos três meses. Outros 26% continuam desconectados. Se consideradas as pessoas que utilizam aplicativos que necessitam da conexão à internet (como Uber ou serviços de delivery de refeições), o percentual sobe para 79%. Há 10 anos, 41% da população estava nesta condição. Deste então, o crescimento se deu em média de 3,3% ao ano. O acesso teve índices semelhantes entre mulheres (74%) e homens (73%). Mas os dados da pesquisa evidenciam diferenças entre os brasileiros. O índice varia entre as pessoas nas áreas urbana (77%) e rural (53%). Foi a primeira vez que a conectividade no campo ultrapassou a metade dos residentes nesses locais. O percentual difere também entre brancos (75%), pardos (76%), pretos (71%), amarelos (68%) e indígenas (65%). No grau de instrução, 97% dos usuários que têm curso superior acessam a rede e 16% dos analfabetos ou da educação infantil usam a internet. No recorte por renda, o nível de acesso foi de 61% entre os que ganham menos de um salário-mínimo, 86% entre os que recebem de três a cinco salários-mínimos e 94% entre os usuários com remuneração acima de 10 salários-mínimos. O índice também é distinto entre os participantes da força de trabalho (81%) e os fora das atividades laborais (64%)." VALENTE, Jonas. **Brasil tem 134 milhões de usuários de internet, aponta pesquisa**. Disponível em: <https://agenciabrasil.ebc.com.br/geral/noticia/2020-05/brasil-tem-134-milhoes-de-usuarios-de-internet-aponta-pesquisa#:~:text=Atualizado%20em%2026%2F05%2F2020,%2C%20g%C3%AAnero%2C%20ra%C3%A7a%20e%20regi%C3%B5es>. Acesso em: 26 nov. 2020).

Considerando-se, contudo, que a imposição de realização da ODR como requisito de admissibilidade do julgamento do mérito, independentemente de manifestação de vontade das partes, seja uma postura difundida pelos magistrados visando à desjudicialização, à verificação de efetivo interesse processual e à resolução adequada de demandas consumeristas[656], sustenta-se, ainda assim, que algumas salvaguardas necessitam ser observadas.

Consoante as decisões ora exemplificadas indicam, a imposição do ingresso pelo consumidor na plataforma digital do "consumidor.gov.br", para fins de verificação do seu interesse de agir, deve levar em conta o efeito negativo postergado do requisito de admissibilidade do julgamento do mérito. Dessa forma, a ausência de demonstração do interesse de agir – isto é, da utilização da plataforma previamente à ação judicial – não resultaria na imediata extinção do processo, permitindo-se que o consumidor busque atender ao binômio "necessidade-adequação" durante o período suspensivo e resguarde os atos processuais já praticados.

Com relação à imposição do uso da plataforma do governo federal, em consonância com a posição de Marques[657], entende-se que não é propício determinar o uso de uma única plataforma de resolução de conflitos, existindo alternativas privilegiadas pelas partes e tendo em consideração a realidade daqueles em situações de vulnerabilidade.

É possível que a plataforma de ODR seja oferecida pelo fornecedor e/ou tenha sido (validamente) aderida pelo consumidor (como seria o

656 Podendo-se considerar inclusive o entendimento reafirmado pelo Supremo Tribunal Federal quanto à possibilidade de estabelecimento de condições para o exercício do direito de ação, ora já indicado (BRASIL. Superior Tribunal Federal. Plenário. RE nº 631240/MG. **Diário da Justiça**, Brasília, DF, 10 nov. 2014. Disponível em: <http://redir.stf.jus.br/paginadorpub/paginador.jsp?docTP=TP&docID=7168938 4>. Acesso em: 10 jan. 2020) e ressaltado nas duas decisões no âmbito do Juizado Especial Cível de Belo Horizonte (MINAS GERAIS. Juizado Especial Cível, Criminal e da Fazenda Pública. 11ª Unidade Jurisdicional Cível. Procedimento comum nº 9050444.08.2019.813.0024. **Diário da Justiça do Estado do Maranhão**, Belo Horizonte, MA, 5 set. 2019. Disponível em: <https://www.tjmg.jus.br/data/files/DE/14/62/70/68F3D610796871D6A04E08A8/Sentenca%20Jesp.pdf>. Acesso em: 10 jan. 2020 e MINAS GERAIS. Juizado Especial Cível, Criminal e da Fazenda Pública. 11ª Unidade Jurisdicional Cível. Procedimento comum nº 9050126.25.2019.813.0024. **Diário da Justiça do Estado de Minas Gerais**, Belo Horizonte, MG, 5 set. 2019. Disponível em: <https://www.tjmg.jus.br/data/files/DE/14/62/70/68F3D610796871D6A04E08A8/Sentenca%20Jesp.pdf>. Acesso em: 10 jan. 2020).

657 Marques, 2019, p. 148.

caso das citadas plataformas das empresas do Mercado Livre e eBay, havendo, portanto, nessa hipótese, a contratação da ODR, ainda que por adesão). Além do mais, conforme já ressaltado com relação à existência de pretensão resistida, também o interesse de agir poderia ser verificado a partir de comunicação entre o consumidor e o fornecedor por quaisquer outros meios – o autor consumidor poderia se opor à imposição da ODR, demonstrando que o seu interesse de agir decorre de tentativa prévia de contato com o fornecedor para a resolução de sua demanda, por exemplo, por meio de SAC.

Outrossim, embora a plataforma digital do "consumidor.gov.br" seja uma ferramenta do governo conveniente e vantajosa para a facilitação e promoção de interação entre consumidor e fornecedor, no fim das contas, o mecanismo de resolução de disputas que é utilizado pelas partes é a negociação direta. Assim, as preocupações legítimas que surgem com relação à vulnerabilidade das partes na negociação informal tradicional também surgem na negociação *online*.

O condicionamento do direito de ação do consumidor deve levar em conta a possibilidade de ele não ter qualquer conhecimento sobre o procedimento *online* ou, ainda, de lhe faltar meios para realizá-lo (a começar, por exemplo, pela conexão de banda larga à Internet para acessar a plataforma)[658]. Ainda que a parte seja, por óbvio, representada por advogado no processo, não necessariamente ela contará com o auxílio deste para manusear a plataforma, nem para compreender quais são os riscos, interesses e chances de êxito na negociação[659].

[658] Nesse contexto, a título comparativo, ressalta-se novamente o entendimento da Corte Europeia de Justiça – CJEU quando do julgamento do caso *C75/16 Menini e Rampanelli v. Banco Popolare Società Cooperativa*, que tratou da previsão na legislação italiana da obrigatoriedade da mediação judicial prévia, com relação ao não impedimento do acesso à justiça *desde que, se a mediação for realizada por via eletrônica, que esta não seja a única via* (Conforme disponível em: <https://rm.coe.int/cepej-2019-9-en-handbook/168094ef3c>. Acesso em: 5 jul. 2019. Vide também a decisão em: <https://eur-lex-europa.eu/legal-content/PT/TEXT/PDF /?uri=CELEX:62016CJ0075&from=EN>. Acesso em: 5 jul. 2019).

[659] Menezes alerta para a necessidade de um olhar mais atento do juiz diante da inexistência de assistência jurídica da parte vulnerável fora do processo judicial: "Ademais, a atividade judicial deverá ser mais intensa nos negócios celebrados fora do ambiente processual, sem a sua presença e em que a parte normalmente não está acompanhada de advogado. Nos negócios extraprocessuais, intensifica-se o desequilíbrio; a cautela do magistrado terá de ser mais apurada. Nesse sentido, enuncia o Fórum Permanente de Processualistas Civis que o acordo

Enfim, o que se gostaria de colocar é que a determinação de realização dos meios consensuais como requisitos de admissibilidade de julgamento do mérito em matérias específicas é, inevitavelmente, uma escolha política[660], porém, mais delicada do que se levar em consideração a força vinculante das convenções de resolução consensual de disputas, a aplicação do *pacta sunt servanda* na hipótese de inexistência de vício de consentimento e outras exceções supracitadas.

Conforme bem pontua Costa, com relação à racionalidade adotada na decisão do Supremo Tribunal Federal (RE nº 631240/MG), já ressaltada no decurso dessa obra, acerca da exigência de prévio requerimento administrativo para a concessão de benefícios previdenciários, é preciso se atentar para eventual restrição ilegítima do acesso à justiça como resultado da técnica processual de filtragem de demandas a partir do interesse de agir:

> Revê-se o antigo entendimento garantidor de acesso em favor de um *novo entendimento que busca aperfeiçoar a gestão processual, restringindo a apreciação pelo Poder Judiciário dos casos em que ela seja efetivamente necessária. O novo entendimento descortina a dimensão política e eventualmente econômica (efetividade) inerente às técnicas processuais de filtragem de demandas, como a do interesse de agir.* Essa dimensão pode ser extremamente positiva, evitando o desperdício de atividade jurisdicional, *mas também altamente negativa, se implicar, pelas circunstâncias do caso concreto, restrição ilegítima do acesso à*

processual celebrado sem assistência técnico-jurídica é marcado pelo indício de vulnerabilidade." (Menezes, 2017, p. 605).

[660] Conforme Galanter pondera: "*(...) once we appreciate that an encounter or injury may be crystallized into very different kinds of disputes and may be handled in very different kinds of institutions, we recognize that sorting disputes by their suitability to particular dispute processes is not a technical exercise but a political choice of which kinds of disputes deserve which kinds of response, which in turn reflects our commitments about the good society and the good life.*" (Galanter, Marc. Compared to what? Assessing the quality of dispute processing. In: **Denver University Law Review**, vol. 66, nº 3, 1989, p. xiii-xiv, destaques não originais). Em tradução livre: "(...) uma vez que reconhecemos que um encontro ou uma lesão podem ser cristalizados em tipos muito diferentes de disputas e podem ser tratados em tipos de instituições muito diferentes, reconhecemos que classificar controvérsias por sua adequação a processos de resolução de disputa específicos não é um exercício técnico, mas uma escolha política de quais tipos de controvérsias merecem quais tipos de resposta, que por sua vez reflete nossos compromissos com a boa sociedade e a boa vida."

justiça. Somente a análise casuística permite concluir qual o resultado prevalecente.[661]

De todo modo, não se considera que o objetivo visado pelos magistrados seja lesivo *per se* ou deveria ser simplesmente refreado, principalmente tendo em conta o entendimento supracitado do STF quanto à possibilidade de instituição de condições da ação[662]. Entende-se que, se a realização de ODR aferida como requisito de admissibilidade do julgamento do mérito relativo à demanda consumerista será uma postura difundida pelo judiciário, tal realização deve se atentar para que, afinal, não haja uma imposição de obstáculo ao acesso à justiça, devendo ser acompanhada de um apoio institucional e de uma postura condizente com a interpretação dada às previsões contratuais que elegem os "meios consensuais *offline*" como métodos de resolução de disputas, considerando-se, casuisticamente, se elas são ou não, de fato, abusivas.

Com relação ao apoio institucional, sugere-se, por exemplo, que, com a decisão judicial pela suspensão do processo, sob pena de sua extinção, sem julgamento do mérito se o requisito de admissibilidade (interesse de agir) permanecer desatendido, os consumidores sejam encaminhados aos CEJUSCs (ou órgãos judiciais equivalentes) – os quais, como visto, possuem justamente uma função de prestar serviços de cidadania e orientação jurídica[663] –, para dirimirem as suas dúvidas, aprenderem sobre o funcionamento das plataformas e até mesmo terem à sua disposição computadores para acessarem as plataformas *online*[664].

[661] Costa, 2017, p. 291.

[662] BRASIL. Superior Tribunal Federal. Plenário. RE nº 631240/MG. **Diário da Justiça**, Brasília, DF, 10 nov. 2014. Disponível em: <http://redir.stf.jus.br/paginadorpub/paginador.jsp?docTP=TP&docID=7168938 4>. Acesso em: 10 jan. 2020 e BRASIL. Superior Tribunal Federal. Plenário. RE nº 839.353/MA. **Diário da Justiça**, Brasília, DF, 9 fev. 2015. Disponível em: <https://stf.jusbrasil.com.br/jurisprudencia/25355116/recurso-extraordinario-re-839353-ma-stf>. Acesso em: 10 jan. 2020.

[663] "(...) a organização de uma Justiça com essas características, organizada para pessoas mais humildes, tem a virtude de gerar, pela própria peculiaridade do serviço que presta e pela exigência das pessoas que a procuram, ordinariamente pouco instruídas, um *serviço paralelo*, que é o de *informação* e *orientação*. 'Paralelo' é um modo de dizer, pois na verdade é um serviço que se completa com o de *solução de conflitos*, formando um todo único." (Watanabe, 2019, p. 8, destaques originais).

[664] Em linha com as disposições dos artigos 198 e 199, do Código de Processo Civil sobre a prática eletrônica de atos processuais e o dever do Poder Judiciário de manter gratuita-

Conforme Chiesi Filho pondera, o simples fato de o consumidor ter ciência de um canal adequado para endereçar as suas pretensões diretamente traz a lume um elemento inicial de pacificação que se faz necessário no atual contexto de alta litigiosidade[665]. Não obstante, em termos de imposição de condicionante ao direito de ação do consumidor e utilização de canais tecnológicos, pondera-se que, além da conscientização quanto aos meios adequados de resolução de conflitos tradicionais e *online*, é preciso um elemento subsequente da tão buscada pacificação: a disponibilização de meios e ferramentas àqueles que por si só não conseguem utilizar os canais.

Como bem esclarece Watanabe, o direito de acesso à Justiça deve ser assegurado pelos instrumentos processuais que possibilitam a realização de direitos e deve se adequar às reais necessidades sociais, dando-se, portanto, condições para a efetivação da ordem jurídica justa. O acesso à Justiça deve estar à disposição de todos e os obstáculos de ordem econômica, social ou cultural devem ser removidos: justiça gratuita, assistência judiciária, informação e orientação como exemplos de serviços que, convenientemente organizados, devem ser prestados aos cidadãos[666].

mente, à disposição dos interessados, equipamentos necessários para tanto, sobretudo para pessoas com deficiência.

665 Chiesi Filho, 2019, p. 33.

666 Watanabe, Op. cit., p. 9.

Conclusão

A convenção de resolução consensual de conflitos é fruto do conceito de Tribunal Multiportas, que surgiu em resposta à crise de desempenho da justiça formal e veio acompanhado da concepção de *alternative dispute resolution*, cujo acrônimo ADR foi traduzido para o português como MASC (meio alternativo de solução de conflitos que, conforme visto, evoluiu para meio adequado de solução de conflitos e, num contexto de práticas colaborativas, distingue-se como meio amigável). Independentemente da percepção dos meios de resolução de conflitos como alternativos, adequados ou amigáveis, neles estão sempre inseridos os meios consensuais, compreendidos como aqueles cuja finalidade é predispor a realização de acordo pelas partes, conforme ensinamentos de SALLES[667].

Os meios consensuais da negociação, da mediação e da conciliação foram escolhidos como componentes da convenção de resolução consensual de conflitos, objeto de estudo da presente obra em conjunto com a noção de justiça consensual.

Foi-se analisado um quadro normativo, também a nível internacional, bem como de políticas públicas domésticas, voltado à promoção dos meios consensuais. Com relação ao Brasil, constatou-se um minissistema de justiça consensual respaldado na garantia do amplo e adequado acesso à Justiça, considerando-se, inclusive, novo conceito de jurisdição, abarcando a justiça consensual/conciliativa, conforme preconizado por GRINOVER[668].

[667] SALLES, 2011, p. 172-173.

[668] GRINOVER, 2016, p. 18 e 65.

Todas as discussões relativas a tal quadro de incentivo aos meios consensuais servem de contexto e fundamento para as ponderações apresentadas ao longo do trabalho, especialmente com relação à efetividade da convenção de resolução consensual de conflitos. Resumem-se as principais constatações e conclusões:

1. A convenção de resolução consensual de conflitos constitui negócio jurídico processual embasado na declaração de vontade apta a escolher a categoria jurídica e a estruturar o conteúdo eficacial direcionado a situações jurídicas processuais.
2. Foram analisados alguns exemplos de negócios jurídicos processuais válidos e eficazes: a transação, o compromisso, a "convenção de processo participativo", a cláusula escalonada e outros possíveis negócios jurídicos processuais relativos aos meios consensuais, particularmente, a denominada cláusula assimétrica que determina a realização do meio consensual ou de outros MASCs exclusivamente por uma das partes.
3. Com relação ao efeito processual da convenção de resolução consensual de conflitos, no que se refere ao impedimento transitório da tutela jurisdicional adjudicatória, de modo simplificado, entende-se que três podem ser as respostas dadas pelo Poder Judiciário ou competente tribunal arbitral. A primeira delas, a qual pode ser percebida como decorrência da própria atitude dos tribunais estatais de desconsiderarem a normativa legal que prevê a obrigatoriedade de realização da mediação/conciliação processual antes de se seguir com o processo, refere-se à simples atitude de ignorar a convenção de resolução consensual de conflitos, de não questionar o imediato recurso ao meio heterocompositivo. As duas outras possíveis respostas seriam a extinção do processo (judicial ou arbitral), sem resolução do mérito, ou a sua suspensão.
4. Com relação às duas respostas processuais, apresentou-se neste trabalho proposição que almeja compatibilizá-las. Em vista da relevância do interesse de agir, como requisito condicionante de legítimo exercício do direito processual de ação, compreende-se que a ausência de tentativa prévia de realização do meio consensual, conforme pactuado pelas partes, deixa de preencher

requisito de admissibilidade do julgamento do mérito. Contudo, visando evitar uma resposta processual demasiadamente desproporcional com a declaração imediata de extinção do processo, sem resolução do mérito, a qual implica a desconsideração de atos e custas procedimentais, defende-se a postergação do efeito negativo decorrente da inexistência do interesse de agir. Assim, propõe-se que eventual descumprimento da convenção de resolução consensual de conflitos, uma vez verificado "*in statu assertionis*" pelo juiz, à luz das informações trazidas na petição inicial, ou conforme alegado pela parte irresignada, deverá gerar a suspensão temporária do processo para que as partes intentem o meio consensual, sob pena de, neste segundo momento, mantendo-se o autor inerte, o processo seja extinto, sem julgamento do mérito. Outrossim, porquanto a tentativa de realização do meio consensual durante o período suspensivo determinado pelo juiz/árbitro reste intentada pelas partes, a sua conduta estará sujeita à aplicação de penalidades em termos de lealdade processual (entende-se que tal consideração também é aplicável à hipótese de tentativa do meio consensual durante período suspensivo do processo judicial/arbitral, conforme determinado por convenção de resolução consensual de conflitos que preveja a realização do meio consensual incidentalmente ao processo adjudicatório).

5. A imprescindibilidade de se observar requisitos legalmente previstos para o exercício do direito processual de ação – como técnica de filtragem do interesse de agir[669] – é reconhecida como medida legítima que atende ao binômio "necessidade-adequação" diante da utilidade do processo. O caminho de extrema flexibilização dos requisitos, malgrado aparente resguardar a garantia constitucional de acesso à justiça e a economia processual, em realidade, reafirma a cultura de litigiosidade. Cultura esta que, contraditoriamente, é desgastada pela dificuldade de acesso aos tribunais por uma parcela da população que é afligida pelas mais diversas vulnerabilidades.
6. Assim, o que se propugna é que pretensões que não demonstrem interesse processual sejam filtradas pelo judiciário/tribunal

[669] Costa, 2017, p. 284-285.

arbitral – determinando-se a suspensão processual e eventual extinção do processo, sem julgamento do mérito, na hipótese de o autor se manter inerte quanto à nova tentativa de realização do meio consensual. O filtro em questão independe de *lege ferenda*, da criação de novas condições da ação ou novos pressupostos processuais. Entende-se que a aplicação de regras processuais, com base nos requisitos de admissibilidade do julgamento do mérito previstos legalmente, depende tão somente de uma cognição sumária dos fatos narrados pelo autor ou da contestação do réu e, se necessário, de ponderação da conduta das partes em atendimento à lealdade processual.

7. Para fins de verossimilhança da narrativa do autor da ação ou da contestação do réu, é preciso verificar se a convenção de resolução consensual de conflitos prevê de maneira expressa e clara os seus efeitos processuais. A declaração de vontade das partes apta a condicionar o direito processual de ação não pode ser dúbia, o que reforça a importância da adequada redação da convenção de resolução consensual de conflitos.
8. Após o juízo de cognição sumária quanto à ausência de tentativa de realização do meio consensual ou de manifestação da parte irresignada, cabe ao juiz/árbitro encaminhar as partes à primeira reunião de mediação/conciliação/negociação e alertá-las quanto à aplicação de eventual penalidade contratual ou legal relativa à ausência na reunião ou, ainda, de condenação nas penas de litigância de má-fé e outras consequências processuais relacionadas ao desestímulo do uso prematuro e, por vezes, indevido do meio adjudicatório.
9. Na hipótese, contudo, de uma das partes descumprir expressa convenção de resolução consensual de conflitos ao ingressar diretamente com ação judicial ou iniciar procedimento arbitral, de a parte irresignada fundamentadamente se opor e o juiz/árbitro não declarar a inexistência de interesse de agir do autor, seguindo-se o processo à fase de prolação de sentença, faculta à parte irresignada interpor recurso contra a sentença ou iniciar ação judicial anulatória de sentença arbitral.
10. Defende-se, ainda, que, de forma a afastar o efeito negativo postergado decorrente da convenção de resolução consensual de

conflitos, conforme e a partir da contestação do réu, na hipótese de o autor compreender que o requisito de admissibilidade do julgamento do mérito foi atendido, deverá este comprovar que convidou aquele para participar da primeira reunião do procedimento consensual ou que aquele declinou o convite ou não compareceu ao encontro, para fins de se seguir com o processo judicial/arbitral. Ressalta-se, todavia, que, mantendo-se o réu silente diante de alegação desvirtuada do autor quanto ao seu interesse de agir, a convenção de resolução consensual de conflitos restará tacitamente distratada.

11. Nada impede que o juiz/tribunal arbitral questione as partes sobre a viabilidade de uma nova tentativa de realização do meio consensual no início ou ao longo do processo – a ação do tempo pode ser transformadora para o conflito e o relacionamento das partes.
12. Em matéria de direito do consumidor, magistrados das regiões sul, sudeste e nordeste do país consideraram que a realização de negociação em ambiente e conforme procedimento propiciados pela ODR constitui requisito de admissibilidade do julgamento do mérito, independentemente de previsão contratual que cristalize a vontade das partes de intentarem o meio consensual. Observa-se que existe um poder transformador da ODR sobre o procedimento de negociação. Este previsto contratualmente como um meio tradicional de resolução de conflitos, muitas vezes, sequer é observado pelos magistrados como um MASC ou etapa obrigatória da cláusula escalonada, enquanto a negociação transformada pela tecnologia já foi imposta ao consumidor como requisito de admissibilidade do julgamento do mérito, cujo efeito negativo é postergado até que a negociação com o fornecedor em plataforma digital de resolução de conflitos disponibilizada pelo governo federal não seja intentada.
13. É preciso atentar-se para situações de vulnerabilidade que podem ser observadas na prática quando as partes decidem por afastar, transitoriamente, o meio adjudicatório (ou quando a elas são impostas a realização do meio consensual, como reflexo de uma política de desjudicialização das demandas consumeristas, por exemplo), em especial se o meio de resolução de disputas é

imperiosamente facilitado ou modificado pela tecnologia. A vulnerabilidade econômica, desde que relacionada à vulnerabilidade informacional, pode representar uma causa de nulidade do negócio jurídico processual. Nesse caso, é esperado que a parte vulnerável se manifeste sobre e comprove os prejuízos processuais. As vulnerabilidades econômica e de informação ganham relevância quando a parte não possui acesso à tecnologia da plataforma de resolução de disputas ou não possui informações suficientes acerca do funcionamento desta e do procedimento de negociação *online*, por exemplo, podendo constituir verdadeiro obstáculo ao acesso à justiça para o consumidor.

14. Ao se considerar uma postura judicial difundida de desjudicialização de demandas, sejam as demandas consumeristas ou envolvendo outras matérias, é preciso considerar que o direito de acesso à justiça, à ordem jurídica justa deve ser efetivado e assegurado pelos instrumentos processuais que permitem a realização dos mais diversos direitos, não somente numa perspectiva processualista de aplicação de condicionantes do direito de ação, mas também, como bem ensina Watanabe[670], diante das reais necessidades da população que, na sua maioria, é carente de informação, meios financeiros e conhecimento dos seus próprios direitos.

Está-se diante, portanto e afinal, de uma dificuldade de conscientização da sociedade que é também uma das grandes barreiras que se impõem à efetivação dos meios consensuais no Brasil, a despeito de haver previsão legal da quase-obrigatoriedade da mediação/conciliação processual – vez que a sua realização depende de direitos transacionáveis e da não rejeição de ambas as partes –, e de haver tantos outros instrumentos normativos que buscam promover os MASCs. Não é de se espantar que essa barreira de conscientização social se estenda à aceitação da força vinculante da convenção de resolução consensual de conflitos por magistrados, árbitros e pelas próprias partes contratantes. Circunstância esta que se ambicionou enfrentar e responder ao se considerar os efeitos processuais da convenção de resolução consensual de conflitos, especialmente dentro de um contexto de promoção da justiça consensual.

[670] Watanabe, 2019, p. 8.

REFERÊNCIAS

ABBOUD, Georges; SANTOS, José Carlos Van Cleef de Almeida. Seção III: do indeferimento da Petição Inicial. Artigo 330. In: WAMBIER, Teresa Arruda Alvim *et al.* **Breves comentários ao novo código de processo civil**. 3ª ed. São Paulo: Revista dos Tribunais, 2016, pp. 927-941.

ABI-CHAHINE, Paula Aparecida. **O problema da litigiosidade de massa**: análise crítica acerca das técnicas que conferem repercussão coletiva ao julgamento de demandas individuais. 2015. 170 f. Dissertação (Mestrado) – Faculdade de Direito da Universidade de São Paulo, São Paulo, 2015.

ALEXANDER, Nadja. **A Convention on the enforcement of iMSAs .... AND a new Model Law**. Kluwer Mediation Blog, 2018 Disponível em: <http://mediationblog.kluwerarbitration.com/2018/03/16/convention-enforcement-imsas-new-model-law/>. Acesso em: 17 abr. 2018.

ALMEIDA, Rafael Alves de; ALMEIDA, Tania; CRESPO, Mariana Hernandez (Org). **Tribunal Multiportas: investindo no capital social para maximizar o sistema de solução de conflitos no Brasil**. Rio de Janeiro: Editora FGV, 2012.

ALMEIDA, Tânia. **Mediação e Conciliação:** duas práticas distintas, dois paradigmas diversos. Red de Trabajo para Diálogos Productivos, 2015. Disponível em: <http://www.dialogosproductivos.net/img/descargas/64/mimediaao-e-conciliaao.pdf>. Acesso em: 12 maio 2017.

ALVARÉZ, Gladys Stella. **La medición y el acceso a justicia**. Buenos Aires: Rubinzal-Culzoni Editores, 2003.

ANDREWS, Neil. Arbitration and Mediation in England. **Revista de Processo**, vol. 34, n. 175, pp. 107-129, 2009.

ANDREWS, Neil. **O moderno processo civil**: formas judiciais e alternativas de resolução de conflitos na Inglaterra. São Paulo: Revista dos Tribunais, 2009a.

ANDRIGHI, Fátima Nancy. Apresentação. In: GROSMAN, Claudia Frankel, MANDELBAUM, Helena Gurfinkel. (Orgs.). **Mediação no judiciário:** teoria na prática e prática na teoria. São Paulo: Primavera editorial, 2011.

ANDRIGHI, Fátima Nancy. Mediação e a educação. **Revista de arbitragem e mediação**, vol. 7, n. 24, pp. 17-25, 2013.

APRIGLIANO, Ricardo de Carvalho. **Ordem pública e processo:** o tratamento das questões de ordem pública no direito processual civil. São Paulo: Atlas, 2011.

ARBIX, Daniel do Amaral. **Resolução online de controvérsias**. São Paulo: Ed. Intelecto, 2017.

ASFAR-CAZENAVE, Caroline. La médiation em France. In: BLOHORN-BRENNEUR, Béatrice; BACQUÉ, Myriam (Org.). **Médiation obligatoire ou volontaire** – quelles réformes pour quels enjeux? Paris: L'Hamattan, 2018, pp. 16-25.

ASPERTI, Maria Cecília de Araujo. **Meios consensuais de resolução de disputas repetitivas:** a conciliação, a mediação e os grandes litigantes do Judiciário. 2014. 195 f. Dissertação (Mestrado) – Faculdade de Direito da Universidade de São Paulo, São Paulo, 2014.

ASTOR, Hilary. Mediator neutrality: making sense of theory and practice. **Social and Legal Studies**, vol. 16, n. 2, 2007, pp. 221-239.

AZEVEDO, André Gomma (Org.). **Manual de mediação judicial**. Brasília – DF: Ministério da Justiça e Programa das Nações Unidas para o Desenvolvimento – PNUD, 2009.

AZEVEDO, Antônio Junqueira de. **Negócio jurídico:** existência, validade e eficácia. 4ª ed, São Paulo: Saraiva, 2002.

BACELLAR, Roberto Portugal. A mediação no contexto dos modelos consensuais de resolução de conflitos. In: **Revista de Processo**, vol. 95, 1999, pp. 122-134.

BAYLIS, Claire; CARROLL, Robyn. Power issues in mediation. In: **ADR Bulletin**, vol. 7, n. 8, 2005, pp. 133-139.

BEDAQUE, José Roberto dos Santos. **Direito e Processo:** influência do direito material sobre o processo. 6ª ed. São Paulo: Malheiros, 2011.

BEDAQUE, José Roberto dos Santos. Pressupostos processuais e condições da ação. In: **Revista Justitia**, nº 156, 1991, pp. 48-66.

BEER, Veronica; CARUSO, Silvia. A nova legislação italiana em matéria de mediação civil e comercial. **Revista de Arbitragem e Mediação**, vol. 25, 2010, pp. 179-183.

BERGAMASCHI, André Luís. **A resolução dos conflitos envolvendo a Administração Pública por meio de mecanismos consensuais**. 2015. 290 f. Dissertação (Mestrado) – Faculdade de Direito da Universidade de São Paulo, São Paulo, 2015.

BERGER, Klaus Peter. **Private Dispute Resolution in International Business:** Negotiation, Mediation, Arbitration. 3ª ed., Kluwer Law International, 2015.

BIARELLA, Laura. **Mediazione civile dopo il decreto del fare**: i chiarimenti del Ministero. Disponível em: <https://www.altalex.com/documents/leggi/2013/12/04/mediazione-civile-dopo-il-decreto-del-fare-i-chiarimenti-del-ministero>. Acesso em 22 nov. 2019.

BLANKLEY, Kristen M. Agreeing to Collaborate in Advance. In: **Ohio State Journal on Dispute Resolution**, vol. 32, n. 4, 2017, pp. 559-608.

BLOCK, Guy. La sanction attachée au non-respect d'une clause de conciliation ou de médiation obligatoire. In: ***Liber amicorum* en l'honneur de Raymond Martin**. Bruxelas: Bruylant, 2004, pp. 69-84.

BLOHORN-BRENNEUR, Béatrice (Org.). **Conciliation et médiation commerciales** : domaines d'application et droit comparé. Paris : L'Hamattan, 2013.

BLOHORN-BRENNEUR, Béatrice; BACQUÉ, Myriam (Org.). **Médiation obligatoire ou volontaire :** quelles réformes pour quels enjeux? Paris: L'Hamattan, 2018.

BRAGA NETO, Adolfo. Alguns aspectos relevantes sobre a mediação de conflitos. In: GRINOVER, Ada Pellegrini (Coord.). **Mediação e gerenciamento do processo:** revolução na prestação jurisdicional. São Paulo: Atlas, 2007, pp. 63-70.

BRAGA NETO, Adolfo; SALES, Lilia Maia de Morais. (Org.). **Aspectos atuais sobre a mediação e outros métodos extra judiciais de resolução de conflitos**. Rio de Janeiro: GZ Ed., 2012.

BRAGA NETO, Adolfo; Mediação de conflitos: conceito e técnicas. In: SALLES, Carlos Alberto de; LORENCINI, Marco Antônio Garcia Lopes; SILVA, Paulo Eduardo Alves da (Coord.). **Negociação, mediação e arbitragem** – curso básico para programas de graduação em Direito. São Paulo: Método, 2012, pp. 149-171.

Braga Neto, Adolfo; Sampaio, Lia Regina Castaldi. **O que é mediação de conflitos**. São Paulo: Brasiliense, 2007.

Braga Neto, Adolfo. Reflexões sobre a conciliação e a mediação de conflitos. In: Salles, Carlos Alberto de (Coord.). **As transformações do processo civil brasileiro** – Homenagem ao Professor Kazuo Watanabe. São Paulo: Quartier Latin, 2009, pp. 487-508.

BRASIL, Conselho Nacional de Justiça. **Manual de Mediação Judicial**. Brasília: Conselho Nacional de Justiça, 2016. Disponível em: <https://www.cnj.jus.br/wp-content/uploads/2015/06/f247f5ce60df2774c59d6e2dddbfec54.pdf>. Acesso em: 28 dez. 2019.

BRASIL, Conselho Nacional de Justiça. **Relatório Analítico Propositivo** – Justiça Pesquisa "Mediação e Conciliação Avaliadas Empiricamente – Jurimetria para Proposição de Ações Eficientes". Brasília: Conselho Nacional de Justiça, 2019. Disponível em: <https://www.cnj.jus.br/wp-content/uploads/2011/02/e1d2138e482686bc5b66d18f0b0f4b16.pdf>. Acesso em: 10 jul. 2015.

BRASIL. Superior Tribunal Federal. Plenário. RE nº 631240/MG. **Diário da Justiça**, Brasília, DF, 10 nov. 2014. Disponível em: <http://redir.stf.jus.br/paginadorpub/paginador.jsp?docTP=TP&docID=7168938 4>. Acesso em: 10 jan. 2020.

BRASIL. Superior Tribunal Federal. Plenário. RE nº 839.353/MA. **Diário da Justiça**, Brasília, DF, 9 fev. 2015. Disponível em: <https://stf.jusbrasil.com.br/jurisprudencia/25355116/recurso-extraordinario-re-839353-ma-stf>. Acesso em: 10 jan. 2020.

BRASIL. Superior Tribunal Federal. Plenário. Se-Agr/EP – Espanha nº 5206. **Diário da Justiça**, Brasília, DF, 30 abr. 2004. Disponível em: <http://redir.stf.jus.br/paginadorpub/paginador.jsp?docTP=AC&docID=3458894>. Acesso em: 10 jan. 2020.

BRASIL. Superior Tribunal de Justiça. Plenário. Recurso Especial nº 1.785.783. **Diário da Justiça**, Brasília, DF, 7 nov. 2019. Disponível em: <https://www.migalhas.com.br/arquivos/2019/12/8F7240D5CD5B56_acordao2clausulaarbitral.pdf>. Acesso em: 10 jan. 2020.

BRASIL. Superior Tribunal de Justiça. 2ª Turma. Recurso Especial nº 18942-SP. **Diário da Justiça**, Brasília, DF, 29 jun. 1992. Disponível em: <https://stj.jusbrasil.com.br/jurisprudencia/484086350/recurso-especial-resp-1332766-sp-2012-0135287-0/inteiro-teor-484086369>. Acesso em: 10 jan. 2020.

BRASIL. Tribunal de Justiça do Distrito Federal e Territórios. 1ª Turma Cível. Apelação nº 0706696-12.2018.8.07.0001. **Diário da Justiça Eletrônico**, Brasília, DF, 27 fev. 2019. Disponível em: <https://pje2i.tjdft.jus.br/pje/ConsultaPublica/DetalheProcessoConsu ltaPublica/listView.seam?ca=0df62bd3faa6c32f254e6c36ed355c6858ff75beac85adc1>. Acesso em: 10 jan. 2020.

BRASIL. Tribunal de Justiça do Distrito Federal e Territórios. 6ª Turma Cível. 0041111-67.2015.8.07.0001. **Diário da Justiça Eletrônico**, Brasília, DF, 23 maio. 2017. Disponível em:<https://cacheinternet.tjdft.jus.br/cgibin/tjcgi1?NXTPGM=plhtml02&MGWLPN=SERVIDOR1&submit=Consultar&SELECAO=1&CHAVE=004111167.2015.8.07.0001&ORIGEM=INTER>. Acesso em: 10 jan. 2020.

BRASIL. Tribunal de Justiça de Minas Gerais. 6ª Turma Cível. Agravo de Instrumento nº 1.0000.16.053504-3/001. **Diário da Justiça do Estado de Minas Gerais**, Belo Horizonte, MG, 52 out. 2016. Disponível em: <https://www.tjmg.jus.br/portal-tjmg/processos/andamento-processual/#.XiAjXSN7mHs>. Acesso em: 10 jan. 2020.

BRASIL. Tribunal de Justiça do Paraná. Seção da 7ª Câmara Cível. Apelação nº 1668801-0. **Diário da Justiça do Estado do Paraná**, Curitiba, PR, 22 ago. 2017. Disponível em: <https://portal.tjpr.jus.br/consultaprocessual/publico/b2grau/consultaPublica.do?tjpr.url.crypto=8a6c53f8698c7ff72d6c5e2eb4a83ec933a1dea187afdfd2e7a90266413c0a62r>. Acesso em: 10 jan. 2020.

BRASIL. Tribunal de Justiça do Rio de Janeiro. 20ª Câmara Cível. Agravo de Instrumento nº 0054408-77.2016.8.19.0000. **Diário da Justiça do Rio de Janeiro**, Rio de Janeiro, RJ, 6 mar. 2017. Disponível em: <http://www1.tjrj.jus.br/gedcacheweb/ default.aspx?UZIP=1&GEDID=000466CC373D20603D3D9576A42D25D5671BC5060C275A1C&USER=>. Acesso em: 10 jan. 2020.

BRASIL. Tribunal de Justiça do Rio de Janeiro. 15ª Câmara Cível. Agravo de Instrumento nº 0005840-93.2017.8.19.0000. **Diário da Justiça do Rio de Janeiro**, Rio de Janeiro, RJ, 6 mar. 2017. Disponível em: <http://www1.tjrj.jus.br/gedcacheweb/default.aspx?UZIP= 1&GEDID=000438645AF51770B4603E641EC91431FFAFC5060B4E2D55>. Acesso em: 10 jan. 2020.

BRASIL. Tribunal de Justiça do Rio Grande do Sul. 9ª Câmara Cível. Apelação nº 0306566-86.2017.8.21.7000. **Diário da Justiça do Estado do Rio**

Grande do Sul, Porto Alegre, RS, 28 fev. 2018. Disponível em: <https://www.tjrs.jus.br/busca/?tb=procr>. Acesso em: 10 jan. 2020.

BRASIL. Tribunal de Justiça de São Paulo. Seção da 7ª Câmara Civil. Apelação nº 1010108-93.2018.8.26.0405. **Diário da Justiça Eletrônico**, São Paulo, SP, 21 out. 2019. Disponível em: <https://www.jusbrasil.com.br/processos/190137500/processo-n-1010108-93201882 60405-do-tjspr>. Acesso em: 10 jan. 2020.

BRASIL. Tribunal de Justiça de São Paulo. 9ª Câmara de Direito Privado. 1011849-60.2016.8.26.0011. **Diário da Justiça Eletrônico**, São Paulo, SP, 11 dez. 2018. Disponível em:<https://esaj.tjsp.jus.br/pastadigital/abrirPastaProcessoDigital.do?origemDocumento=P&nuProcesso=1011849-60.2016.8.26.0011>. Acesso em: 10 jan. 2020.

BRASIL. Tribunal de Justiça de São Paulo. 16ª Câmara de Direito Privado. 1049844-66.2018.8.26.0002. **Diário da Justiça Eletrônico**, São Paulo, SP, 9 set. 2019. Disponível em: <https://esaj.tjsp.jus.br/pastadigital/abrirPastaProcessoDigital.do?origemDocum ento=P&nuProcesso=1049844-66.2018.8.26.0002>. Acesso em: 10 jan. 2020.

BRASIL. Tribunal de Justiça de São Paulo. 37ª Câmara de Direito Privado. Apelação Cível nº 1033768-64.2018.8.26.0002. **Diário da Justiça Eletrônico**, São Paulo, SP, 28 fev. 2019. Disponível em: <https://esaj.tjsp.jus.br/pastadigital/abrirPastaProcessoDigital.do?origemDocumento=P&nuProcesso=1033768-64.2018.8.26.0002>. Acesso em: 10 jan. 2020.

BRASIL. Tribunal de Justiça de São Paulo. 11ª Câmara de Direito Privado. Apelação Cível nº 1008298-28.2018.8.26.0003. **Diário da Justiça Eletrônico**, São Paulo, SP, 5 fev. 2019. Disponível em: <https://esaj.tjsp.jus.b r/pastadigital/abrirPastaProcessoDigital.do?origemDocumento=P&nuProcesso=1008298-28.2018.8.26.0003>. Acesso em: 10 jan. 2020.

BRUNAUX, Geoffray. La médiation de consommation. Um nouveau mode de règlement des différends à s'approprier. In: BLOHORN-BRENNEUR, Béatrice; BACQUÉ, Myriam (Org.). **Médiation obligatoire ou volontaire** – quelles réformes pour quels enjeux? Paris: L'Hamattan, 2018, pp. 146-150.

BÜHRING-UHLE, Christian; KIRCHHOFF, Lars; SCHERER, Gabriele. **Arbitration and mediation in international business**. 2ª ed. Holanda: Kluwer Law International, 2006.

BUSH, Robert A. Baruch; FOLGER, Joseph P. **The promise of mediation:** the transformative approach to conflict. San Francisco: Jossey Bass, 2005.

BUZZI, Marco Aurélio Gastaldi. A audiência do artigo 334 do CPC e o princípio da cooperação. In: RODAS, João Grandino; et al (Cord.). **Visão Multidisciplinar das Soluções de Conflitos no Brasil**. Curitiba: Editora Prismas, 2018, pp. 22-29.

CABRAL, Antonio do Passo; DA CUNHA, Leonardo Carneiro. Negociação direta ou resolução colaborativa de disputas (*collaborative law*). In: ZANETI Jr., Hermes; CABRAL, Trícia Navarro Xavier. **Justiça Multiportas:** mediação, conciliação, arbitragem e outros meios adequados de resolução de conflitos. Salvador: Juspodivm, 2018, pp. 725-740.

CALMON, Petrônio. **Fundamentos da mediação e da conciliação**. Rio de Janeiro: Forense, 2008.

CÂMARA, Helder Moroni. **Negócios jurídicos processuais:** condições, elementos e limites. São Paulo: Almedina, 2018.

CAPOZZOLI, Adriana. Mediazione: la Cassazione interviene sulla condizione di procedibilità: un'occasione mancata! Disponível em: <https://www.altalex.com/documents/news/2019/04/01/mediazione>. Acesso em: 6 set. 2019.

CAPPELLETTI, Mauro. Os métodos alternativos de resolução de conflitos no quadro do movimento universal de acesso à justiça. São Paulo: **Revista de Processo**, v. 9, n. 74, 1994, pp. 82-97.

CAPPELLETTI, Mauro; GARTH, Bryant. **Acesso à justiça**. Trad. Ellen Gracie Northfleet. Porto Alegre: Fabris, 1988.

CARMONA, Carlos Alberto. A crise do processo e os meios alternativos para a solução de controvérsias. In: **Revista de Processo**. v.14. n.56, 1989, pp. 91-99.

CARMONA, Carlos Alberto. **Arbitragem e Processo:** um comentário à Lei Nº 9.307/96. São Paulo: Atlas, 3ª ed., 2009.

CARNELUTTI, Francesco. **Teoria Geral do Direito**. São Paulo: Lejus, 1999.

CHERN, Ciryl. **Chern on dispute boards**. Reino Unido: Blackwell Publishing, 2008.

CHIESI FILHO, Humberto. **Um novo paradigma de acesso à justiça:** autocomposição como método de solução de controvérsias e caracterização do interesse processual. Belo Horizonte: Editora D'Plácido, 2019.

CHIOVENDA, Giuseppe. **Instituições de Direito Processual Civil**. Trad. Paolo Capitanio. 1ª ed., Campinas: Bookseller, v. 2.

CINTRA, Antônio Carlos de Araújo; DINAMARCO, Cândido. Rangel; GRINOVER, Ada Pellegrini. **Teoria geral do Processo**. São Paulo: Malheiros Editores, 2014.

COBB, Sara. Resolución de conflictos: Una nueva perspectiva. In: **Acta Psiquiatrica & Psicologica de America Latina**, n. 37, 1991, pp. 31-36.

COLLINS, Forrest. **What is the Disqualification Provision?** Disponível em: <https://www.keepoutofcourt.com/what-is-the-disqualification-provision/>. Acesso em: 14 set. 2019.

COSTA, Marina Mendes. Comentários ao Laudo Final proferido em 27 de janeiro de 2000 no procedimento CCI nº 10.551. **Revista Brasileira de Arbitragem**, v. 1, 2004, pp. 144-157.

COSTA, Susana Henriques da. **Condições da Ação**. São Paulo: Quartier Latin, 2005.

COSTA, Susana Henriques da. Da Jurisdição e da Ação. Arts. 16 a 20. In: BUENO, Cassio Scarpinella (org.). **Comentários ao Código de Processo Civil**. São Paulo: Saraiva, 2017, v. 1, pp. 268-307.

COUTINHO, Eutália Maciel. Configurações de Poder em Mediação. In: RODAS, João Grandino (Cord.). **Visão Multidisciplinar das Soluções de Conflitos no Brasil**. Curitiba: Editora Prismas, 2018.

CRUZ E TUCCI, José Rogério. **Novo Código de Processo Civil introduz a audiência de conciliação ou mediação**. Disponível em: <http://www.conjur.com.br/2016-abr-26/paradoxo-corte-cpc-introduz-audiencia-conciliacao-ou-mediacao>. Acesso em: 16 jul. 2016.

DAVIS, Albie M.; SALEM, Richard. Dealing with Power Imbalance in the Mediation of Interpersonal Disputes. In: **Mediation Quarterly**, n. 6, San Francisco: Jossey-Bass, 1984, pp. 17-26.

DELGADO, José Augusto. **A arbitragem no Brasil** – Evolução histórica e conceitual. Disponível em: <http://www.egov.ufsc.br/portal/sites/default/files/anexos/29798-29814-1-PB.pdf>. Acesso em: 28 fev. 2018.

DELGADO, José Augusto. Constitucionalidade da mediação. In: DELGADO, José Augusto *et al.* **Mediação**: um projeto inovador. Brasília: Conselho da Justiça Federal, Centro de Estudos Judiciários, 2003.

DEMARCHI, Juliana. **Mediação: proposta de implementação no processo civil brasileiro**. 2007. 317 f. Dissertação (Doutorado) – Faculdade de Direito da Universidade de São Paulo, São Paulo, 2007.

DIAS, Eduardo Machado. A cláusula de mediação nos contratos de adesão em relações de consumo. In: **Revista dos Tribunais**, v. 106, n. 979, 2017, pp. 351-370.

DIDIER JÚNIOR, Fredie. **Curso de direito processual civil**. 21ª ed. Bahia: Editora JusPodivm, 2019, v. 1.

DIDIER JÚNIOR, Fredie. Negócios Jurídicos Processuais Atípicos no CPC-2015. In: MARCATO, Ana *et al.* **Negócios Processuais**. Salvador: Juspodivm, 2017.

DINAMARCO, Cândido Rangel. **Instituições e Direito Processual Civil**. 9ª ed. São Paulo: Malheiros, v. 1, 2017.

DINAMARCO, Cândido Rangel. **Instituições e Direito Processual Civil**. 9ª ed. São Paulo: Malheiros, v. 2, 2017.

DINAMARCO, Cândido Rangel. **Teoria Geral do Novo Processo Civil**. São Paulo: Malheiros, 2016.

DINAMARCO, Cândido Rangel. **Tutela jurisdicional, fundamentos do processo civil moderno**, t. II, 3ª ed. São Paulo: Malheiros, 2000.

DINIZ, Maria Helena. **Curso de direito civil brasileiro.** Teoria geral do direito civil, vol. 1, 32ª ed. São Paulo: Saraiva, 2015.

D'URSO, Leonardo. Italy's 'Required Initial Mediation Session': Bridging the gap between mandatory and voluntary mediation. In: **Alternatives – The Newsletter of the International Institute for Conflict Prevention & Resolution**, v. 36, 2018, pp. 56-58.

ERICSON, Helena Tavares. **A evolução da resolução dos conflitos empresariais**: uma visão internacional. Palestra proferida em Fraga, Bekierman & Pacheco Neto Advogados Associados, São Paulo, 2012.

FALECK, Diego. Introdução ao *Design* de Sistemas de Disputas: Câmara de Indenização 3054. In: **Revista Brasileira de Arbitragem**, v. 6, n. 23, São Paulo: IOB, 2009, pp. 7-33.

FALECK, Diego. Um passo adiante para resolver problemas complexos. In: SALLES, Carlos Alberto de; LORENCINI, Marco Antônio Garcia Lopes; SILVA, Paulo Eduardo Alves da (Coord.). **Negociação, mediação e arbitragem** – curso básico para programas de graduação em Direito. São Paulo: Método, 2012, pp. 73-90.

FERNANDES, Renata Assalim. **Negócios jurídicos processuais no novo CPC** – o que pode? Disponível em: <https://www.migalhas.com.br/dePeso/16,MI258990,71043-Negocios+juridicos+processuais+no+novo+CPC+o+que+pode>. Acesso em: 10 set. 2019.

FERRAND, Frédérique. **La médiation civile en droit compare : les exemples allemand et autrichien**. In : Revue internationale de droit comparé. Vol. 61, nº 2(1), 2009.

FERRARI NETO, Luiz Antonio. **Incidente de resolução de demandas repetitivas:** meios de uniformização da jurisprudência no Direito Processual

Civil Brasileiro. 2012. 267 f. Dissertação (Mestrado) Faculdade de Direito da Pontifícia Universidade Católica de São Paulo, São Paulo, 2012.

FIGUEIRA JÚNIOR, Joel Dias. A Metodologia no Exame do Trinômio Processual: Pressupostos Processuais, Condições da Ação e Mérito da Causa. In: **Revista de Processo**, vol. 72, 1993, pp. 335-347.

FISHER, Roger; URY, William; PATTON, Bruce. **Getting to Yes:** Negotiating Agreement Without Giving In. 2ª. ed. New York: Penguin Books, 1991.

FISS, Owen M. Against Settlement. In: **The Yale Law Journal**. New Haven, vol. 93, nº 6, 1984, pp. 1073-1089.

FONSECA, Pedro Paulo Corino da. **Mediação nas relações econômicas internacionais privadas**. 2007. 115 f. Dissertação (Mestrado) – Faculdade de Direito da Pontifícia Universidade Católica, São Paulo, 2007.

FRIEDRICH, Fabian M. The enforceability of mediation clauses – The approach of English and German courts and ICC arbitral tribunals. In: RISSE, Jörg *et al.* **SchiedsVZ**. German Arbitration Journal, vol. 3, 2005, pp. 250-254.

GABBAY, Daniela Monteiro; CUNHA, Luciana Gross (Org.). **Litigiosidade, morosidade e litigância repetitiva no Judiciário:** uma análise empírica. São Paulo: Saraiva, 2012.

GABBAY, Daniela Monteiro. **Mediação e judiciário:** condições necessárias para a institucionalização dos meios autocompositivos de solução de conflitos. 2011. 274 f. Dissertação (Doutorado) – Faculdade de Direito da Universidade de São Paulo, São Paulo, 2011.

GABBAY, Daniela Monteiro. **Mediação & Judiciário no Brasil e nos EUA.** Condições, desafios e limites para a institucionalização da mediação no Judiciário. Brasília: Gazeta Jurídica, 2013.

GABBAY, Daniela Monteiro; TAKAHASHI, Bruno. (Org.). **Justiça Federal:** inovações nos mecanismos consensuais de solução de conflitos. Brasília: Gazeta Jurídica, 2014.

GABBAY, Daniela Monteiro. Negociação. In: RICHA, Morgana de Almeida; PELUSO, Antonio Cezar (Coord.); GRINOVER, Ada Pellegrini; WATANABE, Kazuo (Colab.). **Conciliação e Mediação:** estruturação da Política Judiciária Nacional. Rio de Janeiro: Forense, 2011, pp. 211-228.

GALANTER, Marc. Acesso à justiça em um mundo de capacidade social em expansão. Tradução: João Eberhardt Francisco, Maria Cecília de Araújo Asperti e Susana Henriques da Costa. **Revista Brasileira de Sociologia do Direito**, Porto Alegre, ABraSD, v. 2, n. 1, jan./jun., 2015, pp. 37-49.

GALANTER, Marc. Why the "Haves" come out ahead: speculations on the limits of legal change. **Law and Society Review**, v. 9, n. 1, 1974, pp. 95-160.

GALANTER, Marc. Compared to what? Assessing the quality of dispute processing. In: **Denver University Law Review**, v. 66, n. 3, 1989, pp. xi-xiv.

GAJARDONI, Fernando da Fonseca, ROMANO, Michel Betenjane; LUCHIARI, Valéria Feriori Lagrasta. O gerenciamento do processo. In: GRINOVER, Ada Pellegrini; WATANABE, Kazuo; LAGRASTA NETO, Caetano. **Mediação e gerenciamento do processo**. São Paulo: Atlas, 2007, pp. 18-34.

GAJARDONI, Fernando da Fonseca; **Novo CPC:** vale apostar na mediação/conciliação? Os riscos para a audiência inaugural "quase obrigatória". Disponível em: <https://www.jota.info/paywall?redirect_to=//www.jota.info/opiniao-e-analise/artigos/novo-cpc-vale-apostar-na-conciliacaomediacao-26012015>. Acesso em: 3 set. 2019.

GEVARTOSKY, Hannah. A realização de audiência de mediação/conciliação *initio litis* no Novo Código de Processo Civil. **Revista de Processo**, v. 260, out. 2016. Disponível em: <http://www.mpsp.mp.br/portal/page/portal/documentacao_e_divulgacao/doc_biblioteca/bibli_servicos_produtos/bibli_boletim/bibli_bol_2006/RPro_n.260.15.PDF>. Acesso em: 20 mar. 2018.

GIANNINI, Leandro J. Mediación, paternalismo e incentivos (la experiencia de la mediación obligatoria en Argentina). In: **Revista de Processo**, v. 39, n. 228, 2014, pp. 379-405.

GOMES, Orlando. **Contratos.** 10ª ed. Rio de Janeiro: Forense, 1984.

GONÇALVES, Caroline Visentini Ferreira; MARQUES, Ricardo Dalmaso. **Acesso à ordem jurídica justa nas relações de consumo e a tecnologia**. Disponível em: <https://www.jota.info/paywall?redirect_to=//www.jota.info/opiniao-e-analise/artigos/acesso-a-ordem-juridica-justa-nas-relacoes-de-consumo-e-a-tecnologia-15032019>. Acesso em: 20 mar. 2019.

GOUVEIA FILHO, Carlos Roberto; TEIXEIRA JR., Jaldemiro Rodrigues de Ataíde. Comentários ao artigo 190. In: CÂMARA, Helder Moroni (Coord.). **Comentários ao novo Código de Processo Civil**. 1ª ed. São Paulo: Almedina, 2016, pp. 301-317.

GRINOVER, Ada Pellegrini. **Ensaio sobre a processualidade**. Brasília: Gazeta Jurídica, 2016.

GRINOVER, Ada Pellegrini. O minissistema brasileiro de Justiça consensual: compatibilidades e incompatibilidades. In: **Publicações da Escola AGU,** v. 8, n. 1, jan/mar, 2016a, pp. 15-36.

GRINOVER, Ada Pellegrini. Os métodos consensuais de solução de conflitos no novo CPC. In: **O Novo Código de Processo Civil:** questões controvertidas. GRINOVER, Ada Pellegrini *et al.* São Paulo: Atlas, 2015, pp. 1-21.

GROSMAN, Claudia F.; MANDELBAUM, Helena G. (Orgs.). **Mediação no judiciário:** teoria na prática e prática na teoria. São Paulo: Primavera editorial, 2011.

GUERRERO, Luis Fernando. Convenção de Arbitragem e Processo Arbitral. In: SALLES, Carlos Alberto de; LORENCINI, Marco Antônio Garcia Lopes; SILVA, Paulo Eduardo Alves da (Coord.). **Negociação, mediação e arbitragem** – curso básico para programas de graduação em Direito. São Paulo: Método, 2012, pp. 179-205.

GUERRERO, Luis Fernando. **Os métodos de solução de conflitos e o processo civil**. São Paulo: Atlas, 2015.

GUINCHARD, Serge *et al.* **Droit processuel** – droits fondamentaux du procès. Paris: Dalloz, 10ª ed., 2019.

HUCHET, Guillaume. **La clause de médiation**. Thèse pour le doctorat en droit – Faculté de Droit, Université Jean Moulin Lyon 3, Lyon, 2007.

IGNAT, Claudiu Florinel Augustin. **Mediation Clause in Commercial Contracts (the Advantages of Mediation Clause in Commercial Contracts)**. 2 Persp. Bus. L.J. 113, 2013.

ISOLDI, Ana Luiza (Coord.). **Principais aspectos relacionados à chamada cláusula escalonada também conhecida por cláusula med-arb, no que toca o mecanismo da mediação**. Grupo de Estudos de Mediação Empresarial Privada do Comitê Brasileiro de Arbitragem GEMEP/CBAr, 2012. Disponível em: <http://www.cbar.org.br/PDF/Artigo_1_Clausula_Escalonada_out-2012.pdf>. Acesso em: 26 dez. 2019.

KATSH, Ethan. Online Dispute Resolution. In: MOFFITT, Michael L.; BORDONE, Robert C. (Edit.) **The Handbook of dispute resolution**. São Francisco: Jossey-Bass, 2005.

KAYALI, Didem. Enforceability of Multi-Tiered Dispute Resolution Clauses. In: **Journal of International Arbitration**, vol. 27, issue 6, 2010, pp. 551-577.

KOVACH, Kimberlee K. Mediation. In: MOFFITT, Michael L.; BORDONE, Robert C. (Edit.) **The Handbook of dispute resolution.** São Francisco: Jossey-Bass, 2005.

KOVACH, Kimberlee K; LOVE, Lela P. Mapeando a mediação: os riscos do gráfico de Riskin. In: AZEVEDO, André Gomma de (Org.). **Estudos em**

arbitragem, mediação e negociação. Brasília: Grupos de pesquisa, v. 3, 2004.

KRAUSS, Olivier. The Enforceability of Escalation Clauses Providing for Negotiations in Good Faith under English Law. In: **McGill Journal of Dispute Resolution**, v. 2, n. 142, 2015-2016, pp. 142-165.

KRENNBAUER, Stefan. Enforceability of Multi-Tiered Dispute Resolution Clauses in International Business Contracts. In: **Year Book on International Arbitration**, v. 1, n. 199, 2010.

KULESZA, Gustavo; PEDROSO, Luiza; VIEIRA, Thais. **Cláusula escalonada:** Tribunal de Justiça do Paraná anula sentença arbitral por desrespeito à etapa de negociação pré-arbitral. Disponível em: <http://www.cbar.org.br/blog/artigos/clausula-escalonada-tribunal-de-justica-do-parana-anula-sentenca-arbitral-por-desrespeito-a-etapa-de-negociacao-pre-arbitral#_edn16>. Acesso em: 18 out. 2017.

LAGARDE, Xavier. L'efficacité des clauses de conciliation ou de médiation. In: **Revue de l'Arbitrage**, n. 3, 2000, pp. 377-401.

LAVRADOR, João Guilherme Vertuan. **Mediação e acesso à justiça:** os impactos da mediação nos conflitos. 2017. Dissertação (Mestrado) – Faculdade de Direito da Universidade de São Paulo, São Paulo, 2017.

LEE, Joel. Agreements to negotiate in good faith. In: **Singapore Journal of Legal Studies**, n. 212, 2013.

LEE, Joel. **The evolving "A" in ADR**. Disponível em: <http://mediation blog.kluwerarbitration.com/2012/03/14/the-evolving-a-in-adr/>. Acesso em: 6 abr. 2019.

LEES, Amanda Joan. The Enforceability of Negotiation and Mediation Clauses in Hong Kong and Singapore. In: **Asian Dispute Review**, vol. 17, 2015, pp. 16-20.

LEMES, Selma Maria Ferreira. **Arbitragem. Tire suas dúvidas**. Selam Lemes Advogados, 1994. Disponível em: <http://selmalemes.adv.br/artigos/artigo_juri21.pdf>. Acesso em: 8 maio 2018.

LEMES, Selma Maria Ferreira; MUNIZ, Joaquim de Paiva. As peculiaridades e os efeitos jurídicos da cláusula escalonada: mediação ou conciliação arbitragem, arbitragem doméstica e internacional. In: FERRAZ, Rafaella; MUNIZ, Joaquim, de Paiva (coords.). **Estudos em Homenagem ao Professor Theóphilo de Azevedo Santos**. Rio de Janeiro: Forense, 2008, pp. 359-376.

LEMES, Selma Maria Ferreira. **Cláusula escalonada, mediação e arbitragem**. Disponível em: <http://selmalemes.adv.br/artigos/artigo52.pdf>. Acesso em: 23 ago. 2016.

LEMES, Selma Maria Ferreira. Cláusula Escalonada ou Combinada: mediação, conciliação e arbitragem. In: FINKELSTEIN, Cláudio; VITA, Jonathan B.; CASADO FILHO, Napoleão. **Arbitragem Internacional, UNIDROIT, CISG, e Direito Brasileiro**. São Paulo: Quartier Latin, 2010, pp. 163-178. Disponível em: <http://selmalemes.adv.br/artigos/Cl%C3%A1usula%20Escalonada%20ou%20Combinada%20-%20Media%C3%A7%C3%A3o,%20Concilia%C3%A7%C3%A3o%20e%20Arbitragem.pdf>. Acesso em: 14 ago. 2016.

LESSA NETO, João. O novo CPC adotou o modelo multiportas!!! E agora?! **Revista de Processo**, v. 244, jun., 2015, pp. 427-441.

LEVY, Fernanda Rocha Lourenço. **Cláusulas escalonadas:** a mediação comercial no contexto da arbitragem. São Paulo: Saraiva, 2013.

LIEBMAN, Enrico Tullio. **Manual de Direito Processual Civil**. 3ª ed. São Paulo: Malheiros, vol. 1, 2005.

LIPIANI, Júlia; SIQUEIRA, Marília. Negócios Jurídicos Processuais sobre Mediação e Conciliação. In: ZANETI JR., Hermes; CABRAL, Trícia Navarro Xavier. **Justiça Multiportas:** mediação, conciliação, arbitragem e outros meios adequados de resolução de conflitos. Salvador: Juspodivm, 2018, pp. 141-164.

LORENCINI, Marco Antônio Garcia Lopes. A contribuição dos meios alternativos para a solução das controvérsias. In: SALLES, Carlos Alberto de (Coord.). **As grandes transformações do processo civil brasileiro**: homenagem ao Prof. Kazuo Watanabe. São Paulo: Quartier Latin, 2009, pp. 599-626.

LORENCINI, Marco Antônio Garcia Lopes. "Sistema multiportas": opções para tratamento de conflitos de forma adequada. In: SALLES, Carlos Alberto de; LORENCINI, Marco Antônio Garcia Lopes; SILVA, Paulo Eduardo Alves da (Coord.). **Negociação, mediação e arbitragem** – curso básico para programas de graduação em Direito. São Paulo: Método, 2012, pp. 43-71.

LUCHIARI, Valeria Ferioli Lagrastra. **Mediação Judicial:** Análise da Realidade Brasileira: origem e evolução até a Resolução n. 125, do Conselho Nacional de Justiça. Rio de Janeiro: Forense, 2012.

LUCHIARI, Valeria Ferioli Lagrastra. Política Judiciária Nacional de Tratamento Adequado de Conflitos. In: GABBAY, Daniela Monteiro;

Takahashi, Bruno. (Org.). **Justiça Federal:** inovações nos mecanismos consensuais de solução de conflitos. Brasília: Gazeta Jurídica, 2014, v. 1, pp. 305-321.

Lye, Kah Cheong. Agreements to mediate – the impact of *Cable & Wireless plc. v IBM United Kingdom Ltd. [2003] BLR 89.* In: **Singapore Academy Law Journal**, v. 16, 2004, pp. 530-541.

M. H. **Clause de médiation:** une efficacité limitée. Disponível em: <https://actu.dalloz-etudiant.fr/a-la-une/article/clause-de-mediation-une-efficacite-limitee/h/7d5ed740f6558e25f0da57f3e816794e.html>. Acesso em: 10 ago. 2016.

Maia, Andrea. **The New Virtual Doors at the "Multidoor Courthouse"**. Disponível em: <http://mediationblog.kluwerarbitration.com/2019/09/08/the-new-virtual-doors-at-the-multidoor-courthouse/>. Acesso em: 8 set. 2019.

Mancuso, Rodolfo de Camargo. A resolução dos conflitos e a função judicial no contemporâneo Estado de Direito (nota introdutória). **Processos Coletivos**, Porto Alegre, v. 1, n. 2, jan., 2010.

Mancuso, Rodolfo de Camargo. **Acesso à justiça:** condicionantes legítimas e ilegítimas. 2ª ed. São Paulo: Editora Revista dos Tribunais, 2015.

MARANHÃO. Fórum da Capital. 15ª Vara Cível de São Luís. Procedimento comum nº 0862859-07.2016.8.10.0001. **Diário da Justiça do Estado do Maranhão**, São Luís, MA, 26 nov. 2016. Disponível em: <https://pje.tjma.jus.br/pje/ConsultaPublica/DetalheProcessoConsultaPublica/documentoSemLoginHTML.seam?ca=3b0d63e31f079ad6283ebfc8bd91b39e24fa69f00467ff2682ea03cc6f47b7e4fec518c029a60bf11ceee3590d310e0233d9618c104f42f1&idProcessoDoc=6527912>. Acesso em: 10 jan. 2020.

Marcato, Ana Cândida Menezes. A audiência do art. 334 do Código de Processo Civil: da afronta à voluntariedade às primeiras experiências práticas. In: Zaneti Jr., Hermes; Cabral, Trícia Navarro Xavier. **Justiça Multiportas:** mediação, conciliação, arbitragem e outros meios adequados de resolução de conflitos. Salvador: Juspodivm, 2018, pp. 129-139.

Marcato, Antonio Carlos (Coord.). **Código de Processo Civil interpretado.** 3ª ed. São Paulo: Atlas, 2008.

Marchi, Eduardo C. Silveira. **Guia de Metodologia Jurídica**: teses, monografia e artigos. 2ª ed., São Paulo: Saraiva, 2009.

Marcondes, Antonio Fernando Mello. Os dispute boards e os contratos de construção. In: Baptista, Luiz Olavo; Prado, Maurício Almeida. (Org.). **Construção Civil e Direito**. São Paulo: Lex Editora, 2011, pp. 123-139.

Marsh, Bill; Oddy, Alexander; O'Neill, Jan. Chapter 9: England and Wales. In: Alexander, Nadja; Walsh, Sabine e Svatos, Martin (Orgs.). **EU Mediation law handbook** – regulatory robustness ratings for mediation regimes. Holanda: Kluwer Law International BV, 2017, pp. 203-235.

Mastellone, Carlo; Ristori, Laura. Chapter 17: Italy. In: Alexander, Nadja; Walsh, Sabine e Svatos, Martin (Orgs.). **EU Mediation law handbook – regulatory robustness ratings for mediation regimes**. Holanda: Kluwer Law International BV, 2017, pp. 465-490.

Mazzola, Marcelo. **A cláusula opt out de mediação à luz do novo CPC**. Disponível em: <http://www.migalhas.com.br/dePeso/16,MI227753,71043-A+clausula+opt+out+de+mediacao+a+luz+do+novo+CPC>. Acesso em: 21 ago. 2016.

Mazzola, Marcelo. **Qual a relação entre mediação extrajudicial, precedentes e negócios jurídicos processuais?** São Paulo, Disponível em: <http://www.migalhas.com.br/dePeso/16,MI239654,31047-Qual+a+relacao+entre+mediacao+extrajudicial+precedentes+e+negocios>. Acesso em: 21 ago. 2016.

Mayer, Bernard. **The Dynamics of Conflict**. 2ª ed. San Francisco: Jossey-Bass, 2012.

Meadow-Menkel, Carrie. **Regulation of Dispute Resolution in the United States of America: From the Formal to the Informal to the 'Semi-formal'**. Disponível em:<http://scholarship.law.georgetown.edu/cgi/viewcontent.cgi?article=2300&context=facpu>. Acesso em: 10 mar. 2018.

Menezes, Valquíria Maria Novaes. Do negócio jurídico processual e o consumidor. In: Marcato, Ana *et al.* **Negócios Processuais**. Salvador: Juspodivm, 2017, pp. 589-606.

Mello, Marcello Vieira de; Castro Flávia Câmara e. **Arbitragem e mediação – cláusulas escalonadas:** como funcionam e quando devem ser utilizadas. Disponível em: <https://www.migalhas.com.br/dePeso/16,MI271681,51045-Arbitragem+e+mediacao+clausulas+escalonadas+como+funcionam+e+quando>. Acesso em: 2 set. 2018.

Mello, Marcos Bernardes de. **Teoria do fato jurídico:** plano da existência. São Paulo: Saraiva, 2014.

MINAS GERAIS. Juizado Especial Cível, Criminal e da Fazenda Pública. 11ª Unidade Jurisdicional Cível. Procedimento comum nº 9050444.08.2019.813.0024. **Diário da Justiça do Estado de Minas Gerais**, Belo Horizonte, MG, 5 set. 2019. Disponível em: <https://www.tjmg.jus.br/data/files/DE/14/62/70/68F3D610796871D6A04E08A8/Sentenca%20Jesp.pdf>. Acesso em: 10 jan. 2020.

MINAS GERAIS. Juizado Especial Cível, Criminal e da Fazenda Pública. 11ª Unidade Jurisdicional Cível. Procedimento comum nº 9050126.25.2019.813.0024. **Diário da Justiça do Estado de Minas Gerais**, Belo Horizonte, MG, 5 set. 2019. Disponível em: <https://www.tjmg.jus.br/data/files/DE/14/62/70/68F3D610796871D6A04E08A8/Sentenca%20Jesp.pdf>. Acesso em: 10 jan. 2020.

MIRANDA, Pontes de. **Tratado de Direito Privado – Parte Geral**. Tomo III, São Paulo: Revista dos Tribunais, 2012.

MIRANDA NETTO, Fernando Gama; MEIRELLES, Delton Ricardo Soares. **Mediação judicial no projeto do Novo Código de Processo Civil (PL 8.046/2010)**. Revista de Arbitragem e Mediação, v. 33, pp. 213-236.

MNOOKIN, Robert H.; KORNHAUSER, Lewis. Bargaining in the shadow of the laws: the case of divorce. In: **Yale Law Journal**, v. 88, n. 5, 1979, pp. 950-997.

MOLLICA, Rogerio. **Os processos repetitivos e a celeridade processual**. 2010. 267 f. Dissertação (Doutorado) – Faculdade de Direito da Universidade de São Paulo, São Paulo, 2010.

MOORE, Christopher W. **The mediation process** – practical strategies for resolving conflicts. San Francisco: Jossey Bass Publishers, 2003.

MOURÃO, Alessandra Nascimento S. F.; CAMPOS, Pissolito Anita; AZEVEDO, Monique Haddad K.; SIMIONATO, Monica. **Fundamentos da Negociação para o Ambiente Jurídico**. São Paulo: Saraiva, 2014.

NAPOLES, Pedro Metello de; JÚDICE, José Miguel. **Cláusulas que impõem mecanismos de prévia conciliação: da sua executoriedade e das consequências da sua violação**. Disponível em: <http://www.josemigueljudice-arbitration.com/xms/files/03_ARTIGOS_CONFERENCIAS_JMJ/01_Artigos_JMJ/Clausulas_de_conciliacao_previa_a_arbitargem__Livro_Acuerdo_Arbitral__Peru__2010.pdf>. Acesso em: 23 ago. 2019.

NOUGEIN, Henri-Jacques *et al.* **Guide pratique de l'arbitrage et de la médiation commerciale**. Paris: Lexis Nexis Litec, 2004.

PADILLA, Alirio Galvis. **Análisis comparativo de la legislación de mediación y conciliación Colombo-Argentina**. Disponível em: <http://biblioteca.cejamericas.org/bitstream/handle/2015/729/ARTICULO_COLOMBO_ARGENTINA.pdf?sequence=1&isAllowed=y>. Acesso em: 15 maio 2018.

PEREIRA, Caio Mário da Silva. **Instituições de Direito Civil**. 28ª ed. Rio de Janeiro: Forense, vol. I, 2015.

PIMENTA, Natália Martins. **Coletivização das demandas individuais:** as técnicas processuais de julgamento de demandas individuais à luz do princípio do contraditório. 2011. 182 f. Dissertação (Mestrado) – Universidade Federal do Espírito Santo, Vitória, 2011.

PINHO, Humberto Dalla Bernardina de; MAZZOLA, Marcelo. **Manual de Mediação e Arbitragem**. São Paulo: Saraiva educação, 2019.

PINHO, Humberto Dalla Bernardina de. Mediação obrigatória: um oxímoro jurídico e mero placebo para a crise do acesso à justiça. In: **Acesso à Justiça e Meios Alternativos de Resolução de Conflitos**, Uberlândia: XXI Encontro Nacional CONPENDI, 2012.

PINHO, Humberto Dalla Bernardina de; PAUMGARTTEN, Michele Pedrosa. A experiência Ítalo-brasileira no uso da mediação em resposta à crise do monopólio estatal de solução de conflitos e a garantia do acesso à justiça. In: **Revista Eletrônica de Direito Processual – REDP**, vol. VIII, 2011.

PINTO, José Emilio Nunes. **A cláusula compromissória à luz do Código Civil**. Disponível em: <http://www.ambito-juridico.com.br/site/index.php?n_link=revista_artigos_leitura&art igo_id=4713>. Acesso em: 10 ago. 2016.

PINTO, José Emilio Nunes. **O mecanismo multi-etapas de solução de controvérsias**. Disponível em: <http://www.ambito-juridico.com.br/site/index.php?n_link=revista_artigos_leitura&artigo_id=4510>. Acesso em: 23 ago. 2016.

PRYLES, Michael. Multi-tiered dispute resolution clauses. In: **Journal of International Arbitration**, v. 18, 2001, pp. 159-176.

QUEK, Dorcas. Mandatory mediation: an oxymoron? Examining the feasibility of implementing a court-mandated mediation program. In: **Cardozo Journal of Conflict Resolution**, vol. 11, 2010.

RAB, Suzanne. **Legal systems in the UK (England and Wales)**: overview. Disponível em: <https://uk.practicallaw.thomsonreuters.

com/5-636-2498?transitionType=Default&contextData=(sc.Default)&firstPage=true&bhcp=1#co_anchor_a412956>. Acesso em: 12 set. 2019.

RANDOLPH, Paul. Compulsory mediation? In: **New Law Journal**, 2010. Disponível em: <https://www.newlawjournal.co.uk/content/litigation-v-mediation>. Acesso em: 26 dez. 2019.

RANDOLPH, Paul. The mediation conundrum. Is mediation in need of government intervention? In: **New Law Journal**, 2011. Disponível em: <https://www.newlawjournal.co.uk/content/mediation-conundrum>. Acesso em: 29 dez; 2019.

RICHA, Morgana de Almeida; PELUSO, Antonio Cezar (Coord.); GRINOVER, Ada Pellegrini; WATANABE, Kazuo (Colab.). **Conciliação e Mediação:** estruturação da Política Judiciária Nacional. Rio de Janeiro: Forense, 2011.

RISKIN, Leonard L. Understanding mediators' orientations, strategies and techniques: a grid for the perplexed. In: **Harvard Negotiation Law Review**, 1996. Disponível em: <https://scholarship.law.ufl.edu/cgi/viewcontent.cgi?article=1684&context=facultypub>. Acesso em: 29 dez. 2019.

RODANTE, Marcello. **Métodos consensuais de solução de conflitos e a cultura da colaboração**. Disponível em: <http://ccbc.org.br/default.asp?pag=news&entrada=2392>. Acesso em: 03 abr. 2016.

RODANTE, Marcello. **Solução de conflitos e a cultura da colaboração**. Valor Econômico, 2016. Disponível em: <http://www.angc.org.br/wp-content/uploads/2015/06/SOLU.pdf>. Acesso em: 09 out. 2016.

RODRIGUES, Daniel Colnago. Mediação obrigatória no processo civil: reflexões à luz do direito comparado, do CPC/2015 e da Lei de Mediação (Lei 13.140/2015). In: **Revista de Processo**, n. 285, nov., 2018.

RODRIGUES JUNIOR, Walsir Edson. **A prática da mediação e o acesso à justiça**. Belo Horizonte: Del Rey, 2007.

RULE, Colin. **Using Online Dispute Resolution to Expand Access to Justice**. Disponível em: <https://www.okbar.org/barjournal/aug2019/obj9006rule/>. Acesso em: 8 set. 2019.

SALEHIJAM, Maryam. The enforceability of Alternative Dispute Resolution Agreements: an analysis of selected European Union Member States. In: **International Trade and Business Law Review**, v. 21, 2018, pp. 255-276.

SALEHIJAM, Maryam. A Call for Harmonized Approach to Agreements to Mediate. In: **Year Book of International Arbitration**, v. 6, 199-227, 2018.

SALLES, Carlos Alberto de; LORENCINI, Marco Antônio Garcia Lopes; SILVA, Paulo Eduardo Alves da (Coord.). **Negociação, mediação, conciliação e arbitragem – curso de métodos adequados de solução de controvérsias**. 2ª ed. Rio de Janeiro: Forense, 2019.

SALLES, Carlos Alberto de; LORENCINI, Marco Antônio Garcia Lopes; SILVA, Paulo Eduardo Alves da (Coord.). **Negociação, mediação e arbitragem – curso básico para programas de graduação em Direito**. São Paulo: Método, 2012.

SALLES, Carlos Alberto de. **Arbitragem em contratos administrativos**. São Paulo: Método, 2011.

SALLES, Carlos Alberto de (Coord.). **As transformações do processo civil brasileiro** – Homenagem ao Professor Kazuo Watanabe. São Paulo: Quartier Latin, 2009.

SALLES, Carlos Alberto de. Mecanismos alternativos de solução de controvérsias e acesso à justiça: a inafastabilidade da tutela jurisdicional recolocadas. In: FUX, Luiz; NERY JR., Nelson; WAMBIER, Teresa Arruda Alvim. **Processo e Constituição. Estudos em homenagem ao Professor José Carlos Barbosa Moreira**. São Paulo: Revista dos Tribunais, 2006, pp. 779-792.

SAMPAIO, Lia Regina Castaldi. Mediação Nas e Entre Empresas. In: BRAGA NETO, Adolfo; SALLES, Lilia Maia de Morais. **Aspectos Atuais sobre a Mediação e Outros Métodos Extra e Judiciais de Resolução de Conflitos.** Rio de Janeiro: GZ Editora, 2012.

SANDER, Frank E. A. **Developing the MRI (Mediation Receptivity Index)**. Ohio State Journal on Dispute Resolution, n. 22, 2007, pp. 599-618.

SANDER, Frank E. A. Varieties of Dispute Processing. **The Pound Conference:** Perspectives on Justice in the Future. Minnesota: West Pub. Co., 1979.

SANDER, Frank E. A. **The Multi-door Courthouse**. 3 Barrister 18, 1976.

SANTA CATARINA. Comarca de Joinville. 1ª Vara de Direito Bancário. Procedimento comum nº 0326423-34.2018.8.24.0038. **Diário da Justiça do Estado de Santa Catarina**, Joinville, SC, 24 abr. 2019. Disponível em: <https://esaj.tjsc.jus.br/cpopg/show.do;jse

ssionid=C209AB19645B96152EEE0956AF73221E.cpopg3?conversationId=&cbPesquisa=NUMPROC&numeroDigitoAnoUnificado=032642334.2018&foroNumeroUnificado=0038&dadosConsulta.valorConsultaNuUnificado=03264233420188240038&dadosConsulta.valorConsultaNuUnificado=UNIFICADO&dadosConsulta.valorConsulta=XlzVi7niAjz5xA4BBKEab2DmK7vkEw898jA4DyKewbZ4xkg0s2NgdeZx7VbIgjPUg8pOLLmoC6EIREw&processo.codigo=12005FAK70000r>. Acesso em: 10 jan. 2020.

SANTA CATARINA. Comarca de Araquari. 1ª Vara. Procedimento comum nº 0301352-63.2017.8.24.0103. **Diário da Justiça do Estado de Santa Catarina**, Araquari, SC, 5 jan. 2019. Disponível em: <https://esaj.tjsc.jus.br/cpopg/show.do;jsessionid=C209AB19645B96152EEE0956AF73221E.cpopg3?conversationId=&cbPesquisa=NUMPROC&numeroDigitoAnoUnificado=032642334.2018&foroNumeroUnificado=0038&dadosConsulta.valorConsultaNuUnificado=03264233420188240038&dadosConsulta.valorConsultaNuUnificado=UNIFICADO&dadosConsulta.valorConsulta=XlzVi7niAjz5xA4BBKEab2DmK7vkEw898jA4DyKewbZ4xkg0s2NgdeZx7VbIgjPUg8pOLLmoC6EIREw&processo.codigo=12005FAK70000r>. Acesso em: 10 jan. 2020.

SÃO PAULO (Estado). Foro Central Cível. 4ª Vara Cível. Procedimento comum nº 1072639-97.2017.8.26.0100. **Diário da Justiça Eletrônico**, São Paulo, SP, 26 jul. 2017. Disponível em: <https://esaj.tjsp.jus.br/pastadigital/abrirDocumentoEdt.do?nuProcesso= 1072639-97. 2017. 8.26.0100&cdProcesso=2S000QTEP0000&cdForo=100&baseIndice=INDDS&nmAlias=PG5JM&tpOrigem=2&flOrigem=P&cdServico=190101&acessibilidade=false&ticket=yVL2ye%2BhPo3kHnf%2BfRK3tso7DbaRQP0ciU9v3jTQY9CCy4IUZbNOKN4F0xYudKlvJV5A%2FfodLTPQ0mSK3154rn01dlp92%2BGHI0iHgKWVoS2vkQg%2Fd2Uzp%2BGny%2BKR%2BYOwE4ZYwx65w7OX4pS93VVORsBZpiHhBJhukReAZVN0TXLT5xLC%2Bl7YWqFsBQcY0A4oLpg%2BRJJvW8nOP1DHZ%2BzANykknJnHXapAzYESV%2FDo4AZHpb%2Fp2LvvcnTuQUh8C717gcmWlwlFB4v5QgkSQgq5WpSS5l2A7zoME4TKd9lwtp1B4GmNYXLueBeOsgjpUf%2B5JAGfGeIJRm3DYPwPTZmwdQ%3D%3Dr>. Acesso em: 10 jan. 2020.

SÃO PAULO (Município). **Lei nº 16.873, de 22 de fevereiro de 2018**. Reconhece e regulamenta a instalação de Comitês de Prevenção e Solução de

Disputas em contratos administrativos continuados celebrados pela Prefeitura de São Paulo. São Paulo, SP: Assembleia Legislativa, 2018.

SARLET, Ingo Wolfgang. **Dignidade da Pessoa Humana e Direitos Fundamentais na Constituição Federal de 1988**. Porto Alegre: Livraria do Advogado, 2001.

SERPA, Maria de Nazareth. **Teoria e Prática da Mediação de Conflitos**. Rio de Janeiro: Lumen Juris, 1999.

SILVA, Érica Barbosa. **A efetividade da prestação jurisdicional civil a partir da conciliação**. 2012. 356 f. Dissertação (Doutorado) – Faculdade de Direito da Universidade de São Paulo, São Paulo, 2012.

SILVA, Paulo Eduardo Alves da. Solução de Controvérsias: Métodos Adequados para resultados possíveis e métodos possíveis para resultados adequados. In: SALLES, Carlos Alberto de; LORENCINI, Marco Antônio Garcia Lopes; DA SILVA, Paulo Eduardo Alves (Coord.). **Negociação, mediação e arbitragem** – curso básico para programas de graduação em Direito. São Paulo: Método, 2012, pp. 1-25.

SOARES, Lara Rafaelle Pinho Soares. A Vulnerabilidade na negociação processual atípica. In: MARCATO, Ana *et al.* **Negócios Processuais**. Salvador: Juspodivm, 2017.

SPLENGER, Fabiana Marion; SPLENGER NETO, Theobaldo (Org.). **Mediação enquanto política pública: o conflito, a crise da jurisdição e as práticas mediativas**. Santa Cruz do Sul: EDUNISC, 2012.

STIPANOWICH, Thomas J. The Multi-Door Contract and Other Possibilities. In: **Ohio State Journal on Dispute Resolution**, v. 13, n. 2, 1998.

STIPANOWICH, Thomas J. **What does the Fortune 1,000 Survey on Mediation, Arbitration and Conflict Management Portend for International Arbitration?** Disponível em: <http://kluwerarbitrationblog.com/2013/03/14/what-does-the-fortune-1000-survey-on-mediation-arbitration-and-conflict-management-portend-for-international-arbitration/>. Acesso em: 14 ago. 2016.

TAKAHASHI, Bruno. **O papel do terceiro facilitador na conciliação de conflitos previdenciários**. 2015. 236 f. Dissertação (Mestrado) – Faculdade de Direito da Universidade de São Paulo, São Paulo, 2015.

TARTUCE, Fernanda. **Mediação nos conflitos civis**. 3ª ed. São Paulo: Método, 2016.

TARTUCE, Fernanda. **Mediação nos conflitos civis**. 1ª ed. São Paulo: Método, 2008.

TARTUCE, Fernanda. **Normas e projetos de lei sobre mediação no Brasil.** Revista do Advogado AASP. Ano XXXIV, n. 123, ago., 2014.

TARTUCE, Fernanda. **Igualdade e Vulnerabilidade no Processo Civil**. Rio de Janeiro: Forense, 2012.

TARTUCE, Fernanda. Conciliação em juízo: o que (não) é conciliar? In: SALLES, Carlos Alberto de; LORENCINI, Marco Antônio Garcia Lopes; SILVA, Paulo Eduardo Alves da (Coord.). **Negociação, mediação e arbitragem** – curso básico para programas de graduação em Direito. São Paulo: Método, 2012a, pp. 149-178.

THEODORO JÚNIOR., Humberto. Pressupostos processuais e condições da ação no processo cautelar. In: **Revista de Processo**, n. 50, 1988, pp. 951-974.

THOMAS, Charlotte E. **Mandatory Mediation Clauses: Can you make the horse drink?** Disponível em: <http://thelegalintelligencer.typepad.com/tli/2011/12/mandatory-mediation-clauses-can-you-make-the-horse-drink.html>. Acesso em: 09 abr. 2016.

TOCHTERMANN, Peter. Agreements to negotiate in the transnacional context – Issues of contract law and effective dispute resolution. In: **Uniform Law Review**, v. 13, issue 3, 2008, pp. 685–708.

URY, William; BRETT, Jeanne M.; GOLDBERG, Stephen B. **Getting Disputes Resolved: Designing Systems to Cut the Costs of Conflict**. Cambridge: PON Books, 1993.

URY, William. **Getting past no.** Negotiating with difficult people. Londres: Century Business, 1992.

VALENTE, Jonas. **Brasil tem 134 milhões de usuários de internet, aponta pesquisa**. Disponível em: <https://agenciabrasil.ebc.com.br/geral/noticia/2020-05/brasil-tem-134-milhoes-de-usuarios-de-internet-aponta-pesquisa#:~:text=Atualizado%20em%2026%2F05%2F2020,%2C%20g%C3%AAnero%2C%20ra%C3%A7a%20e%20regi%C3%B5es>. Acesso em: 26 de novembro de 2020.

VEZZULLA, Juan Carlos. **Mediação:** Teoria e Prática e Guia para Utilizadores e Profissionais. Lisboa: Agora Publicações Ltda. 2001.

VIGORITI, Vicenzo. Europa e mediazione. Problemi e soluzioni. In: **Revista de Direitos e Garantias Fundamentais**, n. 5, 2011, pp. 61-81.

ZANFERDINI, Flávia de Almeida Montingelli; MAZZO, Fernando Henrique Machado. Do movimento de acesso à justiça às preocupações sobre o aumento da litigiosidade de massa. In: **Meritum**, vol. X, n. 1, 2015.

WAHAB, Mohamed S. Abdel; KATSH, Ethan; e RAINEY, Daniel. **Online Dispute Resolution:** Theory and Practice. A Treatise on Technology and Dispute Resolution. Disponível em: <http://www.ombuds.org/odrbook/Table_of_Contents.htm>. Acesso em: 21 maio 2018.

WALL JUNIOR, James A. Mediation: An Analysis, Review, and Proposed Research. In: **The Journal of Conflict Resolution**, v. 25, n. 1, mar., 1981, pp. 157-180.

WATANABE, Kazuo. Modalidade de Mediação. In: DELGADO, *José et al.* **Mediação:** um projeto inovador. Brasília: Centro de Estudos Judiciários, CJF, v. 22, 2003.

WATANABE, Kazuo. Cultura da sentença e cultura da pacificação. In: YARSHELL, Flávio Luiz; MORAES, Maurício Zanoide de. **Estudos em homenagem à professora Ada Pellegrini Grinover**. São Paulo: DPJ, 2005, pp. 684-690.

WATANABE, Kazuo. **Da cognição no processo civil**. São Paulo: Perfil, 2005a.

WATANABE, Kazuo. A mentalidade e os meios alternativos de solução de conflitos no Brasil. In: WATANABE, Kazuo; GRINOVER, Ada Pellegrini; LAGRASTA NETO, Caetano. **Mediação e gerenciamento do processo:** revolução na prestação jurisdicional. São Paulo: Atlas, 2007, pp. 6-10.

WATANABE, Kazuo. Política pública do Poder Judiciário nacional para tratamento adequado dos conflitos de interesses. In: RICHA, Morgana de Almeida; PELUSO, Antonio Cezar (Coord.); GRINOVER, Ada Pellegrini; WATANABE, Kazuo (Colab.). **Conciliação e Mediação:** estruturação da Política Judiciária Nacional. Rio de Janeiro: Forense, 2011, pp. 3-11.

WATANABE, Kazuo. **Mediação como política pública social e judiciária**. Revista do Advogado AASP, ano XXXIV, n. 123, agosto de 2014.

WATANABE, Kazuo. **Acesso à ordem jurídica justa: conceito atualizado de acesso à justiça, processos coletivos e outros estudos**. Belo Horizonte: Del Rey, 2019.

WHITE, James J. The pros and cons of "Getting to yes". In: **Journal of Legal Education**, v. 34, 1984, pp. 115-120.

WIETEK, Delphine. Chapter 12: France. In: ALEXANDER, Nadja; WALSH, Sabine e SVATOS, Martin (Orgs.). **EU Mediation law handbook** – regulatory robustness ratings for mediation regimes. Holanda: Kluwer Law International BV, 2017.

WINSTON, David S. **Participation Standards in Mandatory Mediation Statutes:** You Can Lead a Horse to Water. 11 Ohio St. J. on Disp. Resol. 187.